"十二五"普通高等教育本科国家级规划教材

经济管理类课程教材

金融系列

投资经济学

第六版

任淮秀　李东旭　主编

TOUZI JINGJIXUE

FINANCE

中国人民大学出版社

·北京·

图书在版编目（CIP）数据

投资经济学/任淮秀，李东旭主编. --6 版. --北京：中国人民大学出版社，2023.1
经济管理类课程教材. 金融系列
ISBN 978-7-300-31399-3

Ⅰ.①投… Ⅱ.①任… ②李… Ⅲ.①投资经济学-高等学校-教材 Ⅳ.①F830.59

中国版本图书馆 CIP 数据核字（2022）第 257841 号

“十二五”普通高等教育本科国家级规划教材
经济管理类课程教材·金融系列
投资经济学（第六版）
任淮秀　李东旭　主编
Touzi Jingjixue

出版发行	中国人民大学出版社		
社　址	北京中关村大街 31 号	**邮政编码**	100080
电　话	010－62511242（总编室）		010－62511770（质管部）
	010－82501766（邮购部）		010－62514148（门市部）
	010－62515195（发行公司）		010－62515275（盗版举报）
网　址	http://www.crup.com.cn		
经　销	新华书店		
印　刷	北京密兴印刷有限公司	**版　次**	2002 年 2 月第 1 版
开　本	787 mm×1092 mm　1/16		2023 年 1 月第 6 版
印　张	22.75	**印　次**	2025 年 1 月第 2 次印刷
字　数	548 000	**定　价**	52.00 元

出版说明

改革开放以来，中国的金融走上了高速发展的快车道，获得了前所未有的发展，有关院校都开设了金融课程，以便培养我国急需的人才。

一套高质量的教材是提高教学质量的前提之一。 教材规定了教学内容，是教师授课取材之源，是学生求知和复习之本，没有优秀的教材，就无法提高教学质量。 中国人民大学出版社推出“经济管理类课程教材·金融系列”，旨在推动国内金融人才培养工作的开展。

组织编写这套教材时，我们遵照以下原则：

1. 教材实行本土化。 为了更快地与国际接轨，许多人主张采用“拿来主义”原则，直接引进国外的教材。 实践证明，我国与发达国家相比，国情不同，文化背景不同，思维方式不同，语言表述方式不同，广大的专家教授一致认为：我们培养的是中国金融人才，是为中国的金融服务的，教材还是本土化为宜，在了解我国现状之后，再学习国外的知识。 把中国的背景知识与国际接轨才是我们最需要的。 该套教材均为本土原创作品。

2. 精选作者，保证教材质量。 金融与国家的政策联系紧密，应用性强，培养的学生既要懂理论又要会应用，既要与国际接轨，又要考虑中国的国情。 该套教材涵纳全国“政产学研”方面的作者，从源头上保证了这套书的质量。

3. 要始终保持教材的“精”与“新”。 现代金融日新月异，课程设置不断变化。 该套教材根据形势的发展，不断推出新课程教材，并不断修订、完善。

4. 形式多种多样，方便教材使用者。 书中每章都设有“本章小结”“本章要点”“本章关键术语”“本章习题”等栏目，方便读者学习。

总之，这套系列教材紧密结合当前国内外金融研究的最新成果与金融政策发展的实际情况，全面讲述金融基本理论和基本知识。 我们相信“经济管理类课程教材·金融系列”的推出，能够为读者掌握现代金融知识，培养人才起到应有的作用。

中国人民大学出版社

第六版前言

近年来，中国经济高速增长，令世人瞩目。据统计，2021 年我国国内生产总值突破 114 万亿元，国民总收入超 113 万亿元，如期打赢脱贫攻坚战，如期全面建成小康社会、实现第一个百年奋斗目标，开启全面建设社会主义现代化国家新征程、向第二个百年奋斗目标进军。自党的二十大以来，中央在构建高水平社会主义市场经济体制方面，继续强调健全资本市场功能，提高直接融资比重，支持实体经济高质量发展。本书的一大特点是将习近平总书记重要思想引入教材内容，以习近平新时代中国特色社会主义思想为指导，全面贯彻落实党的二十大和党的十九届历次全会精神，为全面建设社会主义现代化国家、全面推进中华民族伟大复兴而团结奋斗。

本书结合新时代新特征，不仅在每一章的开头加入章前引例，帮助读者结合真实案例更直观地了解每一章的核心概念，还在每一章中以二维码的形式加入更多延伸阅读，感兴趣的读者可以十分便捷地通过手机扫描二维码的方式进行阅读。

为了更好地反映近年来投资经济学的发展和变化，使本书中的内容更适应未来经济发展的需要，我们对《投资经济学》进行了修订。本次修订对部分章节进行了调整，及时更新了相关的法律法规、政策文件以及数据。各章节主要的修订内容如下：第一章“投资的基本概念与理论”结合党的十九届五中全会精神，对创新理念进行了阐释；根据党的二十大精神，对中国式现代化投资理论进行了解读。第二章“投资规模”更新了有关固定资产投资、国内生产总值的数据。第三章“投资结构”加入了国家“十四五”规划纲要的相关内容，并对一系列数据进行了更新。第四章“投资环境”、第五章“投资体制”更新了数据，反映了投资经济在 2020 年和 2021 年的最新发展。第六章“融资方式”对股票发行部分进行了修改。第七章“融资决策”、第八章“投资项目管理”对投资经济的一些概念进行了重新表述。第九章“产权投资”对公式进行了部分修改。第十章“企业投资战略”、第十一章“国际投资”、第十二章“我国境外投资的发展”、第十三章“投资的宏观调控”更新了相关数据，并加入了近两年的最新案例。

中国人民大学的任淮秀教授和厦门大学的李东旭助理教授联合主持全书的修订工作，并设计了修订框架和原则。具体分工如下：曾凯欣负责第一章；方元康负责第二章；李世武负责第三章；姚之曦负责第四章和第十章；徐嘉汶负责第五章；康茗雅负责第六章；王嘉欣负责第七章；王靖妮负责第八章和第十一章；何佳珂负责第九章；段新玥负责第十二章；陈颖乐负责第十三章。全书由任淮秀教授和李东旭助理教授总纂定稿。

本书适于作为高等院校经济、管理学科本科生的教材或教学参考书，也可供从事相关行业的经济管理人员阅读和参考。由于时间紧迫，书中不足之处，恳请读者批评指正。

目录

第一章 投资的基本概念与理论 …… 001
第一节 投资的基本概念 …… 001
第二节 投资的理论 …… 009
第二章 投资规模 …… 016
第一节 投资规模概述 …… 016
第二节 投资规模的确定 …… 021
第三节 投资规模的调控 …… 024
第三章 投资结构 …… 033
第一节 投资结构概述 …… 034
第二节 产业投资结构 …… 038
第三节 投资结构调控 …… 047
第四章 投资环境 …… 057
第一节 投资环境概述 …… 058
第二节 投资环境评价 …… 064
第三节 投资环境优化 …… 075
第五章 投资体制 …… 083
第一节 投资体制概述 …… 084
第二节 我国投资体制的沿革 …… 087
第三节 我国投资体制的改革 …… 106
第四节 中外投资体制比较 …… 112

第六章　融资方式 …… 118

第一节　融资概述 …… 118
第二节　融资方式概述 …… 122

第七章　融资决策 …… 170

第一节　融资决策的概念、影响因素及原则 …… 171
第二节　资本成本 …… 175
第三节　财务风险的衡量 …… 184
第四节　资本结构与融资决策 …… 190

第八章　投资项目管理 …… 198

第一节　项目及投资 …… 199
第二节　投资建设项目周期 …… 203
第三节　投资项目决策 …… 214
第四节　项目管理知识体系 …… 228

第九章　产权投资 …… 233

第一节　产权投资的基本概念 …… 233
第二节　产权投资的决策分析 …… 240
第三节　产权投资的程序 …… 249

第十章　企业投资战略 …… 256

第一节　企业投资战略的基本概念 …… 256
第二节　企业投资战略的类型 …… 260
第三节　企业投资战略的制定 …… 265

第十一章　国际投资 …… 277

第一节　国际投资的产生与发展 …… 278
第二节　国际直接投资 …… 292
第三节　国际间接投资 …… 301
第四节　其他类型的国际投资方式 …… 309

第十二章　我国境外投资的发展 …… 316

第一节　我国境外投资发展概述 …… 317
第二节　境外投资发展战略 …… 321
第三节　我国政府对境外投资的管理 …… 328

第十三章　投资的宏观调控 …… 334

第一节　投资宏观调控的目标 …… 334
第二节　投资宏观调控的意义、原则和手段 …… 340

第一章

投资的基本概念与理论

章前引例

中国的电子商务巨头阿里巴巴 2014 年在美国上市，募资 220 亿美元，在创造有记录以来最大规模首次公开募股（IPO）的同时，也成就了其背后的投资人股东日本软银。

2000 年软银斥资 2 000 万美元投资阿里巴巴，获得 34%的股份，在 IPO 当日软银是阿里巴巴第一大股东，持有 34.1% 的股份，以 IPO 当日收盘市值2 310 亿美元计算，软银持有的阿里巴巴股份市值超过 600 亿美元、回报超过3 000倍。你觉得该事件反映了投资的什么含义？软银集团为什么要开展投资业务？

学习目标

- 理解并掌握投资的基本含义
- 了解投资的形式与作用
- 重点理解投资对于经济增长的影响途径
- 认识西方投资理论的形成与发展历程
- 了解中国投资理论的发展历程

第一节　投资的基本概念

一、投资的含义

投资作为一种经济活动，由来已久，只是在不同的社会形态与经济运行格局下，有着不同的含义。

在西方发达资本主义国家，投资通常是指为获取利润而投放资本于企业的行为，主要是通过购买国内外企业发行的股票和公司债券来实现。所以，在西方，投资一般是指间接投资；以“投资学”命名的书籍一般都会介绍如何计算股票和债券的收益、怎样估价风险和如何进行资产定价，从而帮助投资者选择获利最高的投资机会。

在我国，投资的概念既包括间接的股票、债券投资，也包括购置和建造固定资产、购买和储备流动资产的经济活动，有时还用来指购置和建造固定资产、购买和储备流动资产

（包括股票等有价证券）的资金。从事购置和建造固定资产、购买和储备流动资产（包括有价证券）的经济活动，必须运用资金，而运用上述资金的过程是一种经济活动。因此，投资一词具有双重含义，既用来指特定的经济活动，又用来指特种资金。简而言之，可以把投资定义为：经济主体为获取经济效益而垫付货币或其他资源于某项事业的经济活动。本书的论述就是在这种定义的基础上展开的。

从事投资，首先是谁来投资？投资活动的经济主体，简称投资主体，或投资者、投资方。在现实的社会经济活动中，投资者有多种类型，如各级政府、企业、事业单位、企业集团或者个人等。投资是这些人或人格化的组织进行的一种有意识的经济活动。

投资者为什么投资？垫付货币或资源，旨在保证回流，实现增值。投资活动是为了获取一定的经济效益。进行任何经济活动，使成果超过消耗，以少投入换取多产出，是任何社会形态下人类经济活动都要受其支配的一条基本经济规律。经济效益是投资活动的出发点和归结点。经济效益有其自然方面，还有其社会方面。不同社会形态下的经济效益，其社会实质和衡量标准是不同的。投资的效益，不仅体现在经济效益上，还反映在社会效益和环境效益等诸多方面。就广义而言，经济效益的内涵和外延含有经济、社会、环境效益统一的意思。

投资可以运用多种形式投放、运用于多种事业。直接投资是投资的重要方式之一，它直接运用于购建固定资产和流动资产，形成实物资产——生产资料，以产出产品，体现为使用价值和价值。间接投资也是投资的重要方式，它用于购买股票、债券，形成金融资产。

以货币资金（或资本）垫付为特征的投资活动是连续性的活动，它不是一次完成的。同时，投资也不只是一次性的投入行为，而是包含着资金的筹集、分配、使用和增值的全过程。投资是资金不断循环周转的运动过程。

投资主体、投资目的、投资方式和投资行为的内在特点及其相互关系，反映了投资这一经济范畴的质的规定性，这就是简要的投资含义。

应当指出，由于投资活动中运用资金与构建资产的经济活动是联系在一起的，投资的含义也就具有双重意义：它既是一种特定的经济活动，又是一种特种资金。

投资是商品经济的范畴。投资活动作为一种经济活动，是随着社会经济的发展而产生和逐渐扩展的。在古代，生产力水平低下，人们只能共同劳动、平均分配产品。产品没有剩余，如果确有需要，则实行物物交换，以其所有，换其所无。此时，投资无从谈起。随着生产力水平的提高，出现了剩余产品，而后交换产生、商业兴起、货币使用，逐渐产生了商业资本。在这个阶段，投资才有了可能，投资活动才逐渐萌芽。

到了中世纪末期，跨进 16 世纪和 17 世纪，商品货币经济进一步发展，资本主义经济产生，投资活动随之产生、发展和日趋活跃。资本主义经济中的投资，一般就是投资者——主要是资本家为获取最大利润而垫付货币，转换为生产资本，即投放资本于国内外企业的活动。随着近代社会化大生产和商品经济的发展，投资的方式经历了发展、演变的过程。在资本主义发展初期，资本所有者与资本运用者是结合在一起的，经济主体一般都直接拥有生产资料、资本，亲自从事生产经营，投资大多采取直接投资的方式，也就是直接投入资本建造厂房、购置设备、购入原材料和存货、雇用工人，进行生产和流通活动。进入 20 世纪以来，资本主义生产力和商品经济高度发展，占有资本同运用资本相分离，已日益成为资本运用的一种重要形式。因为资本所有者要兴办产业或开展交易，所以需要吸收和聚集更多的他人资本，否则不足以扩大其资本规模。此时，“实际执行职能的资本家转化为单纯的经理，即别人的资本的管理人，而资本所有者则转化为单纯的所有者，即单纯的货币资本家”①，而“资本所有权这样一来现在就同现实再生产过程中的职能完全分离”②。股份经济的出现和发展大大加速了这种分离的过程。因此，在过去直接投资的基础上，进一步兴起了新的投资形式，即通过购买各种证券（包括政府和公司债券、股票以及其他证券衍生产品）进行投资。资本主义的投资方式既包括购建各种实物资产的直接投资，也包括购买证券金融资产的间接投资。尽管投资的方式有所发展和变化，但为获取最大利润而投入资本的投资实质并没有改变。直至现在，在西方，人们谈及投资，更多想到的是购买证券金融资产的投资活动，以至投资学主要研究金融投资中各种资产的风险、定价和时机选择。

二、投资的实质

投资只在运动（生产和经营）中才具有生命力。通过人类有目的的活动，使投资资金遵循一定途径不断循环与周转运动，才能取得预期的效果——为个人提供更多的收益，为人类创造更多的财富，推动经济和科技的发展，推动人类社会的进步。

资金循环周转实现增值的过程，要依次经过三个阶段，相应采取三种不同的职能形式，才能使其价值达到增值，并在最后又回到原来的出发点进行新一轮的运动，开始新的循环过程。资金只有在连续不断的运动中才能实现价值的增值。图 1-1 是资金的循环运动示意图。

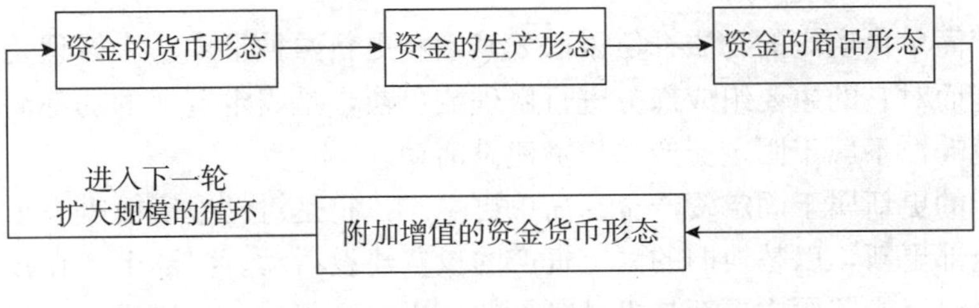

图 1-1　资金的循环运动示意图

投资是资金的运动过程。资金的投放不仅是为了增值，还有其他目的，如政府的财政投资的目的就是推动福利的最大化，更多地弥补市场的失灵。当然，企业和个人的投资是以利益最大化为追求目标的。财政资金来源于居民和企业的各种税、费收入，其中主要是企业的税收，它通过财政集中以后，将一部分用于非生产性投资和必要的社会消费支出，另一部分则由财政投资用于一些带有自然垄断性质的基础产业和战略性行业。

三、投资的分类

对投资进行分类的目的是认识不同投资活动的性质和特点，以便采取相应的措施和对

① 马克思，恩格斯．马克思恩格斯全集：第 25 卷，北京，人民出版社，1974：493.
② 马克思，恩格斯．马克思恩格斯全集：第 25 卷，北京，人民出版社，1974：494.

策，对投资活动进行科学管理。根据不同的划分标准，可以对投资进行不同的分类。一般按投资运用方式的不同，将投资分为直接投资和间接投资。

直接投资是指将资金直接投入投资项目的建设或购置以形成固定资产和流动资产的投资。从国民收入、国民生产总值来分析，直接投资能扩大生产经营能力，使实物资产存量增加，是经济增长的重要条件。间接投资是投资者通过购买有价证券，以获得一定预期收益的投资。

直接投资是基础，间接投资是寄生在直接投资上的寄生物，间接投资的收益来源于直接投资。但是，作为一种投资资金的筹措手段和方法，间接投资对投资事业不仅是不可缺少的，而且是一种推动力量，在发展现代经济中发挥着巨大作用，是现代经济不可或缺的。

（一）直接投资按性质不同又可分为固定资产投资和流动资产投资

固定资产是指在社会再生产过程中，可供长时间反复使用，并在其使用过程中基本不改变原有实物形态的劳动资料和其他物质资料，如房屋、建筑物、机器设备、运输工具、牲畜、役畜等。用于建设和形成固定资产的投资被称为固定资产投资。流动资产是指在企业的生产经营过程中经常改变其存在状态的资金运用项目，如工业企业的原材料、在产品、产成品、库存现金和银行存款等。用于流动资产的投资被称为流动资产投资。

发展社会生产必须拥有固定资产。固定资产会损耗，必须实现再生产。投资建设固定资产，就是实现固定资产的再生产，它包含简单再生产和扩大再生产。固定资产再生产在原有的规模上进行，是固定资产的简单再生产；在扩大的规模上进行，是固定资产的扩大再生产。

固定资产简单再生产的物质补偿采取大修理和更新两种形式。大修理是为恢复固定资产的原有性能而对它的主要组成部分进行修理或更换，是固定资产的局部简单生产，属于经常性生产范畴，不属于固定资产的投资建设活动。

固定资产的更新属于固定资产全部简单再生产，它是对已报废或丧失了使用价值的固定资产进行全部更新，以替换旧的固定资产的投资建设活动。实际上，在技术发展突飞猛进的今天，固定资产照原样更新是极其罕见的，更新往往结合改造进行，在维持简单再生产的同时，还包含有扩大再生产的因素。固定资产全部更新的价值补偿，通过提取折旧基金的办法来实现。折旧基金本质上属于固定资产全部简单再生产的补偿基金，但在一定条件下，也可作为扩大再生产的源泉来利用。因为固定资产在价值上的补偿过程和在实物上的补偿过程不一致，暂时不用的固定资产折旧基金，必然形成一个“货币沉淀”，它可用作积累，用来改良设备，以提高设备的效率；也可用来新建或扩建企业，作为形成新固定资产的投资。

固定资产的简单再生产还包括这样一种特殊情况，就是原有固定资产由于自然灾害或战争而遭受破坏，以后又投资建设，按原有规模重新恢复。恢复工程的投资来源不是折旧基金，而是依靠国民收入的积累基金分配作为保险基金的部分。

固定资产的扩大再生产是在简单再生产的基础上扩大原有的规模，它有两种类型——外延型扩大再生产和内涵型扩大再生产。它有三种形式——新建、扩建以及改建或技术改造。其资金来源主要依靠积累基金，部分来自折旧基金。划分“外延”与“内涵”，主要取决于投资项目的工程性质和固定资产再生产的形式。联系固定资产扩大再生产的主要形式即新建、扩建和改建或技术改造来看，前两种形式属于外延型扩大再生产，后者则主要属于内涵型扩大再生产。固定资产外延型与内涵型扩大再生产在投资建设活动中一般不是截然分开的，往往是互相渗透、交叉在一起，结合进行的。例如，新建和扩建企业一般都伴随着技术的革新，采用更先进的机器设备；而对原有企业的改建或技术改造，往往又要搞一些辅助、附属设施等属于外延型扩大再生产的新建或扩建工程。

目前，我国规定，固定资产投资再生产包括基本建设投资、更新改造投资和其他固定资产投资。

基本建设是指以扩大生产能力（或工程效益）为主要目的的工程建设及有关工作。按其性质分为以下种类：

（1）新建，一般是指从无到有、新开始建设的项目。若固定资产原先的基础很少，经扩大建设规模后，其新增加的固定资产价值超过原有固定资产价值 3 倍以上，则也算新建。

（2）扩建，一般是指在原有企业内扩大生产场所的建设，即“厂内外延”，包括原有企业为扩大原有产品的生产能力或增加新产品的生产能力而新建或扩建分厂、主要生产车间和其他工程。分期建设的项目，在一期工程之外建设的各期工程，都可视同扩建。

基本建设按其内容主要包括：① 建筑安装工作，包括建筑物和构筑物的建筑及机器设备的安装。建筑工作是指各种房屋、构筑物的建造工程；管道、输电线路的铺设工程；矿井的开凿以及石油和天然气的钻井工程；水利工程；炼铁炉、炼焦炉和砌筑工程等。设备安装工作主要包括生产、动力、起重、运输、传动、医疗、试验等领域各种需要安装的机械设备的装配及装置工程。② 设备、工具和器具的购置。③ 其他基本建设工作，如勘察设计、征地拆迁、职工培训、建设单位管理工作、科研试验、负荷联合试运转等。

更新改造是指对企业原有设备和设施进行更新及技术改造。其目的是要在技术进步的前提下，通过采用新设备、新工艺、新技术来提高产品质量、节约能源、降低消耗，达到提高综合效益和实现内涵型扩大再生产的目的。其内容主要包括：① 设备更新改造；② 生产工艺改革；③ 修整和改造建筑物、构筑物；④ 综合利用原材料和治理“三废”污染；⑤ 为了防止职业病和人身事故，对现有技术设备和建造采取的劳动安全保护措施；⑥ 市政设施的改造工程；⑦ 现有企业由于城市环境保护和安全生产的需要而进行的迁建工程。

其他固定资产投资是指按照国家规定不纳入基本建设和更新改造计划管理的全民所有制单位的其他固定资产投资。这些投资主要是用维持简单再生产资金安排的工程、简易建筑以及零星固定资产的建造和购置等。

固定资产投资又可按用途的不同，分为生产性建设投资和非生产性建设投资。生产性建设投资是指直接用于物质生产或直接为物质生产服务的建设投资，主要包括工业建设，农、林、水利、气象建设，运输、邮电建设，商业、公共饮食业、物资供应和仓储建设，地质普查和勘探业建设，以及建筑业建设等的投资。非生产性建设投资一般是指用于满足人民物质和文化福利生活需要的建设以及非物质生产部门的建设，主要包括房地产、公用事业、居民服务和咨询服务建设，卫生、体育和社会福利事业建设，教育、文化、艺术、科学研究和综合技术服务事业建设，金融、保险业建设，国家机关和社会团体建设等的投资。

实施固定资产投资，不论是创立新企业，还是更新改造现有企业，以新增固定资产投资运行，都必须垫付与其相配的流动资金。

在投资活动中，固定资产投资与流动资金之间客观上应有一个相对稳定的比例关系。一般来说，经济越发达，管理水平越高，流动资金投资占全部投资的比率（即流动资金投资率）越小。

投资分为固定资产投资与流动资产投资，在理论和实践上还有不同的认识与做法。一种观点认为，流动资金是短期周转资金性质，属于短期占用资金范围，不能作为投资看待。实际上，新增固定资产所需的垫底流动资金投入企业生产后，尽管不断周转，却是不能收回的，只要企业继续生产，流动资金就必须被长期占用。从这个角度理解和考察，流动资金也是长期占用资金，必须包括在投资范围之内。

在我国现阶段的实际工作中，有不少新投产的投资项目得不到流动资金的保证，不仅影响了投资效益的正常发挥和生产流通事业的扩大，也在一定程度上影响了社会总需求与总供给的平衡，这是需要研究解决的问题。

（二）间接投资按其形式主要可分为股票投资和债券投资

股票投资和债券投资统称证券投资或有价证券投资。它是投资者用积累起来的货币购买股票、公司债券或国债等有价证券，借以获得收益的投资活动。

股票是股份有限公司发给股东，用以证明其股权，并作为分配股利和剩余财产依据的一种所有权证书；债券是公司、金融机构或者政府向社会公众借债的凭证。股票和债券都是投资工具，但两者存在较大的差别，主要表现为：

（1）从投资性质上看，股票是公司的所有权，股东可以参与经营决策，而债券所表示的只是一种债权，它实质上是证券化的长期贷款。

（2）从风险程度上看，对投资者来说，股票的风险大于债券。

（3）从收益分配上看，股票的报酬有可能远高于债券，但股票只能转让，不能退股，没有到期日，也不能保证收益。当公司经营不善而发生亏损或破产时，股东将得不到任何股息，甚至连成本也保不住。但当公司景气时，股票持有者却能获得相当高的股利。债券是有期限的，到期时，债券发行人必须还本付息；但债券的利息又是固定的，公司盈利再多，债权人也不能分享。当企业破产时，在清偿的顺序上，债券优先于股票，其风险要比股票小。

投资也可以按其他标准分类。例如，按投资主体不同，可分为政府投资、企业投资、个人投资和联合投资；按投资对象国不同，可分为国内投资和国际投资；按投资时限不同，可分为中长期投资和短期投资；按投资资产的形态不同，可分为有形资产投资和无形资产投资等。

四、投资的作用

（一）投资对经济增长的影响

投资对经济增长的影响可以通过不同的途径，如投资→要素投入→经济增长、投资→经济结构（资源配置和规模经济）→经济增长、投资→知识进步（技术水平等）→经济增长等。

投资与经济增长的关系非常紧密。在经济理论界，西方和我国有一个类似的观点，即认为经济增长情况主要是由投资决定，投资是经济增长的基本推动力，是经济增长的必要前提。投资对经济增长的影响，可以从要素投入和资源配置来分析。

从要素投入角度看，投资对经济增长的影响表现在投资供给对经济增长的推动作用和投资需求的拉动作用两个方面。投资需求对经济增长具有拉动作用。投资需求是指投资活动所引起的社会需求，投资需求对经济增长的影响作用是双向的：扩大投资需求，将对经济增长产生拉动作用；缩小投资需求，则会抑制经济的增长。凯恩斯在分析投资需求对经济增长的影响时提出了著名的投资乘数理论。

投资乘数理论是凯恩斯主义宏观经济理论的一块重要基石，在西方经济理论中占据重要的地位。投资乘数理论建立在两大假设之上：一是假定消费支出在一年之内无穷多次地传递，从而形成无穷多次的收入，构成几何级数；二是储蓄生成无穷多次，并且每次形成之后都绝对静止不动。在这两大假设的基础上，投资乘数理论考察了投资需求对国民经济的影响作用，它的中心思想用萨缪尔森的话来概括就是：增加一笔投资会带来相当于这笔投资额数倍的国民收入增加，即国民收入的增长额会大于投资本身的增加额。用于投资的款项——像政府的、外国的或家庭的支出的任何独立变动一样——可以说是极为有利和一举数得的。投资增加额所带来的国民收入增加额的倍数就是投资乘数，其计算公式为：

$$\begin{aligned}\text{投资乘数} &= \frac{1}{\text{边际储蓄倾向}(MPS)} \\ &= \frac{1}{1-\text{边际消费倾向}(MPC)} \\ &= \frac{\text{收入的变动}}{\text{投资的变动}}\end{aligned} \qquad (1-1)$$

投资乘数理论具有很强的理论假设性，在现实中，投资需求的乘数作用由于受多种因素的影响，表现并不明显。但是，投资乘数理论十分清楚地说明，投资需求对经济的影响作用非常之大。投资需求有一个特点，那就是可控程度较高，因此投资需求是国家对宏观经济进行调控的主要内容。我国的经济历程表明，一旦投资需求失去控制，国民经济就会产生剧烈的波动，就会出现通货膨胀等现象。投资需求与经济增长具有同步性。

下面讨论投资的推动作用。投资供给主要是指交付使用的固定资产既包括生产性固定资产，也包括非生产性固定资产。这种投资供给，不论数量多少，都是向社会再生产过程注入新的生产要素，增加生产资料供给，为扩大再生产提供物质条件，是经济发展的要素。马克思的扩大再生产理论强调资本积累对财富增长的作用，认为积累是剩余价值的资本化，是扩大再生产的源泉。20 世纪 40 年代出现了著名的哈罗德-多马模型，该模型集中研究了扩大再生产过程中国民收入增长率、储蓄率和资本产量比率这三个变量的关系，指出在资本产量比率一定的前提下，收入增长率主要取决于储蓄率（积累率）。哈罗德-多马模型的基本公式为：

$$\Delta Y/Y = S/v \qquad (1-2)$$

式中，$\Delta Y/Y$ 为国民收入增长率；S 为储蓄率；v 为资本产量比率。

该公式说明，国民收入增长率等于该社会的储蓄率与资本产量比率之比。

再从资源配置角度来分析投资对经济增长的影响。资源配置最终反映经济结构，而合理的经济结构是经济发展的条件。经济结构通过两大部类比例关系、生产流通过程、生产资料和劳动力利用、技术进步和提高经济效果影响经济发展，而投资是影响经济结构的决定因素。所以，归根到底还是投资促进了经济的增长和平衡发展。

（二）技术进步、经济增长与投资三者之间的关系

技术创新与经济增长的研究可以追溯到古典经济学时期，在亚当·斯密的《国富论》中，已经有关于技术进步与经济增长关系的初步论述。最早认识到技术创新对经济发展有重要推动力作用的是马克思。马克思在《资本论》中论述了生产量的扩大可以不依赖于资本量的增加情况。其中，加强对自然力的利用、提高劳动者的技术熟练程度、改进劳动协作和组织、提高劳动生产率等，实际上都与技术进步的作用及其效应相联系。

技术进步是促进经济增长的重要因素，而投资是促进技术进步的主要因素。一方面，投资是技术进步的载体。任何技术成果的应用都必须通过某些投资活动来体现，它是技术与经济联系的纽带。另一方面，技术本身也是一种投资的结果。任何一项技术成果都是投入一定的人力资本和资源等的产物，新的技术开发和应用都离不开投资活动。

延伸阅读

技术进步

党的十九大报告强调创新是引领发展的第一动力，党的十九届五中全会进一步提出要坚持创新在我国现代化建设全局中的核心地位。习近平同志曾在华东七省市党委主要负责同志座谈会上强调：要深入实施创新驱动发展战略，推动科技创新、产业创新、企业创新、市场创新、产品创新、业态创新、管理创新等，加快形成以创新为主要引领和支撑的经济体系和发展模式。习近平同志指出：创新始终是推动一个国家、一个民族向前发展的重要力量；实施创新驱动发展战略，就是要推动以科技创新为核心的全面创新。

多年来，我们通过引进资金、技术，发挥低成本优势，逐渐成长为世界制造业大国，但大而不强一直是发展中的软肋，许多关键技术、大型成套设备、核心元器件和重要基础件都依赖进口。缺乏自主创新能力是制约我国产业结构优化升级的主要因素。如果不能尽快改变这种状况，就难以在新的国际竞争条件下形成新的核心竞争力。日本和韩国的经历表明，在低成本竞争优势丧失后，应努力提高自主创新能力，掌握知识产权，形成新的竞争优势。其经验值得借鉴。

提高自主创新能力，要走中国特色自主创新道路。我们应当清醒地看到，重要产业、重要领域的核心技术是买不来的，只能依靠自主创新，特别是原始创新。同时，要发挥我国市场规模巨大的优势，继续搞好引进、消化、吸收、再创新，重视走集成创新的新路子。这在三峡工程、高速铁路工程建设和装备研制中已有成功例子。要加快构建以企业为主体、市场为导向、产学研相结合的技术创新体系。抓住国际金融危机以来出现的新机遇，通过企业并购、技术合作、建立海外研发机构、吸纳各类人才等一系列举措，广泛而多渠道地吸收全球创新资源和最新成果，用于增强我们的自主创新能力。

增强自主创新能力，要着眼于抢占未来技术和产业制高点，与培育、发展战略型新兴

产业更好地结合起来。从当前世界科技和产业发展的新动向来看，“物联网”“云计算”“智慧地球”等新兴技术将极大地改变人类生产、生活和创新方式，新能源、新材料、新医药、节能环保、航空航天等产业的发展空间巨大。要准确把握这些新技术和新产业的变化方向，明确主攻重点，加强基础研究，突破核心技术，力争实现跨越式发展。

2017年，我国明确提出加快国家质量基础设施体系建设，具体举措是构建国家现代先进测量体系、加快国家标准体系建设、完善国家合格评定体系。这些举措对加快推进中国制造向中国创造转变、中国速度向中国质量转变、中国产品向中国品牌转变具有十分重要的意义。

近年来，我国产品质量、品牌、标准建设取得明显成绩，但与世界先进水平相比还有很大差距，标准建设尤为滞后。质量是企业的生命，是自主创新的基础，也是竞争力的根本保障。品牌是自主创新的结晶，是质量和信誉的载体，具有广泛的认知度和市场空间。标准是自主创新的制高点，谁掌握了制定标准的话语权，谁就掌握了市场竞争的主动权。我们要在这些方面继续努力，力争实现新的突破。

另外，要促进技术进步，宏观投资需要发挥导向性作用。宏观投资应逐步转向科研开发、教育和知识技术密集型新兴产业或部门。发展新兴产业是实现产业结构转型的需要，在一定时期内加大新兴产业的投资额与投资比重，逐步建立新的技术和产业群。鼓励和支持对外直接投资与风险投资等现代化投资方式的发展，很多成熟的投资理论表明，对外直接投资可以在很大程度上促进本国技术的发展进步，对于优化本国的产业结构具有较强的促进作用。而风险投资作为国外市场高新技术产业发展初期主要的资金来源，也需要政府相关政策予以大力支持。

第二节 投资的理论

投资的理论既涉及资本理论、价值理论，又涉及经济增长与发展等方面的理论。因此，对投资理论的系统研究是对经济学研究的一些根本问题进行探讨，是经济学发展的一个重要分支。对比中外投资发展的情况，我们可以发现：中国投资体制的变革与发展是在投资理论指导下形成的，而国外投资体制的发展变化也是在相应的投资理论指导下进行的。国内外在投资理论的发展变化上存在很多不同之处。

一、中国投资理论的发展变化

（一）马克思主义资本理论

中国的经济理论是以马克思主义经济理论为基础的，中国的投资理论实际上也是以马克思主义关于资本积累和资本扩大再生产的理论论述为背景及指导的。

1. 关于投资与资本形成的关系

虽然马克思没有过多的关于投资与资本的专门论述，但他仍然坚持把投资与资本联系在一起进行研究。他认为，投资实际上就是把货币转化为生产资本。在他看来，这是资本运动中一个不可缺少的阶段和环节，是资本具有生命力的象征和标志。

由于马克思是从价值生产的角度来分析两者的关系，所以他主张把生产资本分为以生产资料形式表现出来的不变资本和以劳动力形式表现出来的可变资本。同时，他又从价值转移的角度进行分类说明，把生产资本分为以机器、设备及生产建筑物等形式体现出来的固定资本和以原材料、燃料、辅助材料及工资等形式体现出来的流动资本。因此，马克思所指的投资实际上就是用货币购买生产资料和劳动力，以形成固定资本和流动资本的一种经济活动。从投资性质的角度来分析，投资只包括生产性投资，而不包括非生产性投资。其原因在于，马克思是从区分固定和流动的角度出发的，能够区分为固定资本和流动资本的，一定是生产过程中使用的生产资本，而非生产性的建筑物，如住宅等并不属于生产资本，因而没有被包括在投资中。在马克思的投资概念中也没有包括人力资本投资的含义，因为人力资本投资的实质是改善人力资源的质量，并通过改善质量提高生产力水平，而一无所有的工人不可能对自身进行人力资本投资。

2. 关于投资范畴问题的研究

马克思曾指出，社会的生产力是用固定资本来衡量的，生产力是以物的形式存在于固定资本中的。显然，马克思所指的以物的形式存在于固定资本中的这种生产力是通过投资所形成的社会再生产的物质技术基础，包括为工业、农业、交通运输业、建筑业、商业等物质生产部门实现再生产提供的劳动资料。不仅如此，与劳动人民物质文化生活相关的一些基础设施建设也包括在内。这些为满足生产和生活两方面需要所进行的投入后来都被称为固定资产投资。

由于新增社会生产力是用固定资本来衡量的，所以在一般情况下，人们很容易把投资与固定资产的增长联系起来。苏联的一些经济学家在探讨集中计划经济条件下的直接投资问题时，甚至把固定资产投资建设的经济问题都归入基本建设经济学和基本建设投资拨款与信贷学的研究之中。苏联科学院院士 T.C. 哈恰图罗夫所著的《基本建设投资效率》一书曾成为对社会主义国家投资理论和方法较有影响的一本著作。

受苏联投资理论的影响，我国经济理论界曾把投资理论研究的范畴长期定在基本建设投资上。基本建设是指以扩大生产能力（或者工程效益）为主要目的的工程建设以及有关工作，主要包括建筑安装，设备工具和器具的购置，其他基本建设工作，如勘察设计、科研实验等。我国从前的计划经济一般把固定资产投资称为基本建设投资，并且以政府为唯一的投资主体；20 世纪 80 年代中期以后，随着我国改革开放的步伐不断加快，经济理论界对投资的认识又从基本建设投资的概念回到了固定资产投资的思路上，并开始关注与此相应的流动资产投资问题。

（二）我国社会主义投资理论的发展

1949 年以后，我国社会主义经济实行的是以生产资料公有制为主体，有计划、按比例高速增长的经济模式。在社会主义“一大二公”的前提下，投资主体显然是唯一能够代表全体劳动人民经济利益的国家和政府，投资的来源主要是公共积累和财政投入，投资者之间的利益关系是平等互利且共同一致的。投资理论研究所要回答的主要问题就是如何使投资能够有计划、按比例地促进国民经济的高速增长。

21 世纪以来，我国引进了大量的现代投资理论，这些理论经过中国资本市场的实践论证以及全球金融危机、新冠肺炎疫情公共卫生事件的冲击洗礼，逐渐发展出了适应于中国式现代化市场发展的投资理论。我国有关投资理论与实践问题的研究在投资主体、投资结构、投资利益等各方面均取得了显著进展。2018年1月，习近平总书记在中共中央政治局第三次集体学习时强调建设现代化经济体系。投资建设现代化经济体系，关键在于转变经济发展方式、优化经济结构、转换经济增长动力。

习近平新时代中国特色社会主义思想指导下的中国式现代化投资理论主要体现在五个方面：第一，大力发展实体经济。党的二十大报告提出坚持把发展经济的着力点放在实体经济上。要大力发展实体经济，破除无效供给，培育创新动能，降低运营成本。第二，实施创新驱动发展战略。中国将坚持实施创新驱动发展战略，着力培育和壮大新动能，不断推动转方式、调结构、增动力，推动经济高质量发展，推动制造业加速向数字化、网络化、智能化发展。第三，积极推动城乡区域协调发展。建立健全城乡融合发展的体制机制和政策体系，促进新型工业化、信息化、城镇化、农业现代化同步发展，在增强国家硬实力的同时注重提升国家软实力，不断增强发展的整体性。第四，推进高水平对外开放。经济全球化是历史大势。中国在改革中前进，在开放中发展，对外开放已经成为中国的基本国策。从党的十八大报告“全面提高开放型经济水平”，到党的十九大报告“推动形成全面开放新格局”，再到党的二十大报告“推进高水平对外开放”，充分表明中国的对外开放一以贯之，中国加快建设贸易强国，推动共建“一带一路”高质量发展，维护多元稳定的国际经济格局和经贸关系，并不断向更大范围、更深层次、更多领域挺进。第五，深化经济体制改革。具体来说，投资建设全国统一大市场是深化经济体制改革的必然选择。加快建设高效规范、公平竞争、充分开放的全国统一大市场，为构建投资发展新格局、建设高标准市场体系、深化要素市场改革提供强有力的支撑，将持续提升我国经济的韧性、抗风险能力和国际竞争力。

与此同时，现代投资理论在中国语境的应用中应当在三个方面引起注意。首先，现代投资理论的运用应当在充分理解中国资本市场运行逻辑的基础上，辩证地学习并吸收海外标准化的投资理念。其次，在全球经济面临挑战、地缘政治不确定性上升的国际背景下，投资理论的发展应当重点关注高新技术、绿色投资等中国具有核心竞争潜力的重点领域。最后，中国现阶段投资大多依赖于综合交通基础设施建设，缺乏与基建维护配套的长期稳定资金保障体系，财政性资金来源稳定性不足，现代投资理论的发展应当重点关注拓展与投资结构所配套的融资模式。基于以上三点，投资学理论在我国的应用边界还有待进一步拓展。

二、西方投资理论的形成与发展

（一）近代西方投资理论的形成

在前古典经济学时期，“投资”这个词语并没有出现，而是用“资本”一词来替代。实际上，在西方古典政治经济学产生之前，经济著作中几乎找不到投资这个词语，甚至与投资密切相关的资本问题也很少涉及。后来，到了重商主义晚期，像托马斯·孟等人才开始提出除货币之外的“存货”概念，认为财富的一部分必须作为存货加以利用，即用于为卖而买，以赚取利润。由此可见，在这一时期，人们已经不再拘泥于货币本身的增值能力，而是将注意力逐渐转移到由货币所购买的东西所具有的增值能力，从而显示了人们对于资本的视野更加开阔了。

后来，重农学派从根本上改变了重商主义关于财富起源的看法，把经济研究重心从流通领域转到生产领域。魁奈用“预付”一词代替货币资本，认为预付越大将允许采用更有生产效益的方法。魁奈之后的杜尔哥可以看成把资本作为生产要素这一专门理论的创始人，他把商业和制造业置于与农业同等重要的地位，强调预付为经济活动中一切部分所必需。但是，关于资本在生产中的作用的古典看法是亚当·斯密的创见，因为是他把分工和资本积累的探讨结合起来，并强调资本积累是促进增长的首要因素。在他那本著名的经典之作《国民财富的性质和原因的研究》的第二篇“论资财的性质及其蓄积和用途”的讨论中，亚当·斯密分析了资本的来源及其积累的动机并指出，资本来自勤劳和节俭，通过勤劳创造了财富，而通过节俭又把它们积聚起来，资本家进行积累的根本动机则是为了获取利润。在此基础上，亚当·斯密考察了资本的构成与职能等问题，明确提出了固定资本与流动资本两个概念，并把人们通过学习而获得的技艺和才能也视为固定资本的一部分，显示了他关于人力资本的先驱思想。关于资本的职能，亚当·斯密认为：一般来说，流动资本通过预付而使劳动成为可能，固定资本通过提高生产率而使劳动更加便利，因而可以提高劳动生产率。至此，亚当·斯密对资本积累或者资本形成，即投资产生的原因与作用做了较为全面而又深刻的研究和阐述。

亚当·斯密有关资本的思想集中和概括了古典经济学的精华，而且兼备了以后发展为两种不同资本理论体系的萌芽。詹姆斯·穆勒等其他古典经济学家在强调他们所说的资本品时，通常使用生产工具一词；李嘉图也曾经说过“生产、劳动、机器和资本的联合运用”，从而把资本和劳动等同起来。这一脉思想流传下来，逐渐演变为有关资本理论的现代形式，即资本作为生产要素的一种，它可以替代其他要素，也可以被替代。当然，尽管亚当·斯密非常注重资本积累是促进经济增长的一个要素，但他仍然认为人类劳动在生产中具有特殊的首要位置。后来，很多经济学家也因此否认了资本作为生产要素的地位，从而走上了劳动价值论研究的发展方向。从李嘉图到马克思，再到现代的新剑桥学派，关于资本的观点基本上是在这一框架中发展的。

19 世纪 70 年代以后发展起来的以边际效用价值理论为理论基础，以边际分析方法为基本方法的新古典经济学，对投资理论的研究主要体现在两个方面：一是继承了古典经济学关于资本是一种生产要素的思想并加以体系化，运用边际思想使之形式化，这一进程开始于杰文斯；二是对古典资本理论没有能够说明的某些投资问题进行了补充与完善，这一进程主要是由克拉克等人推进的。

杰文斯作为英国边际效用价值理论的创始者，他对资本的理解也贯穿着“边际”的思想精髓。他把资本的生产性能唯一地归结为时间的函数，并把资本与物质无差异的时间统一起来，从而可以推算某一个投资年度内的产品边际效益，进而计算资本密集程度。

马歇尔把生产的诸要素（包括各种资本品在内）放在同等的地位上，也就是说，资本是生产的一个要素，与土地或劳动处于同等的地位。此后，资本越来越被看成一个同质的总体，它是节约创造的，可以投入某一工业或者转入其他产业。如果使用得当，资本就会产生非负的边际产品。从这个意义上讲，它是有生产效益的，并且与其他生产要素相比，如果资本使用的数量增大，将会有更高的生产效益。

资本与投资虽有许多相同或相似之处，但也存在很大的差异，至少资本理论没有能够说明资本性需求与消费性需求之间的依存关系。有鉴于此，美国新古典学派的主要代表克拉克在 1917 年发表的《经济加速与需求规律：经济周期中的技术性因素》一文中，首次提出了加速度原理型投资理论，说明了消费品生产与现存资本设备存量之间存在固定的关系。而资本设备存量的变化依赖消费需求的变化率而变化，变化的方向则与资本设备的耐用年数有关。根据克拉克提出的加速度原理，哈罗德于 1939 年、希克斯于 1950 年分别总结了净投资与生产量增量之间的关系以及影响社会投资资本系数的加速度系数。

（二）现代投资理论的形成与发展

1936 年，凯恩斯在《就业、利息和货币通论》（以下简称《通论》）一书中，首次把投资作为一个重要的自变量纳入其国民收入一般均衡模型中。他认为，投资引诱理论在其就业一般理论体系中居于主要地位，投资展望与投资决策对就业波动起关键性的作用。不仅如此，在《通论》一书中，他还提出了著名的投资乘数理论，认为在一定倾向下，国民经济中新增加的投资可导致收入的多倍增加。凯恩斯宏观投资理论的提出及自此以后人们对投资认识的深化，投资概念的扩展，以及对投资与经济、金融等若干关系的深入探讨，实际上标志着西方投资理论的研究已经步入了现代研究的发展阶段。其主要特征表现在以下几个方面：

1. 投资在经济发展中的地位进一步得到提升

在凯恩斯的全部理论分析中，虽然消费与投资的区别是基本的，但两者又巧妙地紧密结合着，构成就业一般理论的独特结构。在这个独特结构中包含着这样一个定理：设消费倾向已知，那么就业的变动就取决于投资的变动。根据凯恩斯的这一定理，我们可以理解成就业的水平取决于投资的水平。尽管凯恩斯的理论不考虑时间因素，也不考虑资本存量的技术变化对经济的影响而具有一定的局限性，并且后来的许多经济学家（如哈罗德、多马、刘易斯、纳克斯、罗斯托等人）从不同角度对此加以修正和补充，但受凯恩斯的影响，他们几乎都在其经济增长模型中给投资经济活动留下了特别重要的地位。

2. 投资理论与实践的范畴进一步扩展

传统经济学一直把物质资本作为主要的甚至是唯一的研究要素，而长期忽略了知识和人力资本在经济发展中的作用。但是，从 20 世纪 50 年代末 60 年代初期开始，当代西方经济学家注意到知识和人力资本投资的巨大作用，并对此进行了卓有成效的研究。以加尔布雷思、西奥多・舒尔茨、加里・贝克尔为代表的经济学家，是这方面研究的先导，继起的是以保罗・罗默、卢卡斯、斯科特和巴罗为代表的新增长理论学派。

3. 强化了对金融投资的研究，并通过企业投资行为将金融投资与实物投资结合起来

斯蒂格利茨认为，家庭购买股票和债券属于金融投资，企业有可能将这些金融投资用于购买新机器和建筑物。购买新机器和建筑物代表企业的投资，我国称之为实物投资。在宏观经济学中，我们所说的投资是指实物投资，而不是金融投资。因此，投资的决策是由企业做出的。

除此之外，当代西方经济学家对于金融与投资、风险与投资、宏观经济波动与投资等方面的问题都有比较广泛的研究。

三、中国式现代化投资理论

相较于西方传统的投资理论，中国式现代化投资理论在近年来取得显著发展。从投资理论的应用场景到投资对象，再到投资理论的研究方法，中国式现代化投资理论均显著区别于西方投资理论，并对我国社会主义现代化经济体系建设产生了深远影响。

（1）中国式现代化投资理论根植于中国特色社会主义市场经济，既反映各国现代化的共同特征，又有十分鲜明的中国特色，既借鉴人类一切文明成果，又超越资本主义现代化，既展现其内在本质要求，又必须把握重大基本原则。相比之下，西方投资理论主要建立在西方资产阶级经济学理论的基础上，研究自由资本主义条件下的投资问题，然而近年来西方资本市场极端事件频发，市场失灵现象横生，传统的西方投资理论正日益受到实践的挑战。

（2）中国式现代化投资理论强调实体经济是经济发展的着力点，进一步深化金融改革、金融创新，高质量地服务实体经济的投资和发展。相比之下，西方投资理论的主要关注点在于金融投资，而实物投资、投资质量等方面的理论直到近年才兴起。

（3）中国式现代化投资理论的拓展基于多样化的研究方法，包括田野调查、大数据分析、案例研究、行为实验等。相比之下，西方投资理论的探索主要集中于以机器学习为代表的量化分析，研究范式主要是基于经典理论模型进行实证检验，研究方法仍较为传统。

> **延伸阅读**
>
> “第四次工业革命”是否会是3D打印技术

本章小结

本章主要介绍了投资的基本概念和投资的基本理论。第一节从投资的含义出发，介绍了投资的不同社会形态以及在不同经济运行格局下人们对投资的不同理解；接着论述了投资的本质和投资的分类；最后详细分析了投资的作用。第二节分为三个部分，第一部分详细分析了我国投资理论的发展变化，第二部分详细介绍了西方投资理论的形成与发展，最后一部分详细介绍了中国式现代化投资理论。

本章要点

- 投资的基本含义
- 投资的实质与分类
- 投资的作用
- 中国投资理论的发展变化
- 西方投资理论的形成与发展

本章关键术语

投资	直接投资	间接投资	投资乘数
资本积累	存货	边际效用价值理论	现代投资理论

本章习题

1. 简述投资的含义与实质。
2. 简述投资的作用，并结合实际加以说明。
3. 简述中国投资理论发展的历程。
4. 简述西方投资理论发展的历程。
5. 简述中国式现代化投资理论的特点。
6. 若增加一单位收入会使消费增加 0.74 个单位，求投资乘数。
7. 若收入增长 50%，投资增长 10%，求投资乘数。
8. 若国民储蓄率为 50%，资本产量比率为 2，求国民收入增长率。

第二章
投资规模

章前引例

2020 年中国对外直接投资 1 537.1 亿美元，流量规模首次位居全球第一。

从“量”看，对外投资继续保持总体活跃。看流量，2020 年中国对外直接投资 1 537.1 亿美元，同比增长 12.3%，流量规模首次位居全球第一；中国在全球外国直接投资中的影响力不断扩大，流量占全球比重连续 5 年超过 10%，2020 年占 20.2%。看存量，截至 2020 年年末，中国对外直接投资存量达 2.58 万亿美元，居世界第三位，存量规模占全球比重为 6.6%，较上年提升 0.2 个百分点。总体看，中国对外直接投资规模略高于吸引外资规模，双向投资基本持平，引进来、走出去同步发展。

从“主体”看，各类对外投资主体齐头并进。非公有经济控股主体投资规模与公有经济控股主体投资规模大体相当，2020 年对外非金融类投资流量中非公有经济控股的境内投资者对外投资 671.6 亿美元，占 50.1%，同比增长 14.1%；公有经济控股的境内投资者对外投资 668.9 亿美元，占 49.9%，同比增长 15.1%。超六成投资来自地方企业。

近年来，中国持续推进更高水平对外开放，对外投资合作不断取得新成效。

投资规模的概念是什么？投资规模有几种类别？投资规模是如何确定的？投资规模是通过哪些手段进行调控的？

学习目标

- 理解年度投资规模、在建投资规模的含义及相互关系
- 了解投资规模的衡量方法和变动规律
- 深入理解投资规模对于宏观经济的影响方式
- 了解我国历史上投资规模的变化情况及相应的经济背景

第一节　投资规模概述

一、投资规模的含义

投资规模是指一定时期内一个国家或一个部门、一个地区的有关单位在固定资产再生

产活动中投入的以货币形态表现的物化劳动和活劳动的总量。一定时期的投资规模必须与一国经济发展水平相适应。投资规模有两层基本含义，即年度投资规模和在建投资规模。

年度投资规模是指一年内一个国家或一个部门、一个地区的有关单位投入到固定资产再生产方面的资金总量，是一个国家或地区在一年内实际完成的固定资产投资额，反映了一年内投入到固定资产再生产上的人力、物力、财力的数量。年度投资规模应与当年的国力相适应。

在建投资规模是指一个国家或一个部门、一个地区的有关单位当年施工的建设项目全部建成交付使用所需的投资额，包括以前年度已完成的投资以及本年度和以后年度继续建设所需要的投资，反映了一定年份全国实际铺开的建设战线的长短。在建投资规模应与一定时期的国力相适应。

二、年度投资规模和在建投资规模的相互关系

年度投资规模与在建投资规模是两个既有一定区别，又有密切联系的概念。

（一）年度投资规模和在建投资规模的区别

1. 统计口径不同

年度投资规模是根据各个项目的实际施工进度进行统计的，是当年实际完成的工作量。而在建投资规模是按各个开工项目的概（预）算额统计的，是一定时期全部施工项目概算投资总量，包括以前年度已完成的工作量、当年完成的工作量和以后年份需要完成的工作量。由于当年开工、当年竣工并交付使用的项目比较少，绝大多数项目都需要跨年度施工，而能够当年开工、当年竣工并交付使用的建设项目所占的比重小，投资比重较大的大中型项目，大部分的建设周期超过一年，各个项目在一定年份中所完成的投资额之和，总是小于它们的概（预）算投资总额，因此年度投资规模总是小于同期的在建投资规模。

2. 反映的供求关系不同

年度投资规模是一定年度实际完成的投资额，其大小受到当年实际施工力量、投资品供求量和投资资金可供量的限制，因而其数额反映当年的固定资产投资的实际供应量；而在建投资规模是指已铺开的建设战线，全部完工需要多少投资量，因而其数额反映了该时期的固定资产投资需求量。需求量必须与可供量相适应，因此在建投资总规模必须根据该时期的年度投资承受能力加以确定。

3. 影响因素不同

年度投资规模的大小主要受当年的建设物资生产供应总量以及国家或地区财力状况的影响，当经济波动时，为保证消费的相对稳定，年度投资规模只得随之波动；而在建投资规模的大小，应当根据当年的国力状况决定，按照一定时期国力的综合实力合理安排建设项目。除此以外，在建投资规模还在一定程度上受到建设项目开工计划的主观因素的影响，这使得有效控制在建投资规模在投资宏观管理中显得更为重要。

4. 对国民经济的影响不同

年度投资规模主要影响当年社会经济的供求平衡；而在建投资规模不仅影响当年的经济供求平衡，更主要的是将对国民经济产生持久性的影响。

5. 调节的难度不同

在建投资规模具有存量的调整，上一年未完的项目，还要结转到以后年度。要压缩在建投资规模，手段主要有停建、缓建，显然调节的难度较大。此外，那些停（缓）建的项目势必会造成人力、财力、物力方面的损失和浪费；而年度投资规模的调节可通过调节投资品以及投资资金的供应量来实现，调节起来相对容易。

6. 适当与否的评价指标不同

年度投资规模是否适当，主要看投资率的高低。投资率是指年度投资规模占 GDP 的比重。投资率越高，说明当年投资规模占 GDP 的比重越大，用于消费和流动资产积累部分的比重相应缩小；反之，则说明投资不足，年度投资规模偏小。而在建投资规模是否适当，主要看建设周期的长短：建设周期过长，意味着在现有的投资承受能力下，无法按合理的工期完成已经铺开的在建投资规模，表明在建投资规模过大；反之，则说明在建投资规模过小。

7. 两者变动的方向和变化幅度不同

在年度投资规模和投资方向保持稳定的情况下，在建投资规模和年度投资规模应基本保持一致。当调整投资结构或方向时，如果年度投资增加并且主要用于当年竣工的项目，则在建项目以后年度建成交付使用所需的投资额会减少，在年度投资规模上升的同时，在建投资规模下降；如果当年投资减少且主要投资于新开工项目，则在建项目以后年度交付使用所需的投资额会增加，因此在年度投资规模下降时，在建投资规模趋于上升。

（二）年度投资规模和在建投资规模的联系

1. 年度投资规模是在建投资规模的基础

加大年度投资规模，往往会波及在建投资规模的扩大；反之亦然。如果一定年度投资安排过多，新开工项目大量增加，最终会导致在建投资规模的扩大。也就是说，只有国家每年能够完成较多的投资，能够实现较大的年度投资规模，才能有较大的在建投资规模，因此合理的年度投资规模是确定在建投资规模合理数量界限的基础。

2. 在建投资规模又会影响年度投资规模

年度投资规模的大小也要受在建投资规模的制约。在建投资规模扩大，一定时期的投资需求就大，必然要求年度投资规模与其相适应。在建投资规模过大，在投资规模过大的年份内就可能有更多的新项目，容易引发年度投资规模膨胀。要保持年度投资规模合理，主要有以下两种选择：

（1）停（缓）建一部分在建项目，以保证其余项目按期完工。

（2）各个项目所需资金都供应不足，尽管不需要停（缓）建一部分项目，但项目的建设周期就会拉长。为了避免这两种情况，各个项目都会想方设法争取投资资金，最终导致年度投资规模膨胀。因此，适度的在建投资规模是保证年度投资规模的客观前提。

三、投资规模的衡量与变动规律

反映投资规模大小的指标主要有两种：一是绝对值指标，具体是指投资额。投资额越大，说明投资规模越大。二是相对值指标，具体是指投资率和增长率。投资率越高，说明投资规模占 GDP 的比重越大；增长率越高，说明投资规模增长越快。

（一）年度投资规模的衡量及变动规律

1. 年度投资规模的衡量

年度投资规模是指一个年度内建造和购置固定资产的资金量以及与此相关的全部费用，通常用投资率和投资贡献率两项指标衡量。

（1）投资率＝年度固定资产投资额/当年国内生产总值。这个指标表明在当年的总产出中，有多少资金用于投入，应根据一国的总供求状况、消费水平状况、就业水平、物价水平等因素确定。

（2）投资增长弹性系数（投资贡献率）＝投资增长/GDP 增长。这个指标从动态角度考察和分析投资规模是否合理。

延伸阅读

15 省份公布投资计划总规模超 24 万亿元

2. 年度投资规模的变动规律

概括地讲，年度投资规模具有波动增长的规律，即从短期来看表现为波动性，从长期来看表现为增长性。

（1）年度投资规模的短期波动性。年度投资规模具有波动性，其原因主要有以下几点：

首先，国民经济的波动使投资规模波动。国民经济受各种因素的影响，在各个年度可能会出现一定的波动，有的年度增长得快一些，有的年度增长得慢一些，有的年度甚至会出现负增长。在经济增长快的年份，增加的大部分收入除用于消费基金满足人民生活之外，主要用于投资。由于消费增长弹性相对较小，投资增长就会以比经济增长更快的速度增长；相应地，在经济零增长或负增长的年份，为了确保人民群众的生活水平有所提高，就要大量削减投资、压缩投资规模，在国民收入分配过程中，由于消费增长弹性相对较小，投资将以比经济更快的速度下降，年度投资规模呈现出波动性。

其次，分配政策和分配结构的变化使投资规模波动。在经济总量既定的情况下，年度间可能会出现分配政策和分配结构的变化。例如，改变国民收入中用于积累和消费的分配比例，以增加或减少国家的积累基金；或是在积累使用额中，改变流动基金积累与固定资产投资比重，增加或减少固定资产投资来源；此外，国家引导社会资金流向的手段是否有力，也会对投资规模产生一定的影响。例如，调整利率、刺激资本市场等，会使一部分消费基金转化为投资资金，从而影响投资规模的大小。

最后，技术经济政策以及折旧政策的变动使投资规模波动。折旧基金是固定资产投资的一个重要资金来源，折旧基金的数量直接影响投资规模。而折旧基金的数量取决于现有计提折旧的固定资产总额和折旧率的高低。在折旧率既定的条件下，折旧基金提取的数量依据计提折旧固定资产总额的变动而变动。国家的技术经济政策以及折旧政策的变化，将直接影响现有计提折旧的固定资产总额。国家的技术经济政策中所规定的技术标准、技术规范等，将影响年度折旧基金的提取数量，进而会影响投资规模。

年度投资规模的短期波动性的特点表现为波动方向与国民经济波动方向相同，即国民经济增长率上升，年度投资规模增长率上升；国民经济增长率下降，年度投资规模增长率也下降，但波动的幅度要比经济波动的幅度大得多。据测算，其波动幅度约为经济波动幅度的 3 倍，即经济增长 1 个百分点，年度投资规模将增加近 3 个百分点。

（2）年度投资规模的长期增长性。年度投资规模除具有短期的波动性外，还具有长期的稳定增长特征。年度投资规模之所以有稳定增长性，其原因如下：

一方面，从长期看，随着国家经济的发展和整个社会的固定资产存量不断增加，在折旧率既定的情况下，每年提取的折旧基金数量越来越多，折旧基金将不断增加，从而使社会利用折旧基金进行投资的规模不断增加。另一方面，从长期看，经济是不断增长的，而消费的增长速度相对比较迟缓，投资增长会相对较快，因此使得投资呈现出稳定增加的趋势。

此外，随着金融市场的不断发展，金融创新品种的不断涌现也会直接或间接地推动投资规模的增加。总之，年度固定资产投资规模呈现出短期波动和长期增长的态势。年度投资规模的增长将比经济增长更快，并且随经济增长率的变化而波动。投资规模长期的稳定增长性，可以从中外各国投资与经济增长的实证分析中得到证明。1981—1999 年，我国 GDP 年均增长率为 9.96%，而固定资产投资年均增长率为 21.04%；2004 年在国家宏观调控政策的引导下，我国经济获得了平稳发展，GDP 增长率与 2003 年的 10.0%基本持平，达到 10.1%，而固定资产投资增长率达到 25%。2005—2007 年，我国固定资产投资增长率仍然保持快速发展的势头，但在 2008 年上半年有所回落。2008 年，在美国次贷危机的影响下，全球经济形势发生了巨大的变化，国内经济形势也出现了下行风险。为此，国家加大投资力度，尤其是在 2008 年 10 月宣布了 4 万亿元的国家投资计划，地方政府在此基础上增加了配套资金，致使投资规模再次扩大。

自 2014 年以来，我国经济发展进入新常态，经济下行压力明显增大。尽管我国经济由高速增长转为中高速增长，固定资产投资的增速也下滑，但年度固定资产投资规模仍然长期增长。我国 2015—2021 年 GDP 年均增长率为 6.26%，而固定资产投资年均增长率为 6.34%，其中 2020 年间由于新冠疫情影响，GDP 增长率下降到了 2.3%，固定资产投资增长率下降到了 2.9%，而后在 2021 年年初，GDP 和固定资产投资都得到了一定的恢复（如图 2-1 所示）。

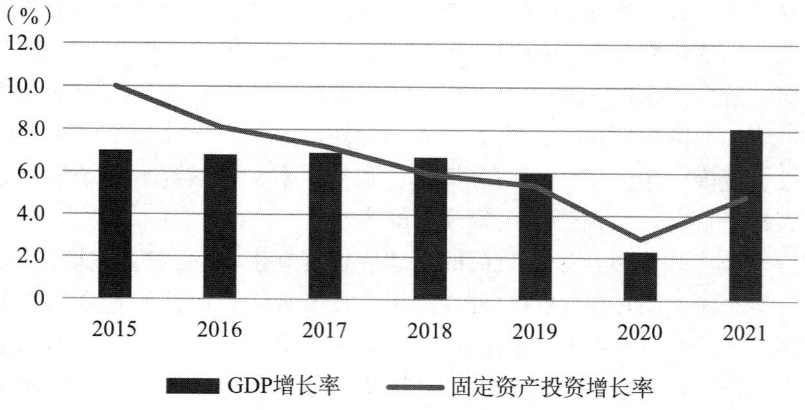

图 2-1 我国 2015—2021 年 GDP 增长率和固定资产投资增长率

（二）在建投资规模的衡量及变动规律

1. 在建投资规模的衡量

在建投资规模反映和决定在一定时期的投资需求状况，在建投资规模决定的投资总需求的扩张会导致投资规模膨胀。在建投资规模的衡量指标主要有：

(1) 投资比率＝在建投资规模/GNP，正常年份为0.9～1比较合适。

(2) 建设周期＝在建投资规模/年度投资规模，正常年份为3.1～3.7比较合适。

(3) 资金占用率＝在建项目累计完成投资/在建投资规模，正常条件下为60%～67%比较合适。

(4) 新增规模扩大率＝新开工项目投资总额/在建项目当年投资额，正常为40%。

2. 在建投资规模的变动规律

在建投资规模具有相对稳定增长的规律，这与在建投资规模的构成有关。在建投资规模等于年度投资规模乘以建设周期，年度投资规模和建设周期的变化决定了在建投资规模的变化。

(1) 年度投资规模对在建投资规模的影响。年度投资规模表现为长期增长及短期波动的特性，但在建投资规模却表现为长期稳定增长的趋势。原因是在建投资规模是一定时期的投资总规模，它是计划年度所有开工的建设项目全部建成竣工所需要的投资总额。投资年度之间的波动基本上为年度之间的此消彼长所抵消，使在建投资规模的波动比年度投资规模的波动小得多，又由于一定年度内社会固定资产原值是一定的，新增固定资产受年度投资影响而表现在年度间的波动与整个社会固定资产相比又极小，所以固定资产净投资的增长是稳定的，加之固定资产综合折旧率在一定时期内是不变或稳定增长的，这就决定了固定资产在建投资规模的增长是相对稳定的。

(2) 建设周期的变动对在建投资规模的影响。由于社会扩大再生产逐步由外延型向内涵型发展，更新改造项目在投资中的比重会逐年加大，而更新改造项目的施工工期一般较短，这就必然会使建设周期逐步缩短。与此同时，建设施工的手段、模式正由科学技术型逐步取代简单机械手工操作的劳动密集型。建设施工的现代化必然使施工工期缩短，所以使得建设周期的缩短成为一个必然的趋势。

以上分析说明了年度投资规模从长期看是相对稳定增长的，而建设周期呈缩短的趋势。在这种条件下，若年度投资规模增长速率快于建设周期缩短速率，在建投资规模表现为相对稳定上升；若年度投资规模增长速率与建设周期缩短速率相同，在建投资规模则保持原有水平；若年度投资规模增长速率低于建设周期缩短速率，在建投资规模就会呈稳定下降趋势。近些年，我国经济发展速度比较快，这就必然使年度投资规模也以较快速度增长，建设周期虽存在一个缩短的趋势，但限于我国目前的经济发展水平和施工技术水平的现状，缩短的幅度不会很大，其缩短速率不会超过年度投资增长的速率，这就决定了在建投资规模的变化表现为相对稳定的增长，并且与国民收入增长的速度相适应。

第二节 投资规模的确定

一、投资规模的确定原则

国家在一定时期内投资规模的大小要与能够用于投资的资金来源相适应，合理的投资规模要求投资总量适度。投资总量是以货币表示的在一定时期内固定资产建造与购置的工作总量以及与之有关的费用的总额。投资规模的适度与否是影响国民经济稳定发展的一个重要因素。

（一）根据需要与可能确定投资规模

安排的投资总量要适度，要从国情出发，根据国力的承受能力，与国民经济的发展速度相适应。

1. 要根据社会供求状况确定投资规模

由于投资部门在投资过程中只有投入，没有产出，是国民经济的净消耗部门，而一定时期内国民经济各部门能够提供的资金需求是有限的，投资规模安排过大，超过了一定时期内人、财、物的承受能力，就会导致社会物资供求关系失衡，使得经济建设无法正常进行，影响国民经济健康发展。例如，经济过热增长会导致煤、电、油、运等资源紧张，这就要求在安排投资规模时，必须充分考虑社会供求状况，促进经济良性发展。

2. 要根据经济发展的要求确定投资规模

合理安排投资规模是促进经济增长的重要因素，经济增长与投资规模的相互关系是：一方面，经济增长是投资增长的基础，经济的发展程度直接制约着投资的数量。经济增长速度越快，它对投资的需求越大，同时它提供的可供投资的产品也就越多，一切用于投资的资金都是社会总产品价值的货币表现，经济发展为投资规模的扩张提供了必要的物质、资金保证。另一方面，投资规模的扩大又是经济增长的必要前提，企业的发展、部门的发展、地区的发展、国家的发展都需要有相应的投资规模来保证，投资规模越大，经济增长速度越快。在确定投资规模时，应充分考虑到经济发展的需要。

3. 要根据人民生活水平提高程度的需要确定投资规模

社会主义生产的目的就是最大限度地满足人民日益增长的物质文化需要。人民生活水平和生活质量的提高，需要有一定的物质基础。在确定投资规模时，也要考虑衣食住行方面的需要。根据社会在一定时期内可能提供的剩余物资量，通过安排合理的投资规模，满足人民物质文化生活的需要。

（二）根据先消费、后投资的顺序确定投资规模

这里的消费包括人民的生活消费和现有企业的生产消费。在国民收入一定的情况下，积累和消费存在着此消彼长的关系。在处理消费与投资的关系上：首先，要保证生活消费的需要，保证人民群众的生活水平不至于降低，并应逐年提高；其次，要保证现有的固定资产得到充分利用；再次，要保证增加的流动资金和随着生产的扩大而增加的储备资金的需要，即要保证现有企业生产的需要和生产增长的需要；最后，考虑增加固定资产的投资。这样既能保证当前生产，又能满足经济发展的长远需要。

（三）瞻前顾后、留有余地的原则

由于大多数的建设项目是要跨年度建设的，各年之间、各月之间所需的投入不尽相同，因此不能单从当年或某一年的经济状况来确定投资规模，而应考虑整个计划期内财力、物力的保证程度，瞻前顾后，既要满足新开工项目的需要，又要满足在建工程投资的需要；既要考虑当年的需要，又要考虑未来的需要。在安排投资时要正确运用投资增长规律，合理兼顾年度之间的投资衔接，使投资保持稳定增长。在坚持瞻前顾后的同时，还应

坚持留有余地的原则。投资是一项消耗大、周期长的经济活动，不可预见的因素很多，风险很大。为了增强抵御风险的能力，留有一定的余地是必要的，这样可以避免投资规模扩张所带来的人、财、物的紧张，保证国民经济持续健康地发展。

二、投资规模的确定方法

（一）年度投资规模的确定方法

1. 国民经济积累率法

该方法是计算投资资金的数额，然后加总，得出年度投资规模。公式为：

年度投资规模＝国民收入使用额×积累率×固定资产投资占积累的比重
＋固定资产原值×折旧率＋消费基金转化额＋利用外资部分 （2-1）

2. 投资率法

投资率是指直接在当年国民收入额中确定年度投资额的适当比例。该方法是在确定投资率的基础上，通过测算 GDP 得出年度投资规模。公式为：

年度投资规模＝计划年度 GDP 测算数×投资率 （2-2）

式中，

投资率＝年度固定资产投资/GDP×100％

投资率是一个变量，影响投资率的因素在较长时期里和每个具体年份是不相同的。从长期发展趋势来看，固定资产投资与国民收入的相对增长速度是影响投资率的两个因素：如果固定资产投资比国民收入的相对增长速度快，投资率上升；如果固定资产投资比国民收入的相对增长速度慢，投资率下降。

3. 年增长率法

该方法是通过确定年度投资规模的合理增长率来确定年度投资规模的一种方法。公式为：

计划年度投资规模＝基年年度投资规模×(1＋年度投资规模合理增长率) （2-3）

式中，

年度投资规模合理增长率＝年度投资增加额/基年年度投资总额×100％

年增长率法的关键是年度投资规模合理增长率的确定。在确定近期适度年度投资规模时，可以把适度年度投资规模的平均增长率近似看作与国民收入的平均增长率相等。而年度投资规模增长率的确切数值要根据计划年度的具体情况进行科学的分析计算确定。

延伸阅读

国家水网重大工程

（二）在建投资规模的确定方法

1. 建设周期法

建设周期是一定时期内所有在建项目全部建成投产所需要的时间。建设周期分为实际建设周期和合理建设周期两种：实际建设周期是按一定年度实际铺开的在建投资规模和实际完成的年度投资规模计算的；合理建设周期是指在现有的技术条件和组织管理条件下，实际的在建项目需要多少年完成。如果实际建设周期长于合理建设周期，说明在建投资规模过大，或者年度投资规模过小；如果实际建设周期短于合理建设周期，说明年度投资规模过大，或者在建投资规模过小。

该方法首先要确定合理建设周期，然后找出合理的年度投资规模，再将两者相乘即可。公式为：

$$\text{在建投资总规模}=\text{年度投资规模}\times\text{合理建设周期} \tag{2-4}$$

式中，年度投资规模为一定时期内平均的适度年度投资规模，而不是某一特殊年份的投资规模。

2. 年增长率法

该方法的思路与年度投资规模的年增长率法相同。两者不同的是，一旦基期的适度在建投资规模确定之后，可以基本按照国民收入的年均增长率来确定考察期间适度在建投资规模每年的增长率。公式为：

$$\text{在建投资总规模}=\text{基年的在建投资规模}\times(1+\text{在建投资规模的合理增长率}) \tag{2-5}$$

第三节　投资规模的调控

一、我国投资规模调控历史回顾

延伸阅读

新调控模式

投资是拉动经济增长的主要力量，但投资规模增速过快、规模过大，则会适得其反。投资规模调控一直是我国投资调控中的重点，在相当长的时期内，我国投资规模调控的重点主要是抑制投资规模膨胀。从 20 世纪 50 年代末至今，我国共经历了几次投资规模膨胀的过程。

第一次是 1958—1960 年。1957 年固定资产投资为 151.23 亿元，1958 年猛增到 279.06 亿元，增长近一倍，以后两年投资规模又连年递增（见图 2-2）。1958—1960 年共完成固定资产投资 1 063.66 亿元，是“一五”时期投资总额的 173.92%。由于投资规模大大超过了当时的国力承受能力，中央政府不得不从 1961 年开始大幅压缩投资规模，从 1960 年的 416.5 亿元压缩到 1962 年的 87.28 亿元，积累率和基本建设拨款占财政支出的比例也分别从 39.6%和 53.2%下降到 10.4%和 18.2%。

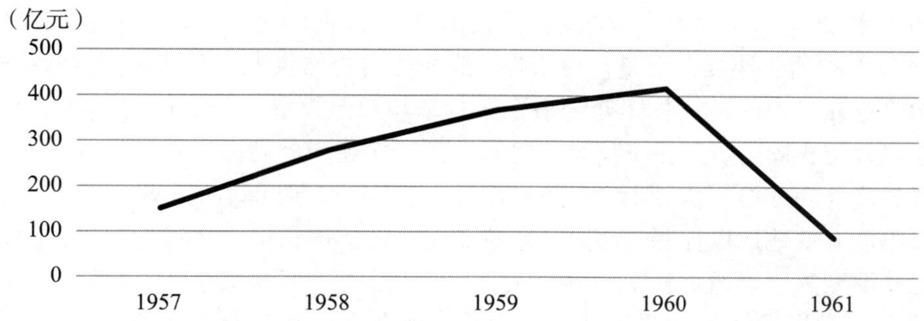

图 2－2 我国 1957—1961 年固定资产投资总额

第二次是在 1970 年。在此期间进行了大规模的三线建设，使得投资规模再一次膨胀。我国的积累率和基本建设拨款占财政支出的比例分别从 1969 年的 23.2%和 39.2%上升到 1970 年的 32.9%和 45.9%，投资规模达到 368.08 亿元。

第三次是在 1978 年。1978 年年初，为了加快经济发展，大规模的建设使得积累率和基本建设拨款占财政支出的比重从 1977 年的 32.3%和 35.7%增加到 1978 年的 36.5%和 40.7%，投资总额达到 566.24 亿元。1978 年年底，中共十一届三中全会后压缩了投资规模，使投资率从 1978 年的 37.8%下降到 1980 年的 35.0%。基本建设拨款占财政支出的比例在 1982 年为 26.8%。

第四次始于 1984 年。1984 年的投资规模为 1 832.87 亿元，比 1983 年增长 33.9%，增长速度是同期国民收入增长速度的 2.3 倍。在此后的几年内，投资规模未得到有效控制，最终导致 1988—1989 年的通货膨胀率达到 18%。在此情况下，中央采取果断措施，使投资增长率由 1988 年的 25.4%下降为－7.2%。

第五次是在 1992—1994 年。1992—1994 年的固定资产投资率分别为 31.7%、37.7%和 36.4%，成为 1949 年以来的最高水平，并由此引发了 1994 年 24.1%的通货膨胀率。1994 年我国政府实施了宏观调控政策，使投资规模膨胀问题有所缓解，并有效地遏制了通货膨胀。

1997 年后，随着我国经济的主要矛盾由供给不足转为需求不足，我国投资规模的调控重点发生了根本性的变化，已从抑制投资需求转为刺激投资需求，为此实行了积极的财政政策，如暂停征收投资方向调节税等。2004 年中央经济工作会议终结了 7 年的积极财政政策，展示了中央驾驭全局经济的艺术日臻成熟。此前，中国财政政策曾有两次大的调整：1993 年为治理通货膨胀，中国执行了紧缩财政政策，让经济“软着陆”；1998 年为抵御亚洲金融危机，中国实行了积极财政政策，仅国债前后就发行了 9 100 亿元，终于在 2003 年走出通货紧缩的阴影，经济增速开始领跑全球，但由于投资过大，房地产、原材料等行业从 2003 年开始过热。在这种背景下，我国适时地将扩张性财政政策转变为稳健的财政政策。

双稳健的财政、货币政策在宏观调控上既要防止通货膨胀的苗头扩大，又要防止通货紧缩的趋势重现；既要对过热行业降温，又要支持公共事业等薄弱环节。中国要走一条中庸的经济调控之路，不搞紧缩财政政策，使经济不会太热太冷。财政部在控制赤字上确实正在采用一个微妙的平衡原理。我国在 2005 年减少财政赤字和长期建设国债发行，并且赤字保持在 3 000 亿元左右的规模，2006 年下降至占 GDP 的 2%。

2006年和2007年，我国经济发展质量和效益较以前明显提高，我国经济连续第五年达到10%以上的增长速度。但是，由于投资膨胀压力仍然较大，经济增长由偏快转为过热的危险始终存在。中国经济总体处于平稳运行态势，但投资增长偏快，投资率不断上升。如果不能有效防止固定资产投资反弹，将影响国家宏观调控目标的实现。投资膨胀、固定资产投资过高，一方面扩大了社会总需求，加剧了流动性过剩，另一方面推动了物价上涨。如果不能有效地加以控制，将直接影响到防止经济增长由偏快转为过热、防止物价由结构性上涨演变为明显通货膨胀任务的完成。

2008年，世界经济的主要挑战是：食品、能源和原材料等初级产品价格持续上涨，劳动力成本上升，全球性通货膨胀压力继续加大；全球经济结构失衡的格局可能使美国为弥补经常账户逆差进行融资的难度加大；严重的贸易失衡可能会引发日益加剧的贸易保护活动。

根据中央经济工作会议部署，2008年我国宏观调控的首要任务由“一防”转变为“两防”，即在继续防止经济增长由偏快转为过热的同时，要防止价格由结构性上涨演变为明显通货膨胀。“一防”变“两防”，凸显了我国发展任务的新变化和“坚持好字优先”的经济发展理念。

2008年中期，我国经济增长速度有所放缓，物价涨幅仍未得到有效控制。7月25日召开的中央政治局会议将2008年下半年宏观调控的任务定位为“一保一控”，即保持经济平稳较快发展，控制物价过快上涨。

美国次贷危机爆发后，中国GDP增速快速回落，出口出现负增长，经济面临“硬着陆”的风险。为了应对这种危局，国务院在2008年11月推出被简称为“4万亿”的政府刺激方案。

与1997年爆发的亚洲金融危机相比，这次国际金融危机的影响更大、波及范围更广，对世界贸易大国中国带来了更大的外部冲击。由于金融危机的影响正向实体经济蔓延，国内宏观经济增速的回落成为此次政策调整的一个重要原因。统计显示，中国经济增速连续五个季度减缓，2008年GDP增速也从一季度的11.5%下滑到三季度的9.5%。此外，下半年以来，国家财政收入增速明显下滑，全球经济衰退和外部需求下降也令中国外贸进出口增速放缓，10月的增速更是下半年以来首次回落到20%以下。最初，“4万亿”的政府投资计划为：实施积极财政政策，政府加大投资规模和力度，为经济发展注入持续动力。那么，总额高达4万亿元的资金从何而来？首先是中央政府出一部分钱，依照“投资带动投资”的加速原理，政府投资的示范和带动效应会引出一连串的投资，包括地方配套投资以及各种社会投资。从政府投资方面看，一方面是政府拿出一部分钱进行投资，另一方面是通过发行国债增加基础设施建设投资。

过去十年来，我国持续健全宏观经济治理体系，加强财政政策和货币政策协调配合，更有效支持实体经济、更有力服务宏观大局。具体来说，中央在投资方面的宏观调控主要体现在以下三个方面：

第一，稳定宏观经济大盘。宏观政策在区间调控基础上加强定向调控、精准调控、相机调控，从总量和结构上持续加大调节力度，有效为市场主体纾困解难。据国家统计局数据显示，全国一般公共预算支出从2012年的12.6万亿元增长到2021年的24.63万亿元，年均增长8.5%。积极的财政政策适时适度预调微调，发挥逆周期和跨周期调节作用，显著降低了经济周期波动的影响。货币政策方面，据中国人民银行数据显示，2012年以来，广义货币供应量（M2）年均增速为10.8%，与名义GDP年均增速基本匹配，有力地推动了国民经济稳健发展。截至2022年6月末，中国人民银行结构性货币政策工具余额为5.4万亿元，约占基础货币总量的六分之一，金融给实体经济的资金支持保持了较大力度。

第二，支持市场主体减负。2013—2021年，我国通过实施减税降费，减轻企业负担达8.8万亿元。分行业看，制造业退税5 818亿元，占比26.3%，是受益最明显的行业；分企业规模看，小微企业是受益主体。在已获得退税的纳税人中，小微企业户数占比92%，共计退税8 902亿元，金额占比40.2%。面对多重超预期因素的不利影响，2022年减税降费力度空前。截至9月20日，2022年以来全国新增减税降费及退税缓税缓费超3.4万亿元。其中，作为“重头戏”的增值税大规模留抵退税效果突出，已退到纳税人账户的税款达22 113亿元。减税降费降低了市场主体的税务负担，市场活力持续激发，有效促进了实体经济发展。

第三，带动扩大有效投资。地方政府专项债、政策性开发性金融工具等已经成为稳投资、稳需求、稳经济的重要政策工具，在带动扩大实体经济领域的有效投资中发挥了综合效应。2015—2021年，我国安排新增地方政府专项债券额度12.2万亿元，同时，政策性开发性金融工具和地方政府专项债二者共同发力，国家开发银行、中国农业发展银行、中国进出口银行近期已完成6 000亿元政策性金融工具投放，中国人民银行新增政策性开发性银行8 000亿元贷款额度和金融债发行额度，优先用于支持网络型基础设施建设、产业升级基础设施建设、城市基础设施建设、农业农村基础设施建设等领域。以上政策性金融工具的配合发力，全面有效地推动了实体经济投资。

总的来说，宏观调控下的投资框架致力于加快建设现代化基础设施体系，以有效投资促进新型基础设施建设。尤其是在后疫情时代，国内需求仍处于恢复阶段，我国宏观调控继续加大对受困行业企业、中小微企业和重点领域的支持力度，促进有效投资“补短板、调结构、稳就业、带消费”综合效应充分释放，加力巩固经济恢复发展基础。

二、适度投资规模的判别标准

（一）合理投资规模的数量标准

我国合理投资规模的数量标准主要有：

1. 积累增长率与国民收入增长率比较

国民收入分为积累和消费两部分，两者是此消彼长的关系，在国民收入的价值分配中，必须保证投资资金和消费资金有一个合理的比例。

（1）积累增长率＝国民收入增长率，积累速度与国民收入相适应。

（2）积累增长率＜国民收入增长率，积累速度较慢。

（3）积累增长率＞国民收入增长率，积累速度较快。

2. 投资增长率与国民生产总值增长率比较

（1）投资增长率＝国民生产总值增长率，投资增长与经济增长速度一致。

（2）投资增长率＜国民生产总值增长率，投资增长较慢。

（3）投资增长率＞国民生产总值增长率，投资增长较快。

3. 投资品供给与投资品需求平衡关系比较

（1）投资品供给增长率＝投资品需求增长率，投资需求增长适度。

（2）投资品供给增长率＞投资品需求增长率，投资需求增长相对不足。

（3）投资品供给增长率＜投资品需求增长率，投资需求增长相对过高。

4. 积累率水平

积累率是一定时期内积累基金占国民收入的比例，积累基金是国民收入中用于社会扩大再生产的生产资料和消费资料的价值。积累率用公式可表示为：

$$积累率=\frac{积累基金}{国民收入使用总额}\times 100\%$$

$$消费率=1-积累率$$

（1）积累率＜25%，低积累水平。

（2）25%≤积累率≤30%，合理积累水平。

（3）积累率＞30%，高积累水平。

5. 投资率水平

（1）投资率＜25%，低投资率水平。

（2）25%≤投资率≤30%，合理投资率水平。

（3）投资率＞30%，高投资率水平。

（二）适度投资规模的理论标准

（1）有利于社会总供求的平衡。由于投资的弹性大、可控性强，一直是我国调节社会总供求最主要的手段，因此脱离社会总供求的平衡谈投资规模的合理性没有任何意义。投资规模只要有利于社会总供求平衡就是合理的，否则就是不合理的。追求社会总供求的平衡是投资规模调控的最重要目标。

（2）投资增长率等于或者略大于 GDP 增长率。如果投资增长率低于 GDP 增长率，就会影响经济的发展速度；如果投资增长率大大高于 GDP 增长率，就会使投资规模超出国力所承受的能力，导致主要生产要素价格上涨，引发通货膨胀。

（3）投资与消费比例关系协调。一定时期内的积累率要适度合理：如果积累率过高，积累基金占国民收入的比例过大，就会挤占消费，降低人民的实际生活水平；如果积累率过低，不利于国民经济的持续发展。

（4）财政、信贷、外汇和物资基本平衡。适度的投资规模还要保证投资品的供求平衡。如果投资规模过大，必然要扩大财政、信贷、外汇和物资的支持力度，有可能引发财政赤字、信贷逆差，投资规模扩大也可能使得所需物资供不应求。此外，在过度引进外资的情况下还会对国际收支平衡造成一定的影响。

（5）投资效益能够不断提高。投资规模对投资效益的影响，主要表现在投资膨胀、建设工期拖长，从而降低固定资产交付使用率，使得投资效益不能显著提高。适度的投资规模要避免上述问题的出现，能够促进投资效益不断提高。

（6）积累增长率等于国民收入的增长率。

（7）消费和投资增长相协调。适度的投资规模要保持消费和投资的适度增长相协调，努力提高消费对经济增长的贡献率，使投资的增长率与经济的增长率保持一致。

三、我国投资规模调控的方法

为了抑制经济过热，我国加强了对宏观经济的调控，重点是加强对投资的控制，由此使投资规模得到适度增长。投资规模调控的主要方法有以下几种。

（一）建立健全市场约束机制

在市场经济条件下，企业是最主要的投资主体，投资规模的大小主要是由企业的投资决定的。因此，首先要使企业形成自我约束机制，这是提高投资规模调控效率的最根本途径。要使企业形成自我约束机制，要做到以下几点：

（1）必须深化企业制度改革，建立现代企业制度，建立和完善责、权、利相结合的经济责任制，将企业塑造成真正的投资主体，使其根据国家的产业政策和市场需求状况自主确定投资的规模及方向，并自觉地承担投资的风险和责任。

（2）进一步加大政企分离的力度，为企业的投资创造良好的外部环境。要合理地划分中央、地方、企业的投资职责和范围，适当扩大企业的投资权责范围，并强化政府的投资约束机制，建立责任追究制度、决策监督制度，完善政府投资的委托制度、代理制度，有利于形成自动控制投资规模膨胀的经营机制。

（3）深化商业银行改革。我国投资规模的多次扩张，在很大程度上是离不开银行信贷支持的，要彻底清除银行贷款的软约束现象，不断强化企业预算约束，银行要在央行货币政策的指导下，逐步降低信贷规模，建立以抵押贷款为主要形式的贷款担保制度。这样一来，一方面可以降低银行的信贷风险，另一方面可以实现对企业投资的盲目扩张进行有效的约束。

（二）转变经济增长方式

我国经济增长面临如下结构性问题：

从需求结构看，主要是内需与外需、投资与消费失衡。多年来，我国经济对外贸的依存度不断上升，经济增长在较大程度上依赖国际市场；与此同时，我国的投资率偏高，消费率偏低。据测算，我国的资本形成率由20世纪80年代初的32%左右上升到2021年的43%，最终消费率则由同期的67%左右下降到54.5%。消费不足又与收入分配结构不合理相关，居民收入在国民收入分配中的比重偏低，影响了居民消费需求的提高。我国作为一个大国，长期主要依赖投资、外需拉动经济增长，会加大经济的不稳定性，不利于国民经济的良性循环。

从产业结构看，主要是三次产业发展不协调，农业基础薄弱、工业大而不强、服务业发展滞后，部分行业产能过剩。如图2-3所示，2021年，我国第二产业增加值占GDP比重为27.4%，比上年提高1.1个百分点。第三产业增加值占GDP比重为53.3%，比第二产业高25.9个百分点；其增长对经济增长的贡献率为54.9%，比第二产业高16.5个百分点。按照世界银行的数据，近年来中等收入国家的服务业比重为53%，高收入国家的服务业比重为72.5%，低收入国家的服务业比重为46.1%，我国服务业发展与高收入国家相比依然存在差距。与此同时，我国第二产业增加值占GDP比重已超出发达国家工业化时期的最高值。产业结构不合理加大了资源压力、环境压力和就业压力，也制约着国民经济整体素质的提高和经济的持续发展。

从城乡和区域结构看，主要是城镇化发展滞后、中西部地区发展滞后、城乡和区域之间的生活条件及基本公共服务差距较大。2021 年，我国城乡居民人均可支配收入比为 2.50，比上年下降 0.06。从人均 GDP 来看，北京、天津、上海、江苏、内蒙古的人均 GDP 已超世界平均水平（人均 1.21 万美元左右），而甘肃仅为 4.09 万元人民币（0.63 万美元）。城乡和区域结构不合理问题，不仅关系到内需扩大和发展空间拓展，也关系到社会和谐稳定。

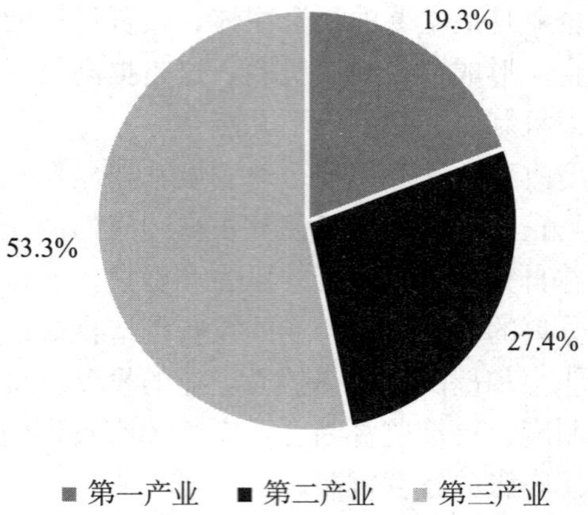

图 2-3 2021 年我国产业结构

从要素投入结构看，主要是资源消耗偏高，环境压力加大，资源、环境的约束日益突出。经济发展与资源、环境的矛盾，是我国现代化建设中需要长期面对的重大挑战。

转变经济增长方式要努力实现以下几个方面的转变：

（1）如前所述，多年来我国的投资规模一直处于波动之中，其中很重要的原因之一就是确定投资规模时不能量力而行，超能力、超规模地铺摊子，较少考虑供给能力的实际状况，最终导致投资规模膨胀。要切实改变这种状况，必须从以铺摊子为主转变为对现有企业的技术改造、改组和扩张，努力增加更新改造在固定资产投资中的比重，增强企业自我发展的能力。

（2）要从主要进行实物生产要素的投入转变为主要向技术进步投入，提高科技进步对经济增长的贡献率；要从重投入、轻管理转变为强化管理、提高资本配置效率，减少无效和低效投资；要从项目小型化、分散化、低水平重复建设转变到讲求规模效应和专业合作、产业结构高级化上。

（3）立足扩大内需，调整结构，增强持续发展能力。扩大内需是我国经济发展的基本立足点和长期战略方针，也是调整经济结构的首要任务。要在处理好扩大内需与稳定外需关系、增加投资与扩大消费关系的前提下，着力扩大居民消费需求，努力实现消费、投资、出口协调拉动经济增长。

（4）把城镇化作为扩大内需的战略重点，拓展持续发展空间。城镇化是经济社会发展的客观趋势。我们讲扩大内需，最大的内需在城镇化，最雄厚的内需潜力在城镇化。在当前和今后相当长一段时间，我国城镇化处于快速发展阶段。在这个历史阶段，应以加快城镇化为依托，调整优化城乡和区域结构，扩大消费需求和投资需求，促进经济长期平稳较快发展。

（5）加快产业结构优化升级，提升持续发展水平。调整产业结构，最重要的就是面向市场需求。后国际金融危机时期，市场需求可能是最稀缺的资源之一，产业发展最终要接受市场的检验。应及时调整产业结构、产品结构，努力使供给结构更好地适应市场需求变化。要进一步加强农业的基础地位，培育壮大现代产业体系，促进三次产业协同发展。

（6）统筹人口、资源、环境和经济社会发展，破解持续发展难题。要素投入结构不合理是我国粗放型增长方式难以根本转变的重要原因。推进经济结构调整，要把调整优化要素投入结构作为一项重要任务，从需求和供给两方面进行管理，加强节能增效和生态环保，大力发展绿色经济、循环经济和低碳技术，并从战略上把握好人口发展问题，促进经济社会发展与人口、资源、环境相协调。

（三）完善以经济金融手段为主的调控手段

要有效地调控投资规模，需要对现行的产业结构、消费结构和投资结构进行客观的分析研究，然后在此基础上确定合理的投资规模。投资规模调控效率的高低，在很大程度上取决于所采取的主要调控手段以及调控的时机和力度。根据国内外的经验，政府对投资规模的调控，应主要采用经济手段和法律手段。政府通过经济手段和法律手段对投资方向进行引导，充分发挥市场机制对经济的调节作用，使现行的不合理产业结构、投资结构逐步适应市场经济的需要，实现社会总供给和总需求的基本平衡。近年来，我国对投资规模的调控主要是运用经济金融手段，即通过货币发行、公开市场业务、再贴现率、存款准备金率调节货币流通量，进而调节投资规模。

本章小结

本章第一节是投资规模的概述，首先介绍了投资规模及其两层基本含义，即年度投资规模和在建投资规模。随后，介绍了这两层基本含义的联系和区别。接下来，分别就年度投资规模和在建投资规模的衡量方法及变动规律做了较详细的描述。

第二节主要讲解了投资规模的确定原则和确定方法。在投资规模的确定原则中，主要介绍了根据需要与可能确定投资规模，根据先消费、后投资的顺序确定投资规模以及瞻前顾后、留有余地的原则；在投资规模的确定方法中，分别对年度投资规模和在建投资规模的确定方法做了介绍。

第三节介绍了投资规模的调控。本节首先对我国投资规模调控的历史做了必要的回顾；其次，介绍了合理投资规模的数量标准和理论标准；最后，根据我国的国情，讲述了我国投资规模调控的主要方法。

本章要点

- 年度投资规模和在建投资规模的相互关系
- 投资规模的衡量与变动规律
- 投资规模的确定原则
- 投资规模的确定方法

- 适度投资规模的判别标准

本章关键术语

年度投资规模	在建投资规模	投资额	投资率
投资增长弹性系数	建设周期	资金占用率	新增规模扩大率
国民经济积累率法	投资率法	年增长率法	建设周期法
积累率			

本章习题

1. 投资规模的含义是什么？
2. 年度投资规模和在建投资规模的相互关系是什么？
3. 如何衡量年度投资规模和在建投资规模？
4. 年度投资规模和在建投资规模分别有怎样的变动规律？
5. 投资规模的确定原则有哪些？
6. 投资规模的确定方法有哪些？
7. 适度投资规模判别的数量标准和理论标准是什么？
8. 投资规模调控的方法有哪些？
9. 已知国民收入使用额为 1 000 万元，积累率为 0.8，固定资产投资占积累的比重为 0.6，固定资产原值为 5 000 万元，折旧率为 0.3，消费基金转化额为 2 000 万元，利用外资部分为 1 000 万元，求年度投资规模。
10. 已知在建投资总规模为 1 000 万元，基年的在建投资规模为 800 万元，求在建投资规模的合理增长率。
11. 请阅读以下案例，结合本章第二节内容对本案例进行简单分析。

自“一带一路”倡议提出以来，中国对沿线国家投资保持稳步增长。

投资规模方面——看存量，2020 年年末，中国境内投资者在“一带一路”沿线国家直接投资存量达 2 007.9 亿美元，占存量总额的 7.8%；2013—2020 年，中国对沿线国家累计直接投资 1 398.5 亿美元。看流量，2020 年中国境内投资者在沿线国家设立境外企业超过 1.1 万家，当年实现直接投资 225.4 亿美元，同比大幅增长 20.6%，占同期流量的 14.7%；此外，2020 年中国企业对“一带一路”沿线国家实施并购项目 84 起，并购金额 31.5 亿美元，占并购总额的 11.1%。

投资结构方面——看国别构成，中国对“一带一路”沿线国家投资存量主要分布在新加坡、印度尼西亚、俄罗斯、马来西亚、老挝等国家。看行业构成，中国对“一带一路”沿线国家投资主要流向制造业，2020 年投资规模达 76.8 亿美元，同比增长 13.1%，占比超 1/3，此外对建筑业、租赁和商务服务业、批发和零售业等的投资规模也保持较高比重。

中国与“一带一路”沿线国家投资合作取得长足发展，与东道国政府、企业、公众多方“双赢”“多赢”格局逐步形成，日益凸显“资金融通”在高质量共建“一带一路”过程中的重要作用。

第三章
投资结构

章前引例

2018 年 7 月 31 日，中共中央政治局召开会议部署下半年经济工作，稳投资成为“六稳”之一。

2018 年上半年，全社会固定资产投资同比增长 6%。2018 年以来，投资增速已经连续放缓 6 个月。投资结构在优化，投资对优化供给结构的关键作用正在凸显。

从投资领域看，在基础设施和房地产投资放缓的同时，制造业投资连续 3 个月增速加快。数据显示，2018 年上半年，制造业投资同比增长 6.8%，增速比一季度提高 3 个百分点，比全部投资高 0.8 个百分点，增速为 2016 年一季度以来最高；制造业投资占全部投资的比重为 26.8%，比去年同期提高 0.2 个百分点；对全部投资增长的贡献率为 30.3%，比去年同期提高 9.9 个百分点。

特别值得关注的是，高技术制造业投资保持高增速。上半年，高技术制造业投资增长 13.1%，增速比一季度提高 5.2 个百分点，比全部制造业投资高 6.3 个百分点。其中，医疗诊断、监护及治疗设备制造业投资增长 66.3%，工业自动控制系统装置制造业投资增长 36.3%，电子电路制造业投资增长 27.5%。这也意味着高技术制造业在加速形成产能，制造业正实实在在地迈向高质量发展。

“2016 年 8 月，制造业投资增速曾跌至 2.8%的谷底，现在看来已经企稳并开始回升。”国务院发展研究中心产业经济研究部部长赵昌文分析，实体经济整体上仍面临不少困难和问题，但随着营商环境不断完善，特别是减费降税政策的落地，制造业投资者的信心得到增强。

从投资主体看，上半年民间投资增长 8.4%，高出社会固定资产投资增速 2.4 个百分点，增速也比去年同期高 1.2 个百分点。民间投资占全部投资的比重为 58.9%，比去年同期提高 1.3 个百分点；对全部投资增长的贡献率达 81.5%，拉动投资增长 4.9 个百分点。

民间投资继续保持较快增长，不仅证明经济增长的内生动力在增强，也反映出三方面的积极变化：一是资金来源有保障。2018 年上半年规模以上工业企业利润同比增长 17.2%，企业投资能力得到有效保证。二是投资预期在向好。2018 年以来制造业采购经理人指数长期保持在景气区间内，同时工业品出厂价格指数保持在比较合理的水平，反映出企业投资信心比较足。三是企业成本在降低。简政、减税、降费等一系列政策举措的出台实施，增强了企业特别是民营企业的投资后劲。

“民间投资增速表现较好，透露出两方面的信号。一方面，投资结构优化；另一方面，去产能、去杠杆取得阶段性成效，投资收益率有所回升。”赵昌文说。

投资结构的含义是什么？投资结构有哪几种分类方法？如何进行对投资结构的优化？

资料来源：陆娅楠. 稳投资绝非单纯推高投资增速. 人民日报，2018-08-06.

学习目标

- 掌握投资结构的含义及分类
- 了解投资结构优化的标准和原则
- 掌握我国产业投资结构的含义及优化措施
- 了解我国投资结构的历史演变
- 掌握我国投资结构调控的目标及对策

第一节　投资结构概述

一、投资结构的含义及分类

投资规模和投资结构是宏观投资管理中两个重要的问题。投资规模从总量上研究投资与国民经济的关系和对国民经济发展的影响；投资结构则从构成上研究投资与国民经济的关系，研究投资各组成部分之间的比例，以及这种比例关系对国民经济发展所产生的影响。从20世纪80年代末开始，投资结构已成为我国投资调控的最重要领域。投资结构是指一定时期内投资总量中各要素的构成及其数量比例关系，它是经济结构中的一个重要方面。投资结构从不同的侧面看，可分为以下几种：

（一）投资主体结构

投资主体结构是指不同投资主体的投资在投资总量中的比例关系，它反映一定时期内不同投资主体在社会投资中所处的地位及相互关系。一般意义上的投资主体结构是指政府、企业和个人投资的比例关系。政府投资主体包括中央政府和地方政府；企业投资主体包括国有企业、民营企业、集体企业、外商企业；个人投资主体包括个体经济、一般城乡居民。目前，投资主体结构普遍是指国有经济、集体经济、私营经济、个体经济、联营经济、股份经济、外商投资、港澳台投资和其他经济这9种类型的投资比例关系。不同的投资主体结构对投资活动的效率，对社会经济、政治及对调控方式等的影响是不同的。投资主体结构是否合理，直接关系到能否调动各投资主体的积极性，对国民经济的发展具有重要的意义。

（二）投资的项目性质结构

投资的项目性质结构是指竞争性、基础性、公益性项目之间的数量比例关系。由于这三类项目的投资主体、资金来源、融资方式、市场需求、管理方式、投资收益有明显的差异，通过分析投资在不同性质项目之间的分配，有利于把握一定时期内社会投资在经济效益与社会效益、微观效益与宏观效益之间的选择重点及分配情况。

（三）投资的来源结构

不同来源的投资在投资总额中所占的比重被称为投资的来源结构，它包括预算内、预算外投资比例，财政投资、信贷投资、自筹投资、直接融资投资和利用外资的比例关系。

（四）投资的产业结构

投资的产业结构是指投资资金在三次产业之间分配的数量比例关系，以及社会投资在此基础上划分为更深层次的国民经济各部门（如农业、轻工业、重工业、商业、交通运输业、建筑业等）和各部门内部各行业之间的数量比例关系（如纺织业内部的毛纺业、针织业、化纤业的比例）。投资的产业结构是投资结构中最重要的结构，是投资结构体系的主体和基础。

（五）投资的区域结构

投资的区域结构是指投资资金在不同地域范围内进行分配的数量比例关系，是根据不同区域的资源特点和经济发展水平的区别（如东部沿海地区、中部地区、西部地区等），将投资资金在不同区域进行合理分配，以促进不同区域经济协调发展的投资结构。

（六）投资的用途结构

投资的用途结构是指用于国民经济各部门、各行业以及社会各方面的投资比例关系，包括投资的技术结构和投资的再生产结构。其中，投资的技术结构是指固定资产投资中建筑工程投资、设备及其安装工程投资的比例关系；投资的再生产结构理论上是指固定资产简单再生产与扩大再生产之间的比例关系，实际上反映为更新改造投资与基本建设投资之间的比例关系。由于基本建设属于外延型扩大再生产，而更新改造从性质上讲，属于简单再生产，但含有扩大再生产的因素，为内涵型扩大再生产，因此两者的关系反映了扩大再生产和简单再生产、外延型扩大再生产和内涵型扩大再生产的关系。投资的用途结构是投资结构中又一比较重要的结构。

（七）投资的项目规模结构

投资的项目规模结构是指投资用于大型、中型、小型投资项目之间的数量比例关系。投资项目中的大型、中型、小型投资项目是按照两种方法划分的：一是按照项目的总规模划分，新建项目按照设计能力计算，扩建项目按照扩建后新增加的生产能力计算；二是按照项目的总投资划分，新建项目按照全部投资计算，扩建项目按照扩建所需投资计算。

二、投资结构优化的标准

投资结构优化是指投资结构与经济社会发展的客观要求达到高度契合的动态过程。投资结构优化的静态标准是一定投资规模基础上能达到最大产出或利润的投资结构；动态标准是能够使国民经济在较长时期取得最快增长的结构比例。判断投资结构优化的主要标准有以下几个方面：

（一）合理的投资结构必须与需求结构相适应，保证国民经济协调发展

国民经济各部门要保证与社会需求相适应的比例关系。如果投资结构与需求结构不相适应，必然导致一些产业部门的产品供不应求，同时另一些产业部门的产品供过于求。优化的投资结构能够把投资需求控制在合理的界限之内，形成适度的投资规模，进而有利于控制社会总需求，使社会总需求与社会总供给保持平衡，保证国民经济各产业、各部门之间协调发展。

（二）合理的投资结构必须与资源结构相适应，有利于促进社会生产力的发展

投资结构的形成是对包括人力资源和资本资源的综合运用，合理的投资结构要求合理分配和运用各种投资要素。投资结构与资源结构相适应，可以充分发挥各种资源的优势，可以以最少的劳动耗费获得最大的投资效益，有利于发展社会生产力。

（三）合理的投资结构有利于投资要素的合理组合和运用，实现投资效益最大化

投资要素是指从事投资活动所必需的物质条件和生产要素，包括现金、机器设备、房屋和各种无形资产。合理的投资结构要注意做到合理运用各种投资要素，力争以最少的劳动耗费取得最大的投资效益。同时，合理的投资结构不仅要获得投资项目本身的最大效益，还要做到促进产业、部门经济结构的合理化，实现国民经济各产业和部门之间的均衡发展。

三、投资结构优化的原则

（一）关键产业重点投资的原则

在国民经济产业以及产业内部行业与行业之间存在着密切的相关性，表现为某一产业或行业的发展制约着另一产业或行业的发展。在国民经济发展的一定时期，客观上存在着某种制约和带动整个经济发展的产业部门，进而成为该时期内经济建设的重点。因此，为促进国民经济按比例协调发展，要加强在国民经济发展过程中具有关键、重要意义的部门、领域或地区的投资力度。关键产业主要包括以下两类：

1. 瓶颈产业部门

瓶颈产业部门是国民经济发展过程中的薄弱环节。例如在中华人民共和国成立初期，我国能源、交通等基础产业发展滞后，成为国民经济健康发展的制约因素。因此，要加大对这些产业的投资力度，促使其较快发展。

2. 新兴产业部门

新兴产业部门主要包括生物医药和高科技，属于技术和资金相对密集型的产业。新兴产业由于利用了高科技，能够迅速提高劳动生产率，并且可以带动其他产业的发展，具有产业关联效应，成为国民经济发展的先导。

贯彻关键产业重点投资的原则，要集中力量有重点地加强对制约国民经济发展的瓶颈

产业和新兴产业的投资力度，优化投资结构，确保国民经济按比例协调发展。

（二）基础部门超前发展的原则

基础部门是指农业、基础设施、教育和科技部门，这些部门是国民经济发展的基础。贯彻基础部门超前发展的原则，要求我们保证投资在这些部门的一定比例。

1. 农业

农业是一国国民经济发展的基础，农业的丰歉直接影响国民经济其他部门的发展速度。农业的基础地位要求在安排投资时必须对农业予以充分的考虑。2021 年 3 月 5 日第十三届全国人民代表大会第四次会议的《政府工作报告》指出，“十四五”时期经济社会发展主要目标和重大任务之一就是全面推进乡村振兴。我国的农业现代化正稳步推进，粮食生产连年丰收。报告中还强调要坚持农业农村优先发展，严守 18 亿亩耕地红线，实施高标准农田建设工程、黑土地保护工程，确保种源安全，实施乡村建设行动，健全城乡融合发展体制机制。同时，必须坚持建立健全巩固拓展脱贫攻坚成果长效机制，提升脱贫地区整体发展水平。深入推进以人为核心的新型城镇化战略，加快农业转移人口市民化，发展壮大城市群和都市圈，推进以县城为重要载体的城镇化建设，实施城市更新行动，完善住房市场体系和住房保障体系，提升城镇化发展质量。

2. 基础设施

基础设施的发展程度是一个城市现代化的重要标志。水、电等基础设施不仅是城市存在的基础，也为城市中的第二产业和第三产业发展提供了有力支持。良好的医疗卫生和文化娱乐等基础设施能够为人民安居乐业提供完善的保障。城市道路的通畅程度及交通设施的完备程度是现代工业和其他行业发展的基础，也是一个城市成为国际化大都市的重要条件。同时，基础设施建设也是推进城镇化健康稳妥发展的客观条件，完善的基础设施可以增强小城镇的公共服务水平和居住功能，提高小城镇的吸引力，从而缓解大城市的压力，强化中小城市的产业功能。因此，必须安排必要的投资，加强基础设施建设。

3. 教育和科技

教育和科技是保证一国经济持续发展的重要因素。在当今社会经济生活中，科学技术发挥着越来越重要的作用，教育的发展水平和普及程度也是决定劳动者素质的重要因素，因此在安排投资时必须予以充分考虑。《中华人民共和国国民经济和社会发展第十四个五年规划和 2035 年远景目标纲要》（以下简称“‘十四五’规划纲要”）指出，要深入推进科技体制改革，完善国家科技治理体系，优化国家科技计划体系和运行机制，推动重点领域项目、基地、人才、资金一体化配置。要全面贯彻党的教育方针，坚持优先发展教育事业，坚持立德树人，增强学生文明素养、社会责任意识、实践本领，培养德智体美劳全面发展的社会主义建设者和接班人。要遵循人才成长规律和科研活动规律，培养造就更多国际一流的战略科技人才、科技领军人才和创新团队，培养具有国际竞争力的青年科技人才后备军，深化人才发展体制机制改革，全方位培养、引进、用好人才，充分发挥人才第一资源的作用。

延伸阅读

“十四五”规划纲要

（三）推进技术进步的原则

依靠科技进步提高劳动生产率，并由此推动社会经济的发展是当今社会发展的必然趋势，而增加投资无疑是推动技术进步的重要因素。“十四五”规划纲要指出，要加快科技管理职能转变，强化规划政策引导和创新环境营造，减少分钱分物定项目等直接干预。整合财政科研投入体制，重点投向战略性关键性领域，改变部门分割、小而散的状态。支持有条件的地方建设区域科技创新中心，强化国家自主创新示范区、高新技术产业开发区、经济技术开发区等创新功能。适度超前布局国家重大科技基础设施，提高共享水平和使用效率。加强高端科研仪器设备研发制造。构建国家科研论文和科技信息高端交流平台。要实施更加开放包容、互惠共享的国际科技合作战略，更加主动融入全球创新网络。务实推进全球疫情防控和公共卫生等领域国际科技合作，聚焦气候变化、人类健康等问题，加强同各国科研人员联合研发。主动设计和牵头发起国际大科学计划和大科学工程，发挥科学基金的独特作用。加大国家科技计划对外开放力度，启动一批重大科技合作项目，研究设立面向全球的科学研究基金，实施科学家交流计划。

（四）存量调整与增量调节配套进行的原则

“存量”是指原有的固定资产，“增量”是指计划年度新增的固定资产投资。调整产业结构可以采取两种方法：一种是存量调整，即通过资产重组，实现将一定时点上原有的资产存量在不同产业部门之间的转移；另一种是增量调节，即将一定时期内的新增投资在不同产业部门之间进行合理的分配。存量调整既可以加强短线产业，又可压缩长线产业，而增量调节只能加强短线产业，不能压缩长线产业，同时，增量调节还会受到一定时期国家财力状况的制约。因此，要实现合理的投资结构，应贯彻存量调整与增量调节配套进行的原则。当前鼓励企业通过并购的方式调整资本存量，实现产业结构的合理化；同时，通过增量调节的方式实现产业升级，使两种调节方式发挥应有的作用，取得最大的效益。

第二节　产业投资结构

一、产业投资结构的概念及分类

产业投资结构是指一定时期内投资在各产业部门之间的分配数量及其比例关系。产业是按社会分工而从事物质产品生产或提供劳务的一切经济活动群体的总称。关于产业结构分类的方法有很多种，其中使用最多的有以下几种：

1. 两大部类分类法

这是马克思在分析社会总资本和社会再生产运动的过程时对产业进行高度抽象概括所做的分类。马克思认为，社会总生产的物质生产部门可以分为两大部类：第一部类为生产资料的生产部门，第二部类为消费资料的生产部门，并认为两大部类必须保持一定的比例，否则会给社会再生产带来困难。长期以来，我国经济学界主要依据该分类进行产业结构和投资结构的研究。

2. 农业、轻工业、重工业分类法

在实际工作中，我国主要将产业分为农业、轻工业、重工业三类。农业包括种植业、林业、畜牧业、渔业；轻工业包括以农产品为原料的工业（如食品工业、天然纤维纺织工业、皮革业、造纸业等）和以非农产品为原料的工业（如日用玻璃、日用金属、日用化工、化纤纺织、日用陶瓷业等）；重工业主要是生产生产资料（如原材料、燃料、动力、机器设备等）的工业。

3. 三次产业分类法

三次产业分类法是产业结构分类法中影响最大、运用最广的一种。可以说，三次产业分类法不仅是一种统计方法，而且是一种理论。三次产业分类法最早是由费希尔和克拉克提出的，他们将产业结构分为第一产业、第二产业和第三产业。1985 年，国务院批准了国家统计局《关于建立第三产业统计的报告》，决定在我国采用三次产业划分方法。2012 年，国家统计局根据国家质检总局和国家标准委颁布的《国民经济行业分类》，对 2003 年《三次产业划分规定》进行了修订。按照 2018 年的最新标准，第一产业是指农、林、牧、渔业（不含农、林、牧、渔专业及辅助性活动）。第二产业是指采矿业（不含开采专业及辅助性活动），制造业（不含金属制品、机械和设备修理业），电力、热力、燃气及水生产和供应业，建筑业。第三产业（即服务业）是指除第一产业、第二产业以外的其他行业。第三产业包括批发和零售业，交通运输、仓储和邮政业，住宿和餐饮业，信息传输、软件和信息技术服务业，金融业，房地产业，租赁和商务服务业，科学研究和技术服务业，水利、环境和公共设施管理业，居民服务、修理和其他服务业，教育，卫生和社会工作，文化、体育和娱乐业，公共管理、社会保障和社会组织，国际组织，以及农、林、牧、渔业中的农、林、牧、渔专业及辅助性活动，采矿业中的开采专业及辅助性活动，制造业中的金属制品、机械和设备修理业。

4. 四次产业划分法

四次产业划分法是美国经济学家、信息专家马克·波拉特等人在 1977 年撰写的《信息经济：定义与测算》一书中首先提出的，是在三次产业的基础上，增加了第四产业，即农业、工业、服务业、信息业。四次产业划分法产生的背景是在西方新技术革命的带动下，计算机得到迅速普及和应用，信息资源的重要性越发凸显，智力和知识成为科技发展、生产发展、经济增长的重要因素，信息产业成了一种新的经济成分和一个新兴产业。因此，四次产业划分法的出现是现代社会信息化和电子技术应用及普及的必然反映，必将对产业结构及其划分方法的变革产生积极的影响，特别是突出了社会信息化对产业结构的影响，同时确立了信息产业的社会与经济地位。

二、产业结构的变化趋势

处于不同经济发展水平的国家，其产业结构是不同的。同一国家在不同的发展阶段，产业结构也不同。产业结构伴随着生产力和社会的发展始终处于不断的演变过程中。从世界各国工业化发展进程来看，各国工业化进程可分为四个发展阶段：

（1）第一阶段是工业化前期。在这个时期，第一产业在国民经济中占据主导地位，现代工业处于萌芽状态，农业占据绝对主要的位置，第三产业基本上是一些必需的消费性部门。

（2）第二阶段是前工业化时期。在这个时期，第一产业的比重下降，但仍占相当大的比例，现代工业较快地发展，第二产业的比重逐渐上升，第三产业的比重也逐步增长。

（3）第三阶段是工业化阶段。在这个阶段，第二产业得到了重大发展，迅速成为国民经济的主导产业，第一产业退居第二位，第三产业的比重明显上升。这一阶段结束，表明国家已基本完成了国民经济的工业化，被称为“脱农化”。

（4）第四阶段是后工业化阶段。在这一阶段，第一产业的比重已降低到一定的位置，第二产业的比重呈稳中下降趋势，第三产业发展速度迅猛，取代第二产业而在国民经济中居于首位。美国社会学家丹尼尔·贝尔提出了“后工业社会理论”，他把大多数劳动力从事第三产业作为“后工业化中第一个、最简单的特点”，他认为第一产业和第二产业的国民收入比重下降，而第三产业则保持上升的趋势，这一比例在西方发达国家都在50%以上。

英国经济学家科林·克拉克搜集和整理了若干国家的经济统计资料，他分析了劳动力在三次产业之间移动的趋势后，得出以下结论：随着经济发展，即随着人均国民收入水平进一步提高，劳动力便向第三产业移动。因此，劳动力在各行业的分布状况是：第一产业减少，第二产业、第三产业将增加。克拉克认为，劳动力之所以会从第一产业向第二产业、第三产业移动，是因为随着经济发展，各产业间出现了收入（附加价值）的相对差异。正是由于这种差异，才促使劳动力由较低收入的产业向较高收入的产业流动。

综上所述，随着社会生产力的发展，特别是当今社会伴随着科学技术的日新月异，产业结构发生着有规律的变动。总结各国的现代经济发展史，产业结构呈现出以下变化趋势：第一产业在整个国民经济中的比重不断下降；第二产业在整个国民经济中的比重先是由小变大，而后转为稳中有降；第三产业在整个国民经济中的比重呈直线上升，直至成为比重最大的产业。由于产业结构与投资结构有着密切的关系，所以投资结构也呈现出与产业结构一致的演化规律。合理的产业结构要求处理好三个产业的关系。投资作为生产要素分配的一种方式，对国民经济的发展速度、技术水平、产业结构和生产力的地区布局，都有着决定性的影响，因此，合理的投资结构能够促进国民经济稳定健康地发展。

三、我国三次产业结构的调整与优化

（一）投资结构与产业结构的关系

投资结构与产业结构的关系应该说是投资与经济结构最重要的关系，两者之间存在着相互联系、相互影响、相互制约的关系。从长期来看，投资结构决定着产业结构的形成和变化，但现有的产业结构对投资结构又有一种制约作用。投资结构通过影响资产的存量结构，进而决定了产业结构的变化和调整。

现存的产业结构决定了现有投资结构的投资品供给能力和社会需求总量及需求结构，也就是现存的产业结构直接影响社会需求结构，使现有资产存量和投资增量从结构上做出调整：当社会需求超过生产供给时，要追加该部门的投资；当社会需求小于生产供给时，资产存量要随之做出调整，不应再追加该部门的投资；当社会需求与生产供给相适应时，资产存量维持不变。在市场经济条件下，以市场导向为依据，并通过国家的经济、法律手段或采取国家直接投资的手段来调整投资结构，进而影响产业结构，促进产业结构的合理发展。

另外，投资结构也会在总体上影响产业结构。当投资总量增长加快时，对各种投资品的需求就会增多，从而拉动生产投资品的产业发展；反之，如果投资总量下降，生产投资品的产业就会萎缩。产业投资结构还会影响生产投资品的各产业的构成。不同产业的投资，其投资品需求具有较大差异，对生产投资品的各产业的拉动作用也不同。此外，各个产业部门的固定资产在生产和使用过程中都会不断消耗，因而必须通过产业投资形成新的固定资产来补偿、替换被消耗掉的固定资产，即实现固定资产的再生产，这样才能保证原有的产出能力。因此，如果一个产业的投资不足，其固定资产的再生产就不足，该产业的产出能力就会逐步下降；反之，其产出能力就会不断上升。

总之，产业结构与投资结构之间存在着非常密切的关系，一定的产业结构是由过去历年的投资结构塑造出来的，即投资结构决定了产业结构的形成和变化。但是，业已形成的产业结构又往往制约着以后的投资结构，为了维持业已形成的产业结构的再生产，要求投资按照原有的比例关系继续投入。从这一意义上说，产业结构又制约着新的投资结构，产业结构的发展和演变也要求有与其相适应的投资结构。

（二）我国投资的三次产业结构的现状

中华人民共和国70多年来，已经逐步建立起完整的工业体系和国民经济体系，三次产业结构发生了巨大的变化。通过对国内生产总值的构成进行分析可以看出：第一产业、第二产业和第三产业的比重，1952年分别为50.5%、20.9%和28.6%；1979年为31.2%、47.4%和21.4%；1990年为27.1%、41.6%和31.3%；2007年为11.3%、48.6%和40.1%；2020年为7.7%、37.8%、54.5%（如图3-1所示）。从三次产业的就业构成来看，1952年分别为83.5%、7.4%和9.1%；1978年为70.5%、17.3%和12.2%；1990年为60.1%、21.4%和18.5%；2007年为40.8%、26.8%和32.4%；2020年则为23.6%、28.7%、47.7%（如图3-2所示）。[①] 从以上数据可以看出，我国第一产业占GDP的比重和就业人数都在不断下降，而第三产业已经成为我国国民经济的主导产业，第三产业的比重和就业人数有了大幅的上升。我国现阶段基本上处于工业化的第三阶段，即工业化阶段，三次产业结构的变动基本上符合三次产业结构变动的规律。但与此同时，我国三次产业结构存在着以下问题：

（1）农业劳动生产率亟待提高。据清华大学中国农村研究院预测，我国农业GDP占比和农业劳动力占比将分别从2018年的7.2%和26.1%，下降到2050年的3%和4%，即使到2050年，农业部门的劳动生产率还是低于非农部门。

（2）产业内部结构不合理，主要是基础工业和加工工业的增长不协调，高附加值、高技术含量的产业和产品比重不高。具体表现为能源、原材料等基础产业不能充分满足生产的需要，而加工工业存在盲目建设和扩张现象，一般加工工业供过于求，而高质量的加工产品供不应求，传统加工工业比重大，而以电子、生物工程、海洋科学和航空航天等科学领域带动的新兴产业比重相对较小。

---

① 数据引自中华人民共和国国家统计局。

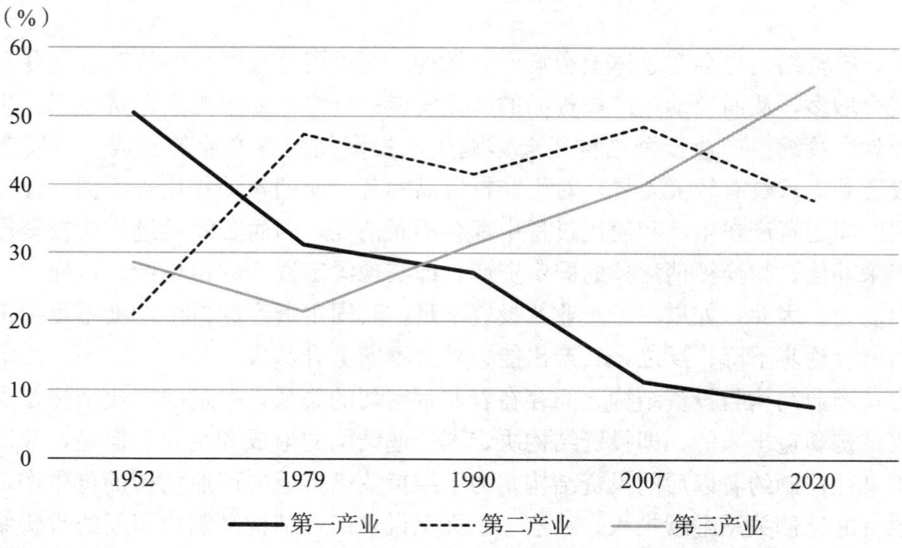

图 3-1　我国 GDP 构成情况

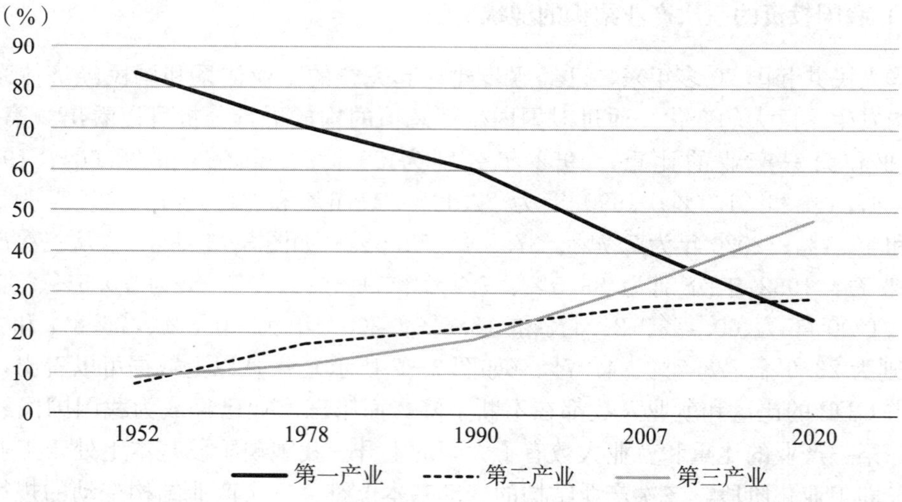

图 3-2　我国三次产业的就业构成

（3）第三产业的产业技术水平有待进一步提高。我国投资率偏高，消费率偏低，资源约束和环境压力较大。工业化阶段是以第三产业的迅速发展为特征的经济发展阶段。在 20 世纪 80 年代后期，发达国家第三产业对经济的推动力达到 0.7，发展中国家为 0.5 左右，根据国家统计局数据，截至 2021 年，我国只有 0.556。尽管近年来我国第三产业的比重不断提升，但我国第三产业的发展水平和整体质量仍有待进一步提高。由于第三产业中的大部分产业属于劳动密集型产业，可以容纳大量劳动力就业，同时这些产业的发展有利于消费结构的变化和人们生活水平的提高，因此要采取措施加大对这些产业的投资力度，促进其加速发展。

（三）我国产业投资结构发展的趋势

我国正处于工业化过程的加速阶段，重工业化是这一阶段经济发展的战略目标；同时，为了跟上世界经济发展的趋势，我国也必须加速信息化的进程，实行工业化与信息化并进的发展战略。今后，我国经济发展过程中的主要问题仍是加快产业结构转换升级，我国产业投资结构的发展趋势可归纳为以下几个方面：

1. 加强和巩固农业的基础地位，农业要走集约型产业投资的道路

农业是国民经济的基础，充分保证第一产业的必要投资，确保优化的农业结构，对于国民经济长期稳定发展至关重要。但长期以来，投资在第一产业的比重相对过低，导致我国农业基础薄弱，农业结构升级缓慢，第一产业的相对劳动生产率一直低于第二产业、第三产业，更明显低于世界平均水平。尽管伴随着科学技术的进步，农业对国民经济增长的作用将逐步下降，但农业仍是人们基本生活资料的主要来源。我国在今后推进现代化的工业进程中，面临着其他发达国家农业高水平的竞争压力，必须加强对农业的投入，努力提高对农业的投资比重，在农业产业投资方面要更加注重集约型产业投资，提高农业的劳动生产率，促进农村由以粮食为主的传统农业经过“多种经营”为特征的混合农业阶段，过渡到机械化、专业化、科学化的现代农业发展阶段。

2004 年，中央财政的“三农”投入为 1 500 多亿元，2010 年为 8 579 亿元，2013 年更是高达 13 799 亿元，“三农”投入在 10 年间增长约 8.2 倍。《中共中央关于制定国民经济和社会发展第十四个五年规划和二〇三五年远景目标的建议》强调，要坚持把解决好“三农”问题作为全党工作重中之重，走中国特色社会主义乡村振兴道路，全面实施乡村振兴战略，强化以工补农、以城带乡，推动形成工农互促、城乡互补、协调发展、共同繁荣的新型工农城乡关系，加快农业农村现代化。“十四五”规划纲要对当前和今后一个时期的农业发展提出了以下指导方针：第一，持续强化农业基础地位，深化农业供给侧结构性改革，强化质量导向，推动乡村产业振兴。一是增强农业综合生产能力，夯实粮食生产能力基础，保障粮、棉、油、糖、肉、奶等重要农产品供给安全；二是深化农业结构调整，优化农业生产布局，建设优势农产品产业带和特色农产品优势区；三是丰富乡村经济业态，发展县域经济，推进农村一二三产业融合发展，延长农业产业链条，发展各具特色的现代乡村富民产业。第二，实施乡村建设行动，把乡村建设摆在社会主义现代化建设的重要位置。一是强化乡村建设的规划引领，统筹县域城镇和村庄规划建设，通盘考虑土地利用、产业发展、居民点建设、人居环境整治、生态保护、防灾减灾和历史文化传承；二是提升乡村基础设施和公共服务水平，以县域为基本单元推进城乡融合发展，强化县城综合服务能力和乡镇服务农民功能；三是改善农村人居环境，开展农村人居环境整治提升行动，稳步解决“垃圾围村”和乡村黑臭水体等突出环境问题。第三，健全城乡融合发展体制机制，建立健全城乡要素平等交换、双向流动政策体系。一是深化农业农村改革，巩固完善农村基本经营制度，进一步放活经营权；二是加强农业农村发展要素保障，健全农业农村投入保障制度。第四，实现巩固拓展脱贫攻坚成果同乡村振兴有效衔接，建立完善农村低收入人口和欠发达地区帮扶机制，保持主要帮扶政策和财政投入力度总体稳定，接续推进脱贫地区发展。一是巩固提升脱贫攻坚成果，严格落实“摘帽不摘责任、摘帽不摘政策、摘帽不摘帮扶、摘帽不摘监管”要求，建立健全巩固拓展脱贫攻坚成果长效机制；二是提升脱贫地区整体发展水平，实施脱贫地区特色种养业提升行动，广泛开展农产品产销对接活动，深化拓展消费帮扶。

2. 合理安排第二产业投资，在保证第二产业投资绝对量有所增长的同时，使其内部投资结构得到显著改善

在第二产业中，工业和建筑业是主导产业，科学合理地安排第二产业投资结构，是合理调整产业结构的有效手段。我国在“十三五”时期基本处于工业化加速发展时期（即工业快速增长时期），在这个时期我们面临着工业化、信息化、高科技化的多重任务，第二产业是我国国民经济的重大产业。我国应在保证第二产业投资绝对量有所增长的同时，使其内部投资结构得到显著改善。加强对轻工、纺织、机械等传统行业的技术改造，力争使有限的资金集中用于重点技术改造项目，提高传统产业的经济效益。

（1）要正确处理生产资料工业和消费品工业投资结构。

第一，优化能源投资结构，缓解我国能源、资源与经济社会发展的矛盾，必须立足国内，显著提高能源、资源利用效率。要坚决实行开发和节约并举、把节约放在首位的方针。鼓励开发和应用节能降耗的新技术，对高能耗、高物耗设备和产品实行强制淘汰制度。要抓紧制定专项规划，明确各行业节能降耗的标准、目标和政策措施。抓好重点行业的节能、节水、节材工作。鼓励发展节能环保型汽车、节能省地型住宅和公共建筑。要大力发展循环经济，从资源开采、生产消耗、废弃物利用和社会消费等环节，加快推进资源综合利用和循环利用。积极开发新能源和可再生能源，要加强矿产资源开发管理，整顿和规范矿产资源开发秩序，完善资源开发利用补偿机制和生态环境恢复补偿机制。

第二，加强原材料工业投资，促进原材料工业发展，适当增加国家财政预算对原材料工业的直接投资，提高原材料工业投资在国家投资中的比重。

第三，加快机械工业的发展。机械工业是国民经济的装备工业，是重要的战略产业之一，当今许多发达国家都把具有技术先导特征的机械电子工业作为主导产业，加以重点投资支持。要使机械工业的发展速度快于整个国民经济的增长速度，要做到选择重要的基础机械、基础零部件和重大技术成套设备，加速发展机电一体化技术和产品；增加农用、轻工业机械制造业投资的比重；把机械工业投资重点转移到更新改造、产品开发和技术开发及提高质量上，提高先进技术装备的设计和制造水平。

（2）要正确处理生产资料工业内部投资和消费品工业内部投资结构。

第一，加快食品工业的投资，提高食品工业的技术装备水平，增加加工深度，提高加工食品和高级加工食品在全部食品中的比重，不断开拓食品生产的新领域，力争实现使食品工业投资的比重占全部工业投资的比重达到5%以上的目标。

第二，合理安排纺织工业的投资，今后在增加纺织工业投资时要加强毛纺织工业、麻纺织工业的投资并适度增加丝绸业的投资比重，合理调整纺织工业的投资结构，促进纺织工业的稳步发展。

（3）建立风险投资机制，加大高新技术产业的投资力度。我国已经明确要发展七大高新技术产业：电子信息、生物工程、新材料、核能、航空、航天和海洋工程。高新技术产业是产业高度化的重要标志，它的发展程度是国家生产力发展水平的重要体现。要尽快建立高新技术产业的投融资机制，通过建立和完善风险投资资本市场和高新技术产业投资专项基金制度，拓宽高新技术产业的融资渠道，加快发展高新技术产业。同时，要着力提高利用外资质量，鼓励外商投资高新技术产业，更好地把引进外资与提升国内产业结构和技术水平结合起来。

3. 强化第三产业投资，第三产业将得到迅速发展

在科学技术迅速发展的过程中，第三产业对于推动第一、第二产业的发展，对于促进消费结构的变化和人民生活水平的提高，扩大社会就业能力，提高国民经济整体效益都具有非常重要的意义。今后，为了更好地适应第一、第二产业发展的需要，在调整产业投资结构时，要强化第三产业的发展，加快第三产业的发展进程，使第三产业的发展速度略快于第一、第二产业，保持在10%左右。有关资料显示，在今后一定时期内，第二、第三产业投资仍是我国经济增长的主要因素，其中第三产业投资的快速发展趋势将使其对经济的贡献水平逐渐提高，并可能超过工业成为经济增长的第一推动力量。

中国经济正面临着由全面竞争和需求结构变化而引起的增长方式转换，技术进步和创新、提高质量和企业管理水平将成为今后经济增长的决定性因素。只有实现这种转换，才能确保提高经济效益，实现预期的经济增长目标。这就提出了促进市场导向下的技术创新、结构调整和产业升级的任务。在结构调整中，第三产业的发展将有十分重要的意义。其中，金融、信息、通信、交通、科研、生产服务业的发展将大大提高经济的总体效率；而零售、餐饮、生活服务、医疗卫生、文化教育、环境管理、旅游的发展将改善和提高大众的生活环境及生活质量，提高人口素质，也将创造更多的就业机会。要加快发展第三产业可考虑采取以下措施：

（1）加速改造和发展交通运输业，增加对交通运输业的投资。推进铁路、民航业和城市公用事业改革，放宽市场准入，引入竞争机制。充分发挥以铁路运力为重点，铁路、公路、航运和水运等多种运输方式的优势。充分发挥中央和地方的积极性，提倡中央和地方合资建设铁路，并积极合理地利用外资，合资或独资进行公路和铁路投资建设，增加航空运输的投资，完善枢纽机场和干线机场的建设，促进综合运输体系的建设。

近年来，我国铁路投资一直保持着上升态势。在“十一五”期间，我国铁路基本建设投资完成1.98万亿元，是“十五”期间投资额的6.3倍；新增营运里程1.6万公里，是“十五”期间的2.3倍。在“十二五”期间，全国铁路固定资产投资完成3.58万亿元，新线投产3.05万公里，是迄今为止投资完成最好、投产新线最多的五年。截至2020年年底，全国铁路营运里程达到14.63万公里，居世界第二位；其中，高速铁路3.8万公里，居世界第一位。同时，我国铁路建设按照政府主导、多元化投资、市场化运作的思路，深入推进铁路投融资体制改革。建立部省、路地合作共建机制，地方政府及其他投资人参与铁路建设资本金投资比例超过了30%。例如，大秦铁路公司和广深铁路公司发行A股融资、太原铁路局运输主业资产整体改制上市等。铁路建设债券的发行规模也不断扩大，融资能力得到了不断增强。在“十三五”期间，我国铁路固定资产投资规模达3.9万亿元，建设新线2.4万公里。“十三五”期间的铁路投资规模再创新高。在“十四五”期间，我国铁路部门将不断优化完善铁路标准体系。结合铁路科技创新和技术发展，坚持问题导向、目标导向、需求导向，深化铁路标准体系研究，优化政府主导制定标准供给。我国铁路部门将进一步鼓励团体标准、企业标准创新发展。围绕构建高标准铁路市场体系和加快自主创新，在铁路战略性新兴产业、关键共性技术等领域支持制定团体标准、企业标准。鼓励社会团体制定满足市场和创新需要的团体标准，及时将先进适用科技创新成果融入标准，提升标准水平。《“十四五”铁路标准化发展规划》要求，要继续聚焦铁路高质量发展，围绕国家发展战略和重大工程建设需求，加强顶层设计，统筹规划，合理规划标准化

布局，全方位提升铁路标准化工作能力；继续强化以科技创新为原动力，以科技研发、技术创新推动标准技术水平提升，以标准促进科技成果的转化应用；要面向世界科技前沿、面向经济主战场、面向国家重大需求、面向人民生命健康，推进重点领域标准制修订，加强开展铁路发展急需、自主化创新成果的标准转化，补强标准体系的薄弱环节，以点带面整体提升；推动政府主导制定的标准高质量供给，进一步激发市场自主制定标准活力，坚持统筹兼顾，推动形成政府引导、市场驱动、社会参与、协同推进的标准化工作新格局。

随着西部大开发的推进，国家也在大力建设西部的道路交通，在西部省际公路通道基本建成后，西部地区公路网总里程将超过 94 万公里，高速公路通车里程将超过 2 万公里。到 2020 年由二级以上高等级公路组成的骨架网已覆盖西部地区，西部铁路营运里程达 5.9 万公里。交通部对西部地区采取了投资倾斜的政策，以加快西部地区的交通体系建设，支持西部地区加快经济发展。

（2）强化邮电通信业投资，着力发展知识型服务业。发展邮电通信业是发展第三产业的首要任务，要深化邮政、电力、电信等行业改革，提高邮电通信投资在社会总投资中的比重，使这一比重能够达到 3%～5%的水平，积极推广高新技术业务，拓宽邮电业务领域，加快现有通信设施的技术改造，提高通信质量。加快发展先进制造业、知识型服务业、现代流通业、旅游会展业，通过打造产业链，培育产业群，建设产业带，促进产业融合，完善产业支撑。据了解，北京从 2005 年起就重点研究产业链的延伸，培育产业支柱。在加快先进制造业发展方面，集中力量支持汽车、电子信息、石化新材料、装备制造、生物工程与医药、都市工业的发展。在促进知识型服务业发展方面，扩大金融保险产业规模，以金融街、CBD 为主要基地，不断推进银行、保险、证券、信托等行业扩大开放程度，创新金融产品，提高现代服务业的服务水平。

（3）加大科技和教育事业的投资，努力提高综合国力。教育和科技在现代化建设中具有基础性、先导性、全局性作用，文化是民族的血脉和人民的精神家园，必须放在更加重要的战略位置。我国年度财政性教育经费支出总额已经超过 4 万亿元，今后还要进一步增加教育投入。第十三届全国人民代表大会第四次会议上的《政府工作报告》指出，要发展更加公平更高质量的教育。构建德智体美劳全面培养的教育体系。推动义务教育优质均衡发展和城乡一体化。建设高质量教育体系，建设高素质专业化教师队伍，深化教育改革，实施教育提质扩容工程。加强基础学科和前沿学科建设，促进新兴交叉学科发展。

要进一步加大科技投资，增强自主创新能力。全社会研究与试验发展经费支出占国内生产总值的比例由 2007 年的 1.4%提高到 2020 年的 2.4%。[①] 以高科技企业研发支出为例，据上市企业年报显示，50 家研发支出最高的中国企业研发支出总额为 8 768 亿元，其中华为、阿里、腾讯等 14 家科技企业 2021 年研发支出总额为 4 281 亿元，占比为 48.8%。然而在疫情以及复杂国际环境背景下，以阿里、腾讯为代表的中国科技企业研发支出总额增速逐年下滑，2021 年增速下滑至 14.1%。但国际企业研发支出增速呈上升趋势，2021 年增长至 18.4%，中国科技企业研发支出规模和国际企业相比仍有较大差距。《政府工作报告》强调，要坚持创新在我国现代化建设全局中的核心地位，把科技自立自强作为国家发展的战略支撑。依靠创新推动实体经济高质量发展，培育壮大新动能。促进

① 引自中华人民共和国国家统计局。

科技创新与实体经济深度融合，更好发挥创新驱动发展作用，提升企业技术创新能力，激发人才创新活力。

第三节 投资结构调控

一、我国投资结构的历史演变

（一）改革开放前的投资结构演变

1.“一五”建设时期

中华人民共和国成立初期，我国的经济基础非常薄弱，在经历了1949—1953年的恢复时期后，国家确定了重点发展重工业的建设方针，以苏联援建的156个项目及其配套工程为重点，进行了大规模的工业建设。工业基本建设投资比重平均达到42.5%，同时还兼顾了农业、轻工业、运输、邮电、文教卫生和其他行业的发展。此阶段的投资主要倾向于机械制造、电力、煤炭、石油、钢铁、有色金属、基础化学工业。

2.“大跃进”时期和五年调整时期

国家在国民经济发展的第二个五年计划的建设中适当增加了轻工业投资的比重，但在“以钢为纲”的“大跃进”时期，投资结构又进一步向以钢铁工业为首的重工业倾斜，工业基本建设投资比重在“二五”时期达到54%，此时农业、轻工业和服务业的投资受到严重挤压，影响了农业、轻工业和服务业的发展，其中交通、通信等基础设施的发展成为瓶颈，影响了人民生活的改善。在1961—1965年的调整时期，国家采取措施压缩投资总规模，到1965年全民所有制非生产性基本建设投资总额占基本建设投资总额的比重由14.6%上升为20.6%；重工业投资的比重由54%下降为45.9%；农业投资的比重由11.3%上升为17.6%。此阶段的投资主要倾向于钢铁工业、机械制造工业、农业、采掘工业与轻工业。

3. 以建立地方工业体系为重点的建设时期

从1966年起，我国进行了大规模的三线建设。1966—1970年，三线地区累计完成投资482亿元。在投资行业结构上，三线建设集中于冶金、能源和军事工业。由于投资结构高度向重工业倾斜，致使第二产业中的工业超前发展，第一产业和第三产业因投资不足而导致发展严重滞后。此阶段的投资主要倾向于钢铁工业、石油工业、化学工业。

在改革开放前，我国投资结构主要表现出以下特点：

（1）投资主体结构比较单一，片面强调以国有经济为主体，忽视市场机制的调节作用。

（2）单纯依靠财政手段集中和无偿拨付资金，忽视金融市场的作用，在很大程度上降低了资金的使用效率。

（3）投资结构受非经济因素的影响较大，经济失衡状况始终未得到根本改变。长期以来，加工业、制造业的超前发展导致绝大部分产品供大于求，农业和基础工业、基础设施的发展滞后一直是我国国民经济发展的制约因素。

（二）改革开放后投资结构的特点

自改革开放以来，我国投资结构的主要特点是：

（1）1979年国家提出优先发展轻工业和农业，投资的部门结构由向生产资料生产部门倾斜转为向生活资料生产部门倾斜，把农业放在重要的战略地位。大力发展消费品工业，1985年后我国的耐用消费品特别是家用电器投资呈现出大幅增长的态势。加强能源、交通、运输和邮电通信建设，重视机械电子和高新技术产业的发展，重视发展第三产业，第三产业投资的比重由“五五”时期的33.9%提高到“六五”时期的47.2%。这个阶段的投资主要倾向于加工工业、原材料、能源工业、机电工业和金融业。

（2）投资主体结构发生了重大变化，呈现出国家投资的比重逐渐下降而集体所有和个体所有的投资比重逐渐上升的态势。

（3）伴随着社会主义市场经济体制的建立和融资渠道的不断拓展，我国呈现出国家财政投资、银行贷款、企业自筹投资和利用外资多种融资渠道并存的格局。在投资来源结构中，国家财政投资的比重趋于下降；与此同时，银行贷款投资、企业自筹投资和利用外资的比重趋于上升。

（4）在投资领域，指令性计划调节逐渐弱化，投资结构的调节转变为计划与市场的双重调节，由国家指令性计划调节的主要是中央政府投资及信贷投资的总规模，而国有企业、集体企业、个人自筹投资及外资主要依靠市场机制调节，它们根据市场需求的状况确定投资的目标和投资的规模。

自改革开放以来，我国的经济改革是一个从产品经济逐渐向市场经济转型的过程，在这个过程中，我国投资结构的重心依次沿着消费品产业、中间产品及原材料工业、基础性产业和第三产业的方向发展。1978—1981年在市场需求和高额利润的刺激下，由市场调节的部分消费品生产行业，如家电、手表、服装、食品加工和住房等方面的投资比重急剧上升；与此同时，由计划调节的那部分产业的投资比重呈现下降趋势。这种状况使得轻工业在投资中的比重由1978年的5.8%上升到1981年的9.8%，重工业的投资比重则由48.7%下降到39%。

20世纪80年代后期，我国的投资结构由消费品及农业和轻工业转向原材料、重工业，原材料、重工业等产业的投资比重呈上升趋势，而加工业和采掘业的投资比重则呈下降趋势。自20世纪80年代以来，家电等耐用消费品的投资比重下降，而能源、交通、通信等基础性产业的投资比重上升，由1988年的39.6%上升到1991年的46.5%。自20世纪90年代中期以来，我国的投资结构开始向以交通运输、邮电通信、餐饮业、金融保险、房地产、教育和文化艺术为主的第三产业转移，投资在这些领域的比重由36.14%上升到2002年的52.48%。

进入21世纪以来，我国对第一产业的投资有加大的趋势，而且第一产业、第三产业投资的增长率高于第二产业。但是，就绝对值来看，第一产业的投资仍然相当低。2008年对第一产业的投资首次超过总额的3%；2009年年底，对第一产业的投资比重仅占3.07%，第三产业占54.08%，第二产业降到42.85%。以制造业为主的第二产业占GDP的比重已于2000年超过50%；此后，第三产业所占比重开始逐步上升，第一产业所占比重则出现持续性下降。近年来，第二产业所占比重也开始逐渐下降。三次产业投资比重的变化表明，我国的工业化程度正在加深，服务业得到了迅速发展，而对农业等基础产业的投资较为不足，需要进一步加大对第一产业的投资，保证农业的基础地位。此外，近年来随着高新技术的迅猛发展，我国产业结构升级换代的速度加快，高新技术产业在投资结构中的比重呈现出上升态势。

二、投资结构调控的目标及对策

（一）投资结构调控的目标

由于投资结构与产业结构关系密切，因此投资结构的调控往往是着眼于产业结构而进行的。投资结构调控的目标通常为：

（1）以协调产业结构为目的，即在现存的技术经济条件下维持现有产业的平衡发展。

（2）以产业结构高级化为目的，即随着生产力的发展，促使产业结构由第一产业为主向第二产业为主，再向第三产业为主转换。

（3）以产业升级为目的，即随着科学技术的发展，通过调控投资结构，促使各产业由劳动密集型向资金、技术、知识密集型转化，提高产业竞争力。

（二）投资结构调控的对策

自2003年以来，我国经济增长速度加快，固定资产投资增长过快使得经济运行中的结构性矛盾凸显，部分行业投资增势强劲，煤、电、油、运供应紧张，通货膨胀压力加大，投资与消费的比例严重失衡。2019年，固定资产投资（不含农户）为551 478亿元，比上年增长5.4%；2020年1—12月全国固定资产投资（不含农户）为518 907亿元，同比名义增长2.9%。分产业看，2020年第二产业投资149 154亿元，增长0.1%。其中，采矿业投资下降14.1%；制造业投资下降2.2%。从施工和新开工项目的情况看，2017年1—12月施工项目计划总投资1 311 629亿元，同比增长18.2%，新开工项目计划总投资519 093亿元，同比增长6.2%①，投资结构不合理依然存在。大量政府投资在城市中过剩，而农村基础设施投资则不足，这种状况制约了农村硬件消费条件的提高，使投资与消费失调，不利于城镇化的建设。当前我国经济社会发展中的一些长期性问题和深层次矛盾主要表现为经济结构不合理、产业技术水平低、第三产业发展滞后、投资率持续偏高、消费率偏低、资源约束和环境压力偏大。

在市场经济条件下，政府要采取各种措施加大对投资结构调控的力度。在加强投资规模调控的同时，要更加注重结构调整；在遏制低水平扩张的同时，更加注重发展薄弱环节；在抑制投资过快增长的同时，更加注重扩大消费需求；在加快经济发展的同时，更加注重改善人民生活，特别是保障生活困难职工的基本生活；在努力缓解经济运行中突出矛盾的同时，注重解决改革过程中深层次的体制和机制问题。投资结构调控的对策具体可以考虑以下几个方面：

1. 落实产业政策，完善投资结构调控

产业政策是指以产业结构政策为核心，由其他政策与之相适应，共同构成的产业发展

---

① 引自中华人民共和国国家统计局。

目标与手段体系。它是政府为了实现一定的经济和社会目标而制定的有关产业的一切政策总和。产业政策一般包括：① 产业结构政策，主要规定了产业发展的重点。② 产业组织政策，主要包括鼓励竞争与防止过度竞争政策以及鼓励发展规模经济政策。③ 产业地区政策，主要是有关区域经济发展的政策。④ 产业技术政策，主要是指导产业技术发展和技术进步的政策，包括鼓励、限制、淘汰某些技术的一些规定。

在一定时期内，投资结构必须尽可能地符合既定的产业结构政策目标，投资结构的调控必须围绕产业政策，为落实产业政策服务。投资结构的调控应重视以下几方面问题：

（1）发挥市场对投资结构的基础调节作用。对一般的投资项目，尤其是竞争性项目的调控，应发挥市场的基础性调节作用。为了更好地发挥市场的基础性调节作用，政府必须健全市场机制，采取经济手段和法律手段引导及规范企业的投资行为，按照投资结构调整的要求适时制定价格政策，充分发挥价格杠杆对投资结构的调节作用，比如对科技含量高、市场前景好、符合国家产业政策的产品和产业，要实行支持性价格政策，这样可以提高企业的盈利水平，增加企业资金积累，促进企业扩大生产规模，有利于形成合理的投资结构。

（2）加大对基础产业、主导产业和高新技术产业的扶植力度。要采取多种投融资方式，将政策性和经营性投融资方式结合起来，促进这些产业的发展。对于那些不能盈利的公益性产业，应考虑由中央政府和地方政府提供一部分财政拨款或者提供政策性贴息，或由国家开发银行提供资金支持；对于可以盈利的产业，应允许企业投资，鼓励企业以发行股票、债券、吸引外资的方式筹集所需的资金。

2. 完善财税制度，强化财税对投资结构的调控作用

目前，我国对投资结构有直接影响的财税手段主要包括投资补贴、加速折旧制度和消费税。这些财税手段都是通过影响不同部门投资的收益率，进而影响各个部门的投资数量，以实现国家的投资结构目标。有些国家政府对于那些在重点产业或薄弱部门进行投资的企业给予投资补贴，而大部分国家是通过间接的税收政策或加速折旧政策鼓励企业在重点产业部门进行投资，比如对在国民经济中具有重要地位、技术进步较快的电子、船舶、飞机制造、汽车制造、生产“母机”的机械制造、化工和医药等产业实行加速折旧制度。由于折旧基金可用于流动资金周转，因而削弱了加速折旧对投资结构的调控作用。

对不同的消费品征收不同的消费税。例如，对于国家在一定时期鼓励扶植发展的产业，可对其采取减免税措施，引导增加对该产业的投资；而对于限制发展的产业，则可以提高税率或增加税种，限制对该产业的资金投入。通过上述措施引导或者限制投资或消费趋向，最终达到调节投资结构的目的。

3. 建立健全固定资产投资信息咨询系统

价格信息和有关固定资产的政策法规是固定资产投资信息的重要组成部分，也是企业生产经营决策的重要依据之一。投资结构的不合理主要是由盲目投资、重复投资造成的，而盲目投资、重复投资又与投资者缺乏必要的投资信息有关。我国经济发展已进入新的阶段，各类投资主体对投资效益的追求已经成为投资的准则，但由于信息缺乏，可能会出现投资决策失误，导致盲目建设、重复建设。这要求一方面，投资者在进行投资决策时要在深入研究的基础上对项目进行可行性分析；另一方面，国家统计部门、信息中心、发改委应建立投资信息咨询系统，将价格信息和有关固定资产的政策法规及时、广泛地向投资者公示和发布，及时为投资者提供各类投资项目的有关信息，给企业提供一个良好的投资信息咨询平台，引导投资者正确地进行生产经营决策，帮助其将资金投向符合国家产业政策的行业和领域，避免盲目投资，提高投资的效率。

4. 妥善安排存量调整与增量调节的结构问题，加快对存量资产调整的步伐

存量是指以前年度投资形成的资产，增量是指计划年度的新增投资。如前所述，优化投资结构是实现产业结构优化的重要途径，通过投资增量的投入而引导存量的调整，推动产业结构的调整和优化。此外，还可以通过投资增量的增减，发展“瓶颈”产业、支柱产业和新兴产业，使优化投资结构的进程与国民经济结构调整的步伐相一致。长期以来，人们对增量投资结构的调控比较重视，对资本的存量调整则比较忽视，以致产业结构难以得到根本的改善。因此，要使产业政策真正得到贯彻，必须加快存量资产的调整步伐，通过对企业实行破产、并购，或是通过更新改造，以少量的增量带动大量存量资产的调整，促使资本存量流动，实现社会经济的良性循环和协调发展。

延伸阅读

投资增速恢复性反弹
投资结构持续性优化

本章小结

本章第一节详细介绍了投资结构的含义及分类，阐述了投资结构优化的内涵、标准及四个原则。第二节重点介绍了产业结构的变化趋势和我国三次产业结构调整的历史进程。第三节结合我国多年改革取得的成果和教训，提出了我国产业投资结构改革的问题和趋势，进而提出了我国投资结构调控的目标和对策。

本章要点

- 投资结构的含义及分类
- 投资结构优化的标准和原则
- 合理的投资结构
- 产业投资结构的概念及分类
- 我国投资的三次产业结构的现状和趋势
- 投资结构调控应注意的问题

本章关键术语

投资结构　　产业投资结构　　投资结构优化　　投资结构调控

本章习题

1. 投资结构的含义是什么？有哪几种分类方法？
2. 投资结构优化的标准有哪些？

3. 投资结构优化的原则有哪些？
4. 合理的投资结构的标志是什么？
5. 产业投资结构的概念是什么？有几种分类方法？
6. 产业结构有怎样的变化趋势？
7. 我国投资的三次产业结构的现状是什么？
8. 我国产业投资结构发展的趋势是什么？
9. 改革开放后投资结构的特点是什么？
10. 投资结构调控的目标及对策有哪些？

附录 1

三次产业分类

三次产业分类	《国民经济行业分类》（GB/T 4754—2017）		
	门类	大类	名称
第一产业	A		农、林、牧、渔业
		01	农业
		02	林业
		03	畜牧业
		04	渔业
第二产业	B		采矿业
		06	煤炭开采和洗选业
		07	石油和天然气开采业
		08	黑色金属矿采选业
		09	有色金属矿采选业
		10	非金属矿采选业
		12	其他采矿业
	C		制造业
		13	农副食品加工业
		14	食品制造业
		15	酒、饮料和精制茶制造业
		16	烟草制品业
		17	纺织业
		18	纺织服装、服饰业
		19	皮革、毛皮、羽毛及其制品和制鞋业
		20	木材加工和木、竹、藤、棕、草制品业
		21	家具制造业
		22	造纸和纸制品业
		23	印刷和记录媒介复制业
		24	文教、工美、体育和娱乐用品制造业
		25	石油、煤炭及其他燃料加工业
		26	化学原料和化学制品制造业
		27	医药制造业

续表

三次产业分类	《国民经济行业分类》(GB/T 4754—2017)		
	门类	大类	名称
第二产业		28	化学纤维制造业
		29	橡胶和塑料制品业
		30	非金属矿物制品业
		31	黑色金属冶炼和压延加工业
		32	有色金属冶炼和压延加工业
		33	金属制品业
		34	通用设备制造业
		35	专用设备制造业
		36	汽车制造业
		37	铁路、船舶、航空航天和其他运输设备制造业
		38	电气机械和器材制造业
		39	计算机、通信和其他电子设备制造业
		40	仪器仪表制造业
		41	其他制造业
		42	废弃资源综合利用业
	D		电力、热力、燃气及水生产和供应业
		44	电力、热力生产和供应业
		45	燃气生产和供应业
		46	水的生产和供应业
	E		建筑业
		47	房屋建筑业
		48	土木工程建筑业
		49	建筑安装业
		50	建筑装饰、装修和其他建筑业
第三产业（服务业）	A	05	农、林、牧、渔专业及辅助性活动
	B	11	开采专业及辅助性活动
	C	43	金属制品、机械和设备修理业
	F		批发和零售业
		51	批发业
		52	零售业

续表

三次产业分类	《国民经济行业分类》(GB/T 4754—2017)		
	门类	大类	名称
第三产业(服务业)	G		交通运输、仓储和邮政业
		53	铁路运输业
		54	道路运输业
		55	水上运输业
		56	航空运输业
		57	管道运输业
		58	多式联运和运输代理业
		59	装卸搬运和仓储业
		60	邮政业
	H		住宿和餐饮业
		61	住宿业
		62	餐饮业
	I		信息传输、软件和信息技术服务业
		63	电信、广播电视和卫星传输服务
		64	互联网和相关服务
		65	软件和信息技术服务业
	J		金融业
		66	货币金融服务
		67	资本市场服务
		68	保险业
		69	其他金融业
	K		房地产业
		70	房地产业
	L		租赁和商务服务业
		71	租赁业
		72	商务服务业
	M		科学研究和技术服务业
		73	研究和试验发展
		74	专业技术服务业
		75	科技推广和应用服务业

续表

三次产业分类	《国民经济行业分类》(GB/T 4754—2017)		
	门类	大类	名称
第三产业（服务业）	N		水利、环境和公共设施管理业
		76	水利管理业
		77	生态保护和环境治理业
		78	公共设施管理业
		79	土地管理业
	O		居民服务、修理和其他服务业
		80	居民服务业
		81	机动车、电子产品和日用产品修理业
		82	其他服务业
	P		教育
		83	教育
	Q		卫生和社会工作
		84	卫生
		85	社会工作
	R		文化、体育和娱乐业
		86	新闻和出版业
		87	广播、电视、电影和录音制作业
		88	文化艺术业
		89	体育
		90	娱乐业
	S		公共管理、社会保障和社会组织
		91	中国共产党机关
		92	国家机构
		93	人民政协、民主党派
		94	社会保障
		95	群众团体、社会团体和其他成员组织
		96	基层群众自治组织及其他组织
	T		国际组织
		97	国际组织

第四章
投资环境

章前引例

当前，“一带一路”建设已进入全面实施新阶段，我国与“一带一路”国家的经贸投资合作水平不断提升。截至2018年12月，我国与沿线国家货物贸易累计超过5万亿美元，对外直接投资超过700亿美元，一批重大项目取得早期收获，为携手各国共同发展提供强劲动力。为客观梳理各国家投资环境的优势和不足，帮助企业在投资合作过程中发掘机遇、规避风险，国家信息中心大数据发展部研发了“一带一路”国家投资环境指数，从政治环境、经济环境、营商环境、自然环境、对华关系等方面构建了包括5个一级指标、13个二级指标、28个三级指标在内的评价指标体系。测评结果显示，新加坡、新西兰、韩国、阿拉伯联合酋长国、俄罗斯的投资环境位列前五。其中，38个国家处于“较高”水平，占比53.52%；31个国家处于“中等”水平，占比43.66%；2个国家处于“较低”水平，占比2.82%。从地域分布看，亚洲、大洋洲、东欧地区的多数国家投资环境处于“较高”水平，总体投资环境较好；西亚地区国家间差距较大，极差值（即最大值减去最小值）在六个区域中最大，为47.67；南亚地区国家的投资环境水平整体不高，区域内75%的国家处于“中等”水平；中亚、非洲及拉美地区国家投资环境水平普遍欠佳。投资环境的好坏是影响投资活动安全和收益的关键，直接关系到国家和地方招商引资的效果。

本章分析了投资环境的内涵、分类和主要构成要素，阐述了对投资环境进行评价的主要原则、标准和方法，给出了我国建设和优化投资环境的对策。

学习目标

- 明确投资环境的含义和特点
- 了解投资环境的具体内容
- 熟悉投资环境评价的原则和标准
- 掌握投资环境评价的方法
- 了解我国投资环境现状和优化的主要方向

第一节　投资环境概述

一、投资环境的含义和特点

环境是相对于某一中心事物而言的。与某一中心事物相关的周围事物，被称为这一中心事物的环境。中心事物不同，环境的概念也随之有差异。比如对于人类，环境就是指围绕着人群的空间以及直接、间接影响人类生存和发展的各种天然的或经人工改造过的自然因素的总和。

我们将环境这一概念引入投资活动中。投资环境是指伴随投资活动整个过程的各种周围境况和条件的总和。概括地说，投资环境包括影响投资活动的自然要素、社会要素、经济要素、政治要素和法律要素等。对企业来说，投资环境是不可完全控制的因素，企业必须努力认清其所处的环境，并努力适应环境，利用环境提供的有利条件，回避不利因素。

投资环境在其发展和完善的过程中，主要具有以下一些特点：

（一）投资环境的综合性

企业的投资活动总是在一定的时间和空间进行的，受到多种因素的制约与影响。投资环境是由诸多影响投资流量与流向的政治、经济、自然、社会、文化等因素交织而成的一个矛盾综合体。在这些因素中，有的对投资的流量、流向、效益起决定作用或主要作用，有的起次要作用或补充作用，但它们都是构成完整和良好的投资环境所必需的。投资环境的综合性要求受资方在完善投资环境时，要有明确的认识、合理的组织，有效地协调各部分之间的关系，实现最佳组合，发挥综合能力。而对投资方来说，在分析与利用投资环境时，要抓住对投资项目成败起关键作用的主要因素，兼顾次要因素，全面考察各方面条件。

（二）投资环境的整体性

投资环境是一个有机整体，各部分相互连接、协调、互为条件，构成了一个完整的投资环境系统，系统里的这些因素并不是简单地叠加在一起，而是有机地融合在一起，其中任何一个因素的变化都可能使涉及投资活动的其他因素变化，产生一系列的连锁反应，进而导致整个投资环境的变化，影响投资者对投资环境的评价。投资环境的整体性要求我们在研究、开发和完善投资环境时，必须立足全局，从整体性出发设计投资环境合理的时空结构，实现各部分的最佳组合，发挥投资环境在吸引外来投资方面的整体优势。

（三）投资环境的差异性

生产力发展的层次性和空间布局的非均衡性，以及地区之间自然、地理、社会经济上的差异性，决定了地区投资环境不仅具有投资环境的一般特性，而且有其自身相对独立的特殊性。此外，即使是同一投资环境，对不同项目的投资也会有不同的影响。一个既定地区的投资环境，对某些项目的投资可能极为有利，而对另一些项目可能会不利。对受资者来说，正确把握投资环境特殊性和一般性的统一，有利于发挥各地区的优势，完善自身的投资环境，推动地方经济的发展。对投资者来说，应根据其投资项目的特点，选择适合的区域投资建设，以取得最好的投资效益。

（四）投资环境的动态性

投资环境是一个动态平衡的开放系统，它总是处在不停的运动之中。构成投资环境的诸因素及其评价标准都不是一成不变的，有些因素逐步改善，有些因素逐步恶化。同时，投资环境的评价标准也因经济条件的变化而变化，有些因素会变得越来越重要，有些因素的地位则相对下降。例如，早期廉价的资源与劳动力对外资最有吸引力，现在发达的社会经济环境是外商最为重视的要素，而在社会动荡的情况下，政局的稳定性和政策的连续性是外国投资者最为关心及敏感的问题。投资环境的动态性要求投资者不仅要全面考虑投资环境的现状，还要分析和预测未来若干年投资环境的可能变化，以便做出科学决策。

（五）投资环境的可塑性

虽然投资环境是客观存在的，但进行投资的却是具有主观能动性的投资者，投资者只有在进行综合评价后，认为在这种投资环境下进行投资可以为自己带来投资效益才会进行投资。所以，即使受资地区认为自身的投资环境已经很优越，但是也不一定能符合投资者的标准，并不一定能吸引到足够的投资。在这种情况下，受资地区就可以根据投资者的具体要求，对投资环境进行提升和改进，使其符合投资者的需求；另外，作为主动进行投资的投资方，也可以积极引导受资地区对投资环境进行改造，使其更符合自身的投资需求。

二、投资环境的分类

投资环境是一个动态的、多层次、多因素的大系统，各系统之间、各子系统中的因素之间，都是相互联系、相互制约的。我们可以从不同的角度对投资环境进行分类。

首先，按投资环境要素的物质形态属性不同，我们可以将投资环境分为硬环境和软环境。硬环境是指那些具有物质形态的要素组合，如能源、交通、通信等基础设施，是投资环境的基础部分。软环境主要是指没有具体物质形态的要素，如行政管理效率、政策、法令、劳动生产率、资金市场、技术水平、外汇管制程度等，属于投资环境的高层次部分，起主导作用。软、硬环境是一个问题的两个方面，是相辅相成的关系。

其次，按投资主体的不同，可以分为投资者投资环境和受资者投资环境。由于投资者和受资者具有不同的利益诉求，因而对于投资环境判断和评价的立足点及标准是不同的，对投资环境的要求也是不同的。对于同一投资环境，作为投资者来说，可能主要从自身利益的角度出发来评价和选择地区的投资环境；而作为受资方的地方政府来说，更有可能从当地社会经济的长远发展来评价和塑造地区的投资环境。不同类型和不同实力的投资者承担风险的能力不同，因而同一地区的投资环境对于不同投资者的适应程度也是不同的。这种分类方法揭示出受资者和投资者对投资环境的认识及判断存在一定的差别。

再次，按投资环境研究层次的不同，可分为宏观投资环境、中观投资环境和微观投资环境三种。宏观投资环境多指影响整个社会资本运动的宏观社会经济变量和历史文化现实，探索研究的内容是全国或大区域范围内的国民经济发展、商业周期兴衰、国家政治法律制度变革、文化传统习俗的嬗变以及国家之间和区域之间的地缘关系等。宏观投资环境决定了整个社会投资的流向、数量和结构，同时也是外国投资者选择投资对象国时最先考虑的因素。微观投资环境是指某个投资项目选址时考虑的具体的自然、经济和社会条件，如与企业供给或投入相关的地理位置，劳动力素质，水、电、气、交通运输以及通信等基础设施，与企业需求或产出相关的市场、竞争对手等，与企业日常经营相关的协作配套、当地法律政策、风俗习惯以及金融保险等因素。中观投资环境多指地区投资环境和产业投资环境，是介于上述两者之间的一个层次，承上启下。地区投资环境是指一定投资区域内的自然、经济、生活条件，如地区对外开放程度、地区经济发展水平、地方政府的管理水平和办事效率、地区基础设施状况、地区技术和劳动条件、地区自然资源条件等，是从地区的角度探讨投资环境要素的定向分布、组合及其变化对资本运动的影响和决定作用，解决的是投资区域、地点的选择问题。产业投资环境是指一定行业中有关投资的外部条件，如行业发展规模及水平，行业产品的市场容量及竞争状况，行业优惠政策与限制政策，行业所需主要设备、原材料和能源的供应情况等，是从产业和行业的角度研究资本投向哪一个产业、哪一个部门。

此外，我们还可以从其他角度对投资环境进行分类，如按投资运动阶段不同分为投资的投入环境、使用环境和回收环境；按投资的国别不同分为国内投资环境和国际投资环境；按照组成要素的不同分为政治环境、基础设施环境、金融环境、科技环境、法律环境、自然地理环境等。

三、投资环境的具体内容

投资环境包括的内容非常广泛，下面主要从政治法律环境、自然环境、社会文化环境和经济环境等方面加以分析说明。

（一）政治法律环境

投资环境是由资金、技术、文化等多种客观条件和因素所构成的具有多层次、多样性的庞大综合体。其中，法律因素是起重要作用的因素。因为影响外国投资者的各种因素往往是通过法律形式和体制反映出来，并直接对外国投资者的利益产生影响，因此法制是否完备和法律保障是否充分可靠，往往成为判断投资环境的标志。外商也把法律环境作为投资气候的晴雨表或风向标。

政治法律环境主要包括：政治体制、政局的稳定性；政策的连续性；法律法规的齐备性；司法实践的公正性等。

1. 政治体制、政局的稳定性

这是影响境外投资活动的首要因素，因为“安全性”是境外投资的第一要求。政治体制通常是指有关政体的制度，包括国家的管理形式、结构形式以及选举制度、公民行使政治权利的制度等。一个国家的政治体制总是同该国的根本性质和它的社会经济基础相适应的。体制的不同具体表现在政治和行政管理体制、经济管理体制、政府部门的结构、行政效率等方面。

政局的稳定性主要是指东道国政权是否有被颠覆的可能性，其内部阶级、部族、种族间的矛盾是否尖锐，是否有内战，是否有频繁的政权交替。在不同的政治体制下，国家最高权力的更迭程序、规则和透明度不同，因而其政权的稳定性也不同。如果东道国的政局不稳，必然造成投资风险加大，甚至可能发生将私人或者外资企业国有化或征收的情况，导致投资人信心不足、经济萎缩。

2. 政策的连续性

政策的连续性是指一国政权发生更替或高层领导换届时，以前的相关政策和法规能否被继任者承认并继续执行。即便有修改，也应是在保持原政策基本精神不变的前提下，使有关政策更加合理。如果最高决策层发生人事变动，执政者推行的政策前后不一致，甚至相互抵触，将对投资者造成损失。

3. 法律法规的齐备性

健全的、相对稳定的法律法规是保护投资者权利、约束投资者行为的重要保证。法律制度不仅使现实的投资环境具体实在、可以确定，而且还使将来的投资环境可以预测和把握。法律法规要公允，也就是要在合作双方平等互利的基础上，外商的合法权益必须得到保护，而东道国的法规同时还要符合国际法规和国际惯例。

健全的投融资法制应该包括以下几方面的法律法规：《银行法》《票据法》《证券交易法》《财政法》《公司法》《所得税法》《企业债券管理条例》等。这些法律法规从不同角度制约着企业的筹资活动，规范不同经济类型企业的融资渠道，规范不同组织类型企业的融资方式，规定企业采用各种融资方式所必须具备的条件，影响不同融资方式的融资成本。

而《投资法》《招标投标法》《投资公司法》等法律，又从投资的角度规范企业的行为。其他相关的经济法规还有《外汇法》《技术转让法》《专利法》《商标法》《破产法》《反托拉斯法》《劳工法》等。

对于外国投资者而言，投资的法律环境主要是指资本输入国（输出国）政府单独地或共同地（包括双边条约或多边条约）对外国投资者采取某种形式的法律保护措施。它的内容主要包括：① 资本输入国国内法所提供的保护；② 资本输出国国内法所提供的保护；③ 两国间的双边投资保护协定；④ 多国间签订的关于保护国际投资的公约。

各国关于外资的立法形式不尽相同，有的国家有专门的《外资法》，有的国家将对外资的规定融入相关法律之中，如《公司法》。发达国家对外资立法的主要目的是进行监管，而发展中国家对外资立法的主要目的是对外资提供优惠和鼓励。外国投资者只能在法律允许的范围内进行投融资活动。同时，外商的投资行为也会受到东道国法律的保护。发展中国家的外资立法主要内容包括外国资本的定义和资本构成、投资范围、出资比例、投资周期、外国投资的审查和批准、外资本金和利润的汇出、外资股份的转化、税收及税收优惠、东道国对外资项目的国有化和征用、投资争议的解决等。

自 1979 年以来，我国先后颁布了《中华人民共和国中外合资经营企业法》《中外合资经营企业登记管理办法》《中华人民共和国中外合资经营企业法实施条例》《中华人民共和国涉外经济合同法》《中华人民共和国外资企业法》《中华人民共和国中外合作经营企业法》《中华人民共和国外资企业法实施细则》《中华人民共和国对外合作开采陆上石油资源条例》《中华人民共和国外资金融机构管理条例》《中华人民共和国外资保险公司管理条例》《外资金融机构驻华代表机构管理办法》《外资参股证券公司设立规则》《利用外资改组国有企业暂行规定》《中华人民共和国外资银行管理条例》等，对外资的法规体系日臻完善。

4. **司法实践的公正性**

这是指在司法实践过程中，法律能否被公正地、无歧视性地以同一标准对待每一个诉讼实体。只有完善的法律法规是不够的，必须辅之以公正的执法，才能构造一个良好的法律环境。国际投资较国内投资更经常地发生投资争议，投资者在不能协商解决的情况下，就要求助于仲裁或法律诉讼。只有在司法公正的国家里，投资者的利益才能得到充分的保障。

（二）自然环境

自然环境是指某地区在自然状况和自然资源等方面所具备的基本条件，包括地理位置、自然条件、自然资源等。这些直接影响投资活动的进行。

地理位置是指投资地点所处的区域距主要公路、铁路、港口、市场的远近等。地理位置的远近影响企业的运输成本、生产的布局等。一般投资者都习惯于从邻近的国家和地区开始投资，如日本的大量投资集中于东南亚地区。

自然条件是指投资地点的气候、自然风光等。气候条件包括光照、气温、水分（降水、降雪）和土壤等，它对露天操作产业，特别是农、林、牧、渔业以及建筑业等的生产影响最大，从而制约着这些产业的投资行为和布局。

自然资源是指投资地点及附近的农业资源、矿产资源、水资源、森林资源等。这对那些以资源为导向的投资尤为重要。

（三）社会文化环境

社会文化环境主要是指公民的文化教育水平、宗教、风俗习惯等。这些因素会影响消费者的生活方式、消费倾向，也会影响企业的生产、研究、发展、组织、人事管理等方面的活动。

文化教育水平关系到一个国家的劳动力素质、技术先进程度和国家文明程度。在教育程度较低的地区，劳动力素质较差，投资建厂时先进的技术、工艺、设备得不到很好的利用，将直接妨碍外资的进入。同时，消费者受教育程度的高低也会直接影响其消费偏好。

目前，世界上存在的主要宗教派别包括佛教、基督教、伊斯兰教、道教等。各个宗教派别的教义不同，宗教信仰对人的生活态度、价值观、购买动机、消费偏好等皆有重大影响。

文化背景、社会心理、风俗习惯等是一个国家在长期的历史发展过程中积淀下来的，为社会公众所接受。它对人们的行为有重要的影响，决定着民众对外资的不同态度和投资项目运行的不同条件，也决定着人们的消费需求及方式。这一切必然制约、规定着投资结构和方式。

（四）经济环境

投资是一种经济活动，显然要受经济环境的影响。经济因素构成投资环境的重要内容。经济环境包括宏观经济发展状况、市场条件、基础设施、政府的经济政策等。

1. **宏观经济发展状况**

宏观经济发展状况主要包括经济增长速度及其稳定性、技术进步程度、产业结构、通货膨胀水平、汇率和利率变动趋势、劳动力就业情况、外汇储备、国际收支状况等。

经济发展水平较高的国家或地区，人们的消费水平高，市场容量大，对产品的质量要求也较高。经济发展速度快，企业为了维持其在行业中的地位，至少保持同样的增长速度，需要大规模的融资以增加投资规模。而经济发展水平较低的国家，人均收入较低，消费需求受收入水平的限制，市场容量较小。

经济稳定程度主要看一国通货膨胀率、利率、汇率等指标是否稳定，经济发展速度波动是否剧烈。经济稳定程度低的国家，不确定因素较多，投资者无法对未来的成本、收益做出准确预测，投资风险较大。一般投资者都倾向于在一个稳定的经济环境中投资。

产业结构和投资结构是相互影响的。一方面，现有的产业结构是投资的基础，投资的全部投入及产出都依赖于现有产业结构提供投资品和市场需求；另一方面，产业结构制约投资方向，影响投资效益。

外汇储备、国际收支、汇率等主要影响企业利用外资的方式和币种的选择，以及企业是否对外投资和投资规模的决策。

2. 商品市场

商品市场包括市场的性质、容量及发育程度。投资离不开市场，一般来说，市场的性质决定着投资的流向，市场的容量决定了投资的规模，市场的结构决定了投资的结构，市场的发育程度决定了投资的发育程度。实际上，市场就是需求，投资就是供给。供给必须与需求相适应，才能构成有效供给，也才能取得预期的投资收益，否则投资就是失败的。

另外，企业投资决策时，在考虑厂址的选择上，一般都会靠近原材料供应市场或产品销售市场。一般来说，企业产品价值中原材料所占的比重越大，原材料的运输成本越高，企业选址时越倾向于靠近原材料产地或市场；如果企业产品本身不容易运输或储存，那么企业选址会靠近产品销售市场。

3. 金融市场

金融市场主要包括金融市场的发育程度与金融机构等的运行情况。企业的投融资活动离不开金融市场，一个完善高效的金融市场有助于企业筹资活动的顺利完成和取得较高的投资收益。在信用高度发达的市场经济条件下，资本筹集、资金融通能否顺利进行，竞争中的资本风险能否降到最低限度，取决于完善的资金市场、运行良好的金融机构和有效的金融监管。

4. 基础设施

基础设施是投资和生产经营活动得以正常进行所需要的共同基本条件，主要包括交通运输、邮电通信条件、生产设施、生活设施、行政管理机构设施等。

交通运输条件是指港口、铁路、公路和机场的布局及运输能力。交通运输条件直接影响原材料和产品的储运批次及费用，从而关系到生产成本的高低和利润的大小。对于原材料消耗多、产品体积大、人员进出频繁的企业来说，交通运输条件尤为重要。

邮电通信条件是指邮电通信设施的布局和通信能力。完善的邮电通信设施能使企业与其他各方有效地沟通交流，迅速地掌握各方面的相关信息，包括市场供求、价格波动、竞争对手的情况、新技术的应用等，这些信息都是企业做出决策的必要依据。

生产设施包括厂房、配件、原料生产加工设施、辅助生产设施等。

生活设施包括医院、学校、娱乐文化设施、居住设施等。

基础设施健全有助于投资者降低投资成本，会吸引更多的资金流入。

5. 政府的经济政策

各国政府都具有调控宏观经济的职能。国民经济的发展规划、国家的财政政策、货币政策、产业政策、经济体制改革的措施、政府的行政法规等，对企业的投融资活动有重大影响。

当国家实行宽松的财政政策和货币政策时，往往会放松银根、降低贷款利率和法定存款准备金率、减少外汇储备，这样就会扩大投资资金的来源、降低企业融资成本，有利于企业扩大投资规模、提高投资效益，也有利于引进外资；如果实行紧缩的财政政策和货币政策，则效果刚好相反。

国家对某些行业、某些经济行为的优惠和有力倾斜或限制构成了政府产业政策的主要内容。企业在进行投融资决策时，应认真研究政府政策，按照政策导向行事，才能趋利避害。

第二节 投资环境评价

一、投资环境评价的原则

良好的投资环境可以使企业降低投资成本，提高投资效益。企业在进行一项投资活动之前，科学地评价投资环境是十分重要的。同时，投资环境评价也是国家或地区开展投资宣传、项目推介的基础性工作。开展投资环境评价就是要采取科学的方法和一定的指标来对投资环境的各个组成要素进行分析。

为了科学地评价投资环境，必须遵循以下基本原则：

1. 系统性原则

由于投资环境具有综合性和整体性特点，构成投资环境的要素既有宏观要素也有微观要素；既有自然地理、基础设施等硬件要素，也有法律法规、经济政策、社会文化等软件要素。因此，必须运用系统分析方法，对投资环境做全面、综合的评价，才能掌握其所有侧面和各种可变因素，避免主观性和片面性。

2. 客观性原则

在进行评价时，要从客观实际出发，以真实情况为依据。评价的过程和结果不应受到评价主体主观上的影响和干预。在对投资环境进行评价时，既要看到区域投资环境现状，又要看到与此相关的一些问题。为了保持评价的客观性，应该采取科学的评价标准和评价方法，必要时可以选用不同的评价方法进行多次评价，根据综合成绩进行最终判断。

3. 比较性原则

投资环境的优劣并没有一个绝对的和固定不变的标准。另外，即使是同样的投资环境，对不同投资项目产生的影响也是不同的。评价一个地区、一个国家的投资环境优劣，总是以其他地区、国家的投资环境作为参照物进行比较，从而判断一个国家或地区的投资环境是相对较好还是一般或较差。资本总是流向比较有利的投资环境，这本身就是一个筛选和对比过程。

4. 时效性原则

投资环境具有动态性，即构成投资环境的各个因素以及评价投资环境的标准都处于不断的发展变化之中，一定时期的积极因素可能变成另一时期的消极因素。因此，在进行投资环境评价时，既要考虑到投资环境的现状，同时又要注意到投资环境各组成要素的变动趋势，使投资环境的评估结果能够在相当时期内具有参考价值。

5. 目的性原则

各个投资主体的投资动机多种多样，对投资环境的要求也不完全相同。评价的目的不同，则投资环境中起决定性作用的关键因素也不同。评价投资环境时应针对评价目的，确定哪些因素是主要因素，哪些因素是次要因素，分别确定不同的权数。

二、投资环境的评价标准

对投资环境进行评价就是对其中多种因素的综合作用效果进行评估。上面分析了评价的因素，下面进一步研究评价的标准。

1. 安全性

安全地收回本金是投资活动最基本的要求。这一标准要求投资环境应当是稳定的。一般企业都会尽力避免过大的经济、政治动荡，使投资风险限定在一定的范围内。

2. 盈利性

资本的本性是增值，它也是投资者最终追求的目标。盈利性是投资环境评价的重要标准。

3. 服务的完善性

资本运动除需要一系列必要条件外，还需要各种配套条件和辅助设施。服务手段和服务内容构成了辅助条件的重要组成部分。好的投资环境必须具备完善的服务。

4. 优惠性

政策和制度是重要的投资软环境要素，优惠政策包括税收、资金供给等诸多方面，是吸引投资者的一个极为有效的手段。

三、投资环境的评价方法

由于投资环境涉及的因素很多，如何选择多种指标准确评价投资环境一直是一个棘手的问题。目前投资环境的评价方法主要有以赛亚・利特瓦克（Isiah Litvak）和彼得・班廷（Peter Banting）的“冷热”因素分析法、罗伯特・B. 斯托伯（Robert B. Stobaugh）的等级尺度评分法、道氏评估法、闵建蜀的多因素评估法和关键因素评估法、抽样评估法等。尽管各种评价投资环境的方法角度不同、侧重点不一，但都具有一定的科学性，适用于一定的场合，对于我们建立评价投资环境的方法具有积极的借鉴意义。

对投资环境的优劣状况做出全面的分析比较和论证（即对投资环境的评价）一直是投资环境研究的重点，要使评价具有科学性，必须使用有效的评价方法。近二三十年的实证研究已经积累了一系列的评价方法。

（一）“冷热”因素分析法

美国的利特瓦克和班廷通过对美国和加拿大等国大批工商业人士的调查，在《国际商业安排的概念框架》一文中提出了投资环境“冷热”因素分析法。他们列举了影响一国投资环境的七大因素，具体包括：

1. 政治稳定性

政治稳定性是指有一个由全国各阶层代表组成的、为广大人民群众所拥护的政府。这个政府能够鼓励和促进企业发展，创造出良好的适宜企业长期经营的外部环境。若一国的政治稳定性高，这一因素被称为“热”因素；反之，则被称为“冷”因素。

延伸阅读

使用“冷热”因素分析法评价南非投资环境

2. 市场机会

市场机会是指有广大的顾客，对外国投资生产的产品或提供的劳务有尚未满足的需求，并且具有切实的购买力。若市场机会大，这一因素被称为“热”因素；反之，则被称为“冷”因素。

3. 经济发展和成就

若一国经济发展速度快、经济运行良好，则这一因素被称为“热”因素；反之，则被称为“冷”因素。

4. 文化一元化

一国国内各阶层民众的相互关系、处世哲学、人生观、价值观都会受到其传统文化的影响。若一元化程度高，则这一因素被称为“热”因素；反之，则被称为“冷”因素。

5. 法规阻碍

若东道国的法律法规过于繁杂，有过多的限制，就会形成对资金流入的阻碍。若法规阻碍小，则这一因素被称为“热”因素；反之，则被称为“冷”因素。

6. 实质阻碍

实质阻碍是指自然、地理环境的优劣。恶劣的自然、地理环境往往对企业的有效经营造成阻碍。若实质阻碍小，则这一因素被称为“热”因素；反之，则被称为“冷”因素。

7. 地理和文化差距

投资者所在国与东道国之间距离遥远、文化迥异、观念相去甚远会妨碍思想沟通。若地理和文化差距小，则这一因素被称为“热”因素；反之，则被称为“冷”因素。

在这些因素中，以冷、热因素所占的比重来决定一国在投资环境方面是“热国”还是“冷国”（见表4-1）。一般来说，“热国”对外商投资的吸引力要大于“冷国”。这种评价方法简明、方便，但指标较粗，只能反映宏观因素对投资的影响，对微观因素考虑较少。

表4-1 投资环境冷热分析表

国别	因素冷热度	政治稳定性	市场机会	经济发展和成就	文化一元化	法规阻碍	实质阻碍	地理和文化差距
A国	热	大	大	大	中	小	小	小
B国	热	大	中	大	大	中	小	中
C国	热	中	大	中	中	中	小	小
D国	冷	中	中	小	小	大	中	中
E国	冷	小	小	中	小	中	大	大

（二）等级尺度评分法

1969年，美国的斯托伯在《如何分析国外投资气候》一文中提出了等级尺度评分法。该方法主要从东道国政府对外国投资者的限制和鼓励政策的角度出发，把投资环境的内容划分为八大因素：① 资金抽回限制；② 外资股权比例；③ 对外商的管制和歧视程度；④ 币值稳定性；⑤ 政治稳定性；⑥ 给予关税保护的意愿；⑦ 当地资本的供应能力；⑧ 近5年的通货膨胀率。随后，进一步对上述因素分别划分出子因素。然后，根据每一个子因素对投资的有利程度给予不同的分值。最后，将分值汇总，根据分数的高低综合反映投资环境的优劣程度，见表4-2。

表4-2 投资环境八大因素评估打分表

投资环境因素	评分
一、资金抽回限制	0～12
无限制	12
只有时间上的限制	8
对资本有限制	6
对资本和红利有限制	4
限制繁多	2
禁止资本抽回	0
二、外资股权比例	0～12
准许并欢迎全部外资股权	12
准许全部股权但不欢迎	10
准许外资占大部分股权	8
外资最多不超过股权半数	6
只许外资占少部分股权	4
外资不得超过股权三成	2
不准外资控制股权	0
三、对外商的管制和歧视程度	0～12
外商与本国企业一视同仁	12
对外商略有限制但无管制	8
对外商有少许管制	6
对外商有限制并严加管制	4
对外商严加限制和管制	2
禁止外商投资	0
四、币值稳定性	4～20
完全自由兑换	20
黑市与官价差距在一成以内	18
黑市与官价差距在一成至四成之间	14
黑市与官价差距在四成至一倍之间	8

续表

投资环境因素	评分
黑市与官价差距在一倍以上	4
五、政治稳定性	0～12
长期稳定	12
稳定但因人而治	10
内部分裂但政府掌权	8
国内外有强大的反对力量	4
有政变或动荡的可能	2
不稳定，政变和动荡极可能发生	0
六、给予关税保护的意愿	2～8
给予充分保护	8
给予相当保护但以新工业为主	6
给予少许保护但以新工业为主	4
很少或不保护	2
七、当地资本的供应能力	0～10
成熟的资本市场，有公开的证券交易所	10
少许当地资本，有投机性的证券交易所	8
当地资本有限，外来资本不多	6
短期资本极其有限	4
资本管制很严	2
高度的资本外流	0
八、近5年的通货膨胀率（%）	2～14
小于1	14
1～3（不含）	12
3～7（不含）	10
7～10（不含）	8
10～15（不含）	6
15～35（不含）	4
35以上	2

从表4-2可以看出，各种因素都是对投资产生重大影响的因素，而且每种因素都用非常具体的指标给予度量。在所考察的八个方面中，最被重视的是币值稳定性（最好情况评分为20分），这主要是由于20世纪60年代末正值国际金融环境动荡、固定汇率制受到严峻挑战之时；其次被重视的是近5年的通货膨胀率（最高分为14分）。在评价方法上，采用简单累加计分的方法，使定性分析具有一定的数量化内容，简便易行。同时，斯托伯对不同因素给予的不同最高限值，实际上区分了各种因素对投资环境所起作用的大小。由于以上优点，这种方法的使用较为普遍。

（三）道氏评估法

道氏评估法，又称道氏公司投资环境动态分析法，是美国道氏公司根据自己在海外投资的经验提出的。道氏公司在该方法中将在海外投资所面临的风险分为两类：一类是“正常企业风险”，或称“竞争风险”，是由企业正常经营条件变化所引起的，它存在于任何基本稳定的企业环境中，是由市场经济的内在本质所决定的。另一类是“环境风险”，即某些可以使企业环境本身发生变化的经济、政治和社会事件。对于投资者来说，这些因素的影响是不确定的，既可能是有利的，也可能是不利的。

根据这种划分，道氏评估法把影响投资环境的因素按其形成的原因和作用范围分为两部分：一部分是企业从事生产经营的业务条件，另一部分是有可能引起这些条件变化的主要压力。每一部分分别包含40项因素，在对这两部分因素进行评估后，可以找到关键因素并对投资环境进行预测，见表4-3。

表4-3 道氏公司投资环境动态分析法

企业业务条件	引起变化的主要压力	有利因素和假设条件的汇总	预测方案
评估以下因素： （1）实际经济增长率 （2）能否获得当地资产 （3）价格控制 （4）基础设施 （5）利润汇出规定 （6）再投资自由 （7）劳动力技术水平 （8）劳动力稳定 （9）投资刺激 （10）对外国人的态度 ………… （40）……	评估以下因素： （1）国际收支结构及趋势 （2）被外界冲击时易受损害的程度 （3）经济增长相对于预期的情况 （4）舆论界领袖观点的变化 （5）领导层的稳定性 （6）与邻国的关系 （7）恐怖主义 （8）经济和社会进步的平衡 （9）人口构成和人口趋势 （10）对外国人和外国投资的态度 ………… （40）……	对前两项进行评价后，从中挑出8～10个在某个国家的某个项目能获得成功的关键因素（这些关键因素将成为不断被核查的指数或继续作为国家评估的基础）	提出4套预测方案： （1）未来7年中关键因素造成的“最可能”方案 （2）如果情况比预期的好，会好多少 （3）如果情况比预期的糟，会如何糟 （4）会使公司“遭难”的方案

道氏评估法的评估过程分为4个步骤：第1步，评估影响企业业务条件的诸因素；第2步，评估引起变化的诸主要压力；第3步，在前两步的基础上，进行有利因素和假设条件的汇总，从中挑出8～10个在某个国家的某个项目能获得成功的关键因素；第4步，在确定各关键因素及其假设条件后，可以提出4套预测方案。第1套是根据未来7年中各关键因素“最可能”的变化而提出的预测方案；第2套是假设各关键因素的变化比预期的好而提出的“乐观”预测方案；第3套是假设各关键因素的变化比预期的差而提出的“悲观”预测方案；第4套是各关键因素的变化最坏，可能导致公司“遭难”的预测方案。在提出各预测方案后，请专家对每一套方案可能出现的概率进行预测，以便作为决策的参考。道氏评估法为个别投资者和受资者提供了一个实用性很强的评价投资环境的方法。

（四）多因素评估法和关键因素评估法

多因素评估法和关键因素评估法由香港中文大学闵建蜀教授在斯托伯的等级尺度评分法的基础上提出，是两个前后关联的评估方法。

1. 多因素评估法

这种方法把投资环境因素分为11类，即政治环境、经济环境、财务环境、市场环境、基础设施、技术条件、辅助工业、法律制度、行政机构效率、文化环境、竞争环境。每一类因素又由一系列子因素构成，如政治环境包括的子因素有政治稳定性、国有化可能性、当地政府的外资政策等，见表4-4。

表4-4 多因素评估法的主要因素及其子因素

影响因素	子因素
一、政治环境	政治稳定性；国有化可能性；当地政府的外资政策；等等
二、经济环境	经济增长；物价水平；等等
三、财务环境	资本与利润外调；汇率；融资的可能性；等等
四、市场环境	市场规模；分销网点；营销的辅助机构；地理位置；等等
五、基础设施	通信；交通运输；外部经济；等等
六、技术条件	科技水平；适合工资的劳动生产力；专业人才的供应；等等
七、辅助工业	辅助工业的发展水平、配套情况；等等
八、法律制度	商法、劳工法、专利法等各项法律是否健全；执法是否公正；等等
九、行政机构效率	机构的设置；办事程序；工作人员的素质；等等
十、文化环境	当地社会是否接纳外资公司及对外资公司的信任与合作程度；外资公司是否适应当地社会风俗；等等
十一、竞争环境	当地竞争对手的强弱；同类产品进口额在当地市场所占份额；等等

在评价投资环境时，先由专家对各类因素的子因素做出综合评价，然后据此对该类因素做出优、良、中、可、差的判断，最后按下列公式计算投资环境总分：

$$\text{投资环境总分}=\sum_{i=1}^{n}W_i(5a_i+4b_i+3c_i+2d_i+e_i) \tag{4-1}$$

式中，W_i为第i类因素的权重；a_i、b_i、c_i、d_i、e_i为第i类因素被评为优、良、中、可、差的百分比，且$a_i+b_i+c_i+d_i+e_i=1$（$i=1$，2，3，…，n）。

投资环境总分的取值范围为1～5，越接近5，说明投资环境越佳；反之，越接近1，则说明投资环境越劣。多因素评估法考虑的因素比较细致全面，由专家进行评分简便易行，但对各个因素的权重设定需要认真分析确定。

2. 关键因素评估法

与多因素评估法充分考虑所有影响投资的因素不同，关键因素评估法主要从投资动机的角度出发，评估指标主要选取影响投资动机的关键因素。例如，投资者到某国或某地投资，带有某种特定的目标，这种特定的目标与一些特定的环境要素关系密切。此时，其他一些环境要素的重要性可能就相对降低了，这时就可以对重要的特定环境要素进行评价而舍弃其他的一般性要素。

关键因素评估法的具体评价方法如下：首先，了解投资者所要达到的特定目标，并确定与之密切相关的环境因素，如投资者要到某地投资的主要目标是降低成本。与降低成本密切相关的环境因素有当地劳动力成本、原材料价格和交通运输条件三项。其次，确定关键因素重要性的比重及评分等级，并选择若干个国家和地区作为投资地点。例如，经分析后确定三项关键因素的比重分别为0.5、0.3、0.2，评分采用10分制，选择4个国家或地区作为可能的投资地点。最后，进行评估打分，算出结果。

关键因素评估法只是对具有特定目标和要求的投资环境进行评价，因而存在一定的片面性，并不能代替一般性评价。一般是先采用多因素评估法进行投资环境的整体性评价，之后再使用关键因素评估法对特定因素进行评价，这样有助于评价的全面性、客观性和正确性。

（五）抽样评估法

抽样评估法是运用抽样调查的方法，随机地抽取或选定若干不同类型的外商投资企业，由调查者设计出有关投资环境的评价因素，由外商投资企业的高级管理者对东道国的投资环境要素进行口头或书面评估，根据综合后的意见得出评价结论的一种方法。在进行具体评估时，通常采取问答调查表的形式，表中列出所有重要的投资环境因素及其评价标准，由被调查者根据本企业建设与生产经营的实际体会及其所掌握的有关资料和信息，逐项回答对东道国投资环境的基本看法。

抽样评估法的主要特点是简便易行，调查对象和项目可以根据投资需求来合理地选择，而且调查结果的汇总与综合评价也不难，可以使调查人较快地掌握第一手信息资料。它的主要缺陷是评估结果往往带有被调查者的主观倾向，有可能使其与现实投资环境之间存在一定差距，但这可以通过适当扩大样本数量来加以解决。

例如，美国科艺国际咨询公司与原中国对外经济贸易部国际贸易研究所曾联合对中国投资环境做过抽样评估，调查对象是在中国投资的36家外资企业（包括合资企业），调查结果见表4-5。

表4-5　对中国投资环境抽样评估结果

评估项目	评估标准			
	非常好	良好	一般	不佳
政策	8家	14家	14家	0家
法律	10家	11家	12家	3家
税收/制度措施	7家	17家	9家	3家
利息	8家	10家	16家	2家
劳资关系	11家	18家	7家	0家
劳动生产率	0家	13家	19家	4家
动力/水供应	0家	7家	20家	9家
运输/通信	0家	3家	9家	24家

续表

评估项目	评估标准			
	非常好	良好	一般	不佳
劳动成本	13 家	15 家	5 家	3 家
市场发展/销售	7 家	11 家	12 家	6 家
人力资源	7 家	11 家	12 家	6 家
投资环境结论	17.9%	32.8%	34.1%	15.2%

表 4－5 中的百分数是该栏企业的平均数占被调查企业总数的比重。例如，将“非常好”一栏所有企业数加总后平均，再除以企业总数 36 家，即可得出有 17.9%的外资企业认为中国投资环境“非常好”的结果。

（六）相似度法

相似度法是以若干特定的相对指标为统一尺度，运用模糊综合评判原理，确定评价标准值，得出一个地区（城市）在诸指标上与标准值的相似度，据以评判该地区（城市）投资环境优劣的一种方法。

运用相似度法评价某一地区采用的指标为：

（1）投资获利率（H），又称投资系数，即在一定时间内所获利润额与投资额的比率。若 T 为投资额，P 为利润额，则 $H=P/T$。投资系数 H 越大，投资效果就越好。

（2）投资乘数（c），即获利增量与投资增量的比率。当以一个社会为总体来考虑时，c 也可用居民收入变化与投资变化的比率来表示。它表明受资国的边际消费倾向越大，则投资乘数越大，少量的投资增量即可引致国民收入成倍增长，此时投资环境较好。

（3）边际耗费倾向（B），即耗费增加额与收益增加额的比率。该值越高，对投资者越不利。

（4）投资饱和度（D），就微观而言，它是指具体某一项目的投资利润与投资边际效率之比。其中，投资边际效率是指投资每增加一个单位，该项目预期获得的最大利润。就宏观（如一个城市）而言，它是指某一投资领域已投入的资金与该领域投资容量的比值。

（5）基础设施适应度（J）。假定各项基础设施完全适应投资项目需要时适应度为 1，则有：

$$J=\frac{k_1 a_1+k_2 a_2+\cdots+k_n a_n}{n} \tag{4-2}$$

式中，n 为基础设施项目个数；k_i 为各项基础设施的权重；a_i 为各项基础设施与 1 相比的适应度。

（6）投资风险度（F），即对投资风险的估计。它的确定方法是：① 先确定各风险因素；② 依据来自各方面的信息，拟定出若干假设方案和估计值；③ 进行敏感度分析，逐个变换风险因素的假设估计值，观察会引起什么样的变化结果；④ 求出各种假设方案的数学期望，最大的数学期望与最小的数学期望之比就是投资风险度。各种假设方案的数学期望之间差别越小，说明投资风险度越小，投资环境越稳定；反之亦然。

（7）有效需求率（Y），其计算公式为：

$$Y=\frac{社会平均工资}{社会平均利息+社会平均利润}$$

（8）国民消费水平（G），其计算公式为：

$$G=\frac{国内生产总值中的居民消费总额}{年平均人口}$$

（9）资源增值率（Z），即生产技术和管理在资源转换与增值中的作用大小。其计算公式为：

$$Z=\frac{资源加工产品价值总额}{资源初级产品价值总额}$$

（10）优化商品率（S），反映一个区域的生产竞争能力，其计算公式为：

$$S=\frac{创地方、国家、国际名优商品总数}{商品总数}$$

当计算出这些指标的数值后，选择公认的投资环境好的地区的同类指标，求出所研究的投资环境与公认的投资环境好的地区的相似度。两者越相似，则表明所研究的投资环境越好；反之亦然。

相似度法将数量经济学方法应用于投资环境评价工作中，并试图以尽量少的相对指标为客观尺度来进行定量评价，是对投资环境评价方法的一种创新。此方法具有综合性和客观性的特点，但它还存在着一些明显的不足：参照样本"公认的投资环境好的地区"概念模糊，不易选取；在技术上，最大的缺陷是指标设置不甚合理，指标过于笼统，没有包容国际投资者普遍重视的政治、社会文化、外资政策及相关法律因素等指标。在适用范围上，由于上述指标设置上的缺陷，该评价方法在投资环境的国际比较中有一定的局限性，因为它没能反映出各国在政治、文化、法律等环境因素方面的差异。因此，一般来说，相似度法主要适用于一国内的地区（城市）投资环境的评价和比较。

（七）准数分析法

这种方法是由我国学者林应桐提出的。他按各种投资环境因素的相关性将其分类为投资环境激励系数 K、城市规划完善因子 P、税利因子 S、劳动生产率因子 L、地区基础因子 B、效率因子 T、市场因子 M、管理权因子 F，并把每一类因子分成若干子因子，再对子因子进行类似于多因素评估法的加权评分，求和得到该类因子的总分（见表 4-6）。为了反映各因子处于一个系统之中，相互存在着有机联系，他提出了投资环境准数的数群概念。投资环境准数 $N=\frac{KB}{ST}\times(P+L+M+F)+X$。式中，$X$ 表示其他机会因素，对 N 起修正作用。N 值越高，说明投资环境越好。这种方法采用综合性的准数值衡量投资环境，克服了机械评分法的不足，评价的因素较为全面。

表 4-6　投资环境准数数群参照表

项目要素代号	内涵	评分
1. 投资环境激励系数 K	（1）政治经济稳定；（2）资本汇出自由；（3）投资外交完善程度；（4）优惠政策；（5）对外资感兴趣程度；（6）币值稳定程度	0～10
2. 城市规划完善因子 P	（1）整体经济发展战略；（2）吸引外资中长期计划；（3）总体布局配套性	0～1
3. 税利因子 S	（1）税收标准；（2）合理收费；（3）金融市场	0.5～2
4. 劳动生产率因子 L	（1）工人劳动素质与文化修养；（2）技术工人数量；（3）社会平均文化素质	0～1
5. 地区基础因子 B	（1）基础设施；（2）工业用地；（3）制造业基础；（4）科技水平；（5）外汇资金充裕程度；（6）自然条件；（7）第三产业水平	2～10
6. 效率因子 T	（1）政府机构管理科学化程度；（2）有无完善的生活服务体系；（3）咨询体系；（4）管理手续简化程度；（5）信息资料提供系统；（6）配套服务系统；（7）生活环境	0.5～2
7. 市场因子 M	（1）市场规模；（2）产品市场占有率；（3）进出口限制；（4）人、财、物供需市场开放度	0～2
8. 管理权因子 F	（1）开放城市管理权范围；（2）“三资”企业外资股权限额；（3）“三资”企业经营自主权程度	0～2

（八）国家风险等级法

该方法是将投资东道国的政治因素、经济因素、对外金融因素等可能对投资产生影响的风险因素的大小分别打分量化，然后将各风险因素的得分汇总起来确定一国的风险等级，最后进行国家间的投资风险比较。

一些世界著名的研究咨询机构和杂志社都定期公布其组织进行的国家风险评级（信用评级）结果，为各国的投资者和工商界人士提供必要的决策依据。

1. 富兰德指数

20 世纪 60 年代末，美国商业环境风险情报研究所的 F. T. 汉厄教授设计了第一个反映经济政治环境风险的评价指数——国家风险预测指数，又称富兰德指数。该指数是由定量评级体系、定性评级体系和环境评级体系构成的综合指数。定量评级体系用于评价一个国家的债务偿付能力，包括外汇收入、外债数量、外汇储备状况及政府融资能力四个方面的评分；定性评级体系重在考察一个国家的经济管理能力、外债结构、外汇管制状态、政府官员贪污渎职程度及政府应付外债困难的措施五个方面的评分；环境评级体系包括政治风险、商业环境、政治社会环境三个指数系列。上述三个评级体系在总指数中的比重分别为 50%、25%和 25%。富兰德指数以 0～100 表示，指数越高表示风险越低，指数越低表示风险越高。风险等级则相反，一级表示风险最小，二级、三级的风险大一些，依此类推。该情报研究所定期公布并发表研究报告、统计数据及分析结果。该情报研究所根据数据既对即期风险情况给予综合打分，还对未来一年后、五年后的综合分数进行预测。

2.《国际国家风险指南》

由伦敦国际商业交流有限公司的美国分部出版的《国际国家风险指南》将投资风险分为政治、金融、经济三大类风险，并分别进行风险评估。在此基础上，该公司设计了综合风险等级，计算了综合风险指数。政治风险包括政权稳定性、内外部冲突、社会经济条件、腐败、法律法规、宗教、种族、官僚机构效率、民主等；金融风险着眼于外汇管制造成损失的可能性、外债占 GDP 比率、汇率稳定性等；经济风险主要考虑的因素是人均 GDP、通货膨胀率、财政结余占 GDP 比率、经常账户余额占 GDP 比率等。它们在综合指数中的比重分别为 50%、25%和 25%。《国际国家风险指南》将风险等级划分为五个等级：0～49.5 为极高风险；50～59.5 为高风险；60～69.5 为中等风险；70～84.5 为低风险；85～100 为极低风险。

3.《欧洲货币》国家风险等级表

国际金融界权威刊物《欧洲货币》于每年 9 月或 10 月定期公布当年各国风险等级表。该表侧重反映一国在国际金融市场上的形象与地位，从进入国际金融市场的能力（权重 20%，包括在外国债券市场、国际债券市场、浮动债券市场、国际贷款市场及票据市场上筹借资本的能力），进行贸易融资的能力（10%），偿付债券和贷款本息的记录（15%），债务重新安排的顺利程度（5%），政治风险状态（20%），以及二级市场上交易能力和转让条件（30%）等方面对国家风险进行了考察。

4. 日本公司债务研究所的国家风险等级表

这是一种由专家评判、打分的评估方法。日本公司债务研究所认为，相对于复杂的数学模型和记分体系，专家打分法是评定国家风险的最佳方法。国家风险评价的内容包括：内乱、暴动及革命的可能性，政权的稳定性，政策的持续性，产业结构的成熟性，经济活动的扭曲性（通货膨胀、失业等），财政政策的有效性，金融政策的有效性，经济增长的潜力，战争的危险性，国际的信誉地位，国际收支结构，对外的支付能力，对外资的政策和汇率政策等。

它设计的风险等级采用的是十分五级制的打分方法。日本公司债务研究所牵头，由银行、商社、工业公司等组成 14 个专家集团。每个专家集团分别以打分方式，对各个单项风险和综合风险做出评价。单项风险和综合风险都分为 A～E 五级。单项风险的各级分数分别为：A 级 10 分、B 级 8 分、C 级 6 分、D 级 4 分、E 级 2 分。以简单算术平均法求得的 14 个集团的评分均值，即为各国单项风险的得分。综合风险五个级别的标准为：9 分以上为 A 级，7.0～8.9 分为 B 级，5.0～6.9 分为 C 级，3～4.9 分为 D 级，2.9 分以下为 E 级。不论单项风险还是综合风险，都是以分数的高低排列名次：分数越高，风险越小；分数越低，风险越大。

第三节　投资环境优化

投资环境优化是指按照资本增值属性和价值规律，改善构成投资环境的要素质量，有效地调整投资环境要素配置，使投资活动取得最佳效果。

随着经济全球化步伐的不断加快，吸引外来资本和技术、人才、管理等要素，将其整合到本地经济中，发展本地经济，使得区域内能够合理配置资源、优化资源组合、实现规模经济，提高经济效益，越来越成为各国和地区间的迫切需求，并成为地区间、国家间经济竞争的关键。投资环境的好坏是影响投资活动安全和收益的关键，直接影响到国家和地区招商引资的效果。

一、投资环境优化的原则

投资环境优化涉及面广、政策性强，是一个复杂的系统工程，具有长期性、艰巨性和地域性特征。如何进行投资环境优化，处于不同经济发展阶段的国家和地区具有不同的内容与重点。但是，一般来说，投资环境优化必须遵循以下原则：

1. 协同性原则

投资环境包括投资活动所面临的众多外部因素和条件，涉及方方面面，它们各自从不同的角度、以不同的方式对投资活动产生促进或抑制作用。各种因素的质量参差不齐，存在许多需要改善的地方。即使某一方面的环境条件比原来的有所改善，增加了对外资的吸引力并提高了外资的收益，但若其他方面相对恶化，则最终表现出的“合力”不一定增大，甚至会减少。

为了更合理、有效地引进资金，东道国要全面掌握投资环境的构成因素，将其优化并组合配置，使它们互相呼应、互相配合、互相补充，以谋求投资环境整体功能最优化。切忌片面、局部地分析环境，零敲碎打地搞优化。在环境系统中，各子系统的改善要在时间上相互配合。如果各子系统的优化速度不平衡，也会影响环境综合效益的发挥。

2. 定向优化原则

投资环境具有差异性的特点，不同投资活动所要求的投资环境不尽相同，不同地区的先天条件也各有差别。所以，在优化投资环境时，就要针对本地区、本国家的自身条件和发展战略，有目的、有针对性地制定优化方案。

首先，受资国应从本国的国情出发，制定明确的产业政策和区域发展规划，据此确定吸引外资的主要类型，把吸引外资与国内产业结构的调整和升级，与国内区域经济的发展联系起来。然后，再深入分析所选这些类型的外资对投资环境的要求和期望，有针对性地改善投资环境。要将外资吸引到那些需要发展的重点行业上去，就应当制定相应的政策，采取适当的措施，有针对性地优化该类行业的特定环境，使其盈利率相对高些、投资风险相对小些。例如，为鼓励在能源、交通行业引进外资，一方面，要妥善安排相应的自然条件并完善相应的基础设施；另一方面，可以在审批、税收、财政、金融等方面制定优惠政策。

3. 坚持按照国际规则和惯例改善投资环境的原则

国际投资活动已有近百年的发展历史，在这一过程中，已经形成了一些人们普遍遵守的“惯例”，各国政府和有关的国际组织为国际投资活动的协调也制定了许多规则，签署了大量的双边和多边条约。随着中国全方位对外开放格局的基本形成，在优化投资环境的设计实施上，也应参照国际规则和惯例来进行。

由于国际惯例得到大多数国家的认可，具有广泛的适应性，所以东道国参照国际惯例来优化投资环境，必将减轻甚至消除外来投资者与东道国两者多方面差异所产生的潜在不利影响，达到事半功倍的显著效果，从而在利用外资的经济合作中掌握越来越多的主动权。

4. 平等互利、维护本国经济利益和国家安全原则

在优化环境时要同时考虑到投资方和受资方双方的利益，统筹兼顾，依法维护本地经济利益和保护外来投资者合法权益的关系。

受资方在制定外资政策、优化环境时，既不应片面强调自身目标，又不可盲目迎合或迁就投资方的要求，而是要在明确本国吸引外资目标的基础上，充分考虑到外商的投资动机，创造出既符合投资方要求又保护受资方利益的投资环境。投资输出国与输入国之间也存在利益冲突，特别是发展中国家利用外资的目标同跨国公司投资的动机之间存有明显差异，在关系经济命脉和国家安全的领域，要完善和维护公平竞争环境，用法律手段规范外资企业的市场和社会行为，维护受资国国家利益。

延伸阅读

国务院改善投资环境的举措

二、当前我国投资环境现状和优化的主要方向

自中国推行经济改革、对外开放政策 40 多年以来，投资环境已有很大的改善。中国加入世界贸易组织（以下简称“世贸组织”）以后，在法律环境方面，在政府的行政环境方面，都逐步地朝着与国际一般规则接轨的方向调整。中国政府以认真负责的态度，全面履行承诺，大幅降低进口关税，取消非关税措施，放宽服务和投资的市场准入限制，建立与国际通行规则相适应并符合中国实际情况的经济贸易管理体制。有关部门修订并颁布了《指导外商投资方向规定》和《外商投资产业指导目录》，加大了对外商投资的开放程度；履行了开放市场的承诺和通报、咨询义务；扩大了服务领域的对外开放；加强了知识产权保护，与发达国家广泛开展了在知识产权保护方面的双边交流合作；中国经贸政策的统一性和透明度大大提高，市场开放程度进一步扩大。近几年进行的一系列改革使我国的投资环境得到了有效提升，从而使外商投资进入及其生产经营更有利于按市场规律和国际惯例进行，为外商投资提供了更加良好的外部投资环境。

近些年，中国服务业对外开放程度也大大提高，外商在中国服务业的投资出现了许多突破性进展。在保险服务、传媒服务、证券服务、旅行社服务、现代物流、公用服务等领域，外资都频频进入。这些无不与中国不断完善吸收外商投资的法律体系，保持外商投资政策法律的稳定性和连续性，努力为外商投资创造统一、稳定、透明、可预见的法律环境和政策环境密切相关。

世界银行在其研究报告《改善中国的投资环境》中高度评价了中国的投资环境，称“中国在宏观经济与政治稳定性、在全球市场一体化以及基础设施方面相对出色”，与其他发展中国家相比，在融入全球经济一体化方面，中国所取得的成就尤其突出，是“无可争议的领先者”，其经济增长速度远远高于马来西亚、泰国、印度、巴西等积极融入全球经济的优胜者。在投资环境的微观方面，中国的表现也很出色，比如在基础设施方面，世界银行的调查表明，中国的基础设施要优于其他发展中国家，并且正在迅速改善。世界银行的报告还显示，中国的多数治理结构因素也好于其他国家。联合国贸易和发展会议发布的《2017 年世界投资报告——投资和数字经济》显示，2016 年中国外资流入量为 1 337 亿美元，同比小幅下滑 1%。尽管数据有所下滑，但在全球跨国投资普遍下降、亚洲发展中国

家外资流入量大幅下跌15%的情况下，中国吸收外资总体保持稳定难能可贵。报告将中国列为2016年全球引资东道主中的第三位，也充分说明中国仍然是吸引全球投资者的热土。相关政策的实施体现了中国改善和提升投资环境的决心和行动，统计数据体现了有关行动的落实情况。尤其考虑到当前全球复苏乏力的整体情况，以及部分国家政策外溢效应的巨大影响，中国在吸收外资方面取得的成绩更是有目共睹。

在世界银行发布的《2020年营商环境报告》中，我国营商环境总体得分为77.9分（即中国达到了全球最佳水平的77.9%），比上年上升4.26分；排名跃居全球第31位，比上年提升15位。我国已连续两年被世界银行评选为全球营商环境改善幅度最大的10个经济体之一。在世界银行10项评估指标中，中国有8项指标排名上升，比上年多1项。其中，办理建筑许可排名提升88位至第33位，保护中小投资者排名提升36位至第28位，办理破产排名提升10位至第51位，跨境贸易排名提升9位至第56位，纳税排名提升9位至第105位，获得电力提升2位至第12位，执行合同排名提升1位至第5位，开办企业排名提升1位至第27位。2007年世界银行《中国利用外资的前景和战略》报告指出，印度、巴西、泰国和墨西哥这些发展中经济大国的崛起必然会限制中国在世界外国直接投资中所占的比例。如果中国想要进一步吸引大量的外国直接投资，就必须不断改善投资环境。因此，努力改善投资环境，尤其是投资的软环境将成为吸引外资的关键因素。总的来说，我国当前的投资环境存在以下一些问题：

（1）投资相关政策仍然存在一定限制。

从政策层面上看，我国一些地区和产业在投资政策上仍不够开放。从地区角度来说，我国一些地区为了保护本地的企业，往往在政策上限制外资进入，从而导致一些地区的经济水平得不到快速发展。另外，东南沿海地区由于地缘因素，对于接受外资的观念更加先进，往往会采取开放性更高的政策，而处于中西部的内陆地区则在投资政策的选择上相对保守，往往对外资的引进和使用设置较多的限制。从产业角度来说，我国的制造业开放幅度较大，而服务业则限制较多。我国大多数制造业领域的生产能力供过于求，而服务业在数量和质量上相比西方发达国家存在较大差距。伴随着我国的经济结构转型，我国应该加快服务业的发展，服务业对外资进入限制过严的情况会使投资产业结构的调整难以顺利进行。从具体政策行动看，我国在大幅减少外资准入限制性措施方面迈出较大步伐。多次修订《外商投资产业指导目录》，2017年的修订将2015年版的93条限制性措施减少到63条，同时缩减自贸试验区负面清单。

（2）相关法律和市场体系等支持因素不够完善。

在法律体系方面，有关引进外资和使用外资的法律制度不健全，法律基础、立法程序、运行机制等有关法律法规中仍然存在与市场经济原则相悖的地方，难以满足外商投资不断发展的需要。另外，一些政府相关管理部门的执法观念淡薄，尚未形成严格依法办事的良好习惯，致使一些合营企业的合法权益得不到保障，会极大地破坏当地的投资环境。此外，在市场经济环境方面还有一些不足，如资本开放市场的局限、国内市场的地区分割和知识产权保护不力等。近年来，在加快推进外商投资管理体制改革上，我国采取了迅速而高效的修法行动。自2016年10月起，在全国范围内对特别管理措施之外的外商投资企业的设立和变更由审批改为备案管理，改变了已经实施30多年的对外资“逐案审批”制度。

（3）吸引外资的优越条件仍有改善空间。

近年来，除了传统的投资方式，产权投资逐渐成为一些大型跨国公司对外投资的主要形式。产权投资的主要形式是兼并收购，这种投资方式能够实现有两个前提：一是需要有值得兼并收购的企业；二是有适宜的基础设施，使外资进行的兼并收购能够顺利实施。但是，我国目前正处于经济转型期，很多引资主体都是国有企业，但完全市场化的外商投资与国有企业在经营目标、经营理念、经营机制、管理模式等方面都存在不可避免的矛盾冲突，而能够吸引外商投资的民营企业少之又少。同时，在基础设施建设方面，我国已取得了巨大的进步，但许多亟须引资、用资地区的基础设施仍然很不完善。在改善投资环境方面，中国尤其注重加大力度创造和维护公平竞争环境。2017 年的《政府工作报告》要求在资质许可、标准制定、政府采购等方面，对内外资企业一视同仁。国务院发布《关于扩大对外开放积极利用外资若干措施》，明确 20 条极具含金量的措施，进一步放宽服务业、制造业、采矿业等领域准入限制，进一步创造公平竞争环境，促进内外资企业一视同仁。

针对当前我国投资环境存在的问题，我国需要结合实际情况采取优化和改善措施。例如，完善法律环境，转变政府职能，简化审批程序，建立规范有序、统一的市场体系，努力创造中间服务体系健全的发展环境，完善金融、人才、物流等相关的投资环境。我们应该瞄准国际水平，与世界各国，特别是亚洲投资市场的竞争者做比较，确定改善的目标；同时，要立足本国实际，不脱离现实经济和社会发展水平，制定分步骤、相配套的投资环境优化方案。具体的改进措施和发展方向有以下几个方面：

（1）引进国际上投资促进新理念，按照国际惯例改善投资环境。

中国应该根据国际惯例不断更新吸引投资的理念。随着大型跨国公司的投资日益增多，投资者对投资环境的要求从土地、税收等优惠政策转移到更注重健全的法制环境，稳定、透明和可预见的政策环境等方面。跨国公司期望受资国的“游戏规则”更符合国际惯例，对环境和服务的水平也有着更高的要求。信息产业的迅速发展对通关、商检、物流体系和政府效率提出了新的挑战。制造业生产基地的建设，跨国公司建立投资性公司、地区性总部、研发中心、全球采购中心等，对我国的投资、外汇、税收、会计、人才等方面都提出了新的要求。

世界银行之前对全球投资环境进行了一项调查，其中包括中国的诸多城市。在调查中，对各国投资环境是从七个市场因素进行考察的，即经济国际化、市场的进入与退出、劳动力的流动性、技能和技术水平、民营化比重、金融服务、政府管理的效率。上述考察标准更多地从市场因素衡量投资环境，给国内带来了全新的理念。我们需要借鉴国际理念，结合中国实际，根据现有的条件，逐步改善市场运营机制，强化服务功能，规范市场秩序，为外国投资者创造自主经营的生存发展空间。

（2）加强基础设施建设，优化投资环境基础。

基础设施是决定投资环境优劣的重要因素。只有不断加强基础设施建设，使人流、物流和信息流畅通，才能真正有效地改善投资环境，进而才能突破基础设施相对落后对经济发展产生的制约。在进行基础设施建设时，应当充分结合当地实际情况，切实有效地发挥地方优势；同时，要立足长远，根据国际先进理念规划基础设施建设，使基础设施能够符合长远的投资需求。在建设基础设施时，可以通过政府财政支持与外商投资相结合的方式，提高基础设施建设的效率。

当前，我国基础设施的改善工作应主要围绕三个方面开展：一是加强公路、铁路、机场等交通运输设施建设，构建一体化的交通网络。二是加强天然气管道干线、电网、道路、给排水、供热等基础设施建设。三是加强水利基础设施建设，积极发展节水型农业和节水型工业，提高水资源的利用效率。

（3）建立统一开放、竞争有序的市场体系。

我国要按国际惯例来优化投资环境，从根本上讲，要解决国内经济管理体制和市场组织体系与国际环境中市场机制之间的衔接问题。建立现代市场体系需要满足四个条件：统一、开放、竞争和有序。

在中国未来的改革开放进程中，要强调市场开放，不仅仅对外开放，首先要对内开放，然后进一步对外开放。对中国垄断性行业，尤其要强调市场开放度。为了开放市场，要发展非公有制经济，让非公有制经济进入一些法律不禁止的基础性产业，包括进一步对外国资本开放某些领域，这都是开放的具体内容。

在保持市场的竞争性方面：一是打破垄断；二是尽可能减少、规范政府对市场活动的干预，保证微观主体的自由进入权。

开放的市场、竞争的市场，还必须是一个有序的市场，才能保证资源的最优配置和市场经济对个体最大利益的保护。改变市场的无序竞争需要从两个方面努力：一方面是制度的安排和构建，另一方面是道德的建设。

中国要建立一个全国统一市场，不是封闭的、区域的市场，也不是简单的商品市场，而是一个商品市场、要素市场同时发育的市场体系，促进商品和各种要素在全国范围自由流动及充分竞争。尤其是我国在改革中由于实行了地方财政包干体制，以及以地方利益为基础的分税制度，再加上对地方上一些行政长官实行的考核标准，均导致目前出现了所谓的条块分割，特别是地方保护主义。一些地方和部门滥用行政权力，搞行业垄断和地区封锁，实行强制交易，采取专营、专卖、审批、许可等手段实行歧视性待遇，排斥外地产品和服务等，对市场体系是比较严重的破坏。加快建设全国统一市场，就必须打破行业垄断和地区封锁，维护公平竞争。当务之急是要废止那些妨碍公平竞争、设置行政壁垒、排斥外地产品和服务的各种分割市场的规定。同时，加大反对不正当竞争行为的力度，严厉查处各种仿冒、欺诈行为，保护企业合法权益，促进企业在更大范围、更广领域和更高层次上参与竞争。

（4）完善与投资有关的法律法规，加强司法体制建设。

市场经济是法治经济。政府应根据加入世贸组织的承诺和对外开放新形势的要求，进一步完善吸收外商投资法律体系，加快新法规的制定，维护外商投资法规在全国的统一性、一致性，提高政策法规的稳定性和透明度，并在全国范围内大力推进依法行政，简化司法和仲裁的程序，降低行政部门对司法制度的干扰。特别是在地方的层次上，加强各级官员的法律教育，努力创造更加优良的法律环境和政策环境，使投资者在遇到各种纠纷时能通过法律程序公平、公正地处理解决。

加大保护知识产权执法力度。中国已经建立起了健全的保护知识产权的法律体制，拥有专利法、商标法、著作权法和保护计算机软件方面的法律；同时，中国也加入了许多世界知识产权的主要公约。可以说，中国有关知识产权的立法已基本与国际接轨，但在执行时仍有不少可改进的地方。除了要加强执法力度和增加执法次数、严打抄袭、打击冒牌产品外，更要加强对国民的知识产权教育，以维护中国知识产权制度的严肃性。

（5）提高政府行政效率。

政府行政效率包括两个方面的重要内容：一是政府行政管理实现资源优化配置和为经济社会发展提供效能服务的能力；二是政府处理日常事务或突发事件的速度。

提高政府行政效率最根本的途径是缩减政府管制领域，减少政府审批范围，把更多的审批、管理事项转交服务于市场经济体制及与其管理体制相适应的行业协会、中介组织等，实现资源配置优化。建立统一、规范、公开的外商投资准入制度，进一步简化外商投资的审批程序。随着外企的发展，外商增资项目越来越多。在一些外企，超过 3 000 万美元的项目增资，无论增资金额大小，都要层层报批，手续烦琐且审批时间长，影响了外方增资的积极性。另外，现行审批程序中前置审批条件渐多，外企往往要为此付出相当的人力和成本。提高政府行政效率，应减少行政管理层次，简化外商投资审批手续，统一各地不同的做法，逐步建立符合国际标准的商业操作体制，减少政府部门的人为干预，提高行政效率，提高投资“软环境”的质量。

行政透明是政府行政效率提高的关键性因素。行政透明的主要手段是运用报纸、广播电台、电视台、政府公报、政府网站及街头张贴等多种形式，对政府法律、法规、决策及需要公告事项向社会公开，接受公众监督。政策出台前应有相应的咨询，以增加政策的可操作性，从政策出台到执行宜有一段适应期，让各方都掌握和熟悉新政策的具体操作。设立独立的投诉机制，让问题得到公平、公开的处理。

提高公务员素质是政府行政效率提高的主观因素，要特别注重加强公务员为公众服务意识的培养，切实转变行政理念，确立管理就是服务的观念，提高职业道德水准。杜绝贪污舞弊的状况，成立廉政部门，令其负责肃贪倡廉的工作，监督政府部门和地方官员的日常工作，严惩不法分子和防止贪污舞弊活动，更要防止滥用职权和“上有政策、下有对策”的情况出现。

本章小结

本章第一节主要分析了投资环境的含义、特点、分类和具体内容。第二节阐述了对投资环境进行评价的主要原则、标准和方法，着重对“冷热”因素分析法、道氏评估法、等级尺度评分法、多因素评估法等常用方法进行了详细说明。第三节对投资环境优化的原则进行了介绍，分析了当前我国投资环境现状和优化的主要方向。

本章要点

- 投资环境的含义和特点
- 投资环境的具体内容
- 投资环境评价的原则和方法
- 投资环境优化

本章关键术语

投资环境　“冷热”因素分析法　等级尺度评分法　道氏评估法
多因素评估法　抽样评估法　相似度法

本章习题

1. 简述投资环境的含义和特点。
2. 简述投资环境的评价方法。
3. 比较几种投资环境评价方法的优缺点。
4. 简述当前我国投资环境现状和优化的主要方向。

5. A国对C国投资环境做了抽样评估，调查对象是在C国投资的30家外资企业（包括合资企业），调查结果见表4-7。请计算评估标准各水平的投资环境结论。

表4-7　对C国投资环境抽样评估结果

评估项目	评估标准			
	非常好	良好	一般	不佳
政策	8	13	9	0
法律	6	16	7	1
税收/制度措施	6	12	12	0
利息	5	10	5	10
劳资关系	2	9	12	7
劳动生产率	5	13	12	0
动力/水供应	2	12	15	1
运输/通信	3	14	9	4
劳动成本	3	16	10	1
市场发展/销售	5	14	10	1
人力资源	5	11	9	5
投资环境结论				

第五章
投资体制

章前引例

铁路在我国运输系统中占有十分重要的地位，铁路事业的健康发展与中国经济的增长和人民生活水平的提高息息相关，它是我国国民经济的一个重要基础领域。伴随着铁路事业的不断发展，其投资规模越来越大，债务规模也越来越大。2014 年第三季度，中国铁路总公司总资产为 5.45 万亿元，债务却高达 3.53 万亿元，其负债率为 64.77%，相对于中国大规模以上工业负债率 58.1%高出了 6.67%。铁路运营里程不断增加，铁路的建设资金来源日益紧张，铁路投融资体制改革迫在眉睫。2013—2016 年间，国务院和发改委等部门陆续颁布《关于改革铁路投融资体制加快推进铁路建设的意见》《关于进一步鼓励和扩大社会资本投资建设铁路的实施意见》《关于深化投融资体制改革的意见》等政策，提出全面开放铁路投资与运营市场，推进投融资方式多样化，进一步加强铁路基础设施领域的政府和社会资本合作，大力发展直接融资。在相关政策的指引下，铁路投融资进一步向社会开放，社会资本也更多参与铁路基础设施建设。“十二五”期间，国铁集团融资结构渐趋合理，基本形成了国内贷款、债券、国家预算内资金、专项基金、自筹资金、社会融资等多样化的投融资体系，改变了以往过于依赖国内银行贷款的状态。在国铁集团基本建设资金来源中，国内贷款比重下降。“十三五”期间，国内贷款比重相比“十一五”“十二五”期间有较大幅度的降低，降低近 10 个百分点；债券占比有所提升，2016 年占比为 15.92%，2017 年占比达 36.68%；社会融资实现了从无到有的突破；国家预算内资金占比从 2006 年以来稳步提升，2017 年达到 10.98%。投资体制改革拓展了铁路运输投融资渠道，吸引资金流向铁路，使铁路投资体制呈现出新的面貌，实现铁路快速稳定的发展。

学习目标

- 掌握投资体制的含义
- 掌握投资体制的构成和类型
- 了解我国投资体制的沿革和发展
- 掌握我国投资体制改革的目标和措施
- 了解我国投资体制改革的主要成就

第一节　投资体制概述

一、投资体制的含义

投资体制是指与特定经济环境相适应的社会投资的运行机制及其相应的保障系统总和。从某种意义上讲，投资体制是投资活动运行机制和管理制度的总称。在我国，投资体制一般是指固定资产投资活动运行机制和管理制度的总称。

具体来说，投资体制的主要内容包括投资活动中的组织机构，投资主体的行为规范，投资决策制度选择，投资的责、权、利划分，投资资金筹措，投资实施与投资调控以及投资管理制度等。简言之，投资主体、投资方式和投资调控体系是构成投资体制的三项要素。投资体制是投资主体、投资方式、投资调控体系三项要素的管理制度的总称。这三项要素实际上可分为两个层次，即宏观管理和微观管理。投资体制是我国整个经济体制的重要组成部分，进一步深化投资体制改革，对我国加快社会主义市场经济体制的建设具有决定性的推动作用。

下面将对投资体制的构成及其类型做详细介绍。

二、投资体制的构成

投资体制的构成可以从动态和静态两个方面去理解。

（一）投资体制的动态构成

从投资体制动态特征的角度考虑，投资体制主要由四个重要的部分构成，即投资主体、投资载体、投资对象和投资目的。

1. 投资主体

投资主体是指谁来投资的问题。投资是一种资本或资金的投入活动，必须有一定的主体单位才能实施。这些主体单位首先需要具备一定的经济能力，同时具有自身的经济利益，能够对自己的投资行为负责，我们可以称之为经济主体。在市场经济条件下，各国的投资主体是多元化的。概括来说，主要有三大类投资主体，分别是政府、企业和个人。前两者是法人，后者是自然人。投资主体可能是可用于投资的消费剩余财富的所有者，也可能不是。政府作为投资主体时主要是实物投资主体，它从事那些民间资本不愿进入而社会经济发展又不可少的领域的厂房、设备及存货的购置。企业在大多数情况下是实物投资主体，它主要从事厂房、设备及存货等实物资本品的购置。在有些情况下，企业也从事股票、债券等金融投资工具的购买，充当金融投资主体的角色。一般来说，工业、交通、建筑领域的企业多为实物投资主体，金融领域的企业多为金融投资主体。自然人作为投资主体时，是消费剩余财富的所有者。自然人可以是金融投资主体，也可能是实物投资主体，但大部分情况下更多的是金融投资主体，是各类金融投资工具的购买者。

2. 投资载体

投资载体强调的是投资实现的借助方式，对此有多种表达方式，或说是货币，或说是收入，或说是资金，或说是资财，甚至还说是实物等。相比较而言，从一般意义上确定投资的概念，使用“资金”一词可能更容易让人理解，也能更好地反映各个投资主体的共同特征。资金是财产物资的货币表现，而不仅仅是货币本身。只有当货币为获得收益投入运用时，货币才转化为资金。房屋、机器、设备、原材料等财产物资以及商标、商誉、技术、管理经验等无形资产也可用来投资。但要实现投资，这些资产必须首先估价，取得货币表现形态，以货币金额统一计量。因此，一般意义上的投资载体都是指资金。

3. 投资对象

投资对象是指投向谁的问题。投资对象受不同投资主体的性质和活动范围所制约，有生产性投资，也有非生产性投资；有实物性投资，也有金融性投资；有物质资本投资，也有人力资本投资；有工业投资，也有农业投资；有固定资产投资，也有流动资产投资等。选择其中任何一个或几个方面来概括投资的对象都是不全面的。总而言之，投资对象是指投资资金所作用的实体。

4. 投资目的

投资属于经济行为，投资者的行为不是随意的，其投资的目的是取得预期收益。当然，这里的收益并非一定表现为货币的增值。生产性投资可以表现出这样的增值，非生产性投资则不可能有相同的表现。投资收益既可以是看得见的货币增值，也可以是社会秩序的协调和人民生活质量的提高。如果单纯以货币增值来衡量投资收益的有无和大小，那些有社会效益而没有经济效益，或者经济效益不高的项目，可能就没有人投资。

（二）投资体制的静态构成

从投资体制静态特征的角度考虑，投资体制还可以分解为三个基本要素：投资决策主体的层次与结构、投资资源的产权关系、投资资源的协调方式。

1. 投资决策主体的层次与结构

投资决策主体的层次与结构是指投资决策权在政府、企业及社会成员中的分配，即由谁做出决策，核心问题是投资决策权的集中与分散程度。投资资源总是稀缺的，如何以最少的投资获取最大的投资收益，其实就是一个决策选择问题。投资决策包括微观与宏观两个层面。微观投资决策是单个投资者或单个投资项目的决策，也就是如何使单个投资者或单个投资项目在投资额一定的条件下，获得最大的投资收益；宏观投资决策是整个社会的投资决策，也就是如何使全社会的资源得到最优分配。投资决策不仅受生产力发展水平制约，而且始终与人们的经济利益紧密相关。投资决策权集中在政府手中，投资决策将反映政府的偏好；投资决策权集中在企业手中，投资决策将反映企业的偏好；投资决策权集中于个人手中，投资决策将反映个人的偏好。

2. 投资资源的产权关系

产权是一种排他性的权利，是界定人们行为关系的一种规则。完整意义上的产权包括三个方面的内容：对一种物品或资源排他性的支配使用权、自由出售和转让权以及剩余产品或价值收入的享用权。产权的基本功能是严格界定人们使用或支配资源的范围、空间和方式，确定人们在经济活动中如何受益、如何受损，以及他们之间如何进行补偿的原则，从而提供将人们经济活动所造成的外部效应尽可能内在化的条件。

3. 投资资源的协调方式

投资资源的协调方式可大致分为计划方式和市场方式两种，其具体内容包括投资的激励机制、投资的约束机制、投资的调控机制和投资的信息传递机制。投资是为了获得预期的效益，理性的投资者总是追求投资效益的最大化，这是投资的动力所在。这里所说的效益，对不同的主体来说不尽相同，因而不同的投资主体在不同的经济条件下所追求的效益目标也不相同。企业追求收入和利润的最大化，政府官员则追求政绩的最大化。由于政治、经济、技术、自然等多种因素的影响，投资的预期收益是不确定的，投资必然要承担一定的风险，这使投资者受到内在的约束。如果没有风险，投资者就会有一种永无止境的投资扩张冲动。从整个社会来看，由于投资资源是有限的，其分配必然受到某种力量的调节，或是由投资主体依据其投资收益和风险自我调节，或是由某个经济组织和行政组织负责对投资进行调控。无论是自我调节，还是他动调节，都是以一定的信息为依据的，包括纵向的自上而下的行政指令、自下而上的情况反映以及横向的市场信息。

投资体制的三要素是相互作用的。投资资源的产权关系在投资体制诸要素中占据主导地位，对其他两要素起支配作用，同时也需要其他两要素紧密配合。一般来说，有什么样的产权关系，便有什么样的投资决策结构以及投资资源协调方式与之相适应。当然，这绝不是说投资决策结构和投资资源协调方式无足轻重。投资资源的产权关系不是抽象的，它必须通过投资决策结构和投资资源协调方式体现出来。因此，投资决策结构和投资资源协调方式也会反作用于投资资源的产权关系。

三、投资体制的类型

如果按照投资的主体结构来划分，投资体制可以分为两大类，即市场主导型投资体制和政府主导型投资体制。

（一）市场主导型投资体制

市场主导型投资体制的主要特征是：

1. 投资主体是企业和个人

企业投资和个人投资占社会总投资的很大比例。政府投资的份额较小，而且其主要作用是弥补企业和个人投资不足，投资范围主要是提供各种类型的公共产品，如基础设施。

2. 投资主体拥有充分的决策权

企业和个人对其投资的决策具有自主权，政府不直接干预企业和居民的投资决策；企业和个人依据市场信息，以利润的高低为导向决定将投资用于何种产业、地区和项目；投资激励来自追求预付资本预期收益最大化的盈利动机；投资约束来自投资不确定性所导致的风险损失；企业和个人投资资金来源于多种渠道，包括股权资金和债权资金两大类。

3. 投资资源的配置由市场发挥基础性调节作用

企业和个人的投资主要受市场调节，政府对全社会投资总规模和结构的调节主要通过市场机制的传导进行，运用经济政策改变利率、价格等市场参数，进而间接影响企业和个人的投资决策。市场主导型投资体制被实行相对自由式市场经济体制的英国和美国、实行社会市场经济的德国、实行福利型市场经济的北欧等国所普遍采用。

(二) 政府主导型投资体制

政府主导型投资体制的主要特征是：

1. 各级政府是最主要的甚至是唯一的投资主体

政府投资以中央政府投资为主，包揽了全社会各个行业的几乎所有投资建设。企业不是独立的投资主体，而是政府部门的附属和政府投资的实施者，企业投资所需的资金由财政无偿拨款供给，投资所需要的材料、设备和人工由政府负责供给，投资所获得的利润上缴财政；同样，投资的风险损失也由政府承担。私人投资主体基本上被排斥。

延伸阅读

政府的主导地位在中国投资体制中的变迁

2. 投资决策权高度集中在政府手中

无论是扩大再生产的项目，还是维持简单再生产的项目，都必须按其规模的大小经过不同级别的政府的行政性审批，其中限额以上的大中型项目的投资决策直接由中央政府掌握。政府的决策不以市场需求为指南，投资用于何种产业、地区和项目，在很大程度上受政府的偏好所左右，依据政府的经济发展战略而定。

3. 投资资源的配置由指令性计划调节

政府不仅直接控制全社会的投资总规模和结构，还直接规定企业投资的总额及其新增投资总额。投资品价格、利率等市场参数由政府直接规定，主要作为核算工具，对企业投资不具有调节作用。苏联和东欧国家在改革前所采用的便是这种投资体制。

第二节 我国投资体制的沿革

一、计划经济下的投资体制

1949 年后，出于当时的国内外社会经济环境条件，我国政府逐渐建立和完善了社会主义计划经济体制。与此相适应，在投资领域形成了以政府投资为主、以指令性投资计划和行政性立项审批为基础的直接管理型投资体制。

(一) 国民经济恢复时期（1949—1952 年）

中华人民共和国成立以后，中央人民政府确定以 3 年时间作为国民经济恢复时期。在此期间，人民政府接管官僚买办资本、稳定物价、打击投机倒把、统一财政经济管理等行动以及随后爆发的抗美援朝战争，都需要有一个集中统一的管理体制。

我国经济体制重要内涵中的生产资料所有制结构存在着国营经济、集体经济、公私合营经济、个体经济和私人资本主义经济五种经济成分，这决定了投资主体多元化；国营经济和集体经济逐渐壮大，决定了国家投资占主导地位。与投资主体多元化相适应，我国形成了财政拨款、公私合股投资、银行贷款投资及赎买投资等多种投资方式。

在国民经济恢复时期，投资不多，为了加强对基本建设的投资管理，保证极有限的财力、物力被用于国家重点建设项目，国家投资实行“两上一下”的计划管理办法，即中央人民政府政务院自上而下逐级下达基本建设年度计划投资控制数字，然后由建设单位自下而上在控制数字内编报建设计划，最后由上而下审批下达年度基本建设投资计划。投资决策权集中于国家，国营企业没有扩大再生产的投资权，甚至连维持简单再生产的投资也需要经过主管部门批准。当时，省级以下各级政府无权审批、决策任何项目。

在国民经济恢复时期，国家财力有限，投资不多。一开始，国家对投资并没有统一的计划管理程序；1950 年开始统一了财政经济工作，国家在安排全民所有制企业的基本建设投资时，需要有一种集中分配投资的计划管理程序；1951 年 3 月和 1952 年 1 月，中央人民政府政务院财政经济委员会（以下简称“中财委”）先后公布了《基本建设工作程序暂行办法》和《基本建设工作暂行办法》，在投资分配和建设项目管理方面建立了初步的集中管理的计划程序和先设计、后施工的工作程序。

1. 确立了由中央各部分配投资的体制

这一体制的内容：一是中财委根据中央人民政府通过的国家年度财政预算，自上而下地把投资分配给各部，确定各部的基本建设控制数字，并由各部确定所属建设单位的基本建设控制数字；二是各建设单位自下而上地编报年度基本建设工作计划；三是中财委自上而下地批准各部的基本建设工作计划，各部批准建设单位的基本建设工作计划。

这种计划管理程序的核心是以国家作为投资主体，自上而下地分配投资；对于投资在各部门、各行业、各地区的分布，确立了由国家集中分配投资和管理投资的体制。

2. 制定了对基本建设项目按投资限额管理的办法

这一办法规定，把建设项目按投资规模的大小划分为限额以上项目和限额以下项目，并实行分类管理。按照 1952 年的规定，把基本建设项目分为甲、乙、丙、丁四类，全部投资在 1 000 万元以上的为甲类项目，计划任务书（后称设计任务书）由政务院批准；限额以上、投资不足 1 000 万元的为乙类项目，计划任务书由中央主管部门提出审核意见后再报中财委或政务院批准；限额以下、投资在 20 万元以上的为丙类项目，计划任务书由中央主管部门或大行政区（即当时设置的东北、华北、华东、西南、西北、中南六个大行政区）指定的机关批准；投资不足 20 万元的为丁类项目，由各省决定，报中央有关部门备案。这种按投资限额管理建设项目的办法，在当时财政收入与支出统一由中央集中管理、地方财力很小的情况下，能够使中央政府集中精力管好重大建设项目的投资，保证了财力、物力的集中使用。

中华人民共和国成立初期，国家基本建设投资不多，但建立集中分配投资和按投资限额管理建设项目的体制，为以后大规模经济建设时期集中决策的投资分配制奠定了基础。投资分配制，一方面，集中分配投资，解决花多少钱的问题；另一方面，按限额管理项目，解决干什么事的问题。这种由国家分配投资的体制，是同当时国营企业的收入统一上缴国家财政，其支出由国家财政统一拨款的财政体制相一致的。

3. 规定了先设计、后施工的基本建设工作程序

基本建设工作的投资量大、牵涉面广，一经建设，不能轻易改变，其工作程序必须符合客观规律。

中华人民共和国成立初期，由于有的部门和有的地方急于求成，发生了一些建设工程仓促上马、返工浪费的现象。1950 年年末，国家开始注意加强管理，强调基本建设工作必须遵守一定的工作程序。1950 年 12 月 1 日，政务院在《关于决算制度、预算审核、投资的施工计划和货币管理的决定》（以下简称《决定》）中强调，中央或地方人民政府批准的一切企业投资或文化事业投资，必须审慎设计，做出施工计划、施工图和财务拨款计划，并经过政府的批准；否则，财政部门应拒绝拨款。此项《决定》强调："此项规定之所以必要，不仅为了使国家在现金运用的迟早上，力求合理，更主要的是为了减少国家在经济文化建设中的浪费。"1951年3月，中财委公布《基本建设工作程序暂行办法》，该办法规定基本建设单位在施工以前，必须完成设计文件，并且把设计工作分为"初步设计""技术设计""施工图设计"三个步骤依次进行。基本建设工作程序的全过程被划分为计划的拟订及核准、设计工作、施工与拨款、报告与检查、工程决算与验收五个工作阶段。这个办法第一次提出了先勘察、后设计，先设计、后施工的基本建设工作程序。

1952年1月9日，中财委正式公布了《基本建设工作暂行办法》[①]，第一次对基本建设管理程序，包括基本建设的范围、组织机构、计划的编制和批准、设计、施工、验收交接与工程决算等做出了比较完整的规定，明确指出：凡固定资产扩大再生产的新建、改建、恢复工程及与之连带的工作为基本建设。此时对基本建设程序的具体规定为：第一，经过调查研究，提出计划任务书。计划任务书是确定设计对象的建设计划方案，必须符合国家建设的方针与任务以及国家长期建设计划的有关规定。第二，根据批准的计划任务书进行设计。设计文件是进行基本建设工作的基本依据。第三，根据批准的设计文件和基本建设计划进行施工。新开工项目在施工准备就绪以后，要具备批准施工文件，经过批准，才能开工。第四，工程竣工以后，依照技术设计文件组织验收，以检查项目建设的完工情况是否符合设计文件的目标和规格要求，检查工程能否进行生产或使用。

《基本建设工作暂行办法》使基本建设工作建立了正常的秩序，提高了基本建设工作的效率，起到了十分重要的作用。

4. 成立了监督管理建设投资的专业银行——交通银行

交通银行是中华人民共和国成立前的四大银行之一，主要侧重于实业投资。中华人民共和国成立后，中央人民政府专门派人接管了在上海的交通银行总管理处。经过整顿，交通银行于1949年11月1日重新开业。1950年1月，交通银行总管理处由上海迁到北京。1950年2月，第一次全国金融会议决定，在中国人民银行总行的直接领导下，交通银行成为办理对工矿、公用事业投资和长期贷款的专业银行。后来，根据金融机构长短期信贷业务分开管理的要求，交通银行把短期信贷业务和组织长期资金市场的工作，先后于1950年4月和1952年第二季度移交给中国人民银行办理。这样，交通银行就成为中华人民共和国第一家办理长期投资的专业银行。

交通银行办理基本建设投资拨款，是参照当时苏联的做法在实践中不断探索的。它办理投资拨款的具体工作内容主要有：供应建设资金、监督资金的合理使用、为财政调度资金、管理重点工程、集中主要力量核定出包工程的预付包工款和按工程建设进度结算工程款。

交通银行从恢复营业到1954年9月中国人民建设银行成立，前后共5年，它在5年中的各项业务实践，为中国人民建设银行的设置和业务的开拓，准备了干部，积累了经验。

---

① 该办法于1987年1月3日被国务院颁布的《关于废止部分外事外经贸、工交城建、劳动人事和教科文卫法规的通知》废止。

（二）“一五”时期（1953—1957年）

1953年，中国开始实施第一个五年计划（1953—1957年）。“一五”计划规定：在“一五”期间，建立社会主义工业化的初步基础；建立对农业、手工业社会主义改造的初步基础；建立对私营工商业社会主义改造的基础。五年内，全国经济和文化教育建设的投资为766.4亿元，其中基本建设投资427.4亿元。到1957年年底，“一五”计划各项指标大多超额完成。基本建设投资达493亿元，加上企业和地方自筹资金，全国基本建设投资实际达588亿元。1957年全国工业总产值达783.9亿元，平均每年增长18%，超过原计划的14.7%。农业总产值达604亿元，平均每年增长4.5%，超过原计划的4.3%。对农业、手工业和资本主义工商业的改造更是大大提前，1956年就基本完成。

1952年，苏联出版了斯大林的《苏联社会主义经济问题》一书。这一著作从理论上规划了社会主义的产品经济模式。当时，人们把计划经济同运用价值规律、发展商品经济看作对立的、互相排斥的东西。人们从理论上认为，在社会主义经济中，只有个人消费品才是商品，至于生产资料，只是在全民所有制和集体所有制这两种公有制经济之间以及在对外贸易领域才存在商品和商品交换。全民所有制生产的生产资料是按国家计划生产和分配的产品，不存在商品和商品交换。尽管当时在中国的经济中，国营经济只占全部国民收入的19.1%，集体经济和公私合营经济占国民收入的2.2%，个体经济和私人经济占到78%以上，商品交换在市场上仍居于显著的地位，但是，在这种观念下，经济运行只能由国家实行高度集中统一的管理。正是在这种理论的指导下，“一五”时期，我国在经济体制、财政体制和金融体制上都采取了高度集中统一的体制。在投资体制方面，实行以国家投资为主导、投资主体多元化和高度集中的计划投资体制。

1. 投资决策权高度集中于中央

所有限额以上项目和委托国外设计的建设项目的设计任务书，都必须由国家计委审查，报国务院审批；限额以下的地方项目，也必须由中央有关部门审查批准。列入基本建设计划的项目，其年度投资额、主要建设内容和建设进度都是指令性指标，部门和单位无权增减。按当时的规定，国务院各部门和各省、市、自治区管理的各类基本建设项目在500万～3 000万元的，需要经国家建设委员会审核，国务院批准；60万～500万元的各个基本建设项目，需要经国务院各部或各省、市、自治区人民委员会审核批准；60万元以下的各类基本建设项目，其审核和批准程序分别由国务院各部和各省、市、自治区人民委员会自行规定。“一五”时期，国家预算投资为531.18亿元，占基本建设投资总额的90.3%，而其中属于中央政府直接管理的项目投资占79%，属于地方政府直接管理的项目投资占21%。

2. 中央政府各主管部门对重点建设项目的管理权实行集中管理

从人、财、物的调度到设计施工，以至生产准备的安排，都是由中央政府管理。“一五”期间，国家对地方基本建设项目还实行专案拨款制度，地方基本建设的预算支出，虽列在地方财政预算内，项目仍由中央各部专项确定，各省、市、自治区只是按中央各部“戴帽下达”的计划转手安排，无权在行业之间、企业之间调剂。对建设项目实行按限额分级管理的办法。在中华人民共和国成立初期地方财力很小的条件下，此举有利于集中资金保证重点建设，可以避免某些地方不考虑本地区财力，轻率上马大中型项目，因财力不济半途而废的弊病。

3. 在计划管理的条块关系上，强调以条条管理为主，以国家作为投资主体的部门分配投资体制

由计划部门将计划内的基本建设投资额切成若干块，分配给中央各部门，再由各部门分配给所属建设项目。

4. 投资建设资金由国家财政无偿拨款

基建物资由国家统一分配，施工力量由国家统一安排。将物资分为统配物资、部管物资、地方管理物资三大类。基本建设建筑物资基本都属统配物资，如钢材、水泥、木材。全国70%的建筑材料是由国家集中调拨和分配的。施工力量开始是由各部所属重点建设项目组织施工力量自行施工，工程建成后，转为生产工人，以后逐步转向专业施工队伍。

5. 建立统一的投资建设管理机构和管理制度

在三年经济恢复时期，中财委是主管基本建设的职能部门。1952 年年底，我国成立了国家计划委员会，并设立专门的职能机构，管理全国基本建设投资的中期规划和年度计划；1954 年，成立了国家建设委员会[①]，把全部限额以上项目的决策权和设计审批权集中到中央；1954 年，又成立了建筑工程部[②]，不但直接管理该部的直属施工队伍，而且对全国建筑业实行行业归口指导。“一五”时期，中央和地方都设有建委、建筑工程部（局）和专业银行。计委管基建的有基建局，财政部门管基建的有经济建设财务司（处），物资部门有专管基建物资的职能机构，中央和地方的各主管部门也都设有专管或兼管基建的计划、财务、物资和施工局（处），直至各个建设项目，从上到下，形成了系统的基本建设管理网络。

在管理制度方面，1955 年 3 月 31 日，建筑工程部颁发了《基本建设工作暂行细则》；1955 年 7—12 月国务院陆续颁布《基本建设工程设计和预算文件审核批准暂行办法》《基本建设工程设计任务书审查批准暂行办法》[③] 等办法；1956 年 5 月 11 日，国家建设委员会颁发了《勘探设计机构计划编制及统计规程》。这些办法和规程要求在安排建设项目时，必须考虑产、供、销、运的综合平衡，坚持先勘探、后设计，先设计、后施工的建设程序。1955 年，国家建设委员会制定了《基本建设工作定额》《基本建设概（预）算编制细则》以及预算价格和各种工程费用标准。

延伸阅读

中财委和建筑工程部

6. 建设投资统一由专业银行办理拨款和监督

从 1952 年到 1954 年 10 月，国家财政的基本建设拨款是由交通银行来办理的。1954 年 5 月 10 日，财政部向中财委提交了报告，建议在交通银行原有机构和干部基础上正式成立办理基本建设投资拨款监督工作的专业银行，中财委同意了财政部的报告，并将专业银行定名为“中国人民建设银行”。1954 年 9 月 9 日，政务院第 224 次政务会议通过《关

---

① 1958 年 2 月，根据第一届全国人民代表大会第五次会议决定，国家建设委员会撤销，其工作分别交由国家计划委员会、国家经济委员会和建筑工程部负责。

② 该部门现改为“住房和城乡建设部”，其发展历史参见二维码内容。

③ 该法规于 1987 年 1 月 3 日被国务院颁布的《关于废止部分外事外经贸、工交城建、劳动人事和教科文卫法规的通知》废止。

于设立中国人民建设银行的决定》。

1954年10月1日，中国人民建设银行（以下简称“建设银行”）正式设立，它直接根据国家批准的基本建设计划来监督企业和建设单位的资金使用。在建设银行成立后，在基本建设投资领域，一切信用都集中于建设银行。建设银行是基本建设领域的现金中心、信用中心和结算中心。当时，在基本建设中，建设单位的工程出包给建筑安装企业施工，双方结成发包和承包的关系，签订工程合同，按设计施工，按施工进度结算工程价款，并且通常按承、发包关系把建设单位称作甲方，把建筑安装企业称作乙方，建设银行则对甲、乙双方同时进行监督。在整个“一五”期间，建设银行在管理、监督基本建设方面做了大量工作：一是投入大量人力协助建设单位计算和核实预付材料款；二是负责按已完成部分工程结算和现场付账；三是审查建筑安装工程预算；四是协助建设项目动员内部资源，抵充财政拨款。

（三）“大跃进”时期投资体制第一次行政性分权（1958—1960年）

1958—1960年为三年“大跃进”时期。1957年，我国提前和超额完成了第一个五年计划，建立了社会主义工业化的初步基础，生产资料的社会主义改造也提前实现。1958年5月，中共八大二次会议正式提出“鼓足干劲、力争上游、多快好省地建设社会主义”的总路线。

这个时期在投资体制方面主要进行了如下调整：

1. 下放投资审批权限

在“大跃进”中投资膨胀成为主要的问题。1958年4月，中共中央颁发《中共中央关于在发展中央工业和发展地方工业同时并举的方针下有关协作和平衡的几项规定》，决定简化基本建设项目的审批程序。地方兴办限额以上的建设项目，只需将简要的计划任务书报中央批准，设计和预算一律由地方审批；某些与中央企业没有协作关系，产品不需要全国平衡的限额以上建设项目，其计划任务书也由地方批准，报中央备案。限额以下建设项目，完全由地方自行决定，允许地方对中央制定的工农业生产指标进行调整。

1958年9月，国务院进一步决定：中央将集中主要精力对全国分地区分事业的规划进行调查和研究。中央只负责审批重大建设项目的设计任务书：一是生产全国平衡的工业产品的骨干建设项目；二是具有全国性的或者同几个省、自治区、直辖市有重大协作关系的重大建设项目；三是对生产力的地区分布有重大影响的建设项目；四是贯穿几个省（自治区）的铁路干线。其余建设项目的设计任务书，属于地方管理的，由各省、自治区、直辖市审批，报有关部委备案。同时，将过去设计任务书中必须包括的六项内容简化为项目建设目的、建设规模和项目建设地点、建设期限和投资估算、资源情况和主要协作配合条件四项内容，极大地简化了建设项目设计任务书的深度。

这次改进管理体制的探索，由于把计划权、劳动管理权、财权、基本建设审批权及物资权下放过多，一些应由中央掌握的决策权也下放给了地方，而宏观经济控制不仅没有相应地加强，反而抛弃了原来行之有效的管理措施，以致出现了严重失控现象。在投资领域，不少地方掌握了一定的财力、物力、人力和基本建设项目审批权后，片面追求本地区工业自成体系，盲目建设，拉长了基本建设战线，使重点建设得不到保证。

2. 在计划管理的条块关系上，改为以块块管理为主

以地方管理为主，地方对国家基本建设有权调整和统筹安排。

3. 试行投资包干制

“大跃进”时期的投资包干制首先是从石景山钢铁厂开始的，此后在全国推广并引发了严重的浮夸风。这一时期的投资包干制是造成当时投资膨胀的一个重要原因。石景山钢铁厂（以下简称“石钢”）就是现在首都钢铁公司的前身。“一五”时期，石钢几度酝酿扩建，三次上马，三次下马。1958年，原来批准的石钢扩建方案是投资2.4亿元，扩建一个年产48万吨钢的钢厂。在“大跃进”中，石钢向冶金部提出按2.4亿元的投资包干使用，把钢产量从48万吨扩大到120万吨，所谓“投资一顶二”，引起社会各方面的重视。为了推广投资包干制，1958年6月国务院下达了《国务院关于改进基本建设财务管理制度的几项规定》，其中规定：年度国民经济计划和国家预算核定的基本建设投资，在保证不降低生产能力、不推迟交工日期、不突破投资总额和不增加非生产建设比重的情况下，交由各有关部门和单位统一掌握，自行安排，包干使用，有权因地、因事制宜，修改设计定额，调整建设项目，在项目间调剂资金，留用结余资金，未完工程投资可结转下年使用，年终不再收回。

1958年7月15日，《人民日报》发表了题为《基本建设投资要实行包干制》的社论。社论肯定了冶金部在一部分建设单位试行投资包干制的办法，并指出实行投资包干制是革新，应逐步推广这种制度。可是，在“大跃进”时期浮夸风盛行的情况下，尤其是在“钢铁翻番”的政治压力下，投资包干制的推行很快就走了样。在冶金部直属的一些大型钢铁企业，所谓“投资一顶二，产量翻一番，速度快一倍”，很快就成为实现钢铁翻番的措施，成为在基本建设中任意扩大建设规模和修改设计的合法形式，给投资领域造成了严重的混乱。1960年2月，国家计委、国家建委、财政部在广州召开了全国基本建设投资包干经验交流会议，这次会议肯定了投资包干制的积极作用，确定要在基本建设中继续广泛地推行这项制度。

4. 中国人民建设银行的初次撤并

在统一集中的计划财政体制下，国家对于建设项目的投资拨款需要有一个银行代表国家对其用款的过程进行跟踪监督。因此，建设银行一成立就确定其主要任务是代表国家财政按计划及时供应资金并监督资金的合理使用，主要内容如下：一是按计划使用，对无计划的用款不能拨款；二是节约使用。但在这一过程中，建设银行同地方、部门和企业在国家计划之外关于工程的想法和做法是有矛盾的；同建设单位和施工企业在资金使用上的早给、晚给、多给、少给也是有矛盾的。这种矛盾集中反映为拨与不拨、多拨与少拨的矛盾。因此，1958年建设银行机构的首次撤并是各种矛盾交织的必然结果。

当时，国家下放了计划权和项目审批权，地方和企业又有了一定的财权，企业可以投资包干，结余留用，而且投资包干是以建设单位为中心。既然建设单位自己都能把一个钱分成两半花，建设银行的监督就是多余的，而且被看作基本建设跃进的一块“绊脚石”。

《国务院关于改进基本建设财务管理制度的几项规定》要求在全国基本建设单位中推行投资包干制，同时规定，基本建设财务拨款工作改归各级财政部门直接管理，取消系统垂直的领导方法。中国人民建设银行总行改为财政部的基本建设财务司，对外继续保留建设银行的牌子。

建设银行机构撤并后，基本建设投资拨款没有一个系统垂直的专门机构进行监督，基本上是只管支出预算和按项目拨款，取消了对拨款过程进行的必要监督。1959年上半年，全国基本建设拨款支出高达全年基建支出预算指标的56%，大大超出了历年上半年支出只占40%的正常水平。结果是，财政部在1959年9月不得不请求国务院同意，让各地建设银行的干部归队以加强机构，加强对拨款的管理。但是，在庐山会议后掀起的“反右倾”斗争中，这一要求并未实现。1962年3月才重新恢复建设银行的建制，建设银行才同各地财政部门分别设置。

5. 投资管理制度弱化

取代“先勘查、后设计，先设计、后施工”的科学建设程序，出现“三边工程”“四边工程”。一些建设单位和施工企业取消财务管理和会计核算，推行“以表代账”。

（四）经济调整时期，恢复中央集权的投资体制（1961—1965年）

1961—1965年为我国的经济调整时期。三年“大跃进”，工农业生产计划指标过高，基本建设规模过大，使国民经济各部门的比例关系，尤其是农业、轻工业、重工业之间的比例关系以及积累和消费的比例关系严重失调。在“大跃进”期间，由于管理权限放得过多，投资规模严重膨胀，基本建设活动失去控制，处于无政府状态。国家针对当时经济的混乱局面，提出并贯彻执行了“调整、巩固、充实、提高”的八字方针。在投资领域，恢复集中统一的投资管理体制。1961年，国家重申全国统一计划的原则，加强对国民经济的集中统一管理，上收下放给地方的投资权限，规定基本建设投资不再由地方财政包干，而由中央财政专项拨款，严加控制，并削减部门、地方和企业的预算外资金。

1. 加强基本建设计划和立项的集中统一管理

在“大跃进”期间，基本建设投资规模膨胀的一个十分重要的原因就是基本建设投资名义上有计划，实际上各部门、各地区、各企业都有项目审批权，并且有相应的财权，还可以合法地层层加码，使得基本建设活动失去控制，处于无政府状态。因此，调整国民经济，压缩基本建设投资规模，首先必须恢复基本建设的集中统一管理，收回被不适当地下放了的基本建设项目审批权和计划权限。1961年1月，中共中央《关于调整管理体制的若干暂行规定》明确规定，包括基本建设在内的各项工作任务，都必须执行全国一盘棋、上下一本账的方针，不得层层加码；把基本建设计划大权和所有经济管理大权一起集中到中央、中央局和省委三级。1961年和1962年两年，中央专门对年度基本建设安排发出紧急通知，对年度投资规模、大中型施工项目做了严格的规定。此后，中央又陆续制发了一系列详细规定，以恢复集中统一的投资管理体制。

1962年5月31日，国务院颁发了《关于加强基本建设计划管理的几项规定》《关于编制和审批基本建设设计任务书的规定》《关于基本建设设计文件编制和审批办法的几项规定》三个文件。其中心内容如下：一是收回了项目审批权；二是收回了投资计划管理权；三是所有基本建设投资和大中型项目都必须纳入年度基本建设计划。此外，一律不准再搞计划外的基本建设。对于计划外的基本建设，各级管理部门不得拨给资金、物资和劳动力。

2. 重申严格执行基本建设程序，恢复和重建投资管理规章制度

1962年12月10日，中共中央、国务院发出《关于严格执行基本建设程序、严格执行

经济合同的通知》。国家计委于1963年3月28日发出《关于编制和审批设计任务书和设计文件的通知》。这一系列文件和规定重新确立了基本建设程序在基本建设工作中的地位和作用，重新规定和充实了基本建设程序及其各个工作环节的内容及深度。

3. 严格自筹资金管理

在经济调整时期，中央有关主管部门就自筹资金的管理和使用问题发布了一系列的指示及规定，着重强调：① 所有自筹资金用于基本建设必须纳入国家统一的基本建设计划，不得用于搞计划外基本建设。② 国家计委每年核定各部门、各地区用自筹资金进行基本建设投资的控制指标，不许突破。③ 自筹资金安排的基本建设项目，除某些特殊部门（如农垦、劳改企业等部门）外，一般不得安排大中型建设项目。④ 利用自筹资金安排的基本建设项目必须严格按基本建设程序办事，按规定的审批权限报批审查。⑤ 所有用于基本建设投资的自筹资金，由建设银行监督拨付，专户存储，先收后支，先算账后花钱，先存后用，并要来源正当，数字落实，不得虚夸。

4. 制定了划分基本建设投资和各项费用的标准

为了堵塞基本建设资金来源渠道的漏洞，1963年国家计委、财政部联合颁发了《基本建设投资和各项费用划分的规定》，明确了计划内与计划外基本建设的界限，基本建设投资与大修理费用、基本建设投资与技术措施费的界限。凡是现有企业为了提高产品质量、增加产品品种、提高劳动生产率、提高设备利用率、降低产品成本、节约和综合利用原材料等，在原有设计能力与原有工艺过程的基础上，对工艺过程的薄弱环节进行技术改造，并在一两年内能够实现经济效益的，均为技术组织措施，因此更换和增加的非主要生产设备及相应的土建工程，由技术措施费开支，不作为基本建设投资。凡是增加整条生产线，新建、扩建独立车间或附属企业，全厂或全车间进行整体技术改造，以及增添或更换主要生产设备，均列入基本建设投资。

5. 严格施工管理

在“大跃进”期间，基本建设管理混乱，有些基本建设单位把建筑安装工程出包给私营建筑承包商。而这些承包商唯利是图，采取各种非法手段，大量盗窃国家资财，贿赂腐蚀国家干部，严重地损害了国家经济建设。为此，1963年6月国家计委、财政部共同制定了《关于制止违法出包基本建设工程的几项规定》，加强了工程施工管理。

6. 组织设备成套供应

1963年9月，国家设备成套总局成立，其主要职责是负责按照建设项目的规模和进度，依据设计要求，成套地安排设备的生产，成套地组织供应。国家设备成套总局的成立，把组织基本建设设备的计划供应工作提高到了新水平。

7. 恢复财政驻厂员制度

1964年3月，财政部颁发《中央国营企业财政驻厂员工作试行办法（草案）》，决定对中央国营企业，由财政部直接派财政驻厂员驻厂。财政驻厂员的基本任务是帮助和监督企业贯彻执行国家的财经方针政策和规章制度，协助企业加强经济核算，就地审核财会报表，反映工作经验和问题。根据这个办法，中央国营建筑安装企业普遍派驻了财政驻厂员，同建设银行的工作起到了良好的协同配合作用。

这些机构和制度的相继建立及恢复，为实现固定资产投资管理的高度集中统一奠定了坚实的基础。

8. 恢复建设银行建制

在压缩投资、调整经济时期，不仅要有一个以指令性计划为主的集中统一的管理体制，还需要有一个实行业务垂直领导的专业银行系统来为国家守计划、把口子、实施专业监督。经国务院批准，财政部于 1962 年 3 月发出通知，恢复了建设银行的建制，建设银行与各级财政部门分别设置。建设银行实行垂直领导，业务方针政策和制度规定由总行统一管理。干部编制由总、分行统一计划，分级管理，干部可在省、自治区、直辖市范围内根据建设任务的需要统一调度。

国家要求建设银行守计划、把口子，而此时的建设银行又承担了原来由财政部经济建设财务司管理的分配基本建设资金的财政职能，即根据国家预算分配给基本建设的支出预算，核定各部门、各地方的基本建设财务支出预算，审批各部门、各地方的基本建设财务支出决算。建设银行既要审核各部门、各地方的基本建设拨款，又要核定其为下年工程的储备拨款和停建、缓建项目的下马维护费用的拨款，还要核定其动员内部资源可以抵充的拨款；后来，还包括核定地质勘探部门和建筑安装部门的财务收入预算。建设银行在机构上同地方财政部门分别设置后，可在对建设项目的直接拨款过程中，借助银行的拨款、结算、汇兑和贷款等业务，运用银行职能进行具体的拨款监督。这就使建设银行具有财政和银行的双重职能。

为了进一步加强基本建设拨款监督，中共中央、国务院于 1963 年 12 月发出了《关于加强基本建设拨款监督工作的指示》（以下简称《拨款六条》）。随后，国务院又颁发了《关于基本建设拨款的几项规定》，共 20 条。这是根据《拨款六条》的基本原则制定的具体管理办法。

《拨款六条》明确规定了建设银行加强拨款监督的五个方面：一是必须严格按照国家计划和基本建设程序监督拨款；二是必须认真审查基本建设预算，努力降低工程造价；三是必须加强基本建设储备资金的管理，充分动员内部资源；四是必须进一步加强基本建设财务管理，严格执行财政制度；五是必须严格执行结算纪律。这些规定重新确立了建设银行在投资领域的现金中心、结算中心和信用中心的地位，重新恢复了在投资领域一切信用集中于建设银行的体制。

（五）投资体制的第二次行政性分权（1966—1976 年）

1966—1976 年为“文化大革命”时期。这一时期整个经济都进入了备战的轨道，形成了以三线建设为中心的投资结构和投资布局。在投资体制方面，扩大地方对基本建设投资的管理权限，实行第二次投资大包干与“工改兵”。

1. 提出“块块为主”的计划体制及扩大地方对基本建设投资的管理权限

物资、财政权限大幅下放，而地方又没有建立必要的管理制度，投资计划管理名存实亡。这一时期重新提出了建立地方工业体系的问题，要建立地方工业体系，把一大批中央企业重新下放给地方管理，很自然就有一个如何改变计划体制的问题。1970 年的《第四个五年计划纲要（草案）》对计划体制做了改革，提出在中央统一领导下，实行“由下而上、上下结合、块块为主、条块结合”的办法，然后在地区和部门计划的基础上制订全国统一的计划。但是，后来“块块为主”的局面始终没有形成，因而计划管理上的“条条为主”的状况基本上没有改变。尽管如此，地方对基本建设投资的管理权限还是扩大了。在基本建设投资管理体制上，过去对地方基本建设投资是由中央各部委确定项目分配投资，再纳入地方基本建设预算的。1974年我国进一步采取“四、三、三”的比例分配投资，即投资的40%由中央部委直接安排，30%由中央部委同地方商量安排，30%由地方统筹安排，使地方的投资权进一步扩大。

2. 再次实行投资包干制

我国于1970—1972年和1975年两次实行投资包干，但实际上未能坚持下去。1970年9月《第四个五年计划纲要（草案）》重新提出了“大包干”，要求同时实行物资分配大包干、财政收支大包干和基本建设投资大包干，这是基本建设第二次投资大包干。这次投资大包干的要求是：按照国家规定的建设任务或者建设项目，由地方负责包干建设，投资、设备、材料由地方统筹安排，调剂使用，结余归地方。这次投资大包干的目的是支持地方发展“五小工业”，搞小钢铁厂、小煤矿、小电站、小机械厂、小化肥厂，实现自给自足，自成体系。

1971年5月，全国基本建设财务会议再次重申实行投资大包干，但鉴于“大跃进”时期第一次投资大包干的失败，人们对投资大包干充满了担心。20世纪70年代投资大包干的背景是在基本建设中实行施工指挥部制度。这一制度有三项要求：一是加强施工队伍建设，逐步推行亦工亦农的劳动制度；二是改革施工队伍的管理体制，仿照解放军的组织形式，既有野战军、特种兵，又有地方部队；三是开展施工管理制度的改革，主要是取消甲、乙承发包制度，实行现场的统一领导和全面负责制。

1975年5月，国家建委颁发了《基本建设大包干试行办法（草案）》，规定投资大包干应对建设规模、竣工日期、工程质量和投资总额包干。与1958年投资大包干的特征是建设单位包打天下一样，70年代投资大包干的特征是由施工现场指挥部出面的乙方包打天下。但是，既然在基本建设的经济生活中，甲方和乙方都是不可或缺的客观存在，甲方和乙方在经济上必然会有这样或那样的矛盾，这也是一个客观存在。因此，企图以任何一方来代替另一方的“包干”都是包不住的。

国家规定企业上缴财政的折旧基金全部下放给地方，由于基本建设计划管理体制被打乱，这笔资金被大量用于新建，使基本建设战线越拉越长，而真正需要更新改造的企业既无权也无钱。

3. “工改兵”

这一时期实行了一种把建筑施工队伍改编为中国人民解放军基本建设工程兵的制度，简称“工改兵”。工程兵从1966年8月成立，到1983年撤销建制，前后共17年。

“工改兵”的方案是在1965年10月全国基本建设会议上提出的。会议提出，对施工队伍的建设不宜按企业管理，可以仿照解放军的组织形式，把施工队伍改编为解放军的一个新兵种，专门承担国家基本建设重点项目的施工任务，实行“劳武结合，能工能战，以工为主”的方针，认为这有利于对基本建设重点项目实行大兵团作战。1966年3月，中央批准了国家建委的报告和《关于施工队伍整编为基本建设工程兵试点意见的报告》，要求在5年内把中央各部委直属的施工队伍160万人，一律整编为基本建设工程兵，受中央军委和国家建委双重领导。同年8月，中央军委发布命令，正式授予基本建设工程兵部队番号。到1983年，工程兵共拥有32个支队（师），156个团，5所技术学校，共49万多人，共完成了160多个重点项目，在当时特定的历史时期也做出了一定的贡献。但是，“工改兵”也有一些难以解决的问题：一是取消了企业化经营和经济核算，无论盈亏，其施工费用全由国家包干；二是施工技术力量减弱，工程兵服役几年就要复员，不可能有稳定的技术骨干力量；三是虽有利于灵活调动、转战各地，但也因流动性大，具有不稳定因素。

4. 建设银行又一次撤而复设

1967 年 7 月，财政部和中国人民银行总行合署办公，建设银行总行改为财政部财政业务组下设的基建财务小组，维持建设银行的日常业务工作。1970 年 6 月，财政部军管会、中国人民银行军代表联合报经国务院同意，把建设银行并入中国人民银行，确定今后基建拨款由财政部门确定计划指标，其他业务由中国人民银行办理。建设银行撤销后，基本建设资金完全按一般银行存款对待，实行存取自由，彻底取消了管理监督。在建设银行撤销后，由于财政部门没有专门机构，中国人民银行没有专人负责，基本建设只花钱不报账，地方基本建设支出连续 3 年报不上决算。1972 年 4 月，财政部提交给国务院的报告承认“把建设银行并入中国人民银行的做法，难以起到加强基建拨款工作的作用”。4 月 1 日，国务院批转了财政部的报告，决定恢复建设银行。建设银行从明令撤销到恢复，虽然只有两年时间，但从“文化大革命”爆发以来，实际已经瘫痪 5 年。1972 年建设银行虽然恢复了机构建制，但这一时期的投资管理工作只被限制在一定范围内，很难发挥监督管理作用。

（六）拨乱反正时期，整顿基本建设投资体制（1977—1978 年）

第一，在全国开展基本建设财务大检查，严肃财经纪律。第二，明确要求严格执行国家计划，控制投资规模；加强建筑施工的财务管理，促进经济核算；加强拨款监督。第三，总结中华人民共和国成立以来的成功经验，发布一系列文件，重申必须按规定的建设程序办事。

1977—1978 年我国的投资管理体制一直是以高度集中统一的直接控制为主，并且是以指令性计划和行政管理为主，可称为投资分配制，其基本特征是定计划、批项目、分投资。

这种集中计划投资体制，在当时（特别是“一五”时期）是必要的，它有利于在一定时期内集中投资，保证重点建设。但是，随着生产社会化程度的不断提高和经济的快速发展，其弊端显现。

二、改革开放以来的投资体制

在改革开放的历程中，投资体制的改革一直伴随着经济体制的发展而不断向前推动，大体上可以分为 4 个阶段。

（一）探索阶段（1979—1983 年）

改革首先是以提高政府投资建设的效益为目标而开始的。1979 年 8 月，为了提高基本建设项目的投资效益，国务院批准了《关于基本建设投资试行贷款办法的报告》，开始在基本建设领域进行“拨改贷”的试点，打破了基本建设由政府财政无偿拨款的计划经济模式，迈出了资金使用有偿化的第一步。

1979 年，我国还在基本建设中试行了合同制、设计单位实行企业化管理、改进国有企业折旧费使用办法、开征企业固定资产税等工作；其后，在1980年的全国基本建设会议上提出了扩大施工企业经营管理自主权，实现利润留成制度；1981年在国有施工企业试行经济责任制；1982年试行工程招投标制度；1983年国家计委颁布了《关于建设项目进行可行性研究的试行管理办法》，规定国家基本建设大中型项目要进行可行性论证；同年，开始对基本建设项目试行“包干经济责任制”，实施建设前期工作“项目经理制”等，这都是为提高政府投资建设的效益而采取的措施。

在投资宏观调控方面，为了更有效地管理国家的投资建设，1982年我国将国家建委的投资管理职能并入国家计委，其他职能并入城乡建设环境保护部。1983年，国务院决定把“技术改造作为扩大再生产的主要手段”，并把基本建设和技术改造分别由国家计委和国家经委管理；在地方财政不断扩大、基本建设项目数量不断增多之后，为了有效发挥地方政府投资建设的积极性，对投资建设实行两级（中央和省级）管理，大中型项目由国家部门审批，小型（1 000万元以下）项目下放给地方政府审批，1亿元以上的项目由国家计委核报国务院审批。

在开辟资金来源方面，随着1980年开始的特区建设，政府允许让外资直接进入中国的项目建设；1981年国家开始发行国债，部分用于基本建设；1982年国家计委等部门发布了《关于试行国内合资建设暂行办法的通知》；1983年政府开始征收国家能源重点建设基金和建筑税，用于国家能源等重点建设。

（二）扩大改革阶段（1984—1990年）

随着国家把经济体制改革的重点转向城市，投资体制改革出现了一个高潮，除了前一阶段进行试点的改革措施在这一时期都被广泛推广外，国家又出台了许多改革措施。

1984年5月，第六届全国人民代表大会第二次会议决定了建筑业和基本建设管理体制。据此，国务院做出了具体规定，同年9月颁布了《关于改革建筑业和基本建设管理体制若干问题的暂行规定》，10月批转了国家计委《关于改进计划体制的若干暂行规定》。这两个文件对政府投资的多个方面进行了改革，包括预算内基本建设投资全部由拨款改为贷款（1985年，考虑到公益性项目没有偿还能力，又把教育等方面的投资建设改为政府拨款），并对不同行业采取差别利率；简化基本建设审批程序，由原来的审批项目建议书、可行性研究报告、设计任务书、初步设计和开工报告五道程序改为只批项目建议书和设计任务书（20世纪90年代初期改为审批项目建议书、可行性报告和开工报告）；进一步扩大地方的投资项目审批权限，由1 000万元提高到3 000万元，投资2亿元以上的项目由国家计委核报国务院审批；在施工建设领域全面推行“工程招标承包制”，建立工程承包公司，专门组织工业交通等生产性建设；建立城市综合开发公司，对城市土地、房屋进行综合开发；勘察设计全面推行技术经济承包责任制；建筑安装企业普遍推行百元产值工资含量包干；推行住宅商品化等。

上述这些改革措施促进了基本建设项目实施过程的市场化，引进了市场调节机制，建立起多种形式的经济责任制，激励和约束建设单位、设计单位、施工单位的经济行为。同时，把设计施工单位从基本建设队伍中分离出来，成为独立经营的经济实体。使建筑业和房地产业成为为国家创造财富的独立产业，而不只是消耗钢材、木材、水泥等物质资料的消费者。

1984 年，国家将中国人民银行确定为中央银行，其一般业务转给新成立的工商银行办理，主要承担各类存款和企业流动资金的贷款业务；将中国人民建设银行从财政部划出，主要承担基本建设贷款任务，兼有政策性银行和商业银行的职能。在上海、北京等地开始股份制试点，为企业建设开辟直接融资渠道。

1985 年，国务院决定成立中国国际工程咨询公司，并由其承担大中型项目可行性研究报告和大型工程设计的评估。国家计委、城乡建设和环境保护部联合颁发了《工程设计招标投标暂行办法》，招投标制度首先在政府投资建设领域全面推开。

1986 年，国务院下达《关于控制固定资产投资规模的若干规定》，规定全社会的固定资产投资都必须纳入全国和分部门、分地区的固定资产投资计划，根据不同情况，分别实行指令性计划和指导性计划。国家开始进行“企业债”试点，为企业直接融资开辟新渠道。

1987 年，国务院明确规定，限额以下的技术改造项目，在计划规模内，由企业自主确定；把基础设施和基础产业的地方项目审批权限扩大到 5 000 万元。国务院批转国家计委《关于大型工业联营企业在国家计划中实行单列的暂行规定》，规定计划单列企业的基本建设、技术改造的投资和重大项目在国家计划中单独列出，建设项目所需的中央投资（包括拨改贷、银行贷款、利用外资）和统配物资，由国家计委直接安排。同年，国务院颁布了《企业债券管理暂行条例》并开始实施；全国第一家住宅储蓄银行在烟台成立，全国第一家股份制企业集团——中国嘉陵工业股份有限公司（集团）建立。

1988 年，国务院原则同意有关部门制定的《关于投资管理体制的近期改革方案》，该方案在加大地方的重点建设责任、扩大企业投资决策权、建立基本建设基金、成立国家和地方投资公司、改进投资计划管理、强化投资主体自我约束机制、充分发挥市场和竞争机制七个方面提出了改革思路，是改革开放后第一个较为系统的改革方案。其中，国家基本建设基金在当年开始启动；建立投资公司的方案在当年实施，成立了国家农业、林业、能源、交通、原材料、机电轻纺六大专业投资公司，作为国家经营性项目投资主体，管理政府经营性项目投资，各地也纷纷成立隶属于地方政府的投资公司。由于从 1988 年第四季度开始治理整顿，其他的改革措施没有实施。

1988 年，建设部颁布《关于开展建设监理工作的通知》，我国政府投资项目建设监理试点工作由此起步。1988 年国家政府机构改革，把国家计委和国家经委合并，基本建设和技术改造统归新成立的国家经济计划委员会管理。

1989 年和 1990 年在经济整顿的形势下，未出台新的投资体制改革措施。

（三）深化改革探索阶段（1991—2003 年）

1991 年，随着经济形势的好转，投资体制的改革也开始启动。当年的一个重要措施是取消建筑税，开征“固定资产投资方向调节税”，指导思想是通过对不同产业投资项目规定不同税率，达到调控投资结构的目的。当年，国家成立国务院生产办（后发展为国家经济贸易委员会，简称国家经贸委），把针对技术改造的管理从国家计委划归国务院生产办。

1992 年，在国家经济体制改革进入新阶段的形势下，国家计委开始研究制定能够适应经济和社会发展系统的投资体制改革方案。当年，国家计委颁布了《关于建设项目实行业主责任制的暂行规定》，并确定在 64 个国有大中型项目开始试点。

1993年，中共十四届三中全会通过了《中共中央关于建立社会主义市场经济体制若干问题的决定》，确立了我国经济体制向社会主义市场经济体制转变，同时提出经济增长方式要从粗放型向集约型转变；在投资领域要实现市场对资源配置的基础性作用。为了改进投资管理体制，提出把投资项目分为公益性、基础性和竞争性三类：公益性项目由政府投资建设；基础性项目以政府投资为主，并广泛吸引企业和外资参与投资；竞争性项目由企业投资建设。

1994年，国务院批准发布了《90年代国家产业政策纲要》，这是指导企业投资方向的重要政策文件，也是我国第一部完整的产业政策文件。国家计委颁布了《工程咨询业管理暂行办法》，对工程咨询业的发展和管理进行了规范。根据国务院的决定，撤销六个国家专业投资公司，组建国家开发银行、中国农业发展银行和中国进出口银行，作为国家政策性金融机构。建设银行不再承担政策性金融机构的职能，实现了政策性投资贷款和商业性投资贷款分离。成立政策性银行的目的是运用政策性投融资引导社会投资方向，较好地满足了社会重要基础设施和基础产业建设对资金的需求，扶持具有国际竞争力的支柱产业形成和发展。6个国家专业投资公司的自有资产合并组成国家开发投资公司。

1995年，审计署发布《关于内部审计工作的规定》，要求国家大型建设项目的建设单位要设立独立的内部审计机构。国务院批转国家计委、财政部、国家经贸委《关于将部分企业“拨改贷”资金本息余额转为国家资本金的意见》，结束了国有建设项目全部采用贷款建设的办法。国家计委、国家经贸委、外经贸部联合发布《外商投资产业指导目录》，明确了国家鼓励、限制、禁止和允许外商投资进入的产业范围。

1996年，国务院颁布了《关于固定资产投资项目试行资本金制度的通知》，对各种经营性投资项目的资金进行规范；国家计委发布了《关于实行建设项目法人责任制的暂行规定》，对投资项目由项目法人全过程管理做了明确规定，取代了1992年发布的《关于建设项目实行业主责任制的暂行规定》。

1997年，国家计委颁布《关于基本建设大中型项目开工条件的规定》和《国家基本建设大中型项目实行招标投标的暂行规定》，前者对项目法人、资本金、设计、监理、开工准备工作等条件做了严格规定；后者则要求国有大中型项目要实现全过程招标，确立了项目法人在招标过程中的主导地位，并要求政府部门对招标过程进行检查和监督。国家计委与建设银行等4大专业银行联合发布《关于完善和规范商业银行基本建设贷款管理的若干规定》，允许项目建设单位和贷款的商业银行有互相自由选择的权利。

1998年，国家计委将经过多次修改完成的《深化投资体制改革方案》上报国务院，并在国务院会议上征求各部门的意见。为了扩大内需，国务院决定增发1 000亿元建设国债用于基础设施等方面的建设；国家计委发布《当前国家重点鼓励发展的产业、产品和技术目录》，指导企业投资。我国决定在国家计委设立重大项目稽察特派员办公室，对国债项目和国家大型项目进行稽察。

1999年，财政部发布《关于加强基础设施建设资金管理与监督的通知》，强调要加强资金源头管理，确保建设资金及时、足额到位，凡使用国债资金或其他财政性资金建设的项目都要认真搞好工程概算审查。国家计委发布《重大建设项目违规问题举报办法（试行）》，要求各有关单位和广大群众发现重大项目在建设过程中有违犯国家法规的问题时，向国家计委举报。

2000 年 1 月 1 日，《中华人民共和国招标投标法》开始施行。为贯彻该法，国家计委发布《工程建设项目招标范围和规模标准规定》和《招标公告发布暂行办法》。同年，国家计委还公布了《国家重大建设项目稽察办法》。

2001 年，国家计委宣布，对于部分城市基础设施、不需要国家投资的农林水利项目、地方和企业自筹资金建设的社会事业项目、房地产开发建设项目、商贸设施项目 5 大类投资项目，投资总额在国务院审批限额（2 亿元）以下的基本建设项目，不必报国家计委审批，按“谁投资，谁决策”的原则，地方政府出资的由地方计划部门审批，企业出资的由企业自主决策。在年底的全国计划工作会议上，国家计委将修订后的《深化投资体制改革方案》交各部门和各地区征求意见。为了充分调动和发挥民间投资者的积极性，国家计委发布《关于促进和引导民间投资的若干意见》，提出鼓励民间投资参与基础设施和公用事业建设，要改进政府对民间投资的管理，创造公平竞争的条件，依法保护民间投资者的合法权益等。同年，审计署发布《审计机关国家建设项目审计准则》，规定了审计机关对国家建设项目审计的内容及相关问题。

2002 年，国家计委颁布《国家重大建设项目招标投标监督暂行办法》，对重大建设项目的招投标监督做了具体规定；国务院转发建设部、国家计委和监察部联合制定的《关于健全和规范有形建筑市场若干意见》，针对建筑领域的不良倾向和存在的问题提出了规范措施。

2003 年，中共十六届三中全会审议通过的《中共中央关于完善社会主义市场经济体制若干问题的决定》指出深化投资体制改革的方向是：进一步确立企业的投资主体地位，实行谁投资、谁决策、谁收益、谁承担风险。国家只审批关系经济安全、影响环境资源、涉及整体布局的重大项目和政府投资项目及限制类项目，其他项目由审批制改为备案制，由投资主体自行决策，依法办理用地、资源、环保、安全等许可手续。对必须审批的项目，要合理划分中央和地方权限，扩大大型企业集团投资决策权，完善咨询论证制度，减少环节，提高效率。健全政府投资决策和项目法人约束机制。国家主要通过规划和政策指导、信息发布以及规范市场准入，引导社会投资方向，抑制无序竞争和盲目重复建设。当年召开的第十届全国人民代表大会对政府机构进行了改革，取消了国家经贸委，把针对技术改造的管理划归新组建的国家发展和改革委员会，不再划分技术改造和基本建设，将其统一作为建设项目管理。

2003 年 12 月 31 日，国务院原则通过由新组建的国家发展和改革委员会经过多次征求各方面的意见数易其稿完成的《深化投资体制改革方案》。

（四）改革发展的新阶段（2004 年至今）

延伸阅读

《国务院关于投资体制改革的决定》

这一阶段可概括为社会主义市场经济投资体制框架逐步形成阶段。2004 年 7 月以后，经国务院批准的投资体制改革方案以《国务院关于投资体制改革的决定》名义颁布，这是我国改革开放以来投资领域最全面、系统、权威的改革方案。我国投资体制进入继续深化改革的新阶段。与以前几个改革阶段相比，《国务院关于投资体制改革的决定》具有突破性和前进性的主要内容有：落实企业投资自主权，合理界定政府投资职能与投资范围。按照“谁投资、谁决策、谁收益、谁承担风险”的原则，落实企业投资自主权；合理界定政府投资职能与投资范围，健全政府投资项目决策机制，规范政府核准制和投资资金管理；对于企业不使用政府投资建设的项目，一律不再实行审批制，区别不同情况实行核准制和备案制；放宽社会资本的投资领域，允许社会资本进入法律法规未禁入的基础设施、公用事业及其他行业和领域；建立公开、公平、公正的投资中介服务市场，强化投资中介服务机构的法律责任；明确提出投资体制改革的目标模式——通过深化改革和扩大开放，最终建立起市场引导投资、企业自主决策、银行独立审贷、融资方式多样、中介服务规范、宏观调控有效的新型投资体制。《国务院关于投资体制改革的决定》的出台，标志着适应社会主义市场经济的投资体制框架已经基本成型。

2004 年 9 月 15 日，国家发改委正式颁发了《企业投资项目核准暂行办法》；同年 10 月 9 日，国家发改委又颁发了《境外投资项目核准暂行管理办法》和《外商投资项目核准暂行管理办法》。同时，为了有利于企业投资决策科学化、民主化水平的提高，国家发改委还颁发了《国家发展改革委委托投资咨询评估管理办法》①，确定了承担发改委委托投资咨询评估任务的咨询机构名单（全国各行业共 35 家）。这项制度的实施，在咨询评估领域中引入了竞争机制。

延伸阅读

《国家发展改革委投资咨询评估管理办法》

2004 年 11 月 25 日，国家发改委公布了《关于实行企业投资项目备案制指导意见的通知》，通知中强调对企业投资项目实行备案制，是投资体制改革的重要内容，是真正确立企业投资主体地位、落实企业投资决策自主权的关键所在。要求严格规范备案内容，制定符合改革精神和当地实际情况的备案制办法，同时要加强对实行备案制的企业投资项目的监管。

2005 年 5 月 25 日，国资委正式颁发了《中央企业固定资产投资项目后评价工作指南》，明确要求通过项目后评价，总结经验、吸取教训，最终达到改善投资管理、提高投资效益的目的。当然，在某种情况下，投资项目后评价工作也作为企业重大决策失误、责任追究的重要依据。

2006 年 12 月 12 日，国家发改委下达了《关于加强固定资产投资项目节能评估和审查工作的通知》，其中规定：由国家发改委审批、核准和报请国务院审批、核准的固定资产投资项目、可行性研究报告或项目申请报告必须包括节能分析篇（章）；咨询评估单位的评估报告必须包括对节能分析篇（章）的评估意见；国家发改委的批复文件或报国务院的请示文件必须包括对节能分析篇（章）的批复或请示内容。

2007 年 1 月 5 日，国家发改委正式发布了《固定资产投资项目节能评估及审查指南（2006）》，要求固定资产投资项目节能评估和审查一定要严格按照相关法律法规、产业政策、技术改革标准和设计规划进行。

2008 年 6 月 2 日，国家发改委为进一步贯彻投资体制改革精神，做好企业投资项目的核准工作，提高委托咨询评估的质量和水平，出台了《关于企业投资项目咨询评估报告的

① 2018 年 11 月 5 日，国家发改委对《国家发展改革委委托投资咨询评估管理办法（2015 年修订）》进行了修订，制定了《国家发展改革委投资咨询评估管理办法》，详见二维码内容。

若干要求》和《企业投资项目咨询评估报告编写大纲》。同年 11 月 7 日，国家发改委根据《国务院关于投资体制改革的决定》要求，出台了《中央政府投资项目后评价管理办法（试行）》，目的是加强和改进中央政府投资项目的管理，建立和完善政府投资项目后评价制度，规范项目后评价工作，提高政府投资决策水平和投资效益。

2009 年 3 月 26 日，为进一步完善委托投资咨询评估工作，加强投资决策的科学性和民主性，提高投资咨询评估的质量和效率，国家发改委对《国家发展改革委委托投资咨询评估管理办法》进行了修订。

2010 年 5 月 7 日，国务院制定了《关于鼓励和引导民间投资健康发展的若干意见》，规定了各级人民政府有关部门安排的政府性资金，包括财政预算内投资、专项建设资金、创业投资引导资金以及国际金融组织贷款和外国政府贷款等，要明确规则、统一标准，对包括民间投资主体在内的各类投资主体同等对待。《关于鼓励和引导民间投资健康发展的若干意见》全面贯彻了党中央、国务院关于鼓励和促进非公有制经济发展的政策措施，紧密结合了当时国际经济危机的实际需要，在扩大市场准入、推动转型升级、参与国际竞争、创造良好环境、加强服务指导和规范管理等方面系统提出了鼓励和引导民间投资健康发展的政策措施，是改革开放以来国务院出台的第一份专门针对民间投资发展、管理和调控方面的综合性政策文件。

2010 年 12 月 28 日，为贯彻落实中共十七届四中全会《中共中央关于加强和改进新形势下党的建设若干重大问题的决定》的要求和投资体制改革精神，切实做好政府重大投资项目公示工作，国家发改委公布了《关于实行政府重大投资项目公示工作的指导意见》，提出要充分认识实行政府重大投资项目公示制度的重要意义，并抓紧开展政府重大投资项目的公示试点工作。

2012 年 3 月 2 日，国家发改委颁布了《中央投资项目招标代理资格管理办法》，用于提高政府投资效益，加强对中央投资项目招标代理机构的监督管理，规范招标代理行为，提高招标代理质量，防止腐败行为。

2012 年 6 月 1 日，国家发改委和财政部联合发布了《关于安排政府性资金对民间投资主体同等对待的通知》，通知中进一步强调了要充分认识鼓励和引导民间投资健康发展的重要意义，要明确安排政府性资金支持民间投资发展的主要方式；同时，安排政府性资金要对民间投资主体同等对待，并且要加强政府性资金的监督管理。

党的十八大特别是中共十八届三中全会以来，以激活社会资本为重点的投融资体制改革不断取得新突破，市场能量得到强有力的释放，并卓有成效地推进经济转型升级，从铁路工程建设和铁路企业改制重组对民间资本开放，到尝试由民间资本发起设立民营银行；从部署改革铁路投融资体制，到推进基础设施建设投融资体制和运营机制改革，等等。

2013 年 5 月 18 日，国家发改委出台《关于 2013 年深化经济体制改革重点工作的意见》，强调在投融资体制改革方面，要抓紧清理有碍公平竞争的政策法规，推动民间资本有效进入金融、能源、铁路、电信等领域。

2013 年 8 月 9 日，国务院发布《关于改革铁路投融资体制加快推进铁路建设的意见》，强调多方式多渠道筹集建设资金，以中央财政性资金为引导，吸引社会资本投入，设立铁路发展基金，同时向地方政府和社会资本放开城际铁路、市域（郊）铁路、资源开发性铁路等的所有权和经营权。这是我国关键行业向民间资本开放的重要信号，将对缓解铁路建设资金紧张起到积极作用。

2013 年 9 月 6 日，国务院印发《关于加强城市基础设施建设的意见》，强调深化投融资体制改革，在保障政府投入的基础上，充分发挥市场机制作用，吸引民间资本参与经营性项目建设与运营。这有利于形成多元主体的市场结构，提高城市基础设施的投资与运营效率，也有利于缓解政府财政压力，减轻地方政府债务负担。

2014 年 11 月 18 日，国务院正式颁布《政府核准的投资项目目录（2014 年本）》，强调要持续推进简政放权，更好地实现企业自主投资，更好地适应地方发展需要，更好地释放投资的巨大潜力，抓好有效投资这一促进发展的关键环节，为各类主体创新创业提供更为广阔的舞台。

2015 年 5 月 8 日，国务院同意发改委《关于 2015 年深化经济体制改革重点工作的意见》（以下简称《意见》）。《意见》提出要多管齐下改革投融资体制，研究制定深化投融资体制改革的决定。调整财政性资金投资方式，对竞争性领域产业存在市场失灵的特定环节，研究由直接支持项目改为更多采取股权投资等市场化方式予以支持。积极推广政府和社会资本合作（PPP）模式，出台基础设施和公用事业特许经营办法，充分激发社会投资活力。以用好铁路发展基金为抓手，深化铁路投融资改革。深化公路投融资体制改革，修订收费公路管理条例。出台政府投资条例，研究制定政府核准和备案投资项目管理条例，逐步将投资管理纳入法制化轨道。

2015 年 9 月 14 日，国务院印发《关于调整和完善固定资产投资项目资本金制度的通知》。此次调整，围绕优化投资结构，对 2009 年确定的固定资产投资项目资本金比例及相关内容进行了完善，合理降低投资门槛，有利于提高投资能力，增加有效投资，加快补上公共产品、公共服务及其他发展"短板"，通过改革促进结构调整和民生改善。

2016 年 7 月 4 日，国务院办公厅发布《关于进一步做好民间投资有关工作的通知》，对进一步做好民间投资有关工作进行部署。通知明确，抓紧建立市场准入负面清单制度，进一步放开民用机场、基础电信运营、油气勘探开发等领域准入，在基础设施和公用事业等重点领域去除各类显性或隐性门槛，在医疗、养老、教育等民生领域出台有效举措，促进公平竞争。通知指出，促进民间投资健康发展，既利当前又惠长远，对稳增长、保就业具有重要意义，也是推进结构性改革特别是供给侧结构性改革的重要内容。

2016 年 8 月 23 日，国务院办公厅印发《关于建立国有企业违规经营投资责任追究制度的意见》。该意见指出，要按照完善现代企业制度的要求，以提高国有企业运行质量和经济效益为目标，以强化对权力集中、资金密集、资源富集、资产聚集部门和岗位的监督为重点，严格问责、完善机制，构建权责清晰、约束有效的经营投资责任体系。

2017 年 2 月 17 日，国务院办公厅印发《关于创新农村基础设施投融资体制机制的指导意见》，部署创新农村基础设施投融资体制机制，加快农村基础设施建设步伐。该意见指出，农村基础设施是社会主义新农村建设的重要内容，是农村经济社会发展的重要支撑。

2017 年 3 月 16 日，国务院办公厅印发《关于进一步激发社会领域投资活力的意见》。该意见指出，我国社会领域新兴业态不断涌现，投资总量不断扩大，服务能力不断提升，但仍然存在放宽准入不彻底、扶持政策不到位、监管体系不健全等问题。进一步激发医疗、养老、教育、文化、体育等社会领域投资活力，着力增加产品和服务供给，不断优化质量水平，对于提升人民群众获得感、挖掘社会领域投资潜力、保持投资稳定增长、培育经济发展新动能、促进经济转型升级、实现经济社会协调发展具有重要意义。

2018 年 7 月 30 日，国务院印发《关于推进国有资本投资、运营公司改革试点的实施意见》。该意见指出，要全面贯彻党的十九大和十九届二中、三中全会精神，以习近平新时代中国特色社会主义思想为指导，坚持社会主义市场经济改革方向，通过改组组建国有资本投资、运营公司，改革国有资本授权经营体制，实行国有资本市场化运作。要发挥国有资本投资、运营公司平台作用，推动国有经济布局优化和结构调整，提高国有资本配置和运营效率。通过试点先行，及时研究解决重点难点问题，尽快形成可复制、可推广的经验和模式。

2019 年 5 月 5 日，国务院发布《政府投资条例》。该条例是我国关于政府投资管理的第一部行政法规，也是投资建设领域的基本法规制度，标志着全面规范政府投资管理迈出了具有重要意义的一步。

2019 年 11 月 27 日，国务院发布了《关于加强固定资产投资项目资本金管理的通知》。该通知指出，对固定资产投资项目实行资本金制度，合理确定并适时调整资本金比例，是促进有效投资、防范风险的重要政策工具，是深化投融资体制改革、优化投资供给结构的重要手段。要按照党中央、国务院关于做好“六稳”工作和深化投融资体制改革要求，更好发挥投资项目资本金制度的作用，做到有保有控、区别对待，实现有效投资和风险防范紧密结合、协同推进。

2019 年 12 月 31 日，国务院发布《中华人民共和国外商投资法实施条例》。党中央、国务院高度重视《中华人民共和国外商投资法》（以下简称《外商投资法》）的实施，明确要求制定配套法规，细化法律确定的主要制度，形成可操作的具体规则，持续优化外商投资环境。作为《外商投资法》的配套法规，该实施条例严格贯彻《外商投资法》的立法原则和宗旨，更加突出促进和保护外商投资的主基调，增强制度的可操作性，保障法律有效实施。

2021 年 9 月 3 日，国务院印发《关于推进自由贸易试验区贸易投资便利化改革创新的若干措施》。该措施指出，建设自由贸易试验区是以习近平同志为核心的党中央在新时代推进改革开放的重要战略举措，在我国改革开放进程中具有里程碑意义。要贯彻落实党中央、国务院决策部署，加快对外开放高地建设，推动加快构建新发展格局。

第三节 我国投资体制的改革

一、投资体制改革的目标

2004 年 7 月成文的《国务院关于投资体制改革的决定》（以下简称《决定》）是适应我国社会主义市场经济发展而制定的重要法规，也是改革开放以来投资领域最全面、系统的改革方案，为我国投资领域今后一个时期的改革和发展指明了方向，使我国的投资体制向适应社会主义市场经济体制方向迈出了一大步。《决定》涉及内容广泛，对我国投资领域需要改革的各方面都给予明确的规定，对规范我国投资领域各方面的发展具有重要的意义。

《决定》明确了改革的指导思想和目标，确定深化我国投资体制改革的核心指导思想是：按照完善社会主义市场经济体制的要求，在国家宏观调控下充分发挥市场配置资源的基础性作用。这表明我国投资领域在适应我国经济体制向社会主义市场经济体制转变中迈出了重要的一步。

投资体制改革的目标是要建立市场引导投资、企业自主决策、银行独立审贷、融资方式多样、中介服务规范、宏观调控有效的新型投资体制。实现市场配置资源并达到上述目标的关键是真正实现“谁投资、谁决策、谁收益、谁承担风险”的原则。这个原则的贯彻实施打破了长期以来政府在投资领域统管一切的状况。

二、投资体制改革的主要措施

这次投资体制改革的主要措施归纳起来主要集中在以下四大领域。

（一）确立了企业投资主体的地位

企业在投资中的地位一直是企业关注的问题。长期以来，不论是国有企业，还是民营企业和外资企业在国内的投资项目，以及我国企业在境外投资的项目，都要根据投资规模和性质，分别由各级政府主管部门层层进行审批。一般要经过项目建议书、可行性研究报告和开工报告审批三个程序。这种审批把应该由企业自主的投资决策变成了政府决策，剥夺了企业投资主体的地位，往往使企业的投资项目错过了最佳的市场机会，影响投资效益。为了改变这种状况，《决定》按“谁投资、谁决策、谁收益、谁承担风险”的原则，把政府对投资项目的管理办法划分为审批制、核准制和备案制三类，即政府投资建设的项目，由政府进行审批；对不使用政府投资建设的项目，一律不再实行审批制，区别不同情况实行核准制和备案制；对外商投资项目一律执行核准制。这种划分确立了企业的投资主体地位，明确了政府和企业的投资范围，规定了政府对全社会的投资活动该管什么，不该管什么，减少了政府对绝大多数企业投资活动的干预，使各类投资主体能够根据市场的需要自主进行投资决策，有助于改变长期以来投资领域“政企不分”的现象。

实行核准制的项目是少数关系到国家经济安全、资源合理开发利用、生态环境保护、产业布局优化、保障公共利益、防止出现垄断等方面的重大项目和限制类项目。由政府对这些项目的建设进行核准，主要是为了维护社会公共利益。对于需要核准的建设项目，只需向政府提交项目申请报告，不必像审批制那样经过多道程序。《政府核准的投资项目目录》由国家有关部门向全社会公布，国家将根据经济的发展状况和宏观调控的需要，在一定时期内对其进行修改。而对不在国家禁止和核准范围的其他项目，无论规模大小，均改为备案制，由企业按照属地原则向地方政府投资主管部门备案。

对不使用政府投资的项目之所以还要进行核准或备案，主要是从掌握全社会投资信息方面考虑。一方面，国家要掌握全社会投资的情况，才能有效地进行宏观调控；另一方面，企业投资决策必须掌握有关的信息，国家定时公布核准和备案项目的信息，可以使准备投资的企业了解未来的产品供给能力情况，有利于其科学决策。

为了鼓励民营企业的发展，《决定》还特别提出要放宽社会资本的投资领域，允许社会资本进入法律法规未禁入的基础设施、公用事业及其他行业和领域。政府将采取注入资本金、贷款贴息、税收优惠等措施，鼓励和引导社会资本以独资、合资、合作、联营、项目融资等方式，参与带有经营性的公益事业和基础设施项目建设。为了方便企业筹集建设资金，国家将发展多层次的资本市场，拓宽企业融资渠道。为了帮助中小企业发展，《决定》提出要“组织建立中小企业融资和信用担保体系”“推动设立中小企业投资公司，建立和完善创业投资机制”。

（二）规范了政府投资行为

对政府投资的管理一直是国家和各界人士关心的问题，《决定》针对政府投资管理所存在的问题，提出将通过合理界定投资范围、健全投资项目决策机制、规范投资资金管理、简化和规范投资项目的审批程序、加强投资项目管理、引入市场机制等方面对政府投资加以规范。严格贯彻执行这些规定，对于完善政府投资职能，提高政府投资的效率和效益，减少和杜绝政府投资活动中出现贪污、受贿等腐败现象，防止资金浪费和流失，都将起到重要的促进作用。

在合理界定政府投资范围方面，把政府投资限定在主要用于关系国家安全和市场不能有效配置资源的经济及社会领域，包括加强公益性和公共基础设施建设，保护和改善生态环境，促进欠发达地区的经济和社会发展，推进科技进步和高新技术产业化；同时，合理划分了中央政府与地方政府的投资事权。通过限定，明确了在投资领域，作为投资主体的政府该干什么，哪些应该交给国有企业和其他投资主体去投资建设，既明确了政府投资的职能所在，也体现了政府不与民争利的原则。

在改进政府投资项目决策机制方面，除了要进一步完善和坚持科学的决策规则及程序，还要求政府投资项目一般都要经过符合资质要求的咨询中介机构的评估论证，咨询评估要引入竞争机制，并制定合理的竞争规则；对特别重大的项目要实行专家评议制度；将逐步实行政府投资项目公示制度，广泛听取各方面的意见和建议等。

在规范政府投资的资金管理方面，政府要根据资金来源、项目性质和调控需要，分别采取直接投资、资本金注入、投资补助、转贷和贷款贴息等方式。对以资本金注入方式投入的资金，政府要确定出资人代表，并将针对不同的资金类型和资金运用方式，确定相应的管理办法，逐步实现政府资金管理的科学化、制度化和规范化。

在政府投资项目的审批程序方面，要合理划分中央和政府部门、地方政府的审批权限，发挥中央和地方的积极性。对于政府投资项目也要简化审批程序：对采用直接投资和资本金注入方式的，从投资决策角度只审批项目建议书和可行性研究报告，除特殊情况外不再审批开工报告；对采用投资补助、转贷和贷款贴息方式的，只审批资金申请报告。审批程序的简化将提高政府投资的时间效率，使政府投资项目的建设较快地发挥效益，加快公益性和基础性项目建设的步伐，有利于经济和社会事业的发展。

在政府投资项目的建设实施管理方面，将规范政府投资项目的建设标准，并加强政府投资项目的中介服务管理，采取措施提高中介服务质量。对非经营性政府投资项目要加快推行“代建制”，通过招标等方式，选择专业化的项目管理单位负责建设实施，严格控制项目投资、质量和工期，竣工验收后移交给使用单位。这些措施将改进对政府投资项目的实施管理，实现由有项目建设管理经验的机构为政府投资的项目建设把关，减少政府投资项目建设中的资金浪费和流失，对防止建设过程中出现政府官员的腐败现象有重要的作用。

为了吸收更多的社会资金进入政府的投资领域，要求各级政府创造条件，利用特许经营、投资补助等多种方式，吸引社会资本参与有合理回报和一定投资回收能力的公益事业及公共基础设施项目建设。对于具有垄断性的项目，试行特许经营，通过业主招标制度，开展公平竞争，保护公众利益。已经建成的政府投资项目，具备条件的经过批准可以依法转让产权或经营权，以回收的资金滚动投资于社会公益和基础设施建设。这些鼓励社会资金进入政府投资领域的办法，对于解决政府资金不足、扩大社会资金的投资范围都具有重要的意义。

（三）改进了政府对投资宏观调控的手段

投资的宏观调控是政府的重要职能，为了加强和改善市场经济条件下的宏观调控效果，保证国民经济持续、快速、协调和健康发展，《决定》提出：要在完善国家投资宏观调控体系的基础上，对调控方式和调控手段进行改进，除了在必要的时候采取行政手段进行直接干预之外，将更多地采用政策、规划、经济和法律等手段对全社会投资进行引导和规范，实现以间接调控方式为主的有效调控。第一，规划和政策引导。要通过编制各有关领域的发展建设规划，明确发展的指导思想、战略目标、总体布局和主要建设项目等，引导社会投资。制定并适时调整国家固定资产投资指导目录、外商投资产业指导目录，明确国家鼓励、限制和禁止投资的项目。第二，将灵活运用投资补助、贷款贴息、价格、利率、税收等多种经济手段，引导社会投资，优化投资的产业结构和地区结构。第三，将加强和改进投资信息统计工作，以及时、准确、全面地反映全社会固定资产存量和投资的运行态势，要建立各类信息共享机制，为投资宏观调控和各类投资者决策提供科学依据。第四，强化法律约束。国家制定的投资、环保、土地、资源、安全、金融、产品质量等方面的法律和标准，约束企业的投资行为。利用政策、经济、法律和信息等手段进行间接调控，是市场经济国家的普遍做法，可以增进各类投资者的市场观念和守法意识，而这正是我国许多投资者所缺乏的。

（四）加强了对投资活动的监督管理

长期以来，我国政府的投资立法工作与社会主义市场经济的要求以及投资的实际发展需求都相差甚远，这就限制了对投资活动的监督、规范和调节作用。在这种情况下，为了改变长期以来投资领域不规范的行为和违法乱纪的现象，《决定》除了要求各类投资者自律之外，还提出要建立和完善对各类投资者进行监管的体系。

对于政府投资，为防止决策失误和腐败事件的发生，提出了要建立政府投资的“问责制”，对不遵守法律法规给国家财产造成重大损失的，要依法追究有关责任人的行政和法律责任。同时，要通过完善政府投资制衡机制，进一步加强对政府投资项目的审计监督，完善重大项目稽查制度，建立政府投资项目后评价制度，建立政府投资项目的社会监督机制，如鼓励公众和新闻媒体对政府投资项目进行监督等措施，对政府投资进行多方面、多层次、全过程的监督。法律和法规是对投资主体的行为进行约束的有效手段，随着投资活动的不断发展，政府有关部门应该针对投资活动中存在的各种问题，进一步完善相应的法律法规体系，落实监督管理工作，实行严格的法律约束。

三、投资体制改革的主要成就

在实行改革开放的40多年里，我国在投资体制改革方面做了大量工作，国家和政府有关部门在投资及与投资有关的体制方面颁布和推行了一系列改革政策及措施。这些政策及措施有力地推动了我国投资体制改革的进程，使我国投资体制不断适应我国改革开放和经济发展的需要。我国投资体制改革对于促进经济和社会发展起到了重要的推动作用，具体的成就主要表现在以下几个方面。

（一）实现了投资主体多元化

其表现是从计划经济时代的单一投资主体（中央政府）变成多元投资主体，各级地方政府、国内外各类企业，乃至个人都可以成为项目建设的投资者，这就拓宽了获取投资资金的渠道——除了政府投资和银行贷款，增加了外商投资、企事业单位和个人自有资金、企业发行股票和债券获得的资金等。随着经济的快速发展，各投资主体的投资热情不断高涨，国家预算资金增长较快（见图5-1），反映了国家财政资金对投资的支持力度加大。2020年，全社会固定资产投资总量达到527 270.00亿元，国家预算内的资金来源有51 036.92亿元，占全社会固定资产投资的比例已上升到9.68%。

延伸阅读

外资情况分析

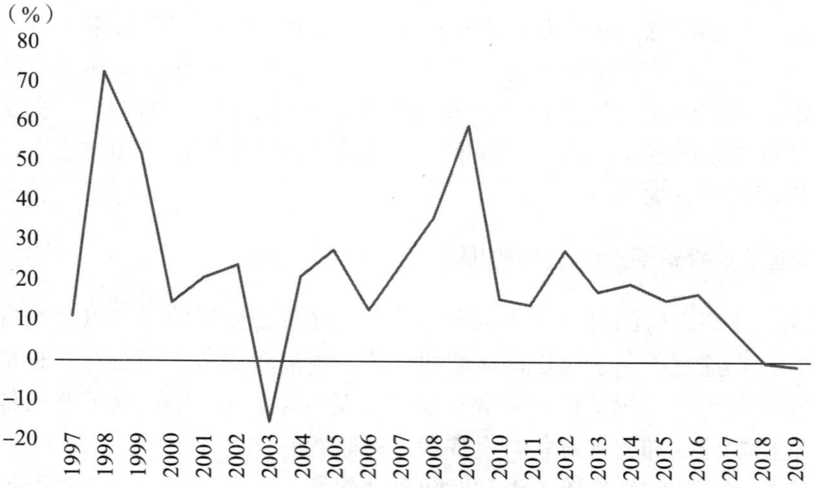

图5-1 国家预算资金比上年增长情况

资料来源：《中国金融年鉴2020》。

（二）实现了投资方式多样化

随着改革开放的不断推进，国外新的投资方式不断被引入我国，增加了我国投资方式的种类，呈现出投资方式多样化的局面。除了由建设单位直接投资进行基本建设和技术改造之外，还出现了项目融资、股权投资、项目并购、租赁投资、BOT模式、PPP模式等多种在国际上得到广泛应用的投资方式。

（三）政府对企业投资的干预越来越少

在对企业投资项目从审批制改为核准和备案制之后，企业投资的自主权相对扩大，只要不是国家禁止和需要核准的建设项目，只需在建设之前备案即可。据媒体报道，执行备案制的项目数量占全社会建设项目的比例已超过80%，政府部门不再进行实质性审查，需要国家核准的企业投资项目数量比改革前减少了六成多；同时，相关的程序也得到了简化，只需到政府投资主管部门进行一次核准或备案申请即可。此外，国家明文规定，政府在收到核准申报后，必须在20个工作日内给予是否准予建设的答复，改变了过去项目审批多道程序、久拖不决的状况，为建设单位节省了项目等待批准的时间。

（四）政府投资基本归位

在投资主体多元化的市场经济条件下，政府投资的职责是加强公益性的建设，完善社会保障体系，为企业生产和人民生活提供安全、便利的条件。在1993年中共十四届三中全会通过的《中共中央关于建立社会主义市场经济体制若干问题的决定》公布之后，政府投资逐渐从营利性的产业退出，转向公益性和基础性项目的建设。2014年，政府固定资产投资的61%用于水利、环保、公共设施、交通、电力、燃气及水的生产与供应等基础设施性产业，11.4%用于科研、教育、文化、卫生、体育、社会保障、居民服务等以公益性为主的各类事业，合计占2011年全社会固定资产投资的72.4%，较投资体制改革前有了较大的提高。

（五）确立了国有投资项目科学决策和民主决策的规则

随着投资体制改革的深入，国有投资中的绝大多数项目都已经实现在进行可行性研究之后再制定决策，几乎已经没有项目能够单凭领导意志就进行决策。此外，国家投资的项目大多数还要经过有资质的咨询机构对可行性研究报告进行评估之后，才能确定是否建设，而重大项目都要经过多方面的专家论证之后才能得出最终的决策。2014年国家发改委颁布的《中央政府投资项目后评价管理办法》和《中央政府投资项目后评价报告编制大纲（试行）》健全了政府投资项目后评价制度，规范了项目后评价工作，提高了政府投资决策水平和投资效益，有利于总结经验和教训，从而不断提高决策水平。

（六）建立了国有投资项目监督体系

为防止决策失误和腐败事件的发生，我国建立了政府投资制衡机制，加强了对政府投资项目的审计监督，完善了重大项目稽察制度。在对政府投资项目的社会监督方面，执行了鼓励公众和新闻媒体对政府投资项目进行监督等措施，基本建立了对政府投资进行多方面、多层次、全过程监督的体系。

2018年7月13日，国务院国有资产监督管理委员会主任办公会议审议通过《中央企业违规经营投资责任追究实施办法（试行）》，自2018年8月30日起施行，对不遵守法律法规，给国家财产造成重大损失的，将依法追究有关责任人的行政和法律责任。

（七）国有投资项目建设实施实现了市场化运作

投资体制改革打破了国有经济主体（包括政府和国有企业）投资项目实施过程中安排

任务的命令式运作方式，国家要求项目建设单位在选择参与项目建设的咨询、设计、施工、监理、代建、采购等单位时，都按《中华人民共和国招标投标法》，采用招投标的方式确定承担单位，并按《中华人民共和国民法典》签订合同。在国家法规的要求下，国有投资项目在建设实施中全部或部分采用了市场化运作的方式。

第四节　中外投资体制比较

一、西方市场经济发达国家的投资体制

西方市场经济发达国家的投资体制有以下五个主要特征：

（一）企业是真正的投资主体和投资体制的基础

市场经济发达国家的投资主体也分为政府、企业和私人三种，但企业投资主体占主要地位。在全社会的投资总量中，企业投资占绝大比重。各国政府投资数量较少，仅用于提供公共产品和准公共产品。例如，用于公共基础设施和教育、科研、卫生保健、环境保护等。

市场经济发达国家的企业能成为真正的投资主体，是由投资主体的产权属性决定的。以下几个特点足以表明企业是真正的投资主体：第一，企业投资完全由企业依据市场状况自主决策，政府不干预企业投资。第二，企业投资主体的责、权、利三者统一，并承担全部风险。第三，绝大多数企业的项目审批和立项程序全部在企业内部完成，无须上报和层层审批。第四，企业投资的数量和投向完全由市场调节，虽然有时要受政府的产业政策引导，但政府的产业政策也是根据市场变化来制定的。总之，市场经济发达国家投资体制的基础是企业，其产权属性基本是私有制，并且是众多的中小企业，因而它们容易做到投资决策和责任、权利与义务的统一。

（二）发达的金融业和资本市场为中小企业融资提供宽广的渠道

在市场经济条件下，不同经济主体之间的融资行为越来越重要，因为它是投资行为能否顺利实现的先决条件。从这个意义上讲，融资显然是投资体制的重要内容。

市场经济发达国家的中小企业融资也分为直接融资和间接融资两个渠道。在间接融资方面，发达的金融业为中小企业融资提供了诸多的方便条件和服务。其显著特点是：（1）金融机构数量多、资金充裕。以美国为例，全美挂牌的银行超过 10 000 家，通过银行运作的资金总量约占金融市场总量的 1/3。英国尽管国土面积小、人口数量少，但英国有各类银行 500 多家，世界上著名的大银行在英国都有分支机构。（2）银行为中小企业融资提供便利条件，积极支持中小企业发展。在这一方面，日本银行的做法尤为突出，如日本的中小企业贷款的 80%都是由民间的商业银行提供。民间金融机构不但提供金融方面的服务，还直接参与企业投资，实行银企合作，即实行主力银行制。其主要做法是银行认购企业和项目投资的股权及股票，成为企业的股东。如果企业出现经营困难，主力银行责无旁贷地予以全力支持。

在直接融资方面，发达的资本市场正成为中小企业融资的重要渠道，综观美国、英

国、日本等国的资本市场，其共同特点是资本市场规模大、层次齐全、资本运作规范，相关的法律、法规健全。仍以美国为例，美国的股票市场是全世界最发达的股票市场，其股票发行数量、交易品种、股市容量和市值都堪称世界一流，而美国的债券市场规模又大大超过股票市场。特别地，美国的创业板市场（NASDAQ）更具特色，它是用现代信息技术建立的电子交易系统，是专门为中小企业融资的场所。全美有 5 000 多家中小企业股票在 NASDAQ 上市，解决了众多中小企业的融资问题。又如，英国的另类投资市场（AIM）也是专门为中小企业融资的场所，其最大特点是上市条件宽松、成本低、上市速度快，为英国的中小企业融资提供了方便条件。

发达国家资本市场的上述特点促使这些国家中小企业融资格局不断发生变化，即股权融资、债权融资比重不断上升，银行融资比重有所下降。例如，日本早在 20 世纪 80 年代中后期证券融资的比重就已经超过了银行融资的比重。

（三）服务型政府是引导企业投资活动顺利开展的保证

美国、德国和日本等国的政府一般都不干预企业的投资，但又十分重视企业的投资，并通过制定优惠政策和多种有效的措施为中小企业投资服务。

以美国为例，美国联邦政府管理经济的重要职能之一就是为中小企业提供贷款担保。其具体做法是：美国政府成立了专门支持小企业发展的机构——小企业管理局（SBA）。SBA 支持小企业发展的重要措施是向小企业提供资金支持，通过提供担保帮助小企业获得银行贷款。实践证明，这一做法非常成功。2012 财年，SBA 向小企业提供了 53 848 笔贷款支持，合计 302.5 亿美元。近年来，SBA 总共为小企业提供超过 900 亿美元的贷款担保组合，还利用政府采购项目为 100 万户小企业提供近 100 亿美元的免费咨询和技术援助。

为了鼓励企业投资，美国政府对企业使用土地采取低收费措施，并提供公共产品，简化登记手续；通过划设企业区和实行差别税收等办法引导企业投资。又如，德国政府采取拨款补贴、低息贷款和贷款风险担保等形式扶持中小企业发展。再如，日本地方政府为支持中小企业投资采取的具体措施是：提供无息和低息的贷款、拨款补助和为企业提供信用担保。日本的中央政府则采取产业政策和税收、金融政策的密切配合来引导企业投资，即在不同的经济发展时期，为实现产业振兴的目标制定相应的产业政策。大藏省和中央银行分别运用税收手段和“人为低利率”贷款政策对产业政策的顺利实施提供有力的支持。

（四）完善的中介组织体系为企业投资提供优质服务

各类中介组织是市场经济的产物，市场经济越发达，其中介组织体系越完善。

美国、德国、英国和日本等国中介组织的共同特点是：中介服务体系健全，都十分注重自身的信誉，并以科学、公正和可靠的原则为企业投融资提供优质服务，成为企业投资顺利实施不可缺少的环节。上述各国中介组织的主要职能有：

（1）掌握和贯彻执行政府的有关政策及意图，代表企业与政府沟通，影响政府决策，在政府和企业之间起桥梁、纽带作用。例如，德国的工商会既是一个不拿政府一分钱，但协助政府工作的“二政府”，又是一个代表私人企业利益，并为之服务的民间机构。又如，日本的产业（行业）协会作为企业的代表，成为与政府沟通的桥梁。企业有何要求，可由协会向政府提出，如向政府申请免税、提出开发建议、申请资金支持等。政府对企业投资的导向意见，通过协会向企业贯彻。

（2）为企业提供信息咨询服务，目的是使企业掌握市场动态、产品开发动态，以便进行科学的投资决策。例如，日本工作机械工业会每年发表一份白皮书，以引导企业投资开发。又如，美国的世界贸易中心协会定期公布国际贸易情况，为企业投资及时提供商情服务。

（3）从事新技术的开发研究，组织行业内的技术交流和企业人员的技术培训；制定行规，规范职业道德和行业技术标准，以保证企业公开有序竞争。在这一方面，日本和美国的中介组织的许多做法尤为突出。

（4）协助政府扶植中小企业发展。例如，美国的中介机构组织的贷款发放给中小企业，其目的是支持中小企业找到好的投资项目。

（五）健全的法制是约束企业投资活动的最基本依据

市场经济发达国家都十分重视法制建设，各种经济活动的开展都是在法制的环境下进行的，因而尽管市场竞争激烈，但包括各类投资活动在内的经济活动都规范有序。

在美国，从联邦宪法到一些州议会制定的法规都有部分内容对投资活动起约束作用。尽管美国到目前还没有一部完整的投资法，但有关投资建设方面的法律有《税收法》《环保法》《土地法》等；对特殊行业投资活动进行约束的有《公路法》和《电信法》；保证投资建设规范顺利进行的有《合同法》；对证券发行和交易进行约束的有《证券法》和《证券交易法》等。

英国也是如此。英国没有专门的投资法，企业投资活动同样规范的原因是企业依照《公司法》《银行法》《证券法》等相关法律进行运作。尤其值得借鉴的是，英、法两国为一项特大工程可以立法，如《英法海底隧道工程法案》就是经过英、法两国议会通过后形成的专项法律。

二、我国当前处于转轨期的投资体制

通过对市场经济发达国家投资体制特征的分析，可以看出处于转轨时期的我国投资体制在这些方面还存在一些可改进的地方。具体说来，我国当前的投资体制有如下几个特征：

（一）国家投资占主体

在投资体制中，投资主体的产权属性及其在社会上的地位十分重要。如前所述，市场经济发达国家投资体制之所以是成功的，其中最主要的原因是企业的产权属性及在全社会中的主导地位。在我国，按投资主体的产权属性，可把全部投资分为国有投资与非国有投资，两者的比例大体上是6∶4。当前，虽然投资主体多元化的局面已经形成，但实质上企业没有完全脱离与上级主管单位的行政隶属关系。这体现为：一方面，大中型项目投资大多数由政府直接投资；另一方面，一些项目虽由企业投资，但决策出于政府机构。从多年的改革实践看，投资体制改革的重点、难点是国有投资。因为无论是政府投资，还是国企投资，长期以来一直存在投资主体责任虚化问题，即无人对投资项目的筹资、建设、经营、偿债和资产的保值增值负全部责任，其根本原因在于“投资主体不明确，投资活动的利益不清晰，收益和风险不对称，产权对投资活动不能形成根本性的约束”。

完善社会主义市场经济体制，使公有制与市场经济有机结合，一方面，要求国有经济不断增强控制力和影响力，在经济发展中发挥主导作用；另一方面，要求国有企业不断增强活力和竞争力，真正成为市场经济的重要主体，这需要以完善的国有资产管理体制为保障。但是，目前各类国有资产的管理体制还没有完全理顺，机制和法规制度还不完善，存在责任主体不明确、监管不到位、配置不合理等现象；一些特定行业企业的国有资产还没有纳入新的监管体制，出资人职能还没有完全落实，国资监管的科学性、有效性有待进一步增强。为了适应完善社会主义市场经济体制的要求，必须进一步完善各类国有资产管理体制，使各类国有资产更好地发挥其经济社会功能，使国有企业真正成为独立的市场主体。

为此，必须对国有投资主体加以改造。要解决的核心问题如下：一是国有投资的所有者缺位；二是尽快形成国有投资的责任约束机制。党的十八大指出，要深入推进政企分开、政资分开、政事分开、政社分开。这是深化行政体制改革、转变政府职能的重要内容，对完善各类国有资产管理体制提出了新的要求。改革开放初期，国有企业实际上是政府的附属物与延伸，政府将很大精力放在管理国有企业上，企业的生产、经营、人事都是由政府直接管理。随着国有企业改革的推进，企业被赋予了更多的经营自主权，但没有从体制上理顺政府与企业的关系。2000 年，国家撤销政府行业管理部门，减少了政府对国有企业的直接管理；2003 年，国资委的成立从机构设置和制度安排上解决了政企分开、政资分开的问题，在深化行政体制改革、转变政府职能方面取得了重大突破。新的国有资产管理体制从机构设置上把政府的公共管理职能与出资人职能予以分离，明确政府公共管理部门不再履行出资人职责，国资监管机构不履行政府公共管理职责，有力地促进了行政体制改革和政府职能的转变。但是，仍有一些改革措施还不到位，一些政府公共管理部门仍然对国有企业履行出资人职责，国资监管机构还承担着一些带有公共管理性质的职能，政企不分、政资不分的现象依然存在。同时，国有企业改革发展的任务十分繁重，仍然面临着许多体制、机制障碍。从根本上解决这些问题，需要进一步完善各类国有资产管理体制，进一步促进行政体制改革和政府职能转变，推动各级政府公共管理部门与所属企业脱钩，把精力集中到社会公共管理上来，还要进一步深化国有企业改革，必须加快完善各类国有资产管理体制。

在抓紧做好国有投资主体改造的同时，要大力培育非公有经济投资主体。如前所述，非公有经济投资主体比国有投资主体更容易做到责、权、利的统一。改革开放以来，我国非公有经济得到了长足的发展。非公有经济对国内生产总值、经济效益等主要指标的贡献率已超过 50%，仍有很大的发展空间。中共十六届三中全会第一次明确提出“允许非公有资本进入法律法规未禁入的基础设施、公用事业及其他行业和领域”。党的十九大报告明确提出了“深化商事制度改革”“支持民营企业发展，激发各类市场主体活力”的要求。这些重要的决定都为今后大力发展非公有经济提供了法律上和政策上的依据，也是推进非公有经济大发展的强大动力。中央和地方的投资事权划分不清，与事权对应的财力不协调，严重影响了政府投资管理的科学性和管理效率。

（二）政府投资缺乏有效的宏观调控和规划

尽管在投资体制改革的进程中，应该更多地发挥市场配置资源的作用，但适时的投资宏观调控仍然非常重要。从市场经济发展要求看，为了引导投资特别是地方政府投资的投向，中央政府应综合运用发展规划、产业政策、财政税收、信息发布、行政许可、法律法规等经济、法律与行政的手段来调控投资，根据发展规划来制定产业政策，指导项目投资建设，减少投资浪费，提高投资效益。但是，当前我国的投资宏观调控体系还不完善，各种调控手段的运用还不协调，各投资主体尚未建立起投资的自我约束机制。此外，由于缺乏有效的宏观调控和规划指导，我国中央政府和地方政府以及各个地方政府之间的投资职责没有得到明确的正式分工，从而导致了一些地方政府缺乏整体科学的投资规划，致使地方政府重复和重叠投资的程度较高。这种由于缺乏投资宏观调控和规划导致的政府投资权责不清和重复责任分工，也使得各级政府难以明确自身应该负责哪些特定的服务，从而导致政府提供服务不足和效率不高，也容易造成各级政府缺乏责任感，由哪一级政府负责为相关投资提供资金变得模棱两可，从而导致上级政府推卸责任或下放责任，使得某些公共服务供给不足。

与此同时，缺乏合理规划和调控的另一种后果就是会导致政府投资决策的科学性不高，这种缺乏科学性的投资决策会造成政府投资的盲目性不断增大，从而导致浪费。在我国政府的投资活动中存在一些建设项目不计成本、不计风险、花钱不负责任的现象：一是一些地方政府不顾本地的财力条件和经济发展水平等实际情况，热衷于搞“形象工程”，实施超前性建设，不能很好地将资金配置到经济和社会发展更需要的地方；二是一些地方政府和国有企业没有长期规划，不顾及资金供给的持续性，盲目扩大投资规模，盲目安排建设项目，结果造成战线过长、投资分散、“豆腐渣”工程多、资金配置效益差；三是对投资预算缺少科学的评估，从而造成地方政府建设资金流失。另外，投资决策缺少宏观规划和制度保障必然会导致政府行政权力缺乏有效的制约，致使个别决策者的主观随意性对决策质量的严重影响和各种不公正因素对决策过程的渗透，同时也给腐败分子提供了获取私人利益的机会。

（三）中介组织服务功能不足

近年来，我国各类中介组织（如规划设计、项目评估、财务、工程监理等投资咨询机构）发展较快，在投资建设领域中发挥了重要作用。但是，由于我国的各类中介组织建立的时间较短，缺乏对全社会中介组织的统一规范管理，因此在资信验证、从业人员的素质、工作质量和服务收费标准方面仍存在一些问题。特别是在发挥中介组织的职能方面，大部分中介组织的主要业务是提供投资咨询服务，如项目评估、工程造价的审核和工程监理等，还没有在政府与企业之间真正起到桥梁与纽带作用。行业内部应开展的信息交流、技术培训等工作尚处在起步阶段，各行业之间中介组织发挥作用的程度也不平衡，在为企业、社会投资服务方面仍有大量工作要做。为此，我们应加强以下几个方面的工作：

> 延伸阅读
>
> 中介组织功能的发展

（1）各类中介组织通过公开招聘等形式吸收优秀人才从业，严格审查从业人员的资格；经常开展对从业人员的业务培训，全面提高从业人员的政治、道德、业务方面的素质。

（2）各类投资咨询单位与政府部门彻底脱钩，防止出现明脱暗不脱、变相脱钩等现象，以保证咨询评估的客观性、公正性。

（3）尽快建立健全各行业协会，并使其成为连接政府与企业的桥梁和纽带。行业协会对上应定期向政府主管部门反映企业的投资意向和需要政府出面解决的问题；行业协会对下应及时传递政府对企业投资的意向，为企业投资决策提供依据。

（4）行业协会应协助政府支持中小企业发展，如凭借行业协会掌握的各类经济信息，为中小企业找到好的投资项目等。

本章小结

本章主要介绍了投资体制的相关知识，一共分为四节。第一节详细分析了投资体制的含义、构成及类型。第二节详细介绍了我国投资体制发展的历史情况。第三节详细分析了我国投资体制改革的目标、主要措施和主要成就。第四节主要是对中外投资体制进行了比较分析，既分析了西方市场经济发达国家投资体制的情况，又对我国当前处于转轨时期的投资体制进行了详细分析。

本章要点

- 投资体制的构成和类型
- 我国投资体制发展的历史沿革
- 我国投资体制改革的方向与措施
- 中外投资体制的比较分析

本章关键术语

投资体制　　计划投资体制　　投资体制改革

本章习题

1. 简述投资体制的类型并进行特征分析。
2. 简述我国投资体制的历史沿革。
3. 比较分析中外投资体制的异同点。
4. 论述我国投资体制改革的指导思想与发展历程。
5. 举例说明改革开放以来我国的投资体制改革在哪些方面取得了重要成就。

第六章

融资方式

章前引例

2019 年 3 月 28 日，华熙生物召开的 2019 年第一次临时股东大会审议通过了《关于公司申请首次公开发行人民币普通股股票（A 股）并在科创板上市的议案》，拟向社会公众公开发行人民币普通股股票（A 股）不超过 4 956.26 万股，募集资金总额将根据询价结果最终确定。其发行采用向战略投资者配售、网下向符合条件的投资者询价配售和网上向符合资格的社会公众投资者定价发行相结合的方式。华熙生物此次公开发行股票获取资金的行为叫什么？它是以何种类型何种方式发行的呢？

延伸阅读

华熙生物概况

学习目标

- 理解融资的含义
- 掌握融资的四种分类方法
- 了解直接融资和间接融资的概念
- 初步认识各种融资方式及相关知识

第一节　融资概述

随着经济的发展，企业的融资渠道越来越多，一些新的融资方式也应运而生。但对于企业而言，如何选择融资方式，怎样把握融资规模以及各种融资方式的利用时机、条件等问题，都是企业在融资之前就必须进行认真分析和研究的。

企业的融资方式是指企业获取所需资金的形式、手段、途径和渠道。在研究企业融资之前，有必要先对企业的融资方式进行分类。由于划分企业融资方式的标准不同，企业融资方式的类型也不一样，并且不同的划分还可能出现交叉与重叠。由于在研究企业融资时的侧重点不一样，因此不同的划分对于不同的研究有不同的意义。

分析企业的融资方式是为了达到以下几个目的：

第一，在项目确实具备市场需求或社会需求，确实拥有可行的工程条件和工艺、装备条件的情况下，针对“投资估算”中计算的资金需要量，提出并优选资金供给方案，在数量和时间两方面实现资金的供求均衡。

第二，使得经营者、出资人以及项目的其他潜在参与者能够了解项目的融资结构、融资成本、融资风险，并据此确立商务谈判中各自的立场、条件、要求等。

第三，使业主、评估单位、审批单位或项目的其他可能评审者能够判断融资的可靠性、可行性与合理性，进而判断可行性研究报告及其编制者的经济素质。

分析资金来源和融资方案，当然离不开具体的融资环境；而融资环境的改善又取决于投融资体制、金融体制、国企管理体制的实质性改革。只有既了解现代投融资制度的惯例做法，又洞悉处于经济转轨时期的局限，才能解决好企业的融资问题。

一、内源融资和外源融资

按照融资过程中资金来源的不同方向，可以把企业融资分为内源融资和外源融资两种形式。

（一）内源融资

内源融资是企业创办过程中原始资本的积累和运行过程中剩余价值的资本化，也就是财务上的自由资本及权益。在市场经济体制中，企业的内源融资是由初始投资形成的股本、折旧基金以及留存收益（包括各种形式的公积金、公益金和未分配利润等）构成的。

内源融资的特点是：

（1）自主性。内源融资的资金是企业的自有资金，企业在使用时具有较大的自主性，外界的制约和影响较小。

（2）有限性。内源融资受企业自身积累能力的影响，融资规模受到较大限制。

（3）低成本性。内源融资的财务成本小，不需要直接向外支付相关的融资成本和费用。不过，内源融资也有机会成本，有时机会成本可能会很大。

（4）低风险性。内源融资的低风险性，一方面与其低成本的特点有关，另一方面与其不存在支付危机，因而不会出现由支付危机导致的财务风险有关。当然，其他性质的风险仍然存在。

（二）外源融资

外源融资是企业通过一定方式向企业之外的其他经济主体筹集资金，包括发行股票、企业债券和向银行贷款等。从某种意义上说，企业商业信用、融资租赁等也属于外源融资的范畴。

外源融资的特点是：

（1）高效性。外源融资由企业之外的其他经济主体的储蓄供给资金，因此可能不受企业自身积累能力的限制；同时，这种融资方式可以变分散的、小额的储蓄为集中的、大额的资金，因此具有融资高效性。

（2）有偿性。外源融资从融资产权属性看，包括债权融资和股权融资。对于债权融资，企业除需要向债权人支付利息外，同时还要支付各种融资费用，融资成本较高，具有明显的有偿性；对于股权融资而言，虽然不需要直接支付资金使用费，但还是要向中介机构支付各种融资费用，而这些费用也是企业财务费用的组成部分，因此股权融资也具有有偿性。

（3）高风险性。债权融资存在的支付危机会带来较高的财务风险，而股权融资在证券市场的高流动性会带来交易风险。

（4）不稳定性。债权性外源融资所获得的资金本质上属于他人产权资本，企业无权占为己有和长期使用，期限一到，债权人就会要求偿还，因此对于融资人来说，债权性外源融资具有期限不稳定的限制。

二、直接融资和间接融资

按照融资过程中资金运动的不同渠道，可以把企业融资分为直接融资和间接融资，其核心依据是储蓄向投资转化是否经过银行这一金融中介机构。

（一）直接融资

直接融资是指企业自己或通过证券公司向金融投资者出售股票或债券而获得资金的融资方式。由于直接融资者借助于一定的金融工具（股票、债券），使出资者和融资者相互联系，资金供给方与需求方直接见面，不需要银行作为媒介。

直接融资的特点：

（1）直接性。融资者从储蓄者那里直接获取资金，并在两者之间建立直接的融资关系。

（2）长期性。通过直接融资获取的资金，使用期限一般都在一年以上。

（3）流通性。直接融资的股票与债券在证券市场上是流通的，因此直接融资具有流通性。

（4）不可逆性。在直接融资中，通过股票所获得的资金不需还本，储蓄者想取回本金只有通过流通市场，而与发行者无关。

（二）间接融资

与直接融资不同，间接融资将银行（包括信用社）作为中介，把分散的储蓄集中起来，然后再供应给融资者；而融资者也只能通过银行间接获得投资者的资金。

与直接融资相比，间接融资的特点是：

（1）间接性。融资者从银行获得贷款，与具体的出资人并不发生面对面的关系，这是以银行为中介的间接关系。

（2）短期性。在发达的市场体系中，银行贷款通常以中短期为主，具有短期性。

（3）非流通性。银行贷款不能像股票和债券一样在证券市场上流通，只能作为抵押品向中央银行借款。

（4）可逆性。银行贷款到期需要还本付息，因此企业不可能无期限地使用银行贷款，资金具有可逆性。

直接融资与间接融资的本质区别是其信用关系不同。直接融资体现的是证券信用关系，而间接融资体现的是银行信用关系。至于在融资过程中是否有金融中介存在并不是问题的根本。

三、股权融资与债权融资

按照融资过程中形成的资金产权关系，企业融资可以分为股权融资和债权融资。

（一）股权融资

股权融资是企业向其股东筹集资金，这是在企业创办或增资扩股时采取的融资形式。股权融资获得的资金就是企业的资本，由于其代表着对企业的所有权，所以也称所有权资金。章前引例中的华熙生物采用的就是股权融资。

股权融资具有以下特点：

（1）股权是企业的初始产权，是企业承担民事责任和自主经营、自负盈亏的基础，也是投资者对企业进行控制和取得利润分配的基础。

（2）股权融资是决定一个企业向外举债的基础。

（3）股权融资形成的所有权资金的分布特点以及股本额的大小和股东分散程度，决定了一个企业控制权、监督权和剩余价值索取权的分配结构，反映的是一种产权关系。

（二）债权融资

债权融资是利用发行债券、银行借贷方式向企业的债权人筹集资金，可以发生在企业生命周期里的任何时期。债权融资获得的资金被称为负债资金或负债资本，代表着对企业的债权。

债权融资的特点是：

（1）债权融资获得的只是资金的使用权而不是所有权，负债资金的使用是有成本的，企业必须支付利息，并且债务到期时必须归还本金。

（2）债权融资能够提高企业所有权资金的资金收益率，具有财务杠杆作用。

（3）与股权融资相比，债权融资除在一些特定的情况下可能带来债权人对企业的控制和干预问题，一般不会产生对企业的控制权问题。

四、公司融资与项目融资

按是否出现新的法人来分类，融资可以分为公司融资和项目融资。

（一）公司融资

公司融资是指由现有公司筹集资金并完成项目的投资建设；无论项目建成之前或之后，都不出现新的独立法人。

公司融资的特点是：公司作为投资者，做出投资决策，承担投资风险，也承担决策责任。虽然贷款和其他债务资金实际上是用于项目投资，但债务方是公司而不是项目，整个公司的现金流量和资产都可用于偿还债务、提供担保；也就是说，债权人对债务有完全的追索权，即使项目失败也必须由公司还贷，因而贷款的风险程度相对较低。

以公司融资的方式搞项目建设，一般情况下有两类参与方式：一是公司作为资金需求者，需要做出融资决策；二是当需要债务资金支持时，债务资金提供者要做出信贷决策。

如果项目规模较大，或者融资对公司发展有重大影响，或者要改变股权结构来筹集权益资本，公司的股东会作为第三参与方，对项目的投融资提出意见。

（二）项目融资

项目融资是一个专用的金融术语，与通常所说的“为项目融资”不是一个概念。项目融资是指为建设和经营项目而成立新的独立法人的项目公司，由项目公司完成项目的投资建设、经营和还贷。国内的许多新建项目、房地产公司开发某一房地产项目、外商投资的“三资”企业等，一般都以项目融资方式进行。

此类融资的特点是：融资决策由项目发起人（企业或政府）做出，项目发起人与项目法人并非一体；项目公司承担投资风险，但因决策在先、法人在后，所以项目法人无法承担决策责任，只能承担建设责任；同样，由于先有融资者的融资、注册，然后才有项目公司，所以项目法人也不可能负责融资，只能是按融资者已经拟定的融资方案去具体实施（签订合同等）。一般情况下，债权人对项目发起人没有追索权或只有有限追索权，项目只能以自身的盈利能力来偿还债务，并以自身的资产作担保。由于项目能否还贷仅仅取决于项目是否有财务效益，因此此类融资又称“现金流量融资”。对于此类融资，必须认真组织债务和股本的结构，以使项目的现金流量足以还本付息，所以此类融资又称“结构式融资”。项目现金流量的风险越大，需要的股本比例越高。

五、其他分类方法

按照资金来源国，企业融资可以分为内资融资和外资融资；按照融资的具体业务形式，企业融资还可以分为商业信用融资、银行贷款融资、证券投资融资、财政资金融资、租赁融资以及个人和社会集资、企业间信贷等。另外，还有其他各种各样的对企业融资方式的分类方法。

第二节　融资方式概述

融资渠道是指投资资金的来源。筹集资本的方式是指取得资金的具体形式。资金从哪里来和如何取得资金，两者既有区别又有联系。一定的融资方式可能只适用于某一特定的融资渠道，但同一渠道的资金往往可以采用不同的方式取得，而同一融资方式往往可适用于不同的资金渠道。

根据我国实际，企业（特别是中小企业）外部融资渠道归结起来主要有信贷融资、股票融资、债券融资、商业票据融资、无形资本融资、融资租赁、典当融资、信托融资、项目融资、资产证券化等。这些间接融资方式各有利弊，企业要根据自身的实际情况来配合使用，才能以最低的融资成本取得最佳的融资效果。

一、信贷融资

向金融机构申请贷款是企业融资的主要方式。它是指企业为满足自身生产经营的需要，与金融机构（主要是银行）签订协议，借入一定数额的资金，在约定的期限还本付息的融资方式。

（一）信贷融资的种类

根据不同的标准，贷款可以有不同的分类。

1. 按期限的长短，贷款可分为短期贷款、中期贷款和长期贷款

短期贷款是指贷款期限在1年以内（含1年）的贷款，中期贷款是指贷款期限在1年以上（不含1年）5年以下（含5年）的贷款，长期贷款是指贷款期限在5年（不含5年）以上的贷款。我国的短期贷款主要是流动资金贷款，固定资产贷款和技术改造贷款等属于中长期贷款的范围。

2. 按有无担保品，贷款可分为信用贷款和担保贷款

信用贷款是指以借款人的信誉发放的贷款。担保贷款包括保证贷款、抵押贷款和质押贷款。保证贷款是指按保证方式以第三人承诺在借款人不能偿还贷款时，按照约定承担一般保证责任或者连带责任而发放的贷款。抵押贷款是指按抵押方式以借款人或第三人的财产作为抵押物发放的贷款。在国外有两种很有特色的抵押贷款，即应收账款融资和存货融资。应收账款融资是以企业应收账款作抵押得到的贷款，由于应收账款存在一定风险，所以企业一般只能借到应收账款50％～90％的贷款。存货融资是以企业的存货，即原材料、在制品和制成品作为抵押获得的贷款；若企业违约，银行可将存货出售，以其收入偿还贷款。质押贷款是指以借款人或第三人的动产或权利作为质物发放的贷款。

3. 按资金来源划分，可分为政策性银行贷款、商业银行贷款和保险公司贷款等

政策性银行贷款是指国家政策性银行向企业发放的贷款；商业银行贷款是指由各商业银行向企业自主提供的贷款；保险公司贷款是指由保险公司向企业提供的贷款，贷款期限一般比银行贷款长，但利率较高，对贷款单位的选择也较严，通常采取的形式有保险单贷款和抵押贷款两种（保险单贷款是以企业主所付保险费为基础的，业主一般可以借到所缴纳保险费用的95％、无还款期的贷款，发放贷款后，在保险单金额总数中扣除贷款金额即可。抵押贷款是以价值50万美元以上的不动产作为抵押的长期贷款，保险公司可给予该不动产价值80％以下的贷款，还款期可长达25～30年）。

（二）信贷融资的方式

在新的条件下，中小企业利用商业银行的融资渠道主要有三种方式：

（1）银行抵押贷款，直接贷给企业。

（2）对个人的抵押贷款和消费信用贷款，贷给企业股东个人。

（3）有担保的信用贷款，主要贷给附属于大企业、为大企业提供服务和配套产品的中小企业。

企业申请抵押贷款，主要的困难是企业产权界限模糊和价值难以评估，这个问题的解决需要企业加快改革和完善现代企业制度建设，资产评估中介机构提高服务质量和加强行业自律，政府职能部门完善服务。对于微型企业、下岗人员创办的私人企业、科研机构改制的小企业以及各类服务性的小企业，创办人可以以个人财产或技术专利为抵押，申请银行贷款。在已经建立个人信誉征询体系的城市，也可以以个人的信誉为基础申请银行的创业贷款或者消费信用贷款。主要为大企业提供配套服务和产品的中小企业可以争取大企业的担保，获得银行贷款。以往根据产品订单合同申请银行贷款的方式问题较多，银行不大愿意接受，可推广商业票据，向银行申请贴现贷款。

除了中小企业加快改革，适应商业银行转变经营机制的外部环境以外，为了克服银行信用紧缩的影响和加快中小企业的发展，还应该有相应的国家宏观经济政策来克服银行贷款的障碍，改善中小企业的外部融资环境。从长期看，应该加快中小金融机构的发展，弥补大银行的市场空白。短期内，需要财政拿出钱来设立再抵押、再保险和政策性担保的基金，帮助银行在降低风险的前提下设立专门的基金用于扩大对中小企业的贷款支持。特别是中央银行应该把掌握的货币发行收入分出一部分来，以再保险、再抵押和再贴现的方式帮助商业银行设立各项基金，降低银行对中小企业贷款的风险，扩大贷款，解决中小企业的融资困难，支持它们的创业和发展。

（三）信贷融资的条件和程序

1. 信贷融资的条件

向银行等金融机构借贷的中小企业必须具备以下一些基本条件，并按照规定程序才能够获得贷款：第一，必须经国家工商行政管理部门批准设立，登记注册，持有营业执照；第二，实行独立经济核算，自负盈亏；第三，有一定的自有资金；第四，遵守政策法令和银行信贷、结算管理制度，并按规定在银行开立基本账户和一般存款账户；第五，产品有市场；第六，生产经营有效益；第七，不挤占、挪用信贷资金；第八，诚信为本。

除此之外，企业还应符合以下条件：有按期还本付息的能力；在工商行政管理部门办理了年检手续；资产负债率符合银行要求；申请长期贷款开展新项目的企业所有者权益与项目所需总投资的比例不得低于国家规定的投资项目的资本金比例。

2. 信贷融资的程序

（1）企业提出贷款申请。企业向银行申请贷款，需要按照一定程序向经办机构直接提出书面申请，填写《贷款申请书》，内容包括贷款数额、用途、偿还能力和还款方式。同时，企业还应向银行提供：借款人及保证人的基本情况；财政部门或者会计师事务所核准的上年度财务报告；原有的不合理借款纠正情况；抵押物清单及同意抵押的证明，保证人拟同意保证的有关证明文件；项目建议书和可行性报告；贷款金融机构认为需要提供的其他资料。

（2）银行的审查与审批。首先，立项。主要工作是确认审查的目的、主要的考察事项，制订并开始实施审查计划。其次，对贷款企业进行信用等级评估。信用等级是根据贷款企业的领导人素质、单位的经济实力、资金结构、履约情况、经营效益和发展前景等因素评定。评级可以由贷款银行独立进行，也可以由有关部门批准的评估机构进行。再次，可行性分析。分析财务状况是最重要的。最后，综合判断，贷前审查。主要对企业的资料进行核实，预测贷款的风险度并提出意见，按规定权限报批。

银行提供贷前审查的方式主要有直接调查和侧面调查。

（3）签订贷款合同。贷款银行对企业的贷款合同进行审查后，如果认为各项条件都符合规定，并同意贷款，会要求贷款方签订借款合同。合同中将约定借款种类、借款用途、借款金额、利率、借款期限、还款方式、借贷双方的权利和义务、违约责任纠纷处理及双方认为需要约定的其他事项。

如果申请保证贷款，还需要由保证人与银行签订保证合同，或由保证人在借款合同上载明与银行协商一致的保证条款，加盖保证人的法人公章，并由保证人的法人代表或其他授权代理人签字。抵押借款、质押借款还应由抵押人、质押人与银行签订抵押合同或质押合同，如果需要办理登记的手续，还应依法办理登记手续。

借款合同的基本构成包括基本条款、保证条款、违约条款、其他附属条款等，银行通常有标准的借款合同式样。

（4）发放贷款。签订借款合同后，贷款银行按合同的规定按期发放贷款，企业就可以获得相应的资金。如果贷款银行不按合同约定按期发放贷款，企业有权要求其偿付违约金。

（5）贷款归还。企业应按借款合同的规定按时、足额归还借款本息。如果企业到期还贷困难，应在借款到期之前向银行申请贷款展期，由贷款银行根据具体情况而定。借款到期，企业无资金还贷，银行又不同意展期的，由贷款银行将贷款做逾期贷款处理，并按规定加收罚息。对不能归还或不能落实还本付息事宜的企业，贷款银行有权依法起诉，追回贷款本息。

（四）信贷融资的优点

向金融机构借款进行融资的优点为：

（1）贷款种类较多，便于企业根据需要进行选择。

（2）弹性大、灵活性强。贷款在使用期内，如经营状况发生变化，可与有关金融机构协商，增减借款数量或延长、缩短借款时间，便于企业降低融资成本。

（3）贷款利息计入企业成本。合理利用贷款，可在财务杠杆作用下，提高权益资本的收益率。

（4）获得资金较为迅速。当企业需要融资时，只需向银行提出申请，经审批同意并签订借款合同后，资金即可划到企业结算账户。如果企业利用证券融资，则融资过程较为复杂，涉及申请、审批、发行、销售等一系列程序，所需时间较长。

（5）融资费用相对较低。企业还款时只需按规定的利率付息，除此之外，没有其他融资费用。如果企业通过发行股票、债券等进行融资，一方面，企业要支付较高的股息、利息才能吸引投资者；另一方面，在证券发行、销售时还必须支付较高的手续费。

（五）信贷融资的缺点

（1）没有融资主动权。企业申请贷款的种类、数量、期限、利率等都由银行在对企业借款申请进行审核后决定，企业处于被动地位。

（2）融资规模有限，不可能像证券融资那样一下子筹集到大量资金。

（3）到期必须归还，财务风险较大。另外，有时银行还会在借款时规定一些资金使用方向上的限制，从而影响企业的投资活动。

（4）受国家政策影响强烈。当中央银行实行扩张性货币政策时，银行会扩大信贷规模，企业取得贷款比较容易；当中央银行实行紧缩性货币政策时，银行会收缩信贷规模，企业取得贷款相对困难。

二、股票融资

（一）股票的定义

股票是一种有价证券，它是股份有限公司公开发行的用以证明投资者的股东身份和权益，并据以获得股息和红利的凭证。

股票一经发行，持有者就是发行股票公司的股东，有权参与公司的决策，分享公司的利益，同时也要分担公司的责任和经营风险。股票一经认购，持有者不能以任何理由要求退还股本，只能通过证券市场将股票转让和出售。作为交易对象和抵押品，股票业已成为金融市场上主要的、长期的信用工具；但实质上，股票只是代表股份资本所有权的证书，它本身并没有任何价值，不是真实的资本，而是一种独立于实际资本之外的虚拟资本。

（二）股票的特征

1. 收益性

收益性是指持有者凭其持有的股票，有权按公司章程从公司领取股息和红利，获取投资收益。认购股票就有权享有公司的收益，这既是股票认购者向公司投资的目的，也是公司发行股票的必备条件。

股票收益的大小取决于公司的经营状况和盈利水平。一般情况下，投资股票获得的收益要高于银行储蓄的利息收入，也高于债券的利息收入。

股票的收益性还表现在持有者利用股票可以获得价差收入和实现货币保值。也就是说，股票持有者可以通过低进高出赚取价差利润；或者在货币贬值时，股票会因为公司资产的增值而升值；或者股票持有者可以以低于市价的特价或无偿获取公司配发的新股，从而得到利益。

2. 风险性

股票的风险性是与股票的收益性相对的。在认购股票后，投资者既有可能获取较高的投资收益，也要承担较大的投资风险。

在市场经济活动中，由于多种不确定因素的影响，股票的收益不是事先确定的固定数值，而是一个难以确定的动态数值，它随公司的经营状况和盈利水平而波动，也受到股票市场行情的影响。公司经营得越好，股票持有者获取的股息和红利就越多；公司经营不善，股票持有者能分得的盈利就会减少，甚至无利可分。这样，股票的市场价格就会下跌，股票持有者就会因股票贬值而遭受损失；如果公司破产，则股票持有者可能连本金也保不住。由此可见，股票的风险性是与收益性并存的，股东的收益在很大程度上是对其所担风险的补偿。

3. 稳定性

稳定性有两方面的含义：① 股东与发行股票的公司之间存在稳定的经济关系；② 通过发行股票筹集到的资金有一个稳定的存续期间。

股票是一种无期限的法律凭证，它反映着股东与公司之间比较稳定的经济关系。投资者购买了股票就不能退股，股票的有效存在又是与公司的存续期间相联系的。对于认购者来说，只要其持有股票，公司股东的身份和股东权益就不能改变；同时，股票又代表着股东的永久性投资，他只有在股票市场上转让股票才能收回本金。对公司来说，股票是筹集资本金的主要手段，由于股票一经认购不能退回，因此通过发行股票所筹集到的资金在公司存续期间是一笔稳定的自有资本。

4. 流通性

股票具有很高的流通性。在股票交易市场上，股票可以作为买卖对象或抵押品随时转让。股票转让意味着转让者将其出资金额以股价的形式收回，而将股票所代表的股东身份及各种权益让渡给受让者。

流通性是股票的一个基本特征。股票的流通性是商品交换的特殊形式，持有股票类似于持有货币，随时可以在股票市场兑现。股票的流通性促进了社会资金的有效利用和资金的合理配置。

5. 股份的伸缩性

股份的伸缩性是指股票所代表的股份既可以分割，又可以合并。

（1）股份的分割，即将原来的1股分为若干股。股份分割并没有改变资本总额，只是增加了股份总数。当公司利润增多或股票价格上涨后，投资者购入每手股票所需的资金增多，股票的市场交易就会发生困难。在这种情况下，就可以通过股份分割来降低单位股票的价格，以争取更多的投资者，扩大市场的交易量。

（2）股份的合并，即将若干股股票合并成较少的几股或1股。股份合并一般是在股票价格过低、公司合并等情况下采用。

6. 价格的波动性

股票在交易市场上作为交易对象，与其他商品一样，也有自己的市场行情和市场价格。股票价格的高低不仅与公司的经营状况和盈利水平密切相关，而且与股票收益与市场利率的对比关系紧密相连。此外，股票价格还会受到国内外经济、政治、社会以及投资者心理等诸多因素的影响。从这点上看，股票价格的变动又与一般商品的市场价格变动不尽相同，大起大落是它的基本特征。

股票在交易价格上所表现出的波动性，既是公司吸引社会公众积极进行股票投资的重要原因，也是公司改善经营管理、努力提高经济效益、增强公司竞争能力的一个重要外部因素。

7. 经营决策的参与性

根据有关法律的规定，股票的持有者就是发行股票的公司的股东，有权出席股东大会，选举公司的董事会，参与公司的经营决策。股票持有者的投资意志和享有的权益，通常是通过股东经营决策权的行使而实现的。股东参与公司经营决策的权利大小取决于其所持股份的多少。从实践中看，只要股东持有的股票数额达到决策所需的实际多数，就能成为公司的决策者。

股票所具有的经营决策的参与性特征，对于调动股东参与公司经营决策的积极性和创造性，对于建立一个制衡性的、科学合理的公司治理机制，具有十分重要的意义。

（三）股票发行条件

1. 基本条件

根据《中华人民共和国证券法》（以下简称《证券法》）第十二条的有关规定，公司首次公开发行新股，应当符合下列条件：

（1）具备健全且运行良好的组织机构。

（2）具有持续经营能力。

（3）最近三年财务会计报告被出具无保留意见审计报告。

（4）发行人及其控股股东、实际控制人最近三年不存在贪污、贿赂、侵占财产、挪用财产或者破坏社会主义市场经济秩序的刑事犯罪。

（5）经国务院批准的国务院证券监督管理机构规定的其他条件。

根据《证券法》第十四条的规定，公司发行新股还必须满足下列要求："公司对公开发行股票所募集资金，必须按照招股说明书或者其他公开发行募集文件所列资金用途使用；改变资金用途，必须经股东大会作出决议。擅自改变用途，未作纠正的，或者未经股东大会认可的，不得公开发行新股。"

2. 一般规定

根据《上市公司证券发行管理办法》，上市公司申请发行新股，还应当符合以下具体要求：

（1）上市公司的组织机构健全、运行良好，符合下列规定：

1）公司章程合法有效，股东大会、董事会、监事会和独立董事制度健全，能够依法有效履行职责。

2）公司内部控制制度健全，能够有效保证公司运行的效率、合法合规性和财务报告的可靠性；内部控制制度的完整性、合理性、有效性不存在重大缺陷。

3）现任董事、监事和高级管理人员具备任职资格，能够忠实和勤勉地履行职务，不存在违反《公司法》第一百四十七条、第一百四十八条规定的行为，且最近 36 个月内未受到过中国证监会的行政处罚、最近 12 个月内未受到过证券交易所的公开谴责。

4）上市公司与控股股东或实际控制人的人员、资产、财务分开，机构、业务独立，能够自主经营管理。

5）最近 12 个月内不存在违规对外提供担保的行为。

（2）上市公司的盈利能力具有可持续性，符合下列规定：

1）最近 3 个会计年度连续盈利，扣除非经常性损益后的净利润与扣除前的净利润相比，以低者作为计算依据。

2）业务和盈利来源相对稳定，不存在严重依赖于控股股东、实际控制人的情形。

3）现有主营业务或投资方向能够可持续发展，经营模式和投资计划稳健，主要产品或服务的市场前景良好，行业经营环境和市场需求不存在现实或可预见的重大不利变化。

4）高级管理人员和核心技术人员稳定，最近 12 个月内未发生重大不利变化。

5）公司重要资产、核心技术或其他重大权益的取得合法，能够持续使用，不存在现实或可预见的重大不利变化。

6）不存在可能严重影响公司持续经营的担保、诉讼、仲裁或其他重大事项。

7）最近 24 个月内曾公开发行证券的，不存在发行当年营业利润比上年下降 50%以上的情形。

（3）上市公司的财务状况良好，符合下列规定：

1）会计基础工作规范，严格遵循国家统一会计制度的规定。

2）最近3年及一期财务报表未被注册会计师出具保留意见、否定意见或无法表示意见的审计报告；被注册会计师出具带强调事项段的无保留意见审计报告的，所涉及的事项对发行人无重大不利影响或者在发行前重大不利影响已经消除。

3）资产质量良好。不良资产不足以对公司财务状况造成重大不利影响。

4）经营成果真实，现金流量正常。营业收入和成本费用的确认严格遵循国家有关企业会计准则的规定，最近3年资产减值准备计提充分合理，不存在操纵经营业绩的情形。

5）最近3年以现金方式累计分配的利润不少于最近3年实现的年均可分配利润的30%。

（4）上市公司最近36个月内财务会计文件无虚假记载，且不存在下列重大违法行为：

1）违反证券法律、行政法规或规章，受到中国证监会的行政处罚，或者受到刑事处罚。

2）违反工商、税收、土地、环保、海关法律、行政法规或规章，受到行政处罚且情节严重，或者受到刑事处罚。

3）违反国家其他法律、行政法规且情节严重的行为。

（5）上市公司募集资金的数额和使用应当符合下列规定：

1）募集资金数额不超过项目需要量。

2）募集资金用途符合国家产业政策和有关环境保护、土地管理等法律和行政法规的规定。

3）除金融类企业外，本次募集资金使用项目不得为持有交易性金融资产和可供出售的金融资产、借予他人、委托理财等财务性投资，不得直接或间接投资于以买卖有价证券为主要业务的公司。

4）投资项目实施后，不会与控股股东或实际控制人产生同业竞争或影响公司生产经营的独立性。

5）建立募集资金专项存储制度，募集资金必须存放于公司董事会决定的专项账户。

（6）上市公司存在下列情形之一的，不得公开发行证券：

1）本次发行申请文件有虚假记载、误导性陈述或重大遗漏。

2）擅自改变前次公开发行证券募集资金的用途而未作纠正。

3）上市公司最近12个月内受到过证券交易所的公开谴责。

4）上市公司及其控股股东或实际控制人最近12个月内存在未履行向投资者做出的公开承诺的行为。

5）上市公司或其现任董事、高级管理人员因涉嫌犯罪被司法机关立案侦查或涉嫌违法违规被中国证监会立案调查。

6）严重损害投资者的合法权益和社会公共利益的其他情形。

3. 配售股份的特别规定

向原股东配售股份（以下简称“配股”），除符合上述一般规定外，还应当符合下列规定：

（1）拟配售股份数量不超过本次配售股份前股本总额的30%。

（2）控股股东应当在股东大会召开前公开承诺认配股份的数量。

（3）采用《证券法》规定的代销方式发行。

控股股东不履行认配股份的承诺，或者代销期限届满，原股东认购股票的数量未达到拟配售数量 70%的，发行人应当按照发行价并加算银行同期存款利息返还已经认购的股东。

4. 公开增发的特别规定

向不特定对象公开募集股份（简称“增发”），除符合上述一般规定外，还应当符合下列规定：

（1）最近 3 个会计年度加权平均净资产收益率平均不低于 6%。扣除非经常性损益后的净利润与扣除前的净利润相比，以低者作为加权平均净资产收益率的计算依据。

（2）除金融类企业外，最近一期末不存在持有金额较大的交易性金融资产和可供出售的金融资产、借予他人款项、委托理财等财务性投资的情形。

（3）发行价格应不低于公告招股意向书前二十个交易日公司股票均价或前一个交易日的均价。

上市公司发行新股，不论是出于募足资本的目的，还是出于增加资本的目的，或者是为了分配盈余、将公积金转为资本或将可转换公司债变为股份所进行的新股发行，都需要满足新股发行的法定条件。如果上市公司不具备这些条件，却采取财务造假等手段发行新股，不但其发行事宜将会受阻，还要面临证监会的处罚。

（四）股票融资的副作用

我国上市公司偏好股票融资而忽视债务融资的融资模式带来的问题是多方面的，其中资金使用效率不高、经营业绩下滑、持续盈利能力趋弱是最突出的表现。

首先，在股票市场上进一步融资的低成本使上市公司感到可以很轻松地融资，股本扩张对上市公司经营者也不构成额外的压力，因此许多上市公司对募股资金都没有好好利用。

不少上市公司的募股资金投资并不符合公司的长远利益，它们轻易地把资金投到自己毫不熟悉、与主业毫不相关的产业中；在项目环境发生变化后，又随意地变更投资方向。可以说，低成本的股票融资助长了它们的这种行为，而以国有股为主导的股权结构使其无障碍地按照自己的意志行事，中小股东的利益则少有顾及。

还有一些上市公司把通过发行股票、配股、增发募集的大量资金直接或间接地投入证券市场，参与股市的投机炒作，获取投资收益，弥补主业的不足。由于这些资金没有按照招股说明书的承诺投向相应项目，这些资金没有真正发挥其功能，造成了资源的浪费，同时也扭曲了证券市场的资源配置功能。

其次，我国上市公司的经营业绩下滑是偏好股票融资的必然结果。根据财务理论，当投资项目预期收益率较高、股票融资的成本较高时，应该选择债务融资；而当项目的预期收益率较低时，应该选择股票融资。但上市公司的配股说明书中几乎百分之百地宣传配股项目有相当高的内部收益率。根据可配股公司原有净资产收益率不低于 10%的规定，很明显，预期的净资产收益率要远远高于银行贷款利率。在这种情况下，为什么上市公司还要选择股票融资而不是债务融资呢?

一种解释是原有的净资产收益率和内部收益率是不真实的，因而预测数据是不可靠的。另一种解释是在对未来的分配上，控股股东可以控制公司的股利分配政策，尤其是现金红利的派发，从而在事实上获取极其廉价的配股资金。还有一种解释就是公司的融资决策者并不在乎公司长远利益的分享问题，而只考虑或者说主要考虑公司短期的资金筹集问题。这三种情况都程度不同地存在。由于上市公司不按基本的经济规律行事，其结果必然是企业经营业绩下滑。

最后，从长期来看，上市公司偏好股票融资的行为对企业的最大影响是造成持续盈利能力的下降，这是我国上市公司表现出来的普遍问题。所谓的“一年绩优、两年绩平、三年绩差、四年绩劣”就是对我国上市公司持续盈利能力不断下降的写照。我国上市公司持续盈利能力逐年下降，上市公司在2010年的净资产收益率为16.04%，2015年为9.47%，2020年仅为8.93%。

再看配股对上市公司的影响。由于配股的资格要求，上市公司通过配股获得的净资产收益率必须达到6%以上，这是其获得配股的潜在资金成本；如果达不到，配股对公司未来的净资产收益率就是负面影响，从而给公司的长远发展带来负面影响。从1993年进行配股的93家上市公司看，其加权净资产收益率在配股当年为15.31%，但随后就出现下滑趋势，到1996年为9.42%，2000年年底仅为7.54%。近两年参与配股的上市公司基本都表现出这种趋势，这说明上市公司使用配股资金投资的项目并没有给其带来预期的高收益率，反而降低了资产的整体收益率水平，进而对其持续盈利能力有不利影响。

因此，利用股票融资对企业的发展来讲并不都是有利的；相反，不合理地利用股票融资，对企业的经营状况与未来持续盈利能力有严重的负面影响。因此，上市公司应该合理利用融资手段，以适应企业的长期发展。

总之，我国上市公司对股票融资的过度偏好已经影响到公司的经营业绩和持续盈利能力。上市公司应该根据自身财务特点、经营战略和资本市场状况，科学决策，合理利用多种融资手段，促进企业健康、持续地发展。

三、债券融资

（一）债券的内涵

债券是一种有价证券，是社会各类经济主体为筹措资金而向债券投资者出具的并承诺按一定利率定期支付利息和到期偿还本金的债权债务凭证。由于债券的利息通常是事先确定的，所以债券也称固定收益证券。

债券的本质是债的证明书，具有法律效力。债券购买者与发行人之间是一种债权债务关系，债券发行人就是债务人，投资者（或债券持有人）就是债权人。发行债券是企业筹集资金的一种重要形式，是直接融资的一种工具。

1. 债券的发行价格

债券的发行价格是指债券发行时确定的价格，债券的发行价格可能不同于债券的票面金额。当债券的发行价格高于票面金额时，称为溢价发行；当债券的发行价格低于票面金额时，称为折价发行；当债券的发行价格等于票面金额时，称为平价发行。债券的发行价格通常取决于市场的利率水平以及债券二级市场的交易价格。

2. 债券的交易价格

债券离开发行市场进入流通市场进行交易时，便取得交易价格。债券的交易价格随市场利率和供求关系的变化而波动，同样可能偏离其票面价值。

3. 债券的偿还期限

债券的偿还期限是指从债券发行之日起至清偿本息之日止的时间。债券的偿还期限一般分为三类：偿还期限在1年或1年以内的，称为短期债券；偿还期限在1年以上10年以下的，称为中期债券；偿还期限在10年以上的，称为长期债券。

4. 债券的利率

债券的利率就是债券的利息与债券票面额的比率。例如，某种债券的利率为10%，表示每认购100元面额的债券，每年就可获得10元的利息。

影响债券利率的因素主要有：一是银行利率水平。当银行利率水平提高时，债券利率水平也要相应提高，以保证人们会去购买债券而不是把钱存入银行。二是发行者的资信状况。发行者的资信状况好，债券的信用等级高，表明投资者承担的违约风险较低，作为债券投资风险补偿的债券利率也可以定得低些；反之，信用等级低的债券则要通过提高债券利率来增加吸引力。三是债券的偿还期限。偿还期限长的债券，流动性差，变现能力弱，其利率水平可高一些；偿还期限短的债券，流动性好，变现能力强，其利率水平可低一些。四是资本市场资金的供求状况。当资本市场上的资金充裕时，发行债券的利率便可低一些；当资本市场上的资金短缺时，发行债券的利率则要高一些。

（二）债券的基本特征

债券作为一种债权债务凭证，与其他有价证券一样，也是一种虚拟资本。从投资者的角度看，债券具有以下四个特征：

（1）偿还性。债券的偿还性是指债券必须规定到期期限，由债务人按期向债权人支付利息并偿还本金。当然，也有例外，如无期公债或永久性公债。这种公债不规定到期时间，债权人也不能要求清偿，只能按期支取利息。历史上，只有英国、法国等少数几个国家在战争期间为筹措军费而采用过这种债券。

（2）流动性。债券的流动性是指债券能够迅速转变为货币而又不会在价值上蒙受损失的一种能力。一般来说，如果一种债券在持有期内不能任意转换为货币，或者在转换成货币时需要付出较高成本，如较高的交易成本或较大的资本损失，这种债券的流动性就较低。高流动性的债券一般具有以下特点：一是发行人具有及时履行各种义务的信誉；二是偿还期短，市场利率的上升只能轻微地减少其价值。

（3）安全性。债券的安全性是相对于债券价格下跌的风险性而言的。一般来说，具有高流动性的债券，其安全性也较高。导致债券价格下跌的风险有两类：一是信用风险，是指债务人不能按时支付利息和偿还本金的风险。这主要与发行人的资信情况和经营状况有关。信用等级高，信用风险就小。信用风险对于任何一个投资者来说都是存在的。二是市场风险，是指债券的市场价格因市场利率上升而跌落的风险。债券的市场价格与利率呈反方向变化。市场利率上升，债券价格下降；市场利率下降，债券价格上升。债券的有效期（即到期之前的时期）越长，债券价格受市场利率波动的影响越大；随着债券到期日的临近，债券价格便趋于票面价值。

（4）收益性。投资者可以在持有债券的期限内，根据债券的规定，取得稳定的利息收入。投资者还可以通过在二级市场上买卖债券获得资本收益。这一点主要是通过对市场利率的预期来实现的。

债券的偿还性、流动性、安全性与收益性之间存在着一定的矛盾。一种债券很难同时具备以上四个特征。如果某种债券流动性强、安全性高，人们便会争相购买，于是这种债券就会价格上涨、收益率降低；反之，如果某种债券的风险大、流动性差，购买者就会减少，债券价格就会较低，其收益率就会相对提高。对于投资者来说，可以根据自己的投资目的和财务状况对债券进行合理的选择和组合。

（三）企业发行债券的条件

《企业债券管理条例》要求发行债券的企业必须符合下列条件：

（1）企业规模达到国家规定的要求。

（2）企业财务会计制度符合国家规定。

（3）具有偿债能力。

（4）企业经济效益良好，发行企业债券前连续 3 年盈利。

（5）所筹资金用途符合国家产业政策。

延伸阅读

《企业债券管理条例》

按照《企业债券管理条例》的规定，国家计划委员会（现为国家发展和改革委员会）会同中国人民银行、财政部、国务院证券委员会拟订全国企业债券发行的年度规模和规模内的各项指标，报国务院批准后，下达各省、自治区、直辖市、计划单列市人民政府和国务院有关部门执行。因此，企业发行债券必须受到国家计划发行规模的限制。中国人民银行及其分支机构和国家证券管理部门依照规定的职责，负责对企业债券的发行和交易活动进行监督检查。

企业发行债券时，要经过配额与发行的双重审核。

（四）债券融资的优缺点

1. 债券融资的优点

（1）融资成本低。

（2）保障股东控制权。

（3）发挥财务杠杆作用。

（4）便于调整资本结构。

2. 债券融资的缺点

（1）融资条件多。

（2）融资数量有限。

（3）限制条件多。

四、商业票据融资

（一）商业票据融资概述

商业票据是一种商业信用工具，是指由债务人向债权人开出的、承诺在一定时期内支付一定款项的支付保证书，即由无担保、可转让的短期期票组成。对于声誉卓越的大中型企业来说，可以通过发行商业票据直接从货币市场上筹集短期货币资金。

1. 商业票据的形式

根据承兑期限不同，商业票据有两种基本形式，即商业期票和商业汇票。

（1）商业期票。商业期票是由债务人向债权人开出的、承诺在一定时期内支付一定款项的债务证明书，付款方式包括到期即付款、定日付款、见票后定期付款三种。商业期票在到期前，只要经过债权人在票据背面签署转让证明就可以作为购买手段或支付手段，用于购买商品或支付债务。

（2）商业汇票。商业汇票是指由债权人或债务人签发，由承兑人承兑，并在到期日向债权人或背书人支付款项的一种票据，其中包括三个关系人：债权人、债务人和承兑人。按照承兑人的不同，商业汇票又可分为商业承兑汇票和银行承兑汇票。商业承兑汇票是指由收款人开出，经付款人承兑，或由付款人开出并承兑的汇票；而银行承兑汇票是指由收款人或承兑人开出，由承兑申请人向开户银行申请，经银行审查同意承兑的汇票。

银行承兑汇票的一个重要行为是贴现，即银行承兑汇票的持票人在汇票到期日前，为了取得资金，贴付一定利息将票据权利转让给银行的票据行为。

贴现申请人必须具备的条件包括：在贴现行开立存款账户的企业法人或其他经济组织，与出票人或直接前手之间有真实的商品交易关系，能够提供与其直接前手之间的增值税发票（按规定不能出具增值税发票的除外）和商品发运单据复印件。

延伸阅读

商业票据融资案例

贴现申请人办理汇票贴现业务时，需要填写《商业汇票贴现申请书》，加盖公章和法人代表人章（或授权代理人章）后提交开户行，并提供以下资料：

1）未到期的银行承兑汇票。

2）贴现申请人的《企业法人营业执照》或《营业执照》复印件。

3）持票人与出票人或其直接前手之间的增值税发票（对因《中华人民共和国增值税暂行条例》所列不得出具增值税发票的商品交易，无增值税发票作附件的，可由申请人提交足以证明其具有真实商品交易关系的其他书面材料）和商品发运单据复印件。

4）贴现银行认为需要提供的其他资料。

贴现的期限从其贴现之日起至汇票到期日止，期限最长不超过 6 个月。实付贴现金额按票面金额扣除贴现日至汇票到期前一日的利息计算。贴现利率按中国人民银行规定执行，一般按商业银行同档次流动资金贷款利率下浮 3 个百分点执行。

根据《中华人民共和国票据法》，承兑行对收到的到期汇票，必须于收到的当日将票款付给持票人，不得压票、拖延付款。对商业承兑汇票，必须严格按照《支付结算办法》的规定办理划款。银行承兑汇票划款期限的计算，自票据到期日起，电划不超过 3 天，邮划不超过 7 天；商业承兑汇票划款期限计算另加通知付款期 3 天。对于在上述期限内尚未收到划回的票款，委托收款银行须在该期限届满的次日向承兑行及其管辖行和中国人民银行当地分支行发出承兑汇票逾期付款通知书。管辖行收到通知书后应及时对承兑行进行检查，对压票、拖延付款的，要责成其立即付款，并对其按票据金额处以每天万分之七的罚款。管辖行对检查的情况要及时通知委托收款银行，并报中国人民银行当地分支行。中国人民银行当地分支行应根据商业银行管辖行的查处情况进行复查。

承兑银行对已承兑的商业汇票，应当承担到期无条件付款的责任。除下列情况的票据外，承兑行不得拒绝付款：① 持票人以欺诈、偷盗或者胁迫等手段取得的票据；② 持票人明知有欺诈、偷盗或者胁迫等情形，出于恶意取得的票据；③ 持票人明知债务人与出票人或者持票人的前手之间存在抗辩事由而取得的票据；④ 持票人取得背书不连续的票据。承兑行编造理由无理拒付的，一经查实，要责令其立即付款，并对其按票据金额处以每天万分之七的罚款。

2. 商业票据的发行

（1）发行方式。商业票据的发行有两种方式：一种方式是由发行公司直接发行，即不通过经纪人，由发行公司将商业票据直接出售给现金富裕的大公司，通过这种方式发行的票据占总发行量的60%～80%；另一种方式是委托经纪人发行，发行商业票据的大中型企业委托经纪人将商业票据出售给投资者，并支付一定的佣金给经纪人，佣金的比例为发行额的0.125%左右。

债务人发行的商业票据，记载有如下事项：标明“期票”字样、确定的金额、无条件支付承诺、收款人名称、出票日期、付款日期、出票人签章。规定事项缺一无效。

（2）发行条件。尽管利用商业票据融资具有很多优点，但商业票据融资并不是任何需要短期资金的公司都可以利用的。一般来说，发行商业票据融资的公司必须具有一定的资格条件：① 信誉卓著，财力雄厚，有支付期票金额的可靠资金来源，并保证按期支付；② 发行商业票据必须是原来就有的公司，新设立的公司不能用此方式筹集资金；③ 在某一大银行享有最优惠利率的借款；④ 在银行有一定的信用额度可供利用；⑤ 短期资金需求量大、融资数额大的公司。

3. 商业票据的融资特点

商业票据融资具有以下特点：

（1）无担保，即无实体财产作抵押担保品，只以发行公司的声誉、实力、地位作担保。

（2）期限短，即一般情况下，商业票据最短的以几天来计，大中型企业发行商业票据的期限为1～6个月，大型金融公司发行商业票据的期限为1～9个月。

（3）见票即付，商业票据有明确的到期日。到期时，债务人必须无条件地向债权人、持票人支付金额，不能以任何理由为借口拒绝或延期支付。

（4）利率低，即商业票据的利率一般低于银行贷款利率，但高于国债利率。

（5）平价发行，即商业票据的面额就是发行价格。

（6）受限制少，商业票据融资方式没有其他融资方式受到的法律法规限制，而且没有最高额限制。

除上市和贷款外，商业票据融资具有便捷、低风险、低成本、周转快以及高流动性的特点，而且企业在利用票据融资的过程中，贷款过程无须严格审查，在交纳保证金和手续费后，便可开具企业相应额度的承兑汇票，在6个月内代替现金流动，手续费仅为万分之五，再贴现利息也远低于同期贷款利率。重要的是，票据在流动中，每流动一次便增加了一次使用价值，一张承兑汇票可以产生几十倍的货币效应，因此成为企业最受青睐的融资工具之一，被中小企业视为“企业动脉”。同时，在商业银行存贷利差为主要收入的情况下，票据可以收取保证金，其贴现利息和手续费成为银行扭亏为盈的主要途径；同时，票据融资可以作为银行的一种奖励手段来留住老客户，利用票据转嫁风险。

五、无形资本融资

（一）无形资本的内涵

1996年，国家国有资产管理局转发中国资产评估协会制定的《资产评估操作规范意见（试行）》①，其对无形资产的定义是：无形资产是指特定主体控制的不具有独立实体，而对生产经营长期持续发挥作用并带来经济利益的一切经济资源。

公司无形资本是在无形资产基础上发展而来的，无形资本是指能参与经营并带来剩余价值的无形资产。无形资本的无形是相对固定资产而言的，其本身因隐含高密集度的知识资源而具有特殊性，因此无形资产与无形资本的区别是：无形资产是无形固定资产的简称，是不具有实物形态而以知识形态存在的重要资源，并为其产权所有者提供某种权利或优势，同时能够带来经营收益的特殊资产，其与有形资产一起构成公司的资产总体；而无形资本则是通过实际投入市场经营与资本循环形成增值效应的无形资产，也就是说，并不是所有的无形资产都能成为无形资本。

如果给无形资本分类，可从狭义和广义的角度划分：狭义的无形资本是指可计量并能进入公司会计核算指标体系的无形资本；而广义的无形资本是指公司的一种无实物形态的资本性资产，它能使公司在未来较长的时期内获得经济效益。

目前，对无形资本的认识还处于起步阶段，因此对无形资本的组成还没有统一的认识。在知识经济条件下，无形资本大致可分为以下几类：① 体现市场竞争力的资本，包括公司名称、公司品牌、服务品牌、顾客、长期客户、业务伙伴、特许经营权协定、专利使用权协定、长期信誉等；② 体现智力劳动的资本，即专利权、商标权、版权、商业秘密、配方、专有技术等；③ 体现公司内在发展动力的资本，如公司经营管理方法、公司文化、管理信息系统、网络工作系统等；④ 体现人力资源的资本，包括员工的教育状况、知识水平、创新能力、工作技巧、合理化建议等。还有学者认为土地使用权也应该属于无形资本，因为土地属于国家所有，公司只拥有使用权，因此公司的土地使用权（包括开发经营权、批租使用权等）应该属于无形资本范畴。

（二）无形资本的价值及特征

1. 无形资本的价值

20世纪五六十年代开始的知识经济具有经济运行现代化、产业结构高科技化、资产投入无形化等特点，知识开始由过去单纯的生产要素发展成为主导要素，主导着产业和产品。而无形资本作为知识经济发展中的核心生产力要素，本身也具有价值，主要体现在以下方面：

首先，无形资本的价值与其他有形资产一样，具备商品的二重性，即价值和使用价值。无形资本是劳动的产物，它的价值就在于凝结着发明人或设计人的脑力劳动和一些辅助性的体力劳动，在许多情况下还凝结着试验研究仪器、机器设备和试验材料等物化劳

---

① 2011年10月14日，中国资产评估协会发布《关于废止〈资产评估操作规范意见（试行）〉的通知》，指出随着我国资产评估准则体系的发展和完善，1996年中国资产评估协会发布的《资产评估操作规范意见（试行）》涉及的规范内容，可以由相关的评估准则进行规范，《资产评估操作规范意见（试行）》予以废止。

动。各类无形资本要素在开发创造过程中付出的必要劳动，是无形资本价值量大小的依据之一。无形资本开发过程完毕以后，必须将其应用，方能实现价值，否则只能是费用消耗。

其次，在交换中，无形资本和其他商品一样起着价值承担物的作用。无形资本被本企业自己使用就是固定资产，与别人交换就是商品。无形资本可以一部分用于本单位生产经营，通过本身的商品、服务体现无形资本的独特功能，即形成对市场的控制能力而获得收益，体现出无形资本的价值；另一部分则可以向外转让，作为特殊商品提供给社会，其中很重要的内容就是利用无形资本融资，无形资本可以在融资过程中表现出价值。

当然，无形资本毕竟是一种无形资源，其价值体现与一般的有形资产不同，通常需要对其价值进行评估。一般来说，影响无形资本评估价值的因素主要有：

（1）无形资本的成本。无形资本与有形资产一样，也具有成本，只是相对有形资产而言，其成本确定不是十分明晰和易于计量的。对企业无形资本来说，外购无形资本较易确定成本，自创无形资本的成本计量困难些。无形资本产生的一次性特点使其在创造过程中所耗费的劳动不具有横向比较性。无形资本的创造与其投入、失败等密切结合，这部分的成本确定是很困难的。一般来说，这些成本项目包括创造发明成本、法律保护成本、发行推广成本等。

（2）收益能力。成本是从对无形资本补偿角度考虑的，但无形资本更重要的是其具有创造收益能力。一项无形资本在环境、制度允许的条件下，获利能力越强，其评估值越高；获利能力越弱，其评估值越低。有的无形资本，尽管其创造成本很高，但不为市场所需求或收益能力低微，其评估值就很低。

（3）技术水平。成果的技术水平影响成果的使用年限、成果的超额收益能力。成果的技术水平越高，垄断性越强，成果所获得的超额收益能力越强，使用年限也越长。

（4）技术成熟程度。一般科技成果都有一个发展—成熟—衰退的过程。科技成果的成熟程度如何，直接影响到评估值的高低。其开发程度越高、技术越成熟，运用该技术成果的风险性越小，评估值就会越高。一项成熟程度不是很高的无形资本，在评估时应分析、预计其可能的成熟程度，正确估计其风险，从而合理确定其评估值。

（5）成果使用方式。从转让内容看，无形资本转让有所有权转让和使用权转让。在转让过程中，有关条款的规定会直接影响其评估值。就所有权转让和使用权转让来说，所有权转让的无形资本评估值高于使用权转让的无形资本评估值。在技术贸易中，同是使用权转让，由于其许可程度不同，无形资本评估值的高低也不同。

（6）行业技术发展水平。无形资本的更新换代越快，无形损耗越大，其评估值越低。无形资本价值的损耗和贬值不取决于自身的使用损耗，而取决于本身以外的更新换代情况。

（7）市场供需状况。市场供需状况一般反映在两个方面：一是无形资本市场需求情况；二是无形资本的适用程度。对于可出售、转让的无形资本，其评估值随市场需求的变动而变动。市场需求大，则评估值就高；市场需求小，且有同类无形资本替代，则其评估值就低。同理，无形资本的适用范围越广，适用程度越高，需求者越多，需求量越大，评估值就越高。

（8）使用期限。每一项无形资本一般都有一定的使用期限。使用期限的长短，一方面取决于该无形资本的先进程度，另一方面取决于其无形损耗的大小。无形资本越先进，其领先水平越高，使用期限越长；同样地，无形损耗程度越低、使用期限越长，其具有实际超额收益的期限（或收益期限）就越长。例如，某项发明专利的保护期为 20 年，但由于无形损耗较大，拥有该项专利实际能获超额收益的期限为 10 年，则这 10 年即为评估该项专利时所应考虑的期限。

此外，无形资本评估值的高低还取决于无形资本交易、转让的价款支付方式，各种支付方式的提成基数、提成比例等。因此，在评估无形资本时，应综合考虑这些因素。

2. 无形资本的特征

正是由于无形资本的价值与实物资本不同，因此其价值具有如下特征：

（1）无可比性。从理论上讲，商品的价值是由生产该产品的社会必要劳动时间决定的，但无形资本不同于一般商品，大多数无形资本是独占性成果，最先获得法律认可的成果即为有效的无形资本，其所花费的劳动时间（即其个别劳动时间）就是该项无形资本的社会必要劳动时间，因此无形资本的价值无可比性。

（2）不确定性。对于无形资本这种智力资源来说，其开发、设计、研制所花费的个别劳动时间也是不确定的。有的无形资本项目开发很可能在短时间内取得成功，有的则要花费很长时间才能成功，甚至还有失败的可能，所以说无形资本的价值具有不确定性。

（3）变化性。一般商品的价值处于相对稳定状态，而无形资本的价值则处于变化的动态之中，这包括以下方面：无形资本应用于企业所获得的新创造价值；用于维护、宣传无形资本所投入的新增价值，包括用于宣传的广告费（实际上是无形资本价值的不断积累）、维护无形资本的价值（如专利的年费、商标的续展费等）都在增加无形资本的成本，也就使其价值处于变化中；无形资本为了在空间上的扩展和在不同国家获得权益量的增加所支出的费用和新创造的价值也使无形资本的价值发生变化；专利权价值期满后就会失效，价值呈递减趋势，最后到零，而商标权只要维护其权益，按期续展，则其价值就会不断增长。

（4）价值补偿的多次实现性。作为企业生产经营物质技术基础的无形资本，其价值补偿与有形固定资产一样是逐渐、部分得到补偿的；而作为商品进行交易的无形资本，其补偿也是多次实现的，常常不可能一次收回其价值。

实现无形资本的价值方式有多种，其中包括：第一，无形资本所有者的无形资本（专利、商标权、软件著作权等）在一定时期形成对市场的控制，使所有者获取收益，如英特尔公司、微软公司、我国的海尔公司都是以这种途径实现无形资本价值的。第二，无形资本的所有者自己不使用，而是将其作为商品对外转让，通过转让获取收益，实现价值。第三，无形资本所有者将无形资本许可他人使用，靠收取许可使用费获取收益，实现其价值，像专利权、商标权、著作权均可采取这种方式。第四，无形资本所有者还可以将几种无形资本要素联合应用，以特许经营的方式获取收益，这种形式不但许可他人使用自己的专利、技术秘密、商标，还包括统一的厂商名称、管理模式、店面的装潢、产品说明书等。无形资本所有者不但向被特许人收取加盟费，而且每年还要根据营业收入或使用无形资本的数量按一定的比例提成。第五，将无形资本对外投资入股，组建新的经济实体，无形资本的所有人在新的经济实体中是股东，靠投资的分红实现价值。

以上五种方式相互独立，但也可以联合应用。例如，第一种方式在无形资本所有人自己使用的同时，还可以许可使用的方式或以特许经营的方式获取利润，如著名的可口可乐公司、麦当劳公司不但自己使用商标和配方，还实行对外许可，以获取巨额的加盟费和特许使用费，但是转让和对外投资入股则使无形资本所有权发生了变更，只能是单独应用，不能与其他方式混用。不过，无论通过哪种途径，其最终目的是相同的——通过收益补偿无形资本开发和维护阶段的价值耗费，并获取利润。

既然企业的无形资本具有自身的价值，而且可以通过上述五种方式体现其价值，那么企业在融资时可以充分利用其内在价值，通过资本运营为企业融资服务。企业的资本运营是指企业通过对资本结构、融资和投资的运筹，以谋求实现在风险与盈利之间的特定平衡，争取企业资本增值最大化。长期以来，人们对现代企业的资产与资本的理解只是停留在以实物形态存在的有形资产上，只是重视有形资本在资本市场上的运用而忽视了无形资本的巨大增值效应。实际上，作为劳动手段、劳动成果，并以知识形态存在的无形资产要素与无形资本在资本市场上已经成为衡量企业综合素质的标准。

（三）无形资本的主要运营方式

无形资本运营是指企业对自身所拥有的各种无形资本进行运筹和谋划，使其实现价值最大化的活动。它首先适用于商业性交易活动，目的是追求资本的增值最大化，其运营过程包括交易行为的全过程以及对这一过程的控制与管理。其主要的运行方式包括但不限于以下几种：

1. 无形资本的整体式交易与分割式交易

整体式交易是指企业在进行产权交易过程中将企业的所有无形资本，包括商标、商号、专利技术、专有技术、特许经营权等一次性全部作价转让给受让方。整体式交易一般发生在企业产权的整体性交易中，包括兼并、买断、整体联合等资产重组活动。

分割式交易是指企业将一部分无形资本有偿转让给受让方。在承包经营、租赁经营以及参股、控股经营中，卖方企业均可将自身拥有的某一部分无形资本经过合理评估后转让给需求的企业，供其占有或使用。

2. 特许经营权的转让

特许经营权是企业的一种非常重要的无形资本，包括两种形态，即外部赋予型和企业自创型。外部赋予型是指外部赋予企业的非竞争性特许经营权，即企业特许经营权不是在市场竞争中形成的，而是在政府有关法律、政策的保护下形成的，是经营某个行业、某类产品、某种商品的权利。而企业自创型是指企业自身创造的竞争性特许经营权，即企业在竞争中通过努力获得的某种特许经营权，包括企业通过努力形成的品牌、知名度、经营管理方式等无形资本和企业在竞争中取得的某种产品或某个企业的经营模式的特许经营权。在一定条件下，企业的特许经营权可以通过转让方和受让方签订合同达成转让交易，其中包括以下几种：

（1）生产加工等特许经营权的转让。生产加工等特许经营权是一种无形资本，获得该权利就可以获得某种额外的利润，因此企业可以将某些生产项目或某些产品以及某些资源的开采、加工等的特许经营权在一定时间内转让给受让方。

（2）批发特许经营权的转让。这是指企业将其在某一区域市场产品批发的总经销、总代理或独家经销、独家代理的特许经营权转让给受让方。在现代商业竞争中，批发特许经营权对某些市场紧俏商品或某些名牌产品以及一些特殊商品的经营是一种重要的资源，独家经销、代理就等于获得了某些商品的进货权、批发权，这是一笔无形资本。

（3）零售特许经营权的转让。这是指某些有名的老字号、名店、名牌商店、特殊商品在某一地区内零售的特许经营权的转让。在零售业的连锁店经营中，特许连锁店形式是一种典型的零售特许经营权的转让，如中国永辉超市、苏宁易购等均是以转让该店商号的零售特许经营权形式获得发展。

（4）广告特许经营权的转让。广告特许经营权的转让是指企业将获得的在某一时间内某一特定广告媒体上的某种特许经营权有偿转让给受让方的一种交易活动。

3. 借助许可证合同进行的交易

在无形资本的运营中，技术专利、商标等无形资本要素的经营一般是借助许可证合同进行的有偿转让。就性质而言，许可证贸易是技术使用权的转让，而技术的所有权没有转让。根据许可证标的内容的不同，许可证贸易包括专利权、专有技术、版权和商标使用权四种。

（1）专利权的许可证贸易。专利权是指技术发明人依法向国家专利局提出申请，经审查批准后被授予的一种独占性使用该技术的权利。由于专利权受国家法律保护，其他任何单位和个人要使用该项发明必须获得专利人的授权。

（2）专有技术的许可证贸易。专有技术是一种实用的、保密的、不受产权法保护的、可以用来取得经济价值的知识和资料，包括产品的生产技术、经营管理和商务营销方面的经验及知识。专有技术是没有专利的产权知识，之所以不申请专利，主要是为了加强保密性和维护专有技术的商业价值。

（3）版权的许可证贸易。版权是对文学和艺术作品的保护，这些作品包括已经公开发表的作品，也包括还没有发表的作品。除了文学作品外，还有录音、视听作品、计算机程序和数据库等。

（4）商标使用权的许可证贸易。商标是指商品生产者或经营者用来标明其商品或企业，以区别其他商品或企业的一种特殊标志。在现代企业中，商标通常代表了商品或企业的商业信誉，是重要的无形资本。例如，2014 年广汽乘用车以 300 万元人民币的价格转让“V 标”商标给长安汽车。

六、融资租赁

（一）融资租赁的内涵

融资租赁是指具有融资性质和所有权转移特点的设备租赁业务，即出租人以收取租金为条件，根据承租人所要求的规格、型号、性能等条件购入设备租赁给承租人。在合同期内，设备所有权归出租人，承租人只拥有使用权；合同期满，在承租人付清租金后，有权按残值购入设备，出租人丧失所有权，承租人拥有所有权。因此，符合下列条件之一的为融资租赁：租赁期为资产使用年限的大部分（75%或以上）；租赁期内租赁最低付款额大于或基本等于租赁开始时资产的公允价值；在租赁期满时，租赁资产的所有权转让给承租方。

租赁业在发达国家被称为“朝阳产业”。以美国为例，美国租赁业已发展近 150 年，仍生机勃勃。在经历 2020 年新冠疫情的冲击后，美国设备租赁业已强势翻盘。据美国设备租赁与金融协会（ELFA）数据显示，截至2021年年末，样本公司的资产总额达9 000亿美元，新增业务额较2020年上涨了7.4%，平均资产收益率从2020年的0.7%大幅攀升至2021年的1.6%。从公司类型来看，2021年银行系融资租赁公司新增业务额较2020年增长了3.6%，厂商系融资租赁公司新增业务额较2020年增长了14.6%，独立机构类型融资租赁公司新增业务额较2020年增长了16.4%。从设备类型来看，2021年美国融资租赁行业融资最多的前五大设备类型分别是运输设备、IT和相关技术服务、建筑设备、农业设备、工业及制造业设备，医疗设备、办公设备、原材料处理设备、能源设备、家具及装修设备紧随其后。另外，在美国，融资租赁也是那些处于创业阶段的新企业融资的有效手段之一，由于其可操作性和易得性而受到新创企业的青睐。

融资租赁作为一种金融与贸易相结合的业务，在中国已经开展了几十年，为我国的工业发展、技术进步做出了很大的贡献，并在投资领域开拓了新的融资方式。融资租赁业务发展至今，尽管对国家的经济发展做出了重要贡献，但很多租赁公司都因租金拖欠问题，不同程度地陷入债务危机，从而限制了融资租赁业务在我国的进一步发展。如今在我国进一步深化体制改革的过程中，从租赁公司到承租企业都应建立和加强风险意识，总结以往的经验，从而使融资租赁业务逐步从目前的困境中走出来，让本应在经济发展时期、资金紧缺时能发挥重要作用的融资租赁业务发挥更大的作用。

（二）融资租赁的分类

融资租赁也有许多种类，为了更好地界定融资租赁，这里介绍一些官方权威认定的融资租赁模式。

（1）简单融资租赁。简单融资租赁就是当承租人有意通过出租人租赁由其选择的租赁物件时，出租人对租赁项目进行风险评估后愿意出租租赁物件给承租人使用。为了取得租赁物件，出租人首先全额融资购买承租人选定的租赁物件，然后按照固定的利率和租期，根据承租人占压出租人融资本金时间的长短计算租金，承租人按照租约支付每期租金；期满结束后，承租人以名义价格购买租赁物件的所有权。在整个租赁期间，承租人没有所有权但享有使用权，并负责维修和保养租赁物件。出租人对租赁物件的好坏不负任何责任，设备折旧在承租人一方。

（2）返还式租赁。返还式租赁是简单融资租赁的一个分支，它的特点是承租人与租赁物件供货人是一体，租赁物件不是外购，而是承租人在租赁合同签约前已经购买并正在使用的设备。承租人将设备卖给租赁公司，然后作为租赁物件返租回来，对物件仍有使用权，但没有所有权。设备的买卖是形式上的交易，承租企业需要将固定资产转为融资租入的固定资产。返还式租赁强调了租赁的融资功能，失去了租赁的促销功能，类似于“典当”业务，企业在不影响生产的同时，可以扩大资金来源，是一种金融活动。

（3）融资转租赁。租赁公司将从其他租赁公司融资租入的租赁物件再转租给第二承租人的业务方式叫融资转租赁。此时的业务做法同简单融资租赁无太大区别，出租方在实际操作过程中，只是依据购货合同确定融资金额，而出租方从其他租赁公司租赁设备的业务过程是在金融机构间进行的，在购买租赁物件的资金运行方面始终与最终承租人没有直接的联系。融资转租赁在做法上可以很灵活。有时，租赁公司甚至直接将购货合同作为租赁资产签订转租赁合同，这实际是租赁公司融通资金的一种方式。租赁公司作为第一承租人，不是设备的最终用户，因此也不能提取租赁物件的折旧。

（4）杠杆租赁。杠杆租赁属于依靠政策的租赁（制度租赁），是专门做大型租赁项目的一种有税收好处的融资租赁。这种租赁方式主要是由一家租赁公司牵头作为主干公司，为一个超大型的租赁项目融资。首先成立一个脱离租赁公司主体的操作机构——专为本项目成立的资金管理公司，并支付项目总金额20%以上的资金，其余资金来源主要是吸收银行和社会闲散游资，利用享受低税的好处，“以二搏八”，为租赁项目取得巨额资金。由于可享受税收好处，并且操作规范、综合效益好、租金回收安全、费用低，一般用于飞机、轮船、通信设备和大型成套设备的融资租赁。

（5）百分比租赁。百分比租赁是把租赁收益和设备运用收益相联系的一种租赁形式。承租人向出租人缴纳一定的基本租金后，按承租人营业收入的一定比例支付其余的租金。出租人实际参与了承租人的经营活动。

（6）风险租赁。风险租赁是指在成熟的租赁市场上，出租人以租赁债权和投资方式将设备出租给特定的承租人，出租人获得租金和股东权益作为投资回报的一种租赁交易。简而言之，风险租赁就是出租人以承租人的部分股东权益作为租金的一种租赁形式，这也正是风险租赁的实质所在。

（7）结构式参与租赁。这是以促销为主要目的的融资租赁新方式，它吸收了风险租赁的一部分经验，是结合行业特性新开发的一种租赁产品。其主要特点是：融资不需要担保；出租人是以供货商为背景组成的；没有固定的租金约定，而是按照承租人的现金流量折现计算融资回收，因此没有固定的租期；出租人除了取得租赁收益外，还取得部分年限参与经营的营业收入。

（8）合成租赁。合成租赁是一种除了提供金融服务外，还提供经营服务和资产管理服务的综合性全方位租赁服务。这种租赁形式扩展了融资租赁的内涵，租赁的收益也因此扩大，而风险却因而减少，使租赁更显露服务贸易的特征。由于完成这项综合服务需要高素质的综合性人才，因此合成租赁充分体现了知识在服务中的重要作用。合成租赁的发展将成熟的融资租赁行业带入知识经济时代。

（9）联合租赁。联合租赁类似银团贷款，即由两家以上租赁公司共同对一个项目进行联合融资，提供租赁服务。其联合的方式可以是紧密的，也可以是松散的。联合的主体可以是融资租赁公司，也可以是非融资租赁公司或其他战略投资人。

由于融资租赁的方式灵活多变，以上分类仅是原则区分。实际上，许多做法都相互交融在一起，在法律和管理上容易引起混乱，这就是要对融资租赁进行分类和界定的重要意义。

（三）融资租赁的程序

融资租赁涉及的义务不同，其具体操作程序也可能不同，以下从一般性的角度介绍融资租赁的操作程序：

（1）选择租赁公司。企业在决定通过融资租赁方式取得某项设备后，首先要了解各个租赁公司的经营范围、业务能力、资信情况以及其与其他金融机构的关系，获得租赁公司的融资条件和租赁费用等资料，并加以比较，从而择优选择一个对企业最有利的租赁公司。

（2）办理租赁委托。在选定租赁公司后，融资企业就可以填写《租赁申请书》，说明对所需设备的具体要求，同时提供企业的财务状况资料，包括资产负债表、损益表和现金流量表等，进而向租赁公司提出申请，办理委托。

（3）签订购货合同。由融资租赁中的一方或双方与选定设备的供应方进行购买设备的技术与商务谈判，在此基础上签订购货合同。

（4）签订租赁合同。由承租企业与租赁公司签订租赁合同，租赁合同包括一般条款和特殊条款。一般条款由以下几部分内容构成：合同说明、名词解释、租赁设备条款、租赁设备交货验收条款和税务使用条款、租期和起租日期条款、租金支付条款等；特殊条款包括购货合同与租赁合同的关系、租赁设备的所有权、租期中不得退租、对出租人和承租人的保障、承租人违约和对出租人的补救、设备的使用和保管、维修和保养、保险条款、租赁保证金和担保条款、租赁期满对设备的处理条款等。

（5）办理验货。承租企业收到租赁的设备后，马上进行验收，验收合格后签发交货及验收证书并交给租赁公司，租赁公司据此向设备厂商支付设备的价款。

（6）办理设备保险。设备保险的办理分两种形式：一种是由承租人直接向保险公司办理并支付保险费；另一种是由租赁公司向保险公司申请办理并代交保险费，日后计入租金内并向承租人陆续收回，如果发生保险范围内的事故损失，由双方向保险公司索赔，而保险理赔费归租赁公司所有，用以抵偿承租人未交付的租金。

（7）支付租金。承租企业按合同规定的租金数、支付方式向租赁公司分期交纳租金。

（8）租赁期满的设备处理。合同期满后，承租企业按照合同规定实行退租、续租或留购等。一般来说，租赁期满后，设备大多以较低的价格卖给承租企业或无偿转让给承租企业。

（四）融资租赁的优势

融资租赁由于具有控制租赁物件所有权的特征，抗风险能力比银行贷款要强。尽管融资租赁的利率水平比银行贷款高，但其在许多国家得到飞速发展，主要原因就是政府提供了政策性的好处，通过融资租赁取得的固定资产比通过其他方式取得的固定资产获得的收益要大，并足以抵消利率高的不足。

（1）双向逆市发展优势。融资租赁有两种主要功能，即融资功能和促销功能。因此，在经济发展时期，需要资金时，它能充分发挥融资功能；在经济萧条时期，需要促进投资和消费需求时，它能充分发挥促销功能。只要市场在变化，不管朝哪个方向变化，融资租赁都会给企业带来商机。

（2）合理配置社会资源。融资租赁可以将闲置设备或二手设备进行租赁或再租赁，特别适合国有企业的改革和转轨，既解决了企业购买资金不足问题，又防止了国有资产流失。

（3）提高政府投资效率。如果政府投资采用直接拨款的形式，一方面，资金很难满足需要；另一方面，因体外资金太多，容易造成投资资金的流失。如果政府通过租赁的方式投资设备，既可防止资金流失，还可通过租赁公司放大投资规模，通过租赁方式将政府行为转换成市场行为，一举多得。

（4）非金融机构可以经营金融业务。由于融资租赁的准金融特性，因此在金融管制国家，融资租赁方式是非金融机构可以经营金融业务的少有几个方式中的一个。中国的中外合资租赁公司经营准金融的融资租赁业务就是典型例子，打破了企业不可收取利息的限制。

（5）可以取得税收优惠。国家为了鼓励投资，专为投资制定了一些税收优惠政策。融资租赁利用这些政策进行制度租赁，让没有享受优惠的投资人间接享受了优惠，还可以通过融资租赁的项目加速租赁物件的折旧，实际上是把一些应该上缴国家的税款提前用来偿还租金，从而加速了设备的更新改造。

（6）有利于中小企业融资。一般中小企业因为资信问题，很难从银行取得贷款。融资租赁具有风险共担、利益共享原则，轻松回收、轻松处理原则以及能参与经营等特点，因此对承租企业的资信要求不是很高，对项目的担保要求也不是很高，主要是看项目的现金流量是否充足，甚至有许多项目还不需要担保。这一点填补了银行贷款的空白，成为第二大融资方式。

（7）节省项目建设周期。融资租赁将融资和采购两个程序合成一个，因此可以提高项目建设的工作效率。由于融资租赁本身的灵活性和抗风险能力，也减少了许多项目建设过程中不必要的繁杂手续，可以使企业早投产，早见效益，抓住机遇，抢占市场。

（8）有利于技术改造。融资租赁使企业率先使用先进设备而不用担心由于技术进步使设备落伍淘汰的风险，对企业及时更新技术装备，迅速采取新技术、新工艺，提高产品竞争力和市场占有率十分有利。

（9）避免通货膨胀影响。如果一个企业要添置一套生产设备，靠自己积累资金去采购需要花费很长时间。在通货膨胀时期，早采购比晚采购费用要低。融资租赁可以使企业先得到设备，再用设备产生的效益去还钱，可以说是“借鸡下蛋，卖蛋买鸡”，虽然自己没鸡，照样可以吃鸡和鸡蛋。

（10）防范汇率、利率风险。如果从国外采购租赁物件，需要使用外汇。融资租赁可以将外汇折算成人民币后，以人民币计价租赁，可以使承租企业避免因人民币贬值带来的汇率风险。由于融资租赁在开始时就采用固定利率，承租企业还可以避免利率波动带来的利率风险。

（11）规避贸易壁垒。各国对相互之间的贸易都有一定的限制，通过融资租赁，可以避免对直接购买的限制，从而突破贸易壁垒，迂回进入他国市场。另外，融资租赁还可以打破一些国家的金融管制，将贷款改为融资租赁可以避免对直接融资的限制。

（12）灵活多变。融资租赁是贸易、金融、租借三结合的产物，既保持自身特色又吸收他方益处，因此在操作上非常灵活，可以有多种方式、适应多种情况，因此具有方便、快捷且成功率比其他融资方式要高的优势。

（五）融资租赁的风险

在市场经济环境中，融资租赁与设备投资和贷款相比，尽管业务的做法不同，但它们所面临的风险是一样的。一般来说，风险可能带来损失，如果处理得当，它同样能带来收益。从理论上讲，做任何事都是有风险的，无风险就无收益，风险和收益是一件事的两个方面。然而，承担风险并不意味着冒险。有了风险意识，在处理经济问题时就会在科学的分析预测基础上做出正确的决策。若能掌握分散、转移、规避和补偿风险的现代化经济技术手段，就可事先防患于未然，事后能采取补救措施，提高收益与风险的比率。在融资租赁业务活动中，出租人和承租人是不可分割的一个整体，他们之间不应相互转移风险，否则将破坏融资租赁业务的正常秩序，给双方造成经济损失。

1. 融资租赁的风险种类

融资租赁的风险来源于许多不确定因素，是多方面并且相互关联的，在业务活动中充分了解各种风险的特点，才能全面、科学地对风险进行分析，制定相应的对策。任何一种风险若不加防范，其负面效应会影响整个融资租赁业务的正常运作和租金的安全回收。融资租赁的风险种类主要有以下几种：

（1）产品市场风险。在市场环境下，不论是融资租赁、贷款还是投资，只要把资金用于添置设备或进行技术改造，首先应考虑用租赁设备生产产品的市场风险，这就需要了解产品的销路、市场占有率和占有能力，产品市场的发展趋势、消费结构，以及消费者的心态和消费能力。若对这些因素了解得不充分、调查得不细致，就有可能加大市场风险。

（2）金融风险。因融资租赁具有金融属性，金融方面的风险贯穿于整个业务活动之中。对于出租人来说，最大的风险是承租人的还租能力，它直接影响租赁公司的经营和生存，因此从立项开始，就应该关注还租的风险。

租赁项目配套资金不足也会产生风险，因为工业生产是一个整体活动，一个企业仅租赁一套设备是不能立即投入生产的，与此活动相对应，需要一定比例的配套资金。有些企业为了搞成项目，不顾在金额方面受审批权限的限制，立项时有意压缩投资规模，项目上马后因配套资金不足，致使长期不能开工，造成“烂尾”工程；而有些企业勉强开工后，由于配套资金的问题，使设备的规模效益发挥不出来，加大了租赁项目资金回收的风险。

租赁公司给企业的利率结构若与自身融资的利率结构不相符，在利率方面也会出现利率风险。如果融资租赁合同使用的是外币，其风险就更大，特别是使用非美元硬通货，双重汇率风险有时会使企业的融资成本翻番。

货币支付也会有风险，特别是国际支付，支付方式、支付日期、支付时间、汇款渠道和支付手段选择不当，都会加大风险。

（3）贸易风险。因融资租赁具有贸易属性，在贸易方面，从订货谈判到试车验收都存在风险。由于商品贸易在近代发展得比较完备，社会也相应建立了配套的机构和防范措施，如信用证支付、运输保险、商品检验、商务仲裁和信用咨询都对风险采取了防范和补救措施，但由于人们对风险的认识和理解的程度不同，有些手段又具有商业性质，加上企业管理的经验不足等因素，这些手段未被全部采用，使得贸易风险依然存在。

融资租赁中的贸易特点是：企业有权选择设备的规格型号和技术指标，享有使用权；租赁公司是购货人，对物件有所有权。在贸易洽谈中，应明确出租人和承租人双方的权利、义务和风险；在签订租赁合同时，应在法律上明确各时间段的责任，确定风险的划分。

（4）经济环境风险。融资租赁业务因参与企业生产，涉及许多与经济环境有关的因素，经济环境的变化会对项目本身产生风险。经济环境是决定社会风险大小的基本条件，社会经济秩序和政策的稳定性、产业结构的布局、经济发展的势态、管理人员的能力、地方政府对项目的关注程度以及项目本身的合法性都会对租赁项目产生风险。

（5）技术风险。融资租赁的好处之一就是先于其他企业引进先进的技术和设备。在实际运作过程中，技术的先进与否、先进的技术是否成熟、成熟的技术是否在法律上侵犯他人权益等因素，都是产生技术风险的重要原因。严重时，会因技术问题使设备陷于瘫痪状态。

（6）环境污染。有些融资租赁项目看起来利润很高，但实际上产品的生产过程对环境的污染很大。在项目生产初期环境污染可能未被社会认识，一旦出现问题，项目可能有停产或转产的风险。为了子孙后代，也为了项目的安全运作，应避免搞有环境污染的风险项目。

（7）不可抗力。有些风险不是人为的，属于不可抗力，如自然灾害、战争和不可预测的风险。对于这种风险，只能采取防范和适当的补救措施，在出现问题时尽量把损失降到最低。

2. 风险的防范

融资租赁包括金融和贸易，因此这两方面的风险在操作过程中都会遇到，应根据每种风险的特点，采取相应的对策。

（1）规避风险。有些风险是可以避免的，如汇率风险，采取用本币结算租金的方法、使用远期汇率或汇率互换的方法就可以避免。对于外商，可以通过国外银行、我国驻外商赞处或类似工商管理部门的咨询机构进行咨询调查，以防商务或金融欺诈。

融资租赁另一种避免损失的方法是租金偿还担保。因为出租人在融资租赁业务活动中承担的风险最大，几乎每个租赁合同都附有一个对出租人有利的担保函，这是租赁业务的基本保证。保证人在担保函中规定为第一追索人，一般是国有大型企业或省级有担保资格和能力的银行。

（2）风险转移。在以外币结算租金的合同中，可以通过远期汇率、利率互换的方法把利率风险大的债务转化为风险小的债务。在贸易方面的购置设备过程中，用信用证方式支付贷款，把商业信誉转变为银行信誉，减少贸易风险。

（3）补救措施。在经济活动中，风险不可能完全避免，应事先有所准备。按财会规定，可以在平时储备一些基金，如呆账准备金等。平时从费用里提取一定的准备基金，在发生损失时，应立即控制损失的扩大，用准备基金补偿损失。

保险是补救风险损失的最好方法。保险业发展的历史比较长，我国与国外的保险公司现已建立了分保业务，并能承受像卫星发射这样大的项目。保险业务的种类也不断增加，可用于融资租赁的有运输保险、财产保险以及与项目特点有关的各类保险。与正常的保险业务稍有不同的是：因财产所有权属于出租人，保险的受益人是出租人；又因财产的使用权在承租人，保险费由承租人支付。因此，租赁合同应明确财产受损时的补救措施和理赔时的风险责任，避免不必要的争议。

（4）规范防范。融资租赁合同应规范化。所有文件中的条款都应符合我国现有的法律、规章；在合同中应规定诉讼或仲裁的地点和机构；有关文件应经过公证部门公证。虽然这些做法不能直接给风险带来的损失予以补偿，但可以划分责任，保证损失补偿的措施顺利执行，否则虽然对风险采取了防范措施，但若这种措施的实施得不到保证，等于没采取措施。

延伸阅读

融资租赁案例

对融资租赁的风险进行综合分析是一个系统工程。由于信息量大、数据量多，只有通过先进的通信设备和计算机软件才能完成这项任务；不过，由于风险预测的不确定因素太多，仅依靠计算出的数据也是不行的，还必须把重点建立在调查研究的基础上，调查的手段应有权威性和可靠性。为此，企业应与专业咨询公司建立信息网络，通过工商管理部门和银行对企业及供货商进行资信调查，聘请法律人员作为公司长期的法律顾问，组织经验丰富的专业人员建立专门的评估机构，把风险评估与业务经办分权管理，确保对风险的预测不附加任何人为的意愿，经过综合分析，把风险控制在允许的范围内，使风险评估更科学、更接近实际。

七、典当融资

（一）典当的内涵

1. 典当的定义

典当是指当户将其动产、财产权利作为当物质押或者将其房地产作为当物抵押给典当行，交付一定比例费用，取得当金并在约定期限内支付当金利息、偿还当金、赎回典当物的行为。典当行是指依照《中华人民共和国公司法》和《典当管理办法》设立的专门从事典当活动的企业法人。

典当是金融业的鼻祖，迄今已有上千年的历史。在中国近代银行业诞生之前，典当是民间唯一的融资渠道，在调剂余缺、促进流通、提供便民、稳定社会等方面占据相当重要的地位。现在，典当行是以实物占有权转移形式为非国有中小企业和个人提供临时性质押贷款的特殊金融企业。不过，目前国家已把典当业从金融行业中分离出来，使其成为工商性质的企业。

2001 年 8 月，国家经贸委出台了《典当行管理办法》，放宽了市场准入制度，扩大了典当行的经营范围，为典当行有序竞争、快速发展创造了良机。2005 年 2 月 9 日，经商务部部务会议审议通过，并经公安部同意，两部门联合公布《典当管理办法》（商务部、公安部 2005 年第 8 号令），自 2005 年 4 月 1 日起施行，《典当行管理办法》（国家经贸委令第 22 号）、《典当业治安管理办法》（公安部第 26 号令）同时废止。《典当管理办法》进一步规范了典当行为，加强了监督管理，促进典当业规范发展。

2. 典当的特点

自 1996 年《典当行管理暂行办法》（以下简称《暂行办法》）颁布至 2001 年 8 月，典当业一直罩着浓厚的金融色彩，并受到金融业相关法规的严格监管。典当行的经营一直受到有关金融法规和《暂行办法》的严格约束：注册资金必须达到 500 万元，吸收股本金的对象限于所在地的中小企业和个人，不许借款；股权必须分散，每一股东的股权比例不能超过 10%；不许设立分支机构，限制典当范围；典当行是为非国有中小企业和个人提供临时性质押贷款的特殊金融企业；等等。而根据 2001 年实施的《典当行管理办法》，在继续严格市场监管的前提下，典当行的市场准入门槛和经营领域等方面已得到一定程度的松绑。从具体内容看，典当行的业务范围较过去有所扩大，不仅可以做动产、财产权利质押，还可以做房地产抵押；融资渠道有所放宽，允许负债经营。此前，典当行是被禁止向金融部门贷款的，现在解决了典当行负债经营问题，允许典当行从金融机构借款，但规定余额不得超过其注册资本。典当行业准入的门槛有所降低，根据典当行业务范围的不同，典当行注册资本的最低标准由原来的 500 万元调整为 300 万元和 500 万元两档。允许典当行设立分支机构。此外，关于绝当物处理的规定改变了过去“一刀切”的做法，即根据绝当物价值的大小，在处理方法上做了不同的规定。2001 年的《典当行管理办法》还简化了行政审批程序，将典当行设立中的筹建与开业两个阶段合并为一个阶段。2005 年《典当管理办法》的出台对典当行具有重要的法律意义。首先，该办法确定了典当行业是国家从宏观政策上认可的可以发放典当借款的行业，对典当借款与金融同业拆借、企业借款、民间借贷、小额贷款等进行了区分，尤其是规定了发放典当借款不同于其他借款的法律关系，不构成企业借贷，而构成一种独立的借款法律关系。其次，该办法确定了典当行除了可以收取法定范围内的利息外，还可以在利息之外按照借款金额的一定比例另行收取综合费用。收取综合费用是国家赋予典当行的一种专有权利。只有典当行才可以收取该费用。该办法成为典当行获取合法收益的法律依据。最后，该办法针对典当行的特殊性，明确了当物估价在 3 万元以下和 3 万元以上的处置方法，赋予了典当行处置当物以实现典当债权的机制和途径。

作为银行服务的有益辅助，典当行在国外被认为是“第二银行”，是一种周转资金应急、消费、投资的现代生活融资新渠道。如今，国内的典当行也不是人们印象中只有“穷人”才去的地方。业内人士分析，典当有三种很合理、也很有经济效益的动机：一是银行贷款的门槛太高，典当融资相对方便快捷；二是存款尚未到期，典当融资既可满足一时之需，又可避免利息损失；三是可典当的抵押物品广泛、手续费较低。

值得注意的是，除了金银首饰、汽车、名表等高价值物品可用作典当，房地产典当融资也是典当行重点关注的典当业务。与银行房地产抵押贷款相比，房地产典当融资的最大优点是中间环节少、手续简便。在申请抵押贷款时，银行需要资产评估机构、律师事务所、保险公司等多家中介机构提供法律文件，时间长、环节多、费用高，再加上银行本身对贷款进行的风险评估，放款周期往往较长，无法满足客户的急需，融资成本也较高。而申请房地产典当需要花的前期评估和验证等费用远低于抵押贷款数千元的中介费用。当然，在典当行办理房地产抵押有其特殊性，典当行要享有管理权，要对被典当房屋腾空封存，力求典当期间房屋不受外力损害。另外，有价证券、企业股权等财产权利质押也是典当行近年来重点开发的业务。自 2001 年颁布的《典当行管理办法》起，典当的定义中就有“包括权利质押”的规定，因此典当行作为企业完全可以根据人才、市场情况，在规定范围内开发、经营不同业务。

一项对某地居民典当原因的调查显示，有 48%的人是因为银行信贷门槛高，向其融资有一定的困难，才转向方便、快捷的典当行；16%的人是因为自己的存款未到期，采取典当融资既可解燃眉之急，又可避免存款的利息损失；16%的人认为是由于典当融资抵押物品的范围广；12%的人认为是因为典当融资手续费用较低，是一种较为合算的融资方式；也有 8%的人是因为典当灵活方便。总之，典当行已成为市民、中小企业应付小额融资、周转资金的好帮手，对银行的抵押贷款也起到了辅助和拾遗补阙的作用。

但值得人们注意的是，典当是有一定条件限制的。第一，并非物物可当，必须是典当人有权处置、能保存并可以转让的生产和生活资料。个人金银饰品必须附有个人身份证，其他物品还需有发票。企业性质的典当还应提交经营执照及当事人的产权证明。第二，典当不等于出卖，当金不等于实物价值。当金一般为物品二次流通价的 50%～80%，二次流通价不是商品的原售价，低于实物价值，当金少，还款也少，当户并不吃亏。第三，当金并非越高越好，典当行的收费标准由国家统一规定，借的钱越多，交的钱越多。典当费用为综合费加利息，动产质押典当的月综合费率不得超过当金的42‰，房地产抵押典当的月综合费率不得超过当金的27‰，财产权利质押典当的月综合费率不得超过当金的24‰，当期不足5日的，按5日收取有关费用。对于借贷者，尤其是高额借贷者来说，这是一笔可观的费用，所以当期不宜过长。

（二）典当的基本程序

1. 审当

程序：① 审查当户证照；② 审查当物证照。

要求：① 当户证照合法有效；② 当户、当物户名、证照一致。

典当财物应提交的资料包括：出质人（抵押人，下同）属法人的应提交企业法人营业执照副本复印件、企业法人代码证、法人代表身份证复印件。经办人非法人代表的，应提交法人代表委托书和经办人身份证复印件。出质人属个人的，应提交身份证复印件。所有复印件均需出示原件核对。

2. 验当

程序：① 核对发票、单证；② 价值评估；③ 确定当金额度及综合费率标准。

要求：① 按成新率及现行市价评估价值；② 按评估价值50%～90%折算典当金额；③ 按既定利率、手续费、保险费、保管费确定综合费率。

3. 收当

程序：① 签订典当协议书；② 收当入库；③ 制票付款，收取费用。

要求：① 当户在协议及各部门的过户表上签字、盖章；② 当户身份证复印件、证照复印件列出清单交保管员入库封存；③ 按当票付款，收取综合手续费；④ 如房产、车辆典当，收回所有钥匙。

当金支付一般按评估价格的50%支付，变现率较高的质物，当金可支付至评估价值的90%。典当贷款月利率按中国人民银行公布的金融机构同档次法定贷款利率（含上浮）执行；典当质押贷款的综合服务费（典当抵押综合费用包括服务费和保管费）、保管费、保险费，由典当行遵照国家的政策和金融法规制定综合费率，在支付当金时一次性扣收。

4. 保管

程序：凭通知单入库。

要求：① 入库时，入库经办人及保管人在入库单上签字；② 做好入库交接工作。

保管期间质物如有毁损、遗失（自然毁损除外），应以评估价值为限酌情予以赔偿。

5. 赎当

程序：① 当户凭当票办理赎当手续；② 结清综合手续费及典当本金；③ 办理出库手续；④ 发票单证归还当户。

要求：① 出库时认真核清当物；② 凭出库通知单出库；③ 做好当物交接工作。

当期未满，出质人若提前清偿当金，可持原证件及当票来行提前办理回赎；当期届满，出质人应及时如数清偿当金，持当票回赎质物；当期届满或续当期满后，过期赎当每日加收典当当金0.5%的服务费，5天后仍未清偿当金回赎的质物，视为绝当，典当行对绝当物品依法享有处置权。

在典当过程中，当票是典当行收妥当物后开给当户的收据，也是质押贷款的契约。当票应当按照规定印制，由双方签字盖章后生效，不能转让。一般来说，当票上应当载明下列项目：当户姓名或者名称、住址、证件（名称和号码）；当物名称、件数、成色；估价金额、典当金额；利率、费率；典当日期、满当期限；有关注意事项等。

如果遇到当票遗失，当户应当及时向典当行办理挂失手续，缴纳一定手续费后，可以补办当票。未办挂失手续或者挂失前被他人赎当的，典当行不负赔偿责任。在典当期内，当户可以提前赎当。自典当期满之日起 5 日内，经双方同意，可以续当，但只能续当一次，其期限最长不得超过原当期。续当时，应当结清当期利息和费用，另换当票。

典当行的当物，应当在保险公司进行保险。质押贷款的月利率，可以以国家规定的同档次流动资金贷款利率为基础上浮 50％。典当的费用包括服务费、保管费和保险费等，其月综合费率最高不得超过当价的 45％。

自典当期满之日起 10 日内，当户既不赎当又不续当的当物，视为绝当。绝当物品应委托当地拍卖行公开拍卖；当地无拍卖行的，应当由公证部门现场监督公开拍卖。绝当的金银饰品，应当交售中国人民银行或者中国人民银行指定的单位；属于文物的，应当交售文物管理部门，不得自行处理或者拍卖。

拍卖的收入在扣除质押贷款本息和典当及拍卖的费用后，剩余部分应当退回当户。典当行在当期内不得出租、使用当物。当物在典当期限内发生遗失或者损毁的，典当行应按照典当时的估价赔偿。

典当行应在商业银行开立账户。典当行的资产应当按照下列比例进行管理：① 典当行对同一企业累计发放的质押贷款最高不得超过实收股本的 20％，对同一个人累计发放的质押贷款最高不得超过实收股本的 10％；② 典当行的固定资产总额不得超过资本总额的 20％。

通过银行申请贷款手续繁杂、周期长，尤其是经济效益欠佳的企业更难得到银行的贷款。根据规定，当户只要持典当物、个人身份证明及原始发票或者当地派出所、居委会的证明，证明典当物确系自己的合法财产，然后经过鉴定、评估、商定价格等程序，最短可在 3～5 分钟取得当金，而银行贷款则要经过考察、论证、审核、再逐级上报等一系列程序，至少也要半个月的时间才能办理成功。因此，与银行贷款相比，典当是一种手续简便、灵活快捷的融资方式，在当今的经济生活中起着拾遗补阙的作用。

八、信托融资

（一）信托的概念

信托制度最初起源于 13 世纪的英国，至今已有几个世纪的发展历史。在漫长的发展过程中，由于信托业务的种类不断丰富，信托出现过多种定义。1985 年在荷兰召开的国际私法会议上通过的《关于信托的法律适用及其承认的公约》中，信托被定义为一个人即委托人在生前或死亡时创设的一种法律关系，委托人为受益人的利益或为某个特定目的，将其财产置于受托人的控制之下。在我国 2001 年出台的《中华人民共和国信托法》（简称《信托法》）中，信托的定义是：信托是指委托人基于对受托人的信任，将其财产权委托给受托人，由受托人按委托人的意愿以自己的名义，为受益人的利益或者特定目的，进行管理或者处分的行为。

（二）信托的职能

1. 财产管理的职能

财产管理是信托的基本职能，是指在信任的基础上，受托人接受委托人之托，为之经营管理或处理财产的功能。信托机构受托对信托财产进行管理或处理，其目的具有特定性，是为了受益人的利益，而不是为了受托人的利益。信托管理的内容广泛，可以包括各类有形财产和无形财产，比如贷款信托、公司债信托、房地产信托、土地信托、投资信托等。信托机构在对信托财产进行管理或处理时，要承担一定的责任。如果由于信托机构的重大过失而导致信托财产的损失，信托机构要承担赔偿责任。但是，如果信托机构的行为符合信托合同的有关规定，则可以不承担此种损失。

2. 融资的职能

信托的融资职能是指在财产管理活动中，信托具有筹措资金和融通资金的职能。信托的融资职能是以其财产管理职能为基础的，两者相互依存。现代融资行为主要体现为信用交易，既包括间接融资的银行信用，又包括直接融资的股票信用、债券信用，而信托信用则是现代信用融资体系的重要组成部分。与其他信用形式相比，信托的最大优势在于其灵活性，信托机构可以针对具体的项目灵活设计融资结构，既可以融入长期资金，又可以融入中短期资金，满足相关主体的多种需求，实现资源的优化配置。需要注意的是，银行信用体现的是银行与客户的双边债权债务关系，而信托体现的是多边经济关系，融通的对象既可以是货币资金，也可以是其他形态的资产。

3. 投资的职能

投资的职能是指信托机构运用信托业务手段参与投资的功能。信托机构只有将信托资产进行各种各样的投资，才能使信托资产不断保值增值，使委托人和受益人获得较高的经济回报。也只有在享有投资权和具有适当投资方式的情况下，信托机构财产管理的功能才能得到真正发挥。世界上大部分国家的信托机构都可以开办投资业务，我国也不例外。在我国，自1979年信托机构恢复以来，信托投资业务一直是其最重要的一项业务。一些信托公司开发的股权投资信托计划，在职工持股、企业股份制改造中获得了很大程度的认同。

4. 代理与咨询的职能

代理与咨询的职能是指信托受托人利用其与交易主体各方建立的相互信任关系，为有关当事人提供代理和咨询事务的功能。这一职能不存在所有权转移的问题。在现代经济生活中，交易主体通常要了解与交易相关的各种信息，包括国家的法律法规、经济政策、项目的可行性、市场价格等。而信托机构作为相关领域的专家，拥有专业的知识和信息，可以通过其业务活动充当“见证人”、“咨询人”与“中介人”，降低了信息不对称的程度和市场交易成本。

5. 服务社会公益事业的职能

这一职能是指信托可以为捐款者或资助社会公益事业的委托人服务，以实现其特定目的的功能。随着经济的发展和社会的进步，越来越多的人热心于教育、科研、慈善等公益事业，但他们对募集的资金缺乏管理经验，此时信托机构就可以发挥作用。采取公益信托的方式对捐助和募集的资金进行管理，既保证了资金的安全，又能增加资金的收益，有利于社会公益事业的不断发展。

（三）信托的构成要素

1. 信托主体

信托主体包括委托人、受托人和受益人三方。三方当事人因信托行为而形成的以信托财产为中心的特定法律关系被称为信托关系。

（1）委托人。委托人是提出委托要求并对受托人进行授权以达到信托目的的主体。委托人可以是一个人，也可以是数人；可以是法人，也可以是自然人，但必须是信托财产的合法所有者，拥有对信托财产完整的所有权、处置权、使用权与管理权，并能实现将这些权利转交给受托人。

根据《信托法》的相关规定，委托人享有以下权利：

1）委托人有权了解其信托财产的管理运用、处分及收支情况，并有权要求受托人做出说明。

2）委托人有权查阅、抄录或者复制与其信托财产有关的信托账目以及处理信托事务的其他文件。

3）因设立信托时未能预见的特别事由，致使信托财产的管理方法不利于实现信托目的或者不符合受益人的利益时，委托人有权要求受托人调整该信托财产的管理方法。

4）受托人违反信托目的处分信托财产或者因违背管理职责、处理信托事务不当致使信托财产受到损失的，委托人有权申请人民法院撤销该处分行为，并有权要求受托人恢复信托财产的原状或者予以赔偿；该信托财产的受让人明知是违反信托目的而接受该财产的，应当予以返还或者予以赔偿。

5）受托人违反信托目的处分信托财产或者管理运用、处分信托财产有重大过失的，委托人有权依照信托文件的规定解任受托人，或者申请人民法院解任受托人。

（2）受托人。受托人是指接受委托人的委托，并按其指示对信托财产进行管理和处分的主体。受托人在信托关系中十分重要，因此对受托人的资格也有严格的要求。

受托人应当是具有完全民事行为能力的自然人、法人。在现代以融资为主要目的的信托中，受托人主要是法人。若受托人为法人，该法人应当是依法设立并取得法人资格的，可以在核准登记的范围内管理、处分信托财产。在我国，信托公司是最重要的受托人，其组织形式为有限责任公司或股份有限公司。一份信托合同的受托人可以为多人，这称为共同受托。共同受托人应当共同处理信托事务，但信托文件规定对某些具体事务由受托人分别处理的，按规定进行。

受托人拥有按合同约定管理和处理信托财产的权力，与此同时也要履行相应的职责。《信托法》对受托人的义务和权限进行了具体的规定：

1）受托人应当遵守信托文件的规定，为受益人的最大利益处理信托事务。受托人管理信托财产，必须恪尽职守，履行诚实、信用、谨慎、有效管理的义务。

2）受托人除依照本法规定取得报酬外，不得利用信托财产为自己谋取利益。受托人违反前款规定，利用信托财产为自己谋取利益的，所得利益归入信托财产。

3）受托人不得将信托财产转为其固有财产。受托人将信托财产转为其固有财产的，必须恢复该信托财产的原状；造成信托财产损失的，应当承担赔偿责任。

受托人不得将其固有财产与信托财产进行交易或者将不同委托人的信托财产进行相互交易，但信托文件另有规定或者经委托人或者受益人同意，并以公平的市场价格进行交易的除外。受托人违反前款规定，造成信托财产损失的，应当承担赔偿责任。

受托人必须将信托财产与其固有财产分别管理、分别记账，并将不同委托人的信托财产分别管理、分别记账。

4）受托人应当自己处理信托事务，但信托文件另有规定或者有不得已事由的，可以委托他人代为处理。受托人依法将信托事务委托他人代理的，应当对他人处理信托事务的行为承担责任。

5）同一信托的受托人有两个以上的，为共同受托人。共同受托人应当共同处理信托事务，但信托文件规定对某些具体事务由受托人分别处理的，从其规定。

共同受托人处理信托事务对第三人所负债务，应当承担连带清偿责任。第三人对共同受托人之一所做的意思表示，对其他受托人同样有效。

共同受托人之一违反信托目的处分信托财产或者因违背管理职责、处理信托事务不当致使信托财产受到损失的，其他受托人应当承担连带赔偿责任。

6）受托人必须保存处理信托事务的完整记录。受托人应当每年定期将信托财产的管理运用、处分及收支情况，报告委托人和受益人。受托人对委托人、受益人以及处理信托事务的情况和资料负有依法保密的义务。

7）受托人以信托财产为限向受益人承担支付信托利益的义务。

受托人有权依照信托文件的约定取得报酬。信托文件未做事先约定的，经信托当事人协商同意，可以做出补充约定；未做事先约定和补充约定的，不得收取报酬。约定的报酬经信托当事人协商同意，可以增减其数额。

受托人违反信托目的处分信托财产或者因违背管理职责、处理信托事务不当致使信托财产受到损失的，在未恢复信托财产的原状或者未予赔偿前，不得请求给付报酬。

受托人因处理信托事务所支出的费用、对第三人所负债务，以信托财产承担。受托人以其固有财产先行支付的，对信托财产享有优先受偿的权利。受托人违背管理职责或者处理信托事务不当对第三人所负债务或者自己所受到的损失，以其固有财产承担。

8）设立信托后，经委托人和受益人同意，受托人可以辞任。受托人辞任的，在新受托人选出前仍应履行管理信托事务的职责。

(3）受益人。受益人是在信托关系中享受信托财产利益的人。受益人可以是委托人本人，即自益信托中的受益人，也可以与委托人不一致，即他益信托中的受益人。受益人不是签订信托合同的当事人，因此他无须具备有行为能力的条件。法律上的受益人资格通常没有专门规定，凡是具有权利能力的人都可以担当。

2. 信托客体

信托客体即信托财产，又称信托标的物，是指委托人通过信托行为转移给受托人并由受托人按照信托目的进行管理或处分的财产。信托财产包括有形财产和无形财产两种形态。有形财产是指具有实物形态的财产，比如房屋、土地、设备等；无形财产不具有实物形态，比如专利权、商标权、著作权等。

信托财产具有一系列特点。第一，信托财产的一个基本特点是必须有价值。如果信托财产本身没有价值或价值不确定，就无法正确计算收益。第二，信托财产必须可转让。信托财产只有转让给受托人，信托行为才能成立。第三，受托人只拥有信托财产的使用权和支配权，其所有权仍归委托人和受益人所有。第四，信托财产必须具有独立性。信托财产必须与受托人的固有财产严格区分开，不同委托人委托的信托财产也要分别核算。同时，信托财产与委托人的其他财产也相互独立。第五，信托财产的形态在信托关系存续期间可以发生改变，这一特点又称物上代位性。

3. 信托目的

信托目的是委托人通过信托行为所要达到的目标。不同委托人的目的往往是不同的，可以有各种各样的内容，比如实现信托财产的保值增值、对信托财产的处分等。信托目的必须符合国家的法律规定，不能有悖于现行的法律法规，也不能损害他人的合法利益。《信托法》规定的信托无效情形中与信托目的不合法相关的有两款：一是信托目的违反法律、行政法规或者损害社会公共利益；二是专以诉讼或者讨债为目的设立信托。

4. 信托行为

信托行为是指以信托为目的的法律行为或者合法设定信托的行为。为了使信托具有法律效力，信托行为的发生必须由委托人和受托人进行约定，这种信托约定可以有以下几种形式：① 信托合同，就是委托人和受托人之间书面签署的信托证明。② 个人遗嘱，它是由委托人个人单方面做出的，体现的是委托人的意思表示。如果遗嘱指定的受托人不同意接管，则由法院另行指定受托人。③ 协议章程，就是以协议章程的形式而形成的信托关系。④ 法院命令，在强制信托中，法院可以按法律的有关规定颁布命令，确立信托关系。

5. 信托报酬

信托报酬是受托人管理或处分财产所取得的报酬。信托报酬通常在信托合同中加以约定，可以是固定的，也可以按信托财产或信托收益的一定比率来计算。信托报酬可以向受益人收取，也可以从信托财产中提取。信托合同未做事先约定的，经过信托当事人协商同意，可以做出补充约定；未做事先约定和补充约定的，受托人不得收取报酬。受托人在处理信托事务中并非因自己的过失而承担的损失，可以在应得报酬之外，另行向受益人或委托人索取。

6. 信托的撤销与结束

信托的撤销是指通过一定的程序取消已建立的信托关系的法律行为。信托的结束是指信托行为的终止。信托行为终止的事由有：信托合同规定终止的事由发生；信托的存续违反信托的目的；信托目的已经实现，或者不能实现；信托当事人协商同意；信托被撤销或解除。

（四）信托的种类

1. 按照信托的标的物不同分类

（1）资金信托。资金信托又称金钱信托，是一种以货币资金为标的物的信托业务，如单位资金信托、公益资金信托、个人特约信托等。在资金信托期间，受托人为了实现信托目的，可以变换信托财产的形式。目前，资金信托是各国信托业务中运用比较普遍的，也是最重要的一种信托业务。

（2）实物信托。实物信托是一种以动产或者不动产为标的物的信托业务。其中，动产是指原材料、设备、交通工具等可以移动的财产；不动产是指厂房、仓库和土地等不能随便移动或者移动后性质会有较大改变的财产。

（3）债权信托。债权信托是一种以债权凭证为信托标的的信托业务，比如银行存款凭证、票据、保险单、借据等。受托人接受委托人转移的各种债权凭证后，可以为其收取款项、管理和处理其债权，并管理和运用由此而获得的货币资金。

（4）有价证券信托。有价证券信托是指委托人将有价证券作为信托财产转移给受托人，由受托人代为管理运用。例如，委托受托人收取股票的股息，行使股票的投票权；或者以股票作抵押从商业银行获取贷款，然后再转贷出去，以获得收益。

2. 按照受托人对财产的处理方式不同分类

（1）担保信托。担保信托是指以确保信托财产的安全、保护受益人的合法权益为目的而设立的信托。受托人在受托期间并不运用信托财产去获取收益，而是妥善保管信托财产，保证信托财产的完整。比如附担保公司债信托，各债券持有人不能分管发债公司受押的财产，而是把财产转移给受托人以保护受益人的权益。

（2）管理信托。管理信托是指以保护信托财产的完整、保护信托财产的现状为目的而设立的信托。在管理信托中，信托财产不具有物上代位性。如果以机器设备为对象设立管理信托，那么受托人可以将设备出租获取租金收入，但不可以将其出售，换成其他形式的财产。如果管理信托中的信托财产是房屋，那么受托人的职责就是对房屋进行维护，保持房屋原貌，可以将房屋出租，但不得改建。

（3）处理信托。处理信托是指改变信托财产的性质、原状以实现财产增值的信托业务。在处理信托中，信托财产具有物上代位性，即财产可以变换形式，如将财产变卖转为货币资金，再进行有价证券投资等。

3. 按照委托人的数量不同分类

（1）单一信托。单一信托是指信托机构接受单个委托人委托，依据委托人确定的管理方法单独管理和运用信托资金的行为。这种信托对于每个委托人的财产，从受托到运用都是个别进行的，账户也是独立的。

（2）集合信托。集合信托是指信托机构接受两个或两个以上委托人委托，依据委托人确定的管理方式或由信托投资公司代为确定的管理方式管理和运用信托资金。

延伸阅读

信托融资案例

4. 按照信托关系建立的法律基础不同分类

（1）自由信托。自由信托是指信托当事人依照信托法规，按自己的意愿自由协商而设立的信托。自由信托又称“明示信托”，是信托中非常普遍的一种。自由信托中的意思表示以委托人的意思表示为最重要的依据，但必须是受托人同意受托、受益人乐于受益。

（2）法定信托。法定信托是指司法机关依其权力指派确定信托关系人而建立的信托。这种信托的成立，由于缺少信托关系形成的明确表示，所以须经司法机关根据有关文件资料等来确定当事人的信托意思表示，以此测定成立信托的真正意思表示，然后断定各当事人之间是一种真正的信托关系。

5. 按照信托事项的性质不同分类

（1）商事信托。商事信托是指信托事项所涉及的法律依据在商法规定范围之内的信托。商事信托的受托人一般是营利性的商业机构，因此又称营业信托。商事信托的具体种类有投资信托、房地产信托、商业人寿保险信托等。

（2）民事信托。民事信托是指以民法为依据建立的信托。民事信托的受托人不以营利为目的，又称非营业信托。在这类信托业务中，受托人大多办理的是与个人财产有关的各种事务，比如财产管理、代理买卖、执行遗嘱等。

除了以上分类之外，还可以从其他角度对信托进行分类。例如，按照受益人是不是委托人本人进行分类，信托划分为自益信托和他益信托。自益信托是指委托人将自己指定为受益人而设立的信托，而他益信托的受益人为委托人以外的第三者。按照受益对象是否为特定人进行分类，信托划分为私益信托和公益信托。私益信托是指委托人为了特定人（自己或指定受益人）的利益而设立的信托，而公益信托是指委托人为学校、慈善、宗教及其他社会公益事业设立的信托，其受益人是不特定的。按照信托涉及地理区域的不同进行分类，信托可以划分为国内信托和国际信托。国内信托是指信托业务所涉及的范围限于一个国家境内，而国际信托所涉及的事项已超出一国的范围，产生了信托财产在国与国之间的转移。

九、项目融资

（一）项目融资的定义

项目融资（project financing）是指贷款人向特定的工程项目提供贷款协议融资，对于该项目所产生的现金流量享有偿债请求权，并以该项目资产作为附属担保的融资类型，是一种以项目的未来收益和资产作为偿还贷款的资金来源及安全保障的融资方式。

项目融资的信用结构有三个要点：

首先，贷款人的债权实现依赖于拟建工程项目未来可用来偿债的现金流量，即其偿债资金来源并不限于正常的项目税后利润。

其次，项目融资要求以建设项目的资产权利作为项目运营和偿债的安全保证，它不同于以资产价值为抵押的普通担保。

最后，项目融资通常需要创造足以防范或分散各种项目风险的多重信用保障结构，包括借款人或主办人提供的有限担保、完工担保人提供的项目完工担保、项目关系人提供的现金流量缺额担保、项目产品用户提供的长期销售协议及政府机构提供的政府担保或承诺等。

在理解项目融资这一概念时，要注意区别“项目融资”和“为项目融资”。“为项目融资”是指为建设、收购、整合一个项目所进行的融资活动，包括股权市场和债务市场融资。而“项目融资”则是以项目的未来现金流为偿还贷款的资金来源的一种融资方式。

成功的项目融资方式的标志就是它在各参与方之间实现了令人满意和有效的项目风险分配。

项目融资源于西方发达国家，这与其作为石油资源开发的重要金融手段有着密切的联系。项目融资首先应用于资源项目，然后应用于基础设施项目。目前，项目融资已发展成为资源开发项目、大型工程项目筹集资金的卓有成效并且日益成熟的融资手段。

最早的项目融资可以追溯到13世纪英国的德文郡白银矿项目。1299年，英国王室从当时英格兰的一家商业银行借入了一笔贷款，贷款协议中规定该银行拥有银矿一年的经营权。此外，该银行还可以取走这一年所有开采的矿产，但必须支付矿山开发的所有费用。这种贷款安排就是如今所说的“产品支付贷款”的原型。

随后，按照抵押物的不同划分，项目融资经历了“产品抵押贷款”、“预期产品抵押贷款”和“以项目收入为偿还来源的贷款”三个阶段。第三个阶段从注重实物资产在项目贷款偿还中的作用发展到以货币收益作为还款来源的项目贷款，是以 20 世纪 70 年代在英国北海油田开发中所使用的有限追索项目贷款作为标志的。在整个 70 年代至 80 年代能源工业的繁荣时期，项目贷款被许多国家和项目所采用。

项目融资在理论上被认为具有广泛的应用前景，但从目前来看，它主要适用于耗资巨大、开发周期较长、有可靠现金收入来源的工程项目，特别是资源开发、重要基础设施建设、交通能源项目等。

一般来说，贷款人在选用项目融资结构前，首先考虑拟投资项目是否具有可靠的收入和稳定的现金流量；其次考虑以怎样的担保结构或保障结构来确保贷款得到最有效的清偿；最后贷款人以此种风险方式提供融资，通常要追求高于普通贷款利息的融资回报。

而项目主办人选用项目融资手段，主要是为解决大型开发项目耗资大、周期长、投资风险高的困难，对于资金短缺的发展中国家开发基础项目来说，这不失为一种适宜的融资方式。

项目融资正越来越多地被应用于资源开发项目、大型工程项目的资金筹集。在异常活跃的国际资本运作市场中，项目融资也是现存多种资本运作方式中最重要的一种，因为它适用于各种规模的项目，其投资决策都是建立在高度专业化和程序化的基础上，投资银行在其中发挥着重要的作用。

延伸阅读

项目融资案例

中国的项目融资实践是从借入世界银行项目贷款开始的。商业性项目贷款作为一种重要的国际金融工具，在 20 世纪 80 年代中期被介绍到我国，并且在一些大型的投资项目中得到了成功的运作。我国金融界结合银团贷款方式在国际上筹措的首笔项目贷款发生于 1986 年 1 月，中国银行作为牵头行向北京香格里拉饭店项目贷款 4 500 万美元，参加银行有 11 家。

当前，中国正处于高质量发展阶段，基础项目的开发与建设已成为经济发展的重要一环，项目融资也被广泛应用于基础设施的融资实践中。项目融资作为国际通行的一种融资手段，特别适用于采矿、石油、电力、能源、公用基础设施和交通运输等大型工程项目。

（二）项目融资的基本特征

尽管项目融资具有结构复杂性和类型多样性的特点，但与传统的贷款融资相比，项目融资通常具有以下基本特征：

（1）项目融资以特定的建设项目为融资对象，尽管项目融资的借款人可以为独立从事项目开发的项目公司（通常如此），也可以为并非单纯从事项目开发的项目主办人，但在通常情况下，贷款人要求对项目资产和负债（包括股东投入的股权资产和贷款人投入的项目贷款资产）独立核算，并限制将项目融资用于其他用途；在项目主办人作为借款人的情况下，贷款人将要求主办人将项目融资仅投向该特定项目或项目公司，并要求将项目资产与主办人其他资产相分离，由此形成主办人资产负债表之外的融资。

这一特征表明，贷款人提供项目融资并非依赖于借款人（包括主办人或项目公司）的信用，而更主要依赖于项目投资后将形成的偿债能力和项目资产权利的完整性。在此情况下，贷款人显然不希望项目资产中除项目融资之外仍含有复杂的对第三人的负债。

（2）贷款人的债权实现主要依赖于拟建项目未来的现金流量以及该现金流量中可以合法用来偿债的净现值。

正是基于这一特征，项目融资的贷款人在决定贷款前必须对项目未来的现金流量做出可靠的预测，并且须通过复杂的合同安排确保该现金流量将主要用于偿债，同时往往要求取得东道国政府关于加速折旧、所得税减免等方面的批准或特许；依项目具体情况，上述因素均可能成为制约项目融资文件生效的前提条件。

（3）项目融资通常以项目资产作为附属担保，但根据不同国家法律的许可，又可通过借款人或项目主办人提供有限信用担保（无追索权的项目融资和有限追索权的项目融资）。

项目融资的资产担保并不以资产变价受偿为目的，贷款人要求此项担保意在获得资产控制权，它仅为项目融资信用保障结构中的一环。项目融资中的有限担保是在项目未来的现金流量不足以确保偿本付息的情况下，由借款人或项目主办人向贷款人提供的补充性的信用担保，它使得贷款人取得了补充性的有限追索权，如果贷款人依项目具体情况不要求提供此种有限担保，则构成所谓“无追索权的项目融资”。由此可见，在项目融资中，项目资产担保和有限担保并不是主要的信用保障手段，它们的作用与保障项目未来的收益率相联系。

（4）项目融资具有信用保障多样化和复杂化的特点。针对不同融资项目的具体风险状况，贷款人往往提出不同的信用保障要求，其目的在于分散项目风险，确保项目未来的现金流量可靠地用于偿还贷款。实践中通常采用的手段包括：

1）要求项目主办人或投资者对项目首先进行一定的股权投资，使项目融资仅占到项目资产总值的一定比例（通常为 60%以上），以分散贷款风险。

2）通过项目完工担保合同（turn key）锁定工程工期、工程价格和工程质量，以避免完工风险。

3）通过签署原材料长期供应合同，以锁定项目运营成本，避免项目运营风险。

4）通过签署旨在以稳定价格售卖项目产品的长期销售合同，以确保现金收入总量，避免市场风险。

此外，项目融资通常要求取得项目所在国政府的特许和保证，并且通常要设立旨在按约付款和收款的信托受托人（trustee），以确保项目融资的法律条件和偿债的可靠性。

（5）与上述特征相联系，项目融资具有融资额大、风险高、周期长、融资成本相对高的特点。由于项目融资以对项目未来的现金流量预测为基础，以旨在提高偿债效率的法律安排为条件，因而此类融资的准备工作成本、贷款利率和未来风险均较传统的贷款融资高。

（三）项目融资的基本类型

项目融资是某一类具有共同属性的融资类型的统称，而具体的项目融资又具有结构复杂多变的特点。可以说，几乎每一个具体的项目融资都是依据特定项目的条件而创造的，并且很难具有完全的可移植性。按照项目融资的实践，可以对项目融资依不同的标准加以进一步分类，了解这些分类有助于我们更深入地认识项目融资的内容与特征。

依据项目融资的借款人身份，可将其分为以主办人或投资人为借款人的项目融资（通常为 off-balance finance）、以项目公司投资人为借款人的项目融资、以项目公司为借款人的项目融资等。

依据项目融资对项目资产和营业的管理权，可将其分为合伙管理的项目融资、非公司型合作项目融资、由项目公司管理的项目融资等。

依据项目融资的债务偿还方式，可将其分为生产支付型项目融资、资产租赁型项目融资、BOT 项目融资等。

依据项目融资中主办人或投资人是否提供一定限度的信用担保，可将其分为无追索权的项目融资和有限追索权的项目融资。

下面介绍几种较有特色的项目融资类型。

1. 非公司型合作项目融资

非公司型合作项目融资又称契约型合作结构、非公司型合作结构（unincorporated joint venture）等。它是指拟建项目的几个投资人通过合作协议共同投资于项目，分别取得项目资产的财产权和营业权，分别向贷款人协议借款并安排偿债的项目融资方式。在非公司型合作结构中，各个投资人可以依协议建立旨在实现统一管理项目资产和营业的管理委员会或项目管理公司，但这种管理机构对于项目资产并不享有所有权，也不与贷款人发生直接的协议债权债务关系。

2. 项目公司融资

项目公司融资是指拟建项目的主办人及投资人先以股权合资方式建立有限责任的项目公司，然后由该项目公司直接投资于拟建项目并取得项目资产权和营业权，由项目公司向国际贷款人协议借款并负责偿债的项目融资方式。项目公司融资具有结构简单、财务关系清晰的特点，它是目前项目融资实践中最广泛采用的项目融资方式。

3. 生产支付型项目融资

生产支付（production payment）型项目融资又称产品支付项目融资，它是指国际贷款人在提供项目贷款后，将根据项目融资文件直接取得一定比例的项目产品或该部分产品的全额销售收入，并以此进行偿本付息的项目融资方式。生产支付型项目融资是项目融资的早期形式，特别适用于稀有资源或矿产开发类型的项目。我们前面讲过的 13 世纪英国的德文郡白银矿项目采用的就是这种方式。

4. BOT 项目融资

BOT（build-operate-transfer）是“建设—经营—转让”的简称，代表着一个完整的项目融资概念。这种模式主要用于发展中国家公共基础设施建设的项目融资，是国际项目融资发展的一种新型结构。这种模式的基本思路是：由项目所在国政府或所属机构为项目的建设和经营提供一种特许权协议，作为项目融资的基础，由本国公司或者外国公司作为项目的投资者和经营者安排融资、承担风险、开发建设项目，并在有限的时间内经营项目，获取商业利润，最后根据协议，将该项目转让给相应的政府机构。此类项目融资又称特许权融资。BOT 项目融资是发展较晚的一种国际融资方式，它特别适用于公共设施项目和大型基础项目建设。实际上，BOT 所形成的债务已不是国家的主权债务。

广东沙角 B 火力发电厂就是中国最早一个有限追索权的项目融资案例，也是事实上在中国第一次使用BOT融资概念兴建的基础设施项目。随后，广西来宾电厂项目、四川德阳绕城南高速公路项目、昌江村镇集中供水项目等都纷纷采取BOT方式。

5. TOT

TOT（transfer-operate-transfer）是“移交—经营—移交”的简称，是指政府与投资者签订特许经营协议后，将已经投产运行的可收益公共设施项目移交给民间投资者经营，凭借该设施在未来若干年内的收益，一次性地从投资者手中融得一笔资金，用于建设新的基础设施项目；特许经营期满后，投资者再把该设施无偿移交给政府管理。

长期以来，我国交通基础设施的发展严重滞后于国民经济的发展，资金短缺与投资需求的矛盾十分突出，TOT方式为缓解我国交通基础设施建设资金的供需矛盾找到了一条现实出路，可以加快我国交通基础设施的建设和发展。

TOT方式与BOT方式是有明显区别的，它不需要投资者直接投资建设基础设施，因此避开了基础设施建设过程中产生的大量风险和矛盾，比较容易使政府与投资者达成一致。TOT方式主要适用于交通基础设施的建设。

6. PPP

PPP（public-private-partnership），即公共部门与私人企业合作模式，是公共基础设施的一种项目融资模式。在PPP模式下，鼓励私人企业与政府进行合作，参与公共基础设施的建设。其中文意思是：公共、民营、伙伴。PPP模式的构架是：从公共事业的需求出发，利用民营资源的产业化优势，通过政府与民营企业双方合作，共同开发、投资建设，并维护、运营公共事业的合作模式，即政府与民营经济在公共领域的合作伙伴关系。通过这种合作形式，合作各方可以达到比各自单独行动更为有利的结果。合作各方参与某个项目时，政府并不是把项目的责任全部转移给私人企业，而是由参与合作的各方共同承担责任和融资风险。这是一项世界性课题，已被国家计委、科技部、联合国开发计划署三方会议正式批准纳入正在执行的我国地方21世纪议程能力建设项目。

（四）项目融资的程序

项目融资结构复杂，制约因素多，其准备工作过程也较长。在一般情况下，项目融资工作大致可分为项目融资决策、项目融资结构分析、项目融资准备和项目融资执行四个阶段。

1. 项目融资决策

在项目融资工作开始前，项目投资人或主办人通常要对拟投资项目进行初步分析，做出投资决策和融资方式决策。

一般来说，项目融资适用于投资规模大、周期长、投资收益和现金流量稳定、股权投资人或项目公司信用不足以支持简单贷款的新建投资项目。

此外，若拟投资项目采用项目融资方式解决资金问题，通常需要取得所在地政府部门的政策支持和计划管理部门的批准。应当说，认真分析拟投资项目的特点及条件是正确做出项目融资决策的基础。

项目投资人或主办人在决定采用项目融资方式后，通常初步确定项目投资与项目融资的初步结构或初步方案，并做出项目可行性研究。在这一初步分析与决策过程中，项目投资人或主办人可以聘请专业顾问取得咨询意见和帮助。项目融资通常以项目投资人或主办人聘请和任命未来拟担任融资牵头经理人的融资顾问为正式开端。按照国际融资实践，项目融资的牵头经理人通常由具备较强资金实力、具有良好信誉和融资经验的金融机构担任。而此类金融机构在决定担任融资牵头经理人并组织项目融资之前，往往要求先作为项目融资顾问参与项目。

项目融资顾问在融资决策阶段，需要对拟投资项目进行初步调查和了解，并在此基础上协助项目主办人修改和完善项目融资的初步结构及方案。在此过程中，项目主办人和项目融资顾问均可聘请专业中介机构协助工作。

2. 项目融资结构分析

在此工作阶段，项目融资顾问和项目主办人将聘请包括律师、会计师、工程顾问和行业专业顾问在内的专业中介机构进行尽职调查，其中最重要的是对各种项目风险（特别是项目现金流量）进行分析预测。

由于项目融资以项目未来的现金流量作为主要的偿债信用基础，而不同投资项目中制约可偿债现金流量的具体风险又不尽相同，因此对拟投资项目进行各项风险预测或评价是最终确定项目融资具体结构和细节法律安排的重要前提。可以说，特定项目融资中投资与贷款之比例、有关当事人关系、担保结构、信用保障结构以及每一项合同文件的安排都是针对具体项目的经济强度和风险因素设计的；而其基本目标在于保障贷款偿还，分散融资风险，平衡不同当事人之间的利益关系。

概括地说，项目融资结构分析阶段的工作主要包括：对项目的基础状况和基础资料进行调查，做出专业性分析报告和结论性意见，根据项目经济强度和风险因素修改、确定具体的项目融资结构、项目融资方案和项目融资细节安排三部分。在这一工作阶段，有关项目融资的各项工作性结论应当是量化的，有关项目融资的结构和方案应当是具体化的，项目主办人和项目融资顾问应当就项目分析结论及投资项目的条件取得大体一致的认识。

从实践来看，在项目融资中，项目融资顾问和专业中介机构往往更注重融资市场的要求及自身的信誉，其工作结论多遵循审慎保守原则。而项目主办人更注重拟投资项目的融资要求，追求更高的融资效率和融资速度。

3. 项目融资准备

在项目融资顾问与项目主办人经协商已确定了项目融资具体方案及其细节安排的基础上，应由项目主办人委托牵头经理人组织贷款银团，由牵头经理人和专业中介机构准备信息备忘录及各种融资法律文件，并由主办人与牵头经理人就项目融资文件进行协商谈判。这种正式法律文件的协议定稿不仅是对项目融资方案的实施，而且往往最终确定了项目融资方案的内容。

根据国际融资惯例，项目融资顾问在确认项目融资方案后，应当做出是否担当融资牵头经理人的表示，项目主办人则应以书面文件的形式做出委托其担任牵头经理人和授权其组织贷款银团的意思表示，其程序与国际贷款过程无异。牵头经理人在得到授权后，将与专业中介机构共同准备旨在推销贷款项目的信息备忘录或事实说明文件；同时，将委托专业中介机构依照已拟定的项目融资方案准备各种项目融资法律文件的草稿。这类法律文件不仅包括贷款协议和担保协议，还包括政府特许文件、项目公司设立文件、项目公司管理文件、项目工程承包合同、设备与原材料供应文件、产品长期购买合同、信托文件以及大量的工作文件等。在项目融资准备阶段，贷款银团的牵头经理人通常在信息备忘录正式定稿前就已开始推销贷款项目与银团组织工作，仅将文件正式签署留待最后实施阶段进行。与此类似，在项目融资法律文件的准备阶段，牵头经理人将协调项目融资的所有参与者进行相关法律文件的谈判工作，以通过协商使各项法律文件的内容处于定稿或可签署状态。其中，贷款协议内容的确定既对其他法律文件具有指引作用，又以其他法律文件内容的确定为前提。在一般情况下，项目融资准备阶段的完成以各项法律文件的定稿或基本定稿为标志。2014 年 4 月 8 日，国家发展改革委发布《境外投资项目核准和备案管理办法》。该办法规定，由国家发展改革委核准或由国家发展改革委提出审核意见报国务院核准的境外投资项目，地方企业直接向所在地的省级政府发展改革部门提交项目申请报告，由省级政府发展改革部门提出审核意见后报送国家发展改革委；中央管理企业由集团公司或总公司向国家发展改革委报送项目申请报告。国家发展改革委对申请备案的境外投资项目，主要从是否属于备案管理范围，是否符合相关法律法规、产业政策和境外投资政策，是否符合国家资本项目管理相关规定，是否危害国家主权、安全、公共利益，以及投资主体是否具备相应投资实力等进行审核。

4. 项目融资执行

从广义上说，项目融资执行是自各种项目融资法律文件签署至项目贷款清偿完毕的整个期间。此过程中的工作主要包括签署项目融资法律文件，执行贷款与项目投资计划，牵头经理人监督项目建设与项目管理、项目运营与现金流量管理等几个部分。

项目融资文件的签署通常要求将具有相关性的一系列法律文件统一签署；其中，项目公司设立文件和政府机构的特许文件具有基础意义，通常要求先行签署；银团贷款协议和担保文件是项目融资的核心文件，通常最后签署；而构成项目信用保障结构的工程承包合同、工程分包公同、设备与原材料供应合同、产品长期购买合同和信托文件通常含有附加条件生效条款。在项目融资文件签署后，项目投资人和贷款银团应当按约履行项目投资和银团贷款，并应及早使项目工程建设启动。

在项目工程建设阶段，项目主办人通常负有统一协调管理的职责，但根据项目方案的安排，对于项目工程建设的管理也可以委托外方投资人或专业管理公司进行。在此阶段，工程联合承包人、设备与原材料供应商应全面履行合同义务，并受到严格的责任约束；牵头经理银行对于工程建设享有监督权与建议权，这与一般的银团贷款有所不同。在项目工程建设完工后，通常要进行项目试生产。只有在通过试生产，并由牵头经理人确认该项目达到融资文件规定的商业完工标准后，才可通过验收并解除项目主办人或投资人提供的项目完工担保。

在项目运营阶段，对于项目的管理通常由项目公司或专业管理公司负责；牵头经理人仍然对项目运营有监督权与建议权；而设备与原材料供应商、商品长期购买人、保证人和信托受托人则负有全面履行相关合同的义务。在此阶段，项目融资信用保障机制将全面发生效用，用于偿债的现金流量将得到控制和管理，以保证贷款本息的偿还。

十、资产证券化

（一）资产证券化的定义和分类

1. 资产证券化的定义

资产证券化是指企业通过资本市场发行由金融资产（如银行的信贷资产、企业的交易或服务应收款等）支撑的债券或商业票据，将缺乏流动性的金融资产变现，达到融资、资产与负债结构相匹配的目的。

资产证券化的内涵就是将原始权益人（卖方）不流通的存量资产或可预见的未来收入，构造和转变成资本市场可销售及流通的金融产品，具体来说，就是将缺乏流动性但能产生可预见的稳定现金流的资产（如银行的信贷资产、企业的交易或服务应收款等），通过一定的结构安排，将资产中的风险与收益要素进行分离与重组，进而转换为在金融市场上可以出售和流通的证券的过程，其实质是融资者将被证券化的资产的未来现金流收益权转让给投资者。

通俗地讲，就是通过投资银行以企业的一部分信用资产作为担保而进行的证券发行，是一种与传统证券融资不同的新兴融资方式。进行资产转化的企业被称为资产证券发起人。资产证券发起人将持有的各种流动性较差的金融资产，如住房抵押贷款、信用卡应收款等，分类整理为一批信用资产组合，出售给特定的交易组织，即金融资产的买方（主要是投资银行），再由特定的交易组织以买下的金融资产为信用担保发行资产支持证券，用于收回购买资金，这一系列过程就被称为资产证券化。

资产证券化是一种可以提高流动性和以融资为目的的金融创新，是对一组原本流动性较差的金融资产进行组合，使其产生周期较长、较为稳定的现金流收益，再配以相应的信用担保，把这种未来现金流的收益权转变为可在金融市场上流动、信用等级较高的证券。由此可以看出，这种资产证券化的实质就是将金融资产的未来现金流收益权进行转让的交易。

资产证券化的实践源于美国，美国资产证券化的成功吸引了其他经济体对这一技术的追求。欧洲、亚洲等地区纷纷开展资产证券化业务，现已有了长足的发展。英国、日本、中国香港等地的实践表明，资产证券化经改造可以纳入各经济体的制度环境。随着交流的日渐频繁，各经济体交易技术和制度差异呈现出逐步缩小的趋势。与美国一样，亚洲资产证券化的实践也是从房地产抵押贷款开始的。20 世纪 90 年代后，日本、中国香港、印度尼西亚、韩国、马来西亚等经济体的资产证券化快速发展，品种越来越多，已发展到大宗境外贸易产品的应收款、公路通行费收入、电器应收款、房屋出租收入、基本建设项目收入等的证券化。

证券化的最新进展已远远超过了传统的“资产”范围，未来收益证券化、整体企业证券化和风险证券化等是 20 世纪 90 年代后发展起来的，此时的对象已不再是传统的信用资产。其中，未来收益证券化是发展比较迅速的融资方式，尤其在发展中国家基础设施方面得到了很好的应用。被广泛引用的中国证券化案例之一珠海高速证券化就是如此，其对象是未来高速公路的收费和其他收费。有些发展中国家的电信、煤电等的证券化也是如此，因而其已很难用传统的“资产”来加以笼统概述。

我国资产证券化的主张自 1983 年提出，至今已有近 40 年的时间，但资产证券化目前在中国仍然处于发展的初级阶段。

2005 年是中国资产证券化元年。同年 12 月，作为资产证券化试点银行，中国建设银行和国家开发银行分别以个人住房抵押贷款及信贷资产为支持，在银行间市场发行了第一期资产证券化产品。2005 年 12 月 21 日，中国内地第一只房地产投资信托基金（REITs）——广州越秀房地产投资信托基金正式在中国香港交易所上市交易。近年来，我国资产证券化主要表现出几个特点：发行规模大幅增长、种类增多、发起主体增加、机构投资者范围增加、二级市场交易尚不活跃。我国经历了一些资产证券化的个案实践，尽管其中某些案例还不具备资产证券化的特点，但有一定的实践意义。

2. 资产证券化的分类

国际市场上的资产证券化产品基本上可以分为资产支持证券（asset-backed security，ABS）和住房抵押贷款证券（mortgage-backed security，MBS）两大类。

ABS可以分为狭义ABS和担保债务凭证（collateralized debt obligation，CDO）两类，前者包括以信用卡贷款、学生贷款、汽车贷款、设备租赁、消费贷款、房屋资产抵押贷款等为标的资产的证券化产品，后者是近年来迅速发展的以银行贷款等为标的的资产证券化产品。

住房抵押贷款证券是资产证券化发展史上最早出现的证券化类型。它是以住房抵押贷款这种信贷资产为基础，以借款人对贷款进行偿付所产生的现金流为支撑，通过金融市场发行证券（大多是固定收益债券）进行融资的过程。

一方面，MBS可以把银行等金融机构持有的流动性较低的长期住房抵押贷款转化为流动性较高的证券，这极大地改善了这些机构的资产流动性。此外，如果MBS选择的是表外融资形式，就不会增加这些机构的负债率，并且还可以释放资本金。因此，这种证券化产品很受金融机构的青睐。另一方面，由于MBS的基础资产是违约率较低的抵押贷款，其现金流量比较稳定且易于预测，因此市场投资者也很喜欢这种投资工具。

在美国，MBS市场自20世纪70年代起稳步发展，从90年代到21世纪初由于美国经济的发展和利率的不断下调，MBS市场得到迅猛发展，在资产证券化市场上占据主导地位。其发行余额在1980年年底为1 109亿美元，至2007年1季度已成长至40 766亿美元，在约25年时间增长约36倍，已成为仅次于联邦债市的第二大市场。根据证券业和金融市场协会（Securities Industry and Financial Markets Association，SIFMA）统计，截至2008年1季度末，美国MBS（包括吉利美、房利美、房地美以及其他商业机构发行的MBS和附属担保品抵押债券）余额更是达到了7.4万亿美元，规模超过公司债的5.9万亿美元和国债的5万亿美元，是美国债券市场上的最大券种，占债券存量的24.22%。美国市场上的住房抵押贷款证券可以分为以下两种：

（1）转手证券。转手证券（pass-through security）或参与凭证（participation certification）是住房抵押贷款证券的一种，其发行者或证券服务者每月将借贷方的定期还本付息现金流传递给投资者。在次贷危机前，由于绝大部分的传递证券由吉利美、房利美或房地美发行或担保，传递证券的信用等级一般都是AAA级，被认为是投资风险较小的证券。

（2）附属担保品抵押债券。附属担保品抵押债券（collateralized mortgage obligation，CMO）的重要特征是采用分档技术，就是根据投资者对期限、风险和收益的不同偏好，将债券设计成不同的档次。每个债券的档次不同，从而能够满足不同投资者的偏好。它的产生源于投资者对各种投资期限和现金流稳定性的要求。传统转手证券的期限一般随住房抵押贷款而定，通常为10～12年；现金流也呈现出住房抵押贷款还本付息的特性，即本金随时间由小变大，利息由大变小。20世纪80年代推出的CMO以发行的转手证券或住房抵押贷款为标的资产，在此基础上发行了一系列不同期限、不同层次且依次偿还的债券。

因此，与传统转手证券相比，CMO具有投资期限灵活、收入稳定的特点。在次贷危机前，由于CMO用作标的资产的转手证券或房屋抵押贷款通常是由机构（吉利美、房利美或房地美）发行或担保，因此CMO具有较高的信用等级，最高可获得AAA级信用等级认证。

（二）资产证券化的特点

资产证券化已在美国、英国及日本存在多年，且在美国发展的成效的确相当卓著。其主要特点如下：

（1）利用金融资产证券化可提高金融机构的资本充足率。金融资产通过证券化后再出售，可以降低其风险性资产，增加资产流动性，而使资本充足率提高，以符合国际清算银行（BIS）规定的自有资产与风险性资产比率不得低于8%的国际标准。

（2）增加资产流动性，改善银行资产与负债结构失衡。随着金融业的发展，银行的长期借款（如住房贷款）期限均达15年以上，而用来融通的存款充其量最长在三年左右，这样的资产与负债期间结构失衡，扩大了银行潜在的流动风险，因此金融资产证券化使中长期资产短期化或流动化，可有效减少此种风险。

（3）利用金融资产证券化来降低银行固定利率资产的利率风险。以美国而言，固定利率房贷为银行重要的放款方式，因此银行容易遭受利率变动的风险，而将其证券化，可把风险有效地转移给投资大众。

（4）银行可利用金融资产证券化来降低融资成本。一般来说，银行在大众心目中的信用较一般企业好，而且国际上的信用评级公司所要求的评级费用日趋降低，保证或承销费用亦日益降低，因此银行利用金融资产证券化来筹措资金，其发行成本比一般银行间借款低。

（5）银行利用金融资产证券化可使贷款人的资金成本下降。银行利用此工具使融资成本下降且通过银行间竞争，贷款者享受到成本下降的利益，从而减轻贷款人的利息负担。

（6）金融资产证券化的产品收益良好且稳定。在美国，此种投资品（如吉利美政府债券）通过相关政府机构保证，流动性很高，且收益率稳定，易获基金投资者青睐；相似商品的翻新与包装（如CMO），能有效满足不同风险偏好者的需求。

（三）资产证券化的运作流程

从本质上讲，资产证券化是以可预期的现金流为支持而发行证券进行融资的过程。在这个过程中，现金流剥离、风险隔离和信用增级构成了资产证券化操作的核心。

由于资产证券化是以资产所产生的现金流为支持，因此可预期的现金流是进行证券化的先决条件。通过资产的重新组合，实现资产收益的重新分割和重组，将符合资产证券化现金流要求的资产从原始权益人的全部资产中“剥离”出来，形成资产证券化的基础资产。该基础资产的范围可能不限于一家企业的资产，而是可以将许多不同地域、不同企业的资产组合为一个证券化资产池。

风险隔离机制是资产证券化交易所特有的技术，它使标的资产原始所有人或资产证券化发起人的资产风险、破产风险等与证券化交易隔离开来，标的资产的风险不会“传递”给资产支持证券持有者。

资产的转让通过“真实销售”的方式实现，即资产的卖方对已出售资产在证券化过程中没有追索权，在卖方与证券发行人和投资者之间构筑起了一道风险“隔离墙”。证券化产品的风险与资产原始所有者的风险无关，而只与证券化资产的现金流本身相关。

风险隔离从两方面提高了资产运营的效率：首先，风险隔离机制把标的资产原始所有人不愿或不能承担的风险转移到愿意而且能够承担的人那里；其次，证券的投资者可以只承担他们所愿意承担的风险，而不必承担资产原始所有人面临的所有风险。

信用增级（credit enhancement）是从信用的角度来考察现金流，即通过各种信用增级方式来保证和提高整个证券资产的信用级别，以吸引更多的投资者并降低发行成本。

概括地讲，一次完整的证券化融资的基本流程是：发起人将证券化资产出售给一家特殊目的机构（special purpose vehicle，SPV），或者由 SPV 主动购买可证券化的资产，然后 SPV 将这些资产汇集成资产池（assets pool），再以该资产池所产生的现金流为支撑在金融市场上发行有价证券融资，最后用资产池产生的现金流来清偿所发行的有价证券。

完成一次资产证券化交易通常需要以下几个步骤：

1. 确定证券化资产并组建资产池

资产证券化的发起人（即资产的原始权益人）在分析自身融资需求的基础上，通过发起程序确定用来进行证券化的资产。尽管证券化是以资产所产生的现金流为基础，但并不是所有能产生现金流的资产都可以证券化。总结多年来资产证券化融资的经验可以发现，具有下列特征的资产比较容易实现证券化。

（1）资产可以产生稳定的、可预测的现金流收入。

（2）原始权益人持有该资产已有一段时间，且信用记录良好。

（3）资产具有标准化的合约文件，即资产具有很高的同质性。

（4）资产抵押物易于变现，且变现价值较高。

（5）债务人的地域和人口分布广泛。

（6）资产的历史记录良好，即违约率和损失率较低。

（7）资产的相关数据容易获得。

一般来说，那些现金流不稳定、同质性低、信用质量较差且很难获得相关统计数据的资产不宜被直接证券化。

2. 设立特殊目的机构

特殊目的机构（又称特殊目的载体）是专门为资产证券化设立的一个特殊实体，它是资产证券化运作的关键性主体。组建 SPV 的目的是最大限度地降低发行人的破产风险对证券化的影响，即实现被证券化资产与原始权益人（发起人）其他资产之间的“风险隔离”。SPV 被称为没有破产风险的实体。这一点一是指 SPV 本身的不易破产性；二是指将证券化资产从原始权益人那里真实出售给 SPV，从而实现了破产隔离。为了达到破产隔离的目的，在组建 SPV 时应该遵循以下要求：① 债务限制；② 设立独立董事；③ 保持分立性；④ 满足禁止性要求。

SPV 可以是由证券化发起人设立的一个附属机构，也可以是长期存在的专门进行资产证券化的机构，其设立形式可以是信托投资公司、担保公司或其他独立法人实体。至于具体如何组建 SPV，则要考虑一个具体国家或地区的法律制度和现实需要。从已有的证券化实践来看，为了逃避法律制度的制约，有很多 SPV 都是在有“避税天堂”之称的百慕大群岛、开曼群岛等地方注册的。

3. **资产的真实出售**

证券化资产从原始权益人（如住房抵押贷款的发放银行）向SPV的转移是证券化运作流程中非常重要的一个环节。这个环节会涉及众多法律、税收和会计处理问题，其中的一个关键问题是：一般都要求这种转移在性质上是“真实出售”（true sale）。其目的是实现证券化资产与原始权益人之间的破产隔离，即原始权益人的其他债权人在其破产时对已证券化资产没有追索权。

以真实出售的方式转移证券化资产要求做到以下两个方面：一方面，证券化资产必须完全转移到SPV手中，这既保证了原始权益人的债权人对已转移的证券化资产没有追索权，也保证了SPV的债权人（即投资者）对原始权益人的其他资产没有追索权；另一方面，由于资产控制权已经从原始权益人转移到了SPV，因此应将这些资产从原始权益人的资产负债表上剔除，使资产证券化成为一种表外融资方式。

4. **信用增级**

为吸引投资者并降低融资成本，必须对资产证券化产品进行信用增级，以提高所发行证券的信用级别。信用增级可以提高所发行证券的信用级别，使证券在信用质量、偿付的时间性与确定性等方面能更好地满足投资者的需要，同时满足发行人在会计、监管和融资目标方面的需求。信用增级可以分为内部信用增级和外部信用增级两类，具体手段有很多种，如内部信用增级的方式有：划分优先/次级结构（senior/subordinate structure）、建立利差账户（spread account）、开立信用证、进行超额抵押等；外部信用增级主要是通过金融担保来实现。

5. **信用评级**

在资产证券化交易中，信用评级机构通常要进行两次评级：初评与发行评级。初评的目的是确定为了达到所需要的信用级别必须进行的信用增级水平。在按评级机构的要求进行信用增级之后，评级机构将进行正式的发行评级，并向投资者公布最终评级结果。信用评级机构通过审查各种合同和文件的合法性及有效性，给出评级结果。信用等级越高，表明证券的风险越低，从而使得发行证券筹集资金的成本也越低。

6. **发售证券**

信用评级完成并公布结果后，SPV将经过信用评级的证券交给证券承销商去承销，可以采取公开发售或私募的方式进行。由于这些证券一般具有高收益、低风险的特征，所以主要由机构投资者（如保险公司、投资基金和银行机构等）来购买。这也从一个角度说明，一个健全发达的资产证券化市场必须要有一个成熟的、达到相当规模的机构投资者队伍。

7. **向发起人支付资产购买价款**

SPV从证券承销商那里获得发行现金收入，然后按事先约定的价格向发起人支付购买证券化资产的价款，此时要优先向其聘请的各专业机构支付相关费用。

8. **管理资产池**

SPV要聘请专门的服务商来对资产池进行管理。服务商的作用主要包括：① 收取债务人每月偿还的本息；② 将收集的现金存入SPV在受托人处设立的特定账户；③ 对债务人履行债权债务协议的情况进行监督；④ 管理相关的税务和保险事宜；⑤ 在债务人违约的情况下实施有关补救措施。

一般来说，发起人会担任服务商，这种安排有很重要的实践意义。因为发起人比较熟悉基础资产的情况，并与每个债务人都建立了联系。此外，发起人一般都有管理基础资产的专门技术和充足人力。当然，服务商也可以是独立于发起人的第三方。此时，发起人必须把与基础资产相关的全部文件移交给新服务商，以便新服务商掌握资产池的全部资料。

9. **清偿证券**

按照证券发行说明书的约定，在证券偿付日，SPV 将委托受托人按时、足额地向投资者偿付本息。利息通常是定期支付的，而本金的偿还日期及顺序就要因基础资产和所发行证券偿还安排的不同而异了。在证券全部被偿付完毕后，如果资产池产生的现金流还有剩余，那么这些剩余的现金流将被返还给交易发起人——资产证券化交易的全部过程也随之宣告结束。

由此可见，整个资产证券化的运作流程都是围绕着 SPV 这个核心来展开的。SPV 进行证券化运作的目标是：在风险最小化、利润最大化的约束下，使基础资产所产生的现金流与投资者的需求最恰当地匹配。

随着我国市场经济的深入发展，企业之间的竞争越来越激烈，而国家金融市场的建立和完善，使得企业融资的方式、渠道逐渐增多，企业家越来越重视融资成本、融资效益、融资风险和融资渠道的开拓。现在我国出现了许多应收账款抵押借款融资、存货担保融资、预收货款融资以及民间资本融资等新的融资方式。尽管其中的一些融资方法在国内还不常用，还有些出现过这样或那样的问题，但这些都不失为对传统融资方式新的、探索性的有益尝试。毕竟，中国正处在经济转型期，对新奇、高效、简便、安全的融资方法的探索是广大企业家所乐意接受的。

本章小结

本章第一节主要论述了关于融资的一般性基础知识，包括内源融资与外源融资、直接融资与间接融资、股权融资与债权融资、公司融资与项目融资等的联系与区别。在此基础上，第二节结合国际与国内资本市场的实际，较为全面地介绍了信贷融资、股票融资、债券融资、商业票据融资、无形资本融资、融资租赁、典当融资、信托融资、项目融资、资产证券化等不同融资方式的利用时机、条件等问题。

本章要点

- 内源融资与外源融资的定义与特征
- 直接融资与间接融资的内涵
- 股权融资与债权融资的特点
- 公司融资与项目融资的比较
- 信贷融资的方式与优缺点
- 发行新股的条件
- 股票融资的副作用
- 债券的定义及特征

- 企业发债的条件以及债券融资的优缺点
- 商业票据的融资特点
- 无形资本的价值与特征
- 融资租赁的分类、程序及优势
- 典当的内涵以及典当的基本程序
- 信托的概念、职能、构成要素和种类
- 项目融资的定义、类型及特征
- 项目融资的程序
- 资产证券化的定义、特点及运作流程

本章关键术语

融资渠道	融资方式	内源融资	外源融资
直接融资	间接融资	股权融资	债权融资
公司融资	项目融资	信贷融资	股票
债券	商业票据	无形资本	融资租赁
简单融资租赁	返还式租赁	融资转租赁	杠杆租赁
百分比租赁	风险租赁	结构式参与租赁	合成租赁
联合租赁	信托融资	项目融资	非公司型合作项目融资
项目公司融资	生产支付型项目融资	BOT项目融资	资产证券化
SPV	信用增级	信用评级	

本章习题

1. 简述内源融资与外源融资的特征。
2. 信贷融资有哪些方式?
3. 上市公司发行新股需要具备哪些条件?
4. 简述债券的内涵及特征。
5. 试述商业票据的融资特点。
6. 影响无形资本评估价值的因素主要有哪些?
7. 融资租赁有哪些类型?
8. 试述资产证券化的特征与流程。
9. 在延伸阅读融资租赁案例中,大冶自来水有限公司采用的是哪种租赁形式?为什么?
10. 在延伸阅读信托融资案例中,金钰集团的标的物是什么?按标的物分类和按受托人对财产的处理方式分类,它分别采用了哪种信托融资方式?

第七章

融资决策

章前引例

万科企业股份有限公司成立于1984年，4年后进入房地产行业。经过三十余年的发展，万科已成为国内领先的城乡建设与生活服务商，公司业务聚焦全国经济最具活力的三大经济圈及中西部重点城市。自2016年首次跻身《财富》“世界500强”起，公司在接下来的几年里接连上榜，于2021年位列榜单第160位。万科以房地产为核心业务，主要选择深圳、上海、北京、沈阳、成都等经济发达、人口众多的大城市进行住宅开发。

自上市以来，公司净资产收益率一直保持在10%以上，虽然发展势头一直很好，但在2001年中期，万科的现金流已经出现负值，达到−7.25亿元，如何才能填补这个资金缺口呢？

早在2000年年末，万科董事会就拟向华润集团定向增发4.5亿股B股，发行价定为4.2港元/股，融资额达20亿港元。但由于华润集团考虑到国内A股市场平均市盈率过高，A、B股差价太大，决定放弃认购，方案最终流产。2001年7月，万科董事会通过决议发行可转换债券。可转换债券是债券持有人可按照发行时约定的价格将债券转换成公司的普通股票的债券，兼具债权和股权的特征。

最终，2002年6月28日，万科可转换债券上市。万科的股东对这次发行的可转换债券全力支持，因为该债券利率一般低于普通公司的债券利率，不但可使企业降低筹资成本，还能使持有人享有在一定条件下将债券回售给发行人的权利，而发行人在一定条件下也拥有强制赎回债券的权利。

本次董事会的融资决策让万科顺利筹集到了大量资金，很好地弥补了缺口。由此可见，融资决策是企业运营不可或缺的重要组成部分。影响企业融资决策的因素是什么？企业进行融资决策时应遵守的原则都有哪些？资本结构对于融资决策有什么作用？在这一章里，你将对这些问题有新的了解与认识。

学习目标

- 了解融资决策的影响因素
- 理解融资决策应遵循的原则
- 掌握资本成本的概念及相关计算方法
- 掌握财务风险中各种杠杆的概念及计算方法
- 理解资本结构对于融资决策的影响

第一节　融资决策的概念、影响因素及原则

一、融资决策的概念及影响因素

融资决策是各类企业为筹集资金而进行的制定最佳融资方案的过程。特别是在当今的世界经济中，金融创新相当活跃，企业进行融资的可选渠道大大增多，以至具体应选择哪些融资方式以及相关风险如何等问题往往使财务管理难以决策。融资决策需要考虑很多因素，不同的研究者对于融资决策的影响因素也有不同的划分，且划分的标准各异。按照影响的介质来分类，融资决策的影响因素可以分为直接因素和间接因素，其中间接因素通过直接因素发生作用。

（一）间接因素

间接因素是指相对稳定的、不随具体融资方案而变化的因素，包括内部因素和外部因素。

（1）影响融资决策的内部因素，即与企业自身所处状态有关的因素如下：① 企业的组织形式；② 企业的规模、业绩及信誉；③ 企业所处的生命周期阶段；④ 企业的资产结构；⑤ 企业的盈利能力和偿债能力；⑥ 企业的资本结构。

（2）影响融资决策的外部因素如下：① 经济环境；② 法律环境；③ 金融环境，即金融政策、利率。每一项因素又包括许多子因素。

（二）直接因素

直接因素是指随具体融资方案的不同而变化的影响因素，主要包括融资成本、融资效益、融资风险、税收因素等。

二、融资决策应遵循的原则

在实践中，有的企业在融资过程中没有明确的计划，盲目性很大，抱着侥幸的心理误打误撞，对投资方不加鉴别，让许多招摇撞骗的投资中介或者投资公司有机可乘。后果严重的导致企业蒙受重大损失，影响了企业的正常发展；轻者也使企业浪费了不少的人力和财力。此外，有的企业对融资的难度缺乏充分的心理准备，一旦几次融资行动受挫，便放弃了融资计划，错失了一些可以成功的引资机会，延缓了企业发展的步伐，颇为遗憾。因此，企业在正式融资之前要制定一个指导企业融资行为的融资计划书，其中包括融资决策的指导原则和其他一些融资行为准则，目的是确保企业融资活动的顺利进行。

（一）收益与风险相匹配原则

企业融资的目的是将所融资金投入企业运营，最终获取经济效益，实现股东价值最大化。在每次融资之前，企业往往会预测本次融资能给企业带来的最终收益，收益越大往往

意味着企业利润越多，因此融资总收益最大似乎应该成为企业融资的一大原则。

然而，“天下没有免费的午餐”。实际上，在融资取得收益的同时，企业也要承担相应的风险。对企业而言，尽管融资风险是不确定的，可一旦发生，企业就要承担百分之百的损失了。一旦风险演变为最终的损失，必然会给企业经营带来巨大的不利影响。因此，企业在融资时千万不能把目光只集中于最后的总收益如何，还要考虑在既定的总收益下企业要承担怎样的风险，以及这些风险一旦演变成最终的损失，企业能否承受，即融资收益要与融资风险相匹配。

（二）融资规模量力而行原则

确定企业的融资规模，在企业融资过程中非常重要。筹资过多可能造成资金闲置浪费，增加融资成本；或者导致企业负债过多，使其无法承受、偿还困难，增加经营风险。然而，如果企业筹资不足，又会影响企业投融资计划及其他业务的正常开展。因此，企业在进行融资决策之初，要根据企业对资金的需要、企业自身的实际条件以及融资的难易程度和成本情况，量力而行地确定企业合理的融资规模。

融资规模的确定一般要考虑以下两个因素：

1. 资金形式

一般来说，企业的资金形式主要包括固定资金、流动资金和发展资金。

固定资金是企业用来购买办公设备、生产设备和交通工具等固定资产的资金，这些资产的购买是企业长期发展所必需的；但是，这些生产必需设备和场所的购买一般涉及较大的资金需求，而且期限较长。

流动资金是用来支持企业在短期内正常运营所需的资金，又称营运资金，比如办公费、职员工资、差旅费等。结算方式和季节对流动资金的影响较大。

发展资金是企业在发展过程中用于技术开发、产品研发、市场开拓的资金。这部分资金需求量很大，有时仅依靠企业自身的力量是不够的，因此对于这部分资金可以采取增资扩股、银行贷款的方式解决。

2. 资金的需求期限

不同的企业或者同一个企业不同的业务过程对资金需求期限的要求也是不同的。例如，高科技企业由于新产品从被推出到被社会接受需要较长的过程，即对资金期限一般要求较长，因此对资金的需求规模也较大。而传统企业由于产品成熟，只要质量和市场开拓良好，一般情况下资金回收也快，因而对资金的需求量也较少。

（三）控制融资成本最低原则

提起融资成本这个概念就不得不提起资本成本这个概念，这两个概念也比较容易混淆。

资本成本的经济学含义是指投入某一项目的资金的机会成本。这部分资金可能来源于企业内部，也可能是向外部投资者筹集的。但是，无论企业的资金来源于何处，企业都要为资金的使用付出代价，这种代价不是企业实际付出的代价，而是预期应付出的代价，是投入资金的投资者希望从该项目中获得的期望收益率。资本成本的相关内容将在后文详细解释。

融资成本是指企业实际承担的融资代价（或费用），具体包括两部分：融资费用和使用费用。融资费用是企业在资金筹集过程中发生的各种费用，如向中介机构支付中介费。使用费用是指企业因使用资金而向其提供者支付的报酬，如股票融资向股东支付的股息、红利，发行债券和借款向债权人支付的利息。企业资金的来源渠道不同，则融资成本的构成不同。

企业的融资成本是决定企业融资效率的决定性因素，对于企业选择哪种融资方式有着重要意义。由于融资成本的计算涉及很多因素，因而具体运用时有一定的难度。在一般情况下，按照融资来源划分的各种主要融资方式按融资成本排列的顺序为：财政融资、商业融资、内部融资、银行融资、债券融资、股票融资。

（四）资本结构合理原则

资本结构是指企业各种资本来源的构成及比例关系，其中，债权资本和权益资本的构成比例在企业资本结构的决策中居于核心地位。企业融资时，资本结构决策应体现企业的终极目标，即追求企业价值最大化。在假定企业持续经营的情况下，企业价值可根据未来若干时期内预期收益的现值来确定。虽然企业的预期收益受多种因素制约，贴现率也会因企业所承受的各种风险水平不同而变化，但从筹资环节看，如果资本结构安排合理，不仅能直接提高筹资效益，而且对贴现率的高低也起一定的调节作用，因为贴现率是在充分考虑企业加权资本成本和筹资风险水平的基础上确定的。

最优资本结构是指能使企业资本成本最低且企业价值最大，并能最大限度地调动各利益相关者积极性的资本结构。企业价值最大化要求降低资本成本，但这并不意味着要强求低成本，而不顾筹资风险的增大，因为这同样不利于企业价值的提高。

企业取得最佳资本结构的最终目的是提高资本运营效益，而衡量企业资本结构是否达到最佳的主要标准应该是企业资本的总成本是否最小、企业价值是否最大。加权平均资本成本最低时的资本结构与企业价值最大时的资本结构应该是一致的。一般来说，收益与风险共存，收益越大往往意味着风险也越大，而风险的增加将直接威胁企业的生存。因此，企业必须在考虑收益的同时考虑风险。企业的价值只有在收益和风险达到均衡时才能达到最大。企业的资本总成本和企业价值的确定都直接与现金流量、风险等因素相关，因而两者应同时成为衡量最佳资本结构的标准。资本结构的相关内容将在后文进行详细解释。

（五）测算融资期限适宜原则

企业融资按照期限划分，可分为短期融资和长期融资。企业究竟是选择短期融资还是长期融资，主要取决于融资的用途和融资成本等因素。

从资金用途来看，如果融资用于企业的流动资产，由于流动资产具有周期短、易于变现、经营中所需补充数额较小及占用时间短等特点，企业宜选择各种短期融资方式，如商业信用、短期贷款等。如果融资是用于长期投资或购置固定资产，这类用途要求资金数额大、占用时间长，因而适宜选择各种长期融资方式，如长期贷款、企业内部积累、租赁融资、发行债券和股票等。

（六）保持企业有控制权原则

企业控制权是指相关主体对企业施以不同程度的影响力。控制权的掌握具体体现在：

（1）控制者拥有进入相关机构的权利，如进入公司制企业的董事会或监事会。

（2）能够参与企业决策，并对最终的决策具有较大的影响力。

（3）在有要求时，利益能够得到体现，如工作环境得以改善、有权参与分享利润等。

在现代市场经济条件下，企业融资行为所导致的企业不同的融资结构与控制权之间存在着紧密联系。融资结构具有明显的企业治理功能，它不仅规定着企业收入的分配，而且规定着企业控制权的分配，直接影响着一个企业的控制权争夺。例如，在债权、股权比例既定的企业里，一般情况下，股东或经理是企业控制权的拥有者；在企业面临清算、处于破产状态时，企业控制权就转移到债权人手中；在企业完全是靠内源融资维持生存的状态下，企业控制权就可能被员工所掌握（在实际中，股东和经理仍有可能在控制企业）。由此可见，上述控制权转移的有序进行依赖于股权与债权之间一定的比例构成，而这种构成的变化恰恰是企业不同的融资行为所导致的。

企业融资行为造成的这种控制权或所有权的变化不仅直接影响到企业生产经营的自主性、独立性，还会引起企业利润分流，损害原有股东的利益，甚至可能会影响到企业的近期效益与长远发展。例如，发行债券和股票两种融资方式相比较，增发新股将会削弱原有股东对企业的控制权，除非原股东也按相应比例购进新发股票；而债券融资只增加企业的债务，并不影响原有股东对企业的控制权。因此，在考虑融资的代价时，只考虑成本是不够的。企业管理者开办企业一个很大的初衷就是要把“自己”的企业做大做强，如果到头来“为他人做了嫁衣裳”，则不是管理者所愿意看到的。因此，管理者在进行融资时一定要掌握各种融资方式的特点，精确计算各种融资方式的融资量对企业控制权产生的影响，这样才能把企业牢牢控制在自己的手中。

（七）选择最适合的融资方式原则

企业在融资时通常有很多种融资方式可供选择，由于每种融资方式的特点不同，给企业带来的影响也是不一样的，而且这种影响也会反映到对企业竞争力的影响上。

企业融资通常会通过以下途径给企业带来影响：首先，通过融资，能够壮大企业资本实力，增强企业的支付能力和发展后劲，从而增加与竞争对手竞争的能力；其次，通过融资，能够提高企业信誉，扩大企业产品的市场份额；最后，通过融资，能够增大企业的规模和获利能力，充分利用规模经济优势，从而提高企业在市场上的竞争力，加快企业的发展。但是，企业竞争力的提高程度根据企业融资方式、融资收益的不同而有很大差异。例如，通常初次发行普通股并上市流通融资，不仅会给企业带来巨额的资金，还会大大提高企业的知名度和商誉，使企业的竞争力获得极大提高。再如，企业若想开拓国际市场，通过各种渠道在国际资本市场上融资，尤其是与较为知名的国际金融机构或投资人合作，也能提高自己的知名度，这样就可以迅速被人们认识，无形之中提高了自身形象，也增强了企业的竞争力。这种通过选择有实力的融资合作伙伴的方法来提高企业竞争力的做法在开拓国内市场时也可以运用。

（八）把握最佳融资机会原则

融资机会是指由有利于企业融资的一系列因素所构成的有利融资环境和时机。企业选择融资机会的过程，就是企业寻求与企业内部条件相适应的外部环境的过程。从企业内部来讲，过早融资会造成资金闲置，过晚融资又会造成投资机会的丧失。从企业外部来讲，由于经济形势瞬息万变，这些变化又将直接影响中小企业融资的难度和成本。因此，企业若能抓住企业内外部的变化提供的有利时机进行融资，会使企业比较容易地获得资金成本较低的资金。

一般来说，企业融资机会的选择要充分考虑以下几个方面：

第一，由于企业融资机会是在某特定时间出现的一种客观环境，虽然企业本身也会对融资活动产生重要影响，但与企业外部环境相比，企业本身对整个融资环境的影响是有限的。在大多数情况下，企业实际上只能适应外部融资环境而无法左右它，这就要求企业必须充分发挥主动性，积极寻求并及时把握各种有利时机，努力寻找投资需要与融资机会相适应的时机。

第二，由于外部融资环境复杂多变，企业融资决策要有超前性。为此，企业要能及时掌握国内外利率、汇率等金融市场的各种信息，了解国内外宏观经济形势、国家货币和财政政策以及国内外政治环境等各种外部环境因素，合理分析和预测能够影响企业融资的各种有利条件和不利条件以及可能的各种变化趋势，以便寻求最佳的融资时机。

例如，在计划经济时期，财政拨款是我国国有企业筹集资金的主要方式；“拨改贷”后，银行贷款又成为企业筹集资金的主要方式。随着社会主义市场经济的逐步完善以及股份制的建立，在资本市场上融资逐渐成为企业融资的重要方式。对企业而言，这些国家政策的变化影响是深远的。因此，企业的管理者一定要注意国家各类法规的变化，要对此具有良好的“嗅觉”，在看清形势后果断决定融资的途径。近年来，我国企业境外上市逐渐增多，我国创业板已启动，这些国内外融资环境的变化给企业提供了新的融资途径。

第三，企业在分析融资机会时还必须考虑具体的融资方式所具有的特点，并结合本企业自身的实际情况，适时制定出合理的融资决策。例如，在某一特定的环境下，企业可能不适合发行股票融资，却适合通过银行贷款融资；企业可能在某一地区不适合发行债券融资，但可能在另一地区却相当适合。

综上所述，企业必须善于分析内外环境的现状和未来发展趋势对融资渠道及方式的影响，从长远和全局的视角来选择融资渠道及融资方式。此外，对于企业而言，尽管拥有不同的融资渠道和方式可供选择，但最佳的选择往往只有一种。这就对企业管理者提出了很高的要求，他必须选择最佳的融资机会。

延伸阅读

错过融资好时机的金蝶

第二节　资本成本

对于一个投资主体来说，融资是投资的先决条件，不解决融资问题也就谈不上投资问题。当然，融资是要付出代价的，融资不但要解决资金有无或资金多少的问题，而且要考虑筹集资金的资本成本，安排合理的资本结构，做出科学的融资决策。

一、资本成本的含义和作用

1. 资本成本的含义

从资本市场上通过各种渠道筹集资金不仅需要考虑是否可能，而且要考虑所付出的代价，这就是资本成本所要研究的问题。

资本成本是指融资者为筹措和使用资本而付出的代价，它由资本使用成本和资本筹集成本构成。资本使用成本是指资金使用者由于使用资金而应该支付给资金所有者的报酬。我们知道，筹集到的资金不外乎有两种途径：一是由投资人投入的权益资本，这部分资本成本要求一定的利润作为投资报酬；二是由债权人贷出的债务资本，这部分资本要求一定的利息作为贷款报酬。因此，资本使用成本就表现为足够支付报酬的最低资本收益，这也是资本成本的实质意义。从资金使用者的角度来说，资本成本率等于无风险利率与风险收益率之和。由此可见，资本成本并不是从资本损耗或资本费用角度来考虑，而是一种机会成本，表示出资人由于资金让渡而失去其他投资的机会，从而也失去凭这份资金获取其他盈利的条件及要求得到补偿的数额。资本筹集成本是指筹措过程中所应开支的费用，包括银行借款手续费，股票、债券发行费用等。由于这项费用是与筹措资本同时发生的，因此可以将它从融资总额中扣除，而不作为资本成本的构成要素。

通常说来，资本成本是资本使用总成本与融资总金额之比，以资本价格的形式来表示，其一般计算公式如下：

$$K=\frac{D}{S-F}\times 100\% \tag{7-1}$$

式中，K 为资本成本（以百分比表示）；D 为资本使用总成本；S 为融资总额；F 为资本筹集总成本。

在上式中，资本使用总成本 D 是根据所融资金的性质来确定的：如果是银行贷款或债券融资，D 就是指利息费用；如果是入股融资，D 就是预计的投资利润或股利。

2. 资本成本的作用

一般来说，计算资本成本有如下重要作用：

(1) 资本成本是评估企业价值的重要依据。评估企业价值不应用有多大的投资规模来衡量，而应根据企业未来创造收益的能力来衡量。即使企业的投资额并不大，但若企业创造的年收益很大，则评估的企业价值应该是很大而不是很小。将企业年收益除以资本成本就可以推算出企业的市场估值，即：

$$企业价值=\frac{企业年收益}{资本成本} \tag{7-2}$$

(2) 资本成本是融资决策的基础标准。企业可以在资本市场上选择不同渠道来融资，如银行贷款、发行债券、发行股票等，但不同渠道的融资方式有不同的资本成本。此时，应该比较不同融资的资本成本，选择资本成本较低的融资方式。

(3) 资本成本是评估投资项目可行性的重要尺度。从财务评估的角度来考虑，将企业的资本成本和内部收益率进行对比：如果内部收益率大于资本成本，就表示投资项目是可行的；如果内部收益率小于资本成本，就表示投资项目不可行。当然，资本成本分析不能局限于单个项目的评价，而应根据系统评价原则将其用于企业的整体盈利性分析。有时，虽然某项目的投资收益率小于该项目的资本成本，但由于该项目的投产可带来整个企业的总收益提高，或降低企业风险，使企业的资本成本降低，所以该项目也应视为可行。

(4) 资本成本是国家进行宏观调控的重要工具。在市场经济条件下，利率是进行间接宏观调控的重要手段。利率的高低又代表着市场平均资本成本的水平，通过调控利率可以有效地影响投资与资金的流向及规模，从而实现资源的优化配置。

二、资本成本的确定

出于融资决策的需要，应测算各种来源的资本成本，即个别资本成本、加权平均资本成本和边际资本成本。

1. 个别资本成本

采用不同融资方式取得的资本，由于影响成本的具体因素不同，因此其资本成本高低也就不等。个别资本成本是比较不同融资方式优劣的一个标准。下面介绍几种主要长期融资方式下的个别资本成本。

（1）长期贷款成本。银行长期贷款的成本一般由贷款利息和银行贷款手续费两项组成。然而，企业对长期贷款所支付的利息，无论是否资本化，通常是在所得税前扣除，因此可少交一部分所得税。另外，长期贷款一般融资费用很少，可忽略不计。因此，长期贷款成本的计算公式可以写成：

$$K_L = r(1-t) \tag{7-3}$$

式中，K_L为长期贷款成本；r 为长期贷款利率；t 为所得税税率。

例如：某公司向银行长期贷款 500 万元，年利率为 8%，贷款期限为 5 年，每年付息一次，到期一次还本。企业所得税税率为 25%，则这笔长期贷款的成本计算如下：

$$K_L = 8\% \times (1-25\%) = 6\%$$

（2）债券成本。与长期贷款类似，公司发行债券筹集资本所支付的利息通常在税前支付，这样就可少交一部分所得税。因此，公司实际负担的利息应为：债券利息×(1－所得税税率)。当然，公司发行债券的融资费用较高，在计算资本成本时应予考虑。这里有两点需要说明：一是债券利率通常比长期贷款利率高，而且利息支付有分次付息和到期还本付息两种方式；二是债券的发行有平价发行、溢价发行和折价发行三种。在计算债券成本时，债券融资额应按实际发行价格进行计算，而不论发行价格如何，都应按债券面值计算债券利息。因此，债券成本有下述两个计算公式。

一次还本、分期付息的债券成本计算公式为：

$$K_b = \frac{R_b(1-t)}{S(1-f_b)} \tag{7-4}$$

式中，K_b为债券成本；R_b为债券每年支付的实际利息；t 为所得税税率；S 为债券发行总额；f_b为债券融资费用率。

例如，某公司溢价发行一批债券总面额为 500 万元的 3 年期长期债券，发行价为 600 万元，票面利率定为 10%，融资费用率为 3%，该公司适用 25%的所得税税率，则债券成本为：

$$K_b = \frac{500 \times 10\% \times (1-25\%)}{600 \times (1-3\%)} = 6.44\%$$

在一次还本付息的情况下，应先计算各年总的债券成本，即：

$$nK_b=\frac{R_b\times n(1-t)}{S(1-f_b)} \tag{7-5}$$

然后，再求平均每年的债券成本：

$$K_b=\frac{nK_b}{n}$$

仍以上例说明：

$$nK_b=\frac{500\times 10\%\times 3\times(1-25\%)}{600\times(1-3\%)}=19.32\%$$

则有：

$$K_b=\frac{19.32\%}{3}=6.44\%$$

由此可见，不论是分次付息还是一次付息，都可以用相同的公式计算债券成本。

以上计算了长期贷款成本和债券成本，由于两者的利息费用均于所得税前扣除，故成本都比较低。应当指出，计算长期负债的税后成本是以假设公司有利润为前提的。如果公司没有利润，就不能享受支付利息方面的所得税利益。此时，公司长期负债的实际成本将为税前成本。

长期贷款成本与债券成本相比，一般前者低于后者，主要是债券利率和融资费用率都较高的缘故。

（3）优先股成本。公司发行优先股需要花费融资费用，并定期支付股利。股利与长期负债的利息不同，它是以税后利润支付的，因此企业不会减少所得税负担。在资本成本中，不应扣除所得税。优先股成本的计算公式为：

$$K_p=\frac{D_p}{S_p(1-f_p)} \tag{7-6}$$

式中，K_p为优先股成本；D_p为优先股每年的股利；S_p为优先股发行总额；f_p为按发行额的费用率。

例如，某股份有限公司发行优先股 100 万元，融资费用率为 2.5%，每年向优先股股东支付 13%的固定股利。优先股成本计算如下：

$$K_p=\frac{1\ 000\ 000\times 13\%}{1\ 000\ 000\times(1-2.5\%)}=13.33\%$$

当公司破产清算时，优先股股东的求偿权位于债券持有人之后，因此优先股的风险大于债券，从而优先股要求的收益一般要大于债券。另外，优先股的股利需要从税后利润中支付，不减少公司的所得税，所以优先股成本明显高于债券成本。

（4）普通股和留存收益资本成本。公司虽将税后利润留用而不作为现金股利支付，但它仍归属于公司的所有者（即普通股股东）。由于放弃这笔现金股利而让公司留用，普通股股东承受着机会成本。实际上，他们期望公司对留用利润能获得与普通股相同的收益，这就意味着留用利润成本（K_r）等于普通股收益率（K_c），即 $K_r=K_c$。这是因为留用利润是公司内部产生的资本，没有融资费用，这里对普通股的融资费用略去不计，故普通股的成本等同于收益率。在此，为了叙述上的方便，将留用利润和已发行的普通股统称为“普通权益”。普通权益成本以 K_s 表示。

由于普通权益没有设定的股利，同时普通股要承受公司兴衰的风险，故其价格可能发生重大变动。因此，确定普通权益成本要比确定优先股成本困难得多。下面介绍两种方法。

1）股利估价法。股利估价法是确定股票价值的一种方法，通常被称为股利估价模型。它假定股票市价 P_0 等于未来各年股利（D_1，D_2，…，D_∞）的现值之和，以普通权益成本（即 K_s）为贴现率，则有：

$$P_0=\frac{D_1}{1+K_s}+\frac{D_2}{(1+K_s)^2}+\cdots+\frac{D_\infty}{(1+K_s)^\infty}=\sum_{t=1}^{\infty}\frac{D_t}{(1+K_s)^t} \tag{7-7}$$

若股利增长率预计为 g 但小于 K_s，则上式成为：

$$P_0=D_0\left[\frac{1+g}{1+K_s}+\frac{(1+g)^2}{(1+K_s)^2}+\cdots+\frac{(1+g)^\infty}{(1+K_s)^\infty}\right]=D_0\sum_{t=1}^{\infty}\frac{(1+g)^t}{(1+K_s)^t} \tag{7-8}$$

此式可简化为：

$$P_0=\frac{D_1}{K_s-g}$$

从而有：

$$K_s=\frac{D_1}{P_0}+g \tag{7-9}$$

例如，某公司普通股的现价为 25 元/股，第一年交付的股利 D_1 为 1.75 元/股，预计每年股利增长率 g 为 9%，则普通权益成本为：

$$K_s=\frac{1.75}{25}+9\%=16.0\%$$

运用股利估价法测算普通权益成本，难点在于对股利增长率的预计。在实际工作中，可分析过去的股利增长率并结合未来情况加以确定。另外，这里假定每年股利以定率持续增长，如果股利增长率是变动的或者股利呈间歇增长，则需对上述公式做相应的修正。

2）债券收益率加风险收益率的方法。这是一种特别的方法，它假定普通股股东要求的收益率（K_s）等于债券收益率加上风险收益率。

这种方法有特定用途。当公司不发放现金股利时，股利估价法无从运用；再者，当公司的普通股不上市时，也不能利用股利估价法。

例如，某公司适用这种方法，其债券收益率为 14.5%，股票高于债券的风险收益率为 2%，则普通权益成本为：

$$K_s=14.5\%+2\%=16.5\%$$

上述两种不同方法测算的普通权益成本是有差别的。为稳健起见，可以计算其简单平均数，并作为普通权益成本来把握。

（5）新发行普通股成本。由于新发行普通股会发生较高的融资费用，故其成本（K_c）会高于留存利润成本（K_r）。其计算公式为：

$$K_c = \frac{D_1}{P_0(1-f_c)} + g \tag{7-10}$$

式中，f_c 为融资费用率。

例如，某公司新发行普通股的价格为 24 元/股，融资费用率为 4%，每一年支付现金股利 1.75 元/股，股利增长率为 9%，则新发行普通股的成本为：

$$K_c = \frac{1.75}{24 \times (1-4\%)} + 9\% = 16.6\%$$

普通股与留存利润均属于公司的自有资本，普通股股利的支付不固定。企业破产清算时，普通股的清偿位于最后。与其他投资者相比，普通股股东所承担的风险最高，因而要求的收益率也最高。所以，在长期资金的各种来源中，普通股的成本是最高的。

应当指出，企业采用吸收投资所筹集的长期资金，需要根据当时的有关规定，结合上述方法并相应进行必要的改造，合理测算其资本成本。

2. 加权平均资本成本

企业通常是通过多种渠道、采用多种方式来筹措长期资金的。前已述及，不同来源资金的成本是高低不等的。为了进行融资和投资决策，确定最佳资本结构，还需要测算企业各种长期资金的综合资本成本。

综合资本成本是以各种资本占全部资本的比重为权数，对各种资本的成本进行加权平均计算的，故称为加权平均资本成本。它是由个别资本成本和加权平均权数两个因素所决定的。

加权平均资本成本的计算公式如下：

$$K = W_L K_L + W_b K_b + W_p K_p + W_c K_c + W_r K_r \tag{7-11}$$

式中，K 为加权平均资本成本；W_L 为长期贷款占资本总额的比重；K_L 为长期贷款成本；W_b 为债券占资本总额的比重；K_b 为债券成本；W_p 为优先股占资本总额的比重；K_p 为优先股成本；W_c 为普通股占资本总额的比重；K_c 为普通股成本；W_r 为留存利润占资本总额的比重；K_r 为留存利润成本。

公式（7-11）可简记为：

$$K = \sum_{j=1}^{\infty} W_j K_j \tag{7-12}$$

式中，K 为加权平均资本成本；W_j 为第 j 种资本占总资本的比重；K_j 为第 j 种资本的成本。

例如，某企业有长期资本（账面价值）1 000 万元，其中债券 350 万元，优先股 100 万元，普通股 500 万元，留存利润 50 万元，其成本占资本总额的比重分别为 5.64%、10.50%、15.70%、15.00%。试计算该企业的加权平均资本成本。

首先，计算各种资本所占的比重。

$$W_b=\frac{350}{1\ 000}=0.35$$

$$W_p=\frac{100}{1\ 000}=0.10$$

$$W_c=\frac{500}{1\ 000}=0.50$$

$$W_r=\frac{50}{1\ 000}=0.05$$

其次，计算加权平均资本成本：

$$\begin{aligned}K&=0.35\times5.64\%+0.10\times10.50\%+0.50\times15.70\%+0.05\times15.00\%\\&=11.62\%\end{aligned}$$

以上计算过程亦可通过表 7-1 来完成。

表 7-1　加权平均资本成本计算表

资本种类	账面价值（万元）	所占比重	个别资本成本（%）	加权平均资本成本（%）
债券	350	0.35	5.64	1.97
优先股	100	0.10	10.50	1.05
普通股	500	0.50	15.70	7.85
留存利润	50	0.05	15.00	0.75
合计	1 000	1	—	11.62

上述加权平均资本成本计算中的权数是按账面价值确定的。使用账面价值权数的优点是它易于从资产负债表上取得，但它也有缺陷：倘若债券和股票的市场价值已脱离账面价值许多，则可能误估加权平均资本成本。

在实际中，加权平均资本成本还有两种权数可供选择，即市场价值权数和目标价值权数。

(1) 市场价值权数。表 7-2 中所列的市场价值是以债券和股票的现行市场价值为依据的。其中，留存利润被包括在普通股的市场价值中。

将表 7-1 与表 7-2 进行比较，该公司债券和优先股的市场价值实际上低于各自的账面价值；而普通股的市场价值则高出账面价值一倍多。在使用市场价值权数时，综合资本成本为 13.74%。

市场价值权数的一个不足是证券的市场价格经常处于变动之中从而不利于选用。平均

表 7-2　基于市场价值权数的综合资本成本

资本种类	市场价值（万元）	所占比重	个别资本成本（%）	加权平均资本成本（%）
债券	260	0.17	5.64	0.96
优先股	80	0.05	10.50	0.53
普通股	1 200	0.78	15.70	12.25
合计	1 540	1	—	13.74

市场价格的形成可以弥补这个不足。其另一个缺点是市场价值（以及账面价值）所反映的权数比例可能并不是公司筹集新融资所用的比例。

（2）目标价值权数。综合资本成本的一个基本假定是它适用于企业所筹集的新融资。因此，权数应反映新融资部分。账面价值和市场价值反映的是现存资本结构，而目标价值是以企业筹措新融资而乐于保持的资本结构为依据的。

举例来说，假如企业筹措新融资后的资本结构是：债券占 0.17，优先股占 0.05，普通股（含留存利润）占 0.78，据以计算出的加权平均资本成本如表 7－3 所示。

表 7－3　基于目标价值的加权平均资本成本

资本种类	所占比重	个别资本成本（%）	加权平均资本成本（%）
债券	0.17	5.64	0.96
优先股	0.05	10.50	0.53
普通股	0.78	15.70	12.25
合计	1	—	13.74

使用目标价值作为权数能体现期望的融资结构。如果目标价值难以利用，那么第二选择应是市场价值权数。虽然目标价值权数和市场价值权数优于账面价值权数，但许多企业仍坚持使用账面价值权数，因其易于确定。

3. 边际资本成本

边际资本成本是企业筹措新融资的成本，比如新增 1 元资金，其成本为 0.10 元。

边际资本成本是加权平均资本成本的一种形式，亦按加权平均法计算。它是企业追加融资和投资中必须考虑的问题。

现举例说明边际资本成本的计算。

例如，某公司现有资本 100 万元，其中长期负债 20 万元，优先股 5 万元，普通股（含留存收益）75 万元。为了满足追加投资的需要，公司拟筹措新融资，试确定筹措新融资的资本成本。

（1）确定目标资本结构。假定公司财务人员经过分析，确定目前的资本结构处于目标范围内，在今后增资时应予保持，即长期负债占 20%，优先股占 5%，普通股占 75%。

（2）确定各种资本的成本。财务人员分析了资本市场状况和企业融资能力，认定随着企业融资规模的增大，各种资本的成本也会发生变动，融资资料见表 7－4。

表 7－4　某公司融资资料

资本种类	目标资本结构	新融资的数量范围	资本成本（%）
长期负债	0.20	10 000 元以内	6
		10 000～40 000 元	7
		40 000 元以上	8
优先股	0.05	2 500 元以内	10
		2 500 元以上	12

续表

资本种类	目标资本结构	新融资的数量范围	资本成本（%）
普通股	0.75	22 500 元以内	14
		22 500～75 000 元	15
		75 000 元以上	16

（3）计算融资总额分界点。根据目标资本结构和各种资本成本变化的分界点，计算融资总额分界点。其计算公式为：

$$BP_j = \frac{TF_j}{W_j} \tag{7-13}$$

式中，BP_j 为融资总额分界点；TF_j 为第 j 种资本的成本分界点；W_j 为资本结构中第 j 种资本的比重。

表 7－5 显示了特定种类成本变化的分界点。例如，长期债务在 10 000 元以内，其成本为 6%，而在目标资本结构中，债务的比重为 20%，这表明在债务成本由 6%上升到 7%以前，企业可筹集到 50 000 元资本。当融资总额多于 50 000 元时，债务成本就要上升到 7%。

表 7－5　融资分界点计算表

资本种类	资本成本（%）	各种资本的融资范围	融资总额分界点（元）	融资总额的范围
长期负债	6	10 000 元以内	10 000/0.2＝50 000	50 000 元以内
	7	10 000～40 000 元	40 000/0.2＝200 000	50 000～200 000 元
	8	40 000 元以上	—	200 000 元以上
优先股	10	2 500 元以内	2 500/0.05＝50 000	50 000 元以内
	12	2 500 元以上	—	50 000 元以上
普通股	14	22 500 元以内	22 500/0.75＝30 000	30 000 元以内
	15	22 500～75 000 元	75 000/0.75＝100 000	30 000～100 000 元
	16	75 000 元以上	—	100 000 元以上

（4）计算边际资本成本。根据上一步骤计算出的分界点，可得出下列五组新的融资范围：① 30 000 元以内；② 30 000～50 000 元；③ 50 000～100 000 元；④ 100 000～200 000 元；⑤ 200 000 元以上。

对上述五个融资范围分别计算加权平均资本成本，即可得到各种融资范围的边际资本成本，见表 7－6。

表 7－6　边际资本成本计算表

序号	融资总额范围	资本种类	资本结构	资本成本（%）	边际资本成本（%）
1	30 000 元以内	长期负债	0.20	6	1.2
		优先股	0.05	10	0.5
		普通股	0.75	14	10.5

续表

序号	融资总额范围	资本种类	资本结构	资本成本（%）	边际资本成本（%）
第一个范围的边际资本成本=12.2%					
2	30 000～50 000元	长期负债	0.20	6	1.2
		优先股	0.05	10	0.5
		普通股	0.75	15	11.25
第二个范围的边际资本成本=12.95%					
3	50 000～100 000元	长期负债	0.20	7	1.4
		优先股	0.05	12	0.6
		普通股	0.75	15	11.25
第三个范围的边际资本成本=13.25%					
4	100 000～200 000元	长期负债	0.20	7	1.4
		优先股	0.05	12	0.6
		普通股	0.75	16	12.0
第四个范围的边际资本成本=14.0%					
5	200 000元以上	长期负债	0.20	8	1.6
		优先股	0.05	12	0.6
		普通股	0.75	16	12.0
第五个范围的边际资本成本=14.2%					

第三节　财务风险的衡量

财务风险是融资决策中所用的一个基本概念。由于财务风险与财务杠杆的关系密不可分，因此我们将结合财务杠杆来分析财务风险。为进一步分析，本节还将引入营业杠杆及复合杠杆的理论。

一、营业杠杆

营业杠杆的利益是指利用固定成本带来的额外的营业利润。由于固定成本并不随产品销量的增加而增加，在一定的产销规模内，随着销量的增长，单位销量所负担的固定成本会相应减少，从而给企业带来额外的利润。

营业杠杆的作用程度通常用营业杠杆系数来表示。它是营业利润变动率与销售额变动率之比，用数学公式可表示如下：

$$DOL=\frac{\Delta EBIT/EBIT}{\Delta S/S} \tag{7-14}$$

式中，DOL 为营业杠杆系数；$EBIT$ 为营业利润，指息税前利润；S 为销售额；Δ 为变动，其中 $\Delta EBIT$ 表示营业利润变动额，ΔS 表示销售额变动额。

为了便于计算，还可将上式做如下推导变换：

因为

$$EBIT = Q(P-V)-F$$

且

$$\Delta EBIT = \Delta Q(P-V)$$

故

$$DOL_Q = \frac{Q(P-V)}{Q(P-V)-F} \tag{7-15}$$

或

$$DOL_Q = \frac{S-VC}{S-VC-F} \tag{7-16}$$

式中，DOL_Q为销量为 Q 的营业杠杆系数；Q 为销量；P 为销售单价；V 为单位变动成本；F 为固定成本总额；VC 为变动成本总额。

在实际中，利用公式（7－16）计算营业杠杆系数较为便利。

例如，某企业的固定成本为 80 000 元，变动成本率为 60%，当销售额分别为 600 000 元、400 000 元、200 000 元时，其相应的营业杠杆系数可计算如下：

当销售额为 600 000 元时，营业杠杆系数为：

$$DOL_1 = \frac{600\,000-600\,000\times 60\%}{600\,000-600\,000\times 60\%-80\,000} = 1.5$$

当销售额为 400 000 元时，营业杠杆系数为：

$$DOL_2 = \frac{400\,000-400\,000\times 60\%}{400\,000-400\,000\times 60\%-80\,000} = 2.0$$

当销售额为 200 000 元时，营业杠杆系数为：

$$DOL_3 = \frac{200\,000-200\,000\times 60\%}{200\,000-200\,000\times 60\%-80\,000} = \infty$$

上述计算表明，在一定的销售额和固定成本总额的范围内，销售额越多，营业杠杆系数越小；反之，销售额越少，该系数就越大。

二、财务杠杆

财务杠杆的基本原理是：在长期资金总额不变的条件下，企业从营业利润中支付的债务成本是固定的，当营业利润增多或减少时，每一元营业利润所负担的债务成本就会相应减少或增大，从而给每一股普通股带来额外的收益或损失。

财务杠杆的利益通常用财务杠杆系数来衡量。

财务杠杆系数是每股利润变动率相对于息税前利润变动率的倍数，用公式可表示为：

$$DFL=\frac{\Delta EPS/EPS}{\Delta EBIT/EBIT} \tag{7-17}$$

式中，DFL 为财务杠杆系数；ΔEPS 为每股利润变动额；EPS 为每股利润。

为了便于计算，可将上式变换如下：

因为

$$EPS=\frac{(EBIT-I)(1-T)}{N}$$

式中，I 为利息；T 为所得税税率；N 为流通在外的普通股股数。

$$\Delta EPS=\frac{\Delta EBIT(1-T)}{N}$$

所以

$$\frac{\Delta EPS}{EPS}=\frac{\Delta EBIT(1-T)}{(EBIT-I)(1-T)}=\frac{\Delta EBIT}{EBIT-I}$$

即

$$DFL=\frac{\Delta EPS/EPS}{\Delta EBIT/EBIT}=\frac{\Delta EBIT}{EBIT-I}\div\frac{\Delta EBIT}{EBIT}$$

化简为：

$$DFL=\frac{EBIT}{EBIT-I} \tag{7-18}$$

例如，某企业的全部资本为 150 万元，负债比率为 45%，负债利率为 12%，当销售额为 100 万元时，息税前利润为 20 万元，则财务杠杆系数为：

$$DFL=\frac{20}{20-150\times 45\%\times 12\%}=1.68$$

这种情况表明，当该企业的息税前利润增加 1 倍时，每股利润将提高 1.68 倍。特别地，当企业负债融资为零时，财务杠杆系数为 1。

三、复合杠杆

如前所述，营业杠杆是通过扩大销售影响息税前利润，而财务杠杆是通过扩大息税前利润影响每股利润，两者最终都会影响到普通股的收益。如果企业同时利用营业杠杆和财务杠杆，这种影响就会更大。

营业杠杆和财务杠杆综合的结果，被称为复合杠杆系数（用 DTL 表示）。它是营业杠杆与财务杠杆的乘积，用公式可表示为：

$$DTL=DOL\times DFL=\frac{\Delta EBIT/EBIT}{\Delta S/S}\times\frac{\Delta EPS/EPS}{\Delta EBIT/EBIT}=\frac{\Delta EPS/EPS}{\Delta S/S}$$

或

$$DTL=\frac{\Delta EPS/EPS}{\Delta Q/Q} \tag{7-19}$$

上式表明，复合杠杆系数是每股利润变动率与销售额（或销售量）变动率的比。

例如，当某企业的营业杠杆系数为 1.5、财务杠杆系数为 1.82 时，其复合杠杆系数为：

$$DTL=1.5\times 1.82=2.73$$

复合杠杆不仅能用来估计销售量（额）的变动对每股利润所造成的影响，而且还能显示营业杠杆和财务杠杆的相互关系。

四、财务风险的测量

财务风险是指利用财务杠杆给企业带来的破产风险或普通股收益发生大幅变动的风险。企业为取得财务杠杆利益，需要加大债务融资，这就会导致利息等固定费用的增加。由于财务杠杆的作用，当息税前利润下降时，普通股每股收益会下降得更快。另外，由于利用营业杠杆而带来的营业风险，也会加大财务风险。

前面结合营业杠杆、财务杠杆及其复合杠杆对财务风险进行了分析。一般来说，财务杠杆系数越大，财务风险就越大。下面换一个角度，对财务风险再做进一步的分析。

（一）期望值分析

下面使用自有资金和借入资金的概念，期望自有资金利润率与期望全部资金利润率的关系如下所示：

$$\text{期望自有资金利润率}=\text{期望全部资金利润率}+\frac{\text{借入资金}}{\text{自有资金}}\times\left(\begin{matrix}\text{期望全部}\\\text{资金利润率}\end{matrix}-\begin{matrix}\text{借入资金}\\\text{利率}\end{matrix}\right) \tag{7-20}$$

如果企业资金总额为 4 000 000 元，期望利润为 640 000 元，假定如下三种情况来分析：

（1）全部资金均为自有资金，即借入资金为零时，期望自有资金利润率与期望全部资金利润率相同，都为：

$$\frac{640\ 000}{4\ 000\ 000}\times 100\%=16\%$$

（2）借入资金与自有资金的比例为 1∶3，借入资金利率为 10%，则期望自有资金利润率为：

$$16\%+\frac{1\ 000\ 000}{3\ 000\ 000}\times(16\%-10\%)=18\%$$

（3）借入资金与自有资金的比例为 1∶1，而借入资金利率为 17%，则期望自有资金利润率为：

$$16\%+\frac{2\ 000\ 000}{2\ 000\ 000}\times(16\%-17\%)=15\%$$

以上分析表明，在企业资金全部为自有资金的情况下，企业只有经营风险而无财务风险；在企业有一部分借入资金的情况下，企业除了有经营风险以外，还面临财务风险。后两种情况相比，当财务风险适当且借入资金利率小于期望全部资金利润率时，企业的期望自有资金利润率就会上升；反之，当财务风险过大且借入资金利率大于期望全部资金利润率时，企业的期望自有资金利润率就会下降。以上三种情况相比，融资决策中所期望的是第二种情况。

（二）标准差分析

在企业既有经营风险又有财务风险的情况下，对其财务风险的分析可进一步通过计算自有资金利润率的期望与标准差来进行。

例如，某企业资金总额为 400 万元，全部资金利润率的情况如表 7－7 所示。

表 7－7 全部资金利润率的情况表

经济情况	概率	利润额（万元）	利润率（%）
较好	0.35	100	25
一般	0.40	60	15
较差	0.25	20	5

现在按不同情况计算自有资金利润率的期望与标准差。

（1）全部资金均为自有资金。此时，期望自有资金利润率与期望全部资金利润率一致，则有：

$$\text{期望自有资金利润率}=0.35\times25\%+0.40\times15\%+0.25\times5\%=16\%$$

$$\text{标准差}=[(25\%-16\%)^2\times0.35+(15\%-16\%)^2\times0.40+(5\%-16\%)^2\times0.25]^{\frac{1}{2}}=7.68\%$$

（2）借入资金与自有资金的比例为 1∶3，借入资金利率为 10%。在这种情况下，自有资金的利润额和利润率如表 7－8 所示。

表 7－8 自有资金的利润额和利润率情况表

经济情况	概率	利润额（万元）	利息支出（万元）	自有资金额（万元）	自有资金利润额（万元）	自有资金利润率（%）
较好	0.35	100	10	300	90	30.0
一般	0.40	60	10	300	50	16.7
较差	0.25	20	10	300	10	3.3

$$\text{期望自有资金利润率}=0.35\times30.0\%+0.40\times16.7\%+0.25\times3.3\%=18\%$$

$$\text{标准差}=[(30\%-18\%)^2\times0.35+(16.7\%-18\%)^2\times0.40+(3.3\%-18\%)^2\times0.25]^{\frac{1}{2}}=10.25\%$$

（3）借入资金与自有资金的比例为 1∶1，借入资金利率为 17%。在这种情况下，自有资金的利润额和利润率如表 7-9 所示。

表 7-9 自有资金的利润额和利润率情况表

经济情况	概率	利润额（万元）	利息支出（万元）	自有资金额（万元）	自有资金利润额（万元）	自有资金利润率（%）
较好	0.35	100	34	200	66	33.0
一般	0.40	60	34	200	26	13.0
较差	0.25	20	34	200	−14	−7.0

$$期望自有资金利润率 = 0.35\times 33\% + 0.40\times 13\% - 0.25\times 7\% = 15\%$$

$$标准差 = [(33\%-15\%)^2\times 0.35 + (13\%-15\%)^2\times 0.40 + (-7\%-15\%)^2 \times 0.25]^{\frac{1}{2}} = 15.36\%$$

为便于比较，现将以上不同资金结构和利率情况下的自有资金利润率及其标准差汇集到表 7-10。

表 7-10 不同资金结构和利率情况表

项目	情况（1）	情况（2）	情况（3）
借入资金与自有资金的比例	0∶1	1∶3	1∶1
借入资金利率	—	10%	17%
期望全部资金利润率	16%	16%	16%
期望自有资金利润率	16%	18%	15%
自有资金利润率的标准差	7.68%	10.25%	15.36%

从表 7-10 可知：

（1）全部资金利润率的期望和标准差只反映经营风险，如情况（1）；而自有资金利润率的期望和标准差既包括经营风险，又包括财务风险。

（2）在期望全部资金利润率高于借入资金利率时，借入资金与自有资金的比例增大，则期望自有资金利润率就会提高，如情况（2）；反之，在期望全部资金利润率低于借入资金利率时，借入资金与自有资金的比例增大，则期望自有资金利润率就会降低，如情况（3）。

（3）借入资金与自有资金的比例增大，自有资金利润率的标准差就增大，显示风险也升高，如情况（2）、情况（3）；同时，当借入资金利率提高时，则自有资金利润率的标准差就更大，显示风险更高，如情况（3）。

综上所述，在期望全部资金利润率高于借入资金利率时，加大借入资金的比重，则期望自有资金利润率将会提高，同时财务风险也会增大。换言之，只有在企业经济效益良好时，负债经营才是有利的。与此同时，在提高借入资金与自有资金的比例时，要充分考虑财务风险的大小，这是决定资金结构或资本结构时必须遵循的一条原则。

延伸阅读

被企业财务风险击倒的典例——安然事件

第四节 资本结构与融资决策

资本结构是企业融资决策的核心问题。在融资决策中，企业应确定最佳资本结构，并在以后追加融资时继续保持最佳结构。企业原来的资本结构不合理的，应通过融资活动，尽量使其资本结构趋于合理，并达到最优化。本节首先介绍资本结构理论，然后说明最佳资本结构的确定和追加融资方案的选择。

一、资本结构理论

（一）早期资本结构理论

资本结构的理论研究始于20世纪50年代初期，并形成了三种见解：净利说、营业净利说、传统说。

（1）净利说。净利说认为，利用债务可以降低企业资本成本，因此企业采用负债融资总是有利的。

（2）营业净利说。这种理论认为，不论财务杠杆如何变动，综合资本成本都是固定的，同时企业的价值也是固定不变的。其假定前提是：加大成本较低的负债资本，同时会增加自有资本的风险，从而使自有资本成本上升，所有者是以固定资本来估价企业的营业净利的。

如果这种假设是真实的，那么资本结构决策就无关紧要了，即不存在最佳资本结构问题。

（3）传统说。它是一种折中理论。按照这种传统理论，企业在一定限度负债时，自有资本和负债的风险都不会显著增加，所以自有资本成本和负债资本成本在某个范围内是相对稳定的；一旦超出这个范围，则开始上升。因此，负债低于100%的某种资本结构可使企业资本成本最低，同时企业价值最大。也就是说，传统说认定企业有其最佳资本结构。

（二）现代资本结构理论

上述三种理论都是建立在对企业所有者行为的假设而非精心构造的理论基础或统计分析之上的。目前，最有影响的是由弗兰科·莫迪利安尼（Franco Modigliani）和默顿·米勒（Merton Miller）开创的现代资本结构理论。他们使资本结构研究成为一种严格的科学理论，时至今日，其学说仍在不断地完善与发展。

1958年，莫迪利安尼和米勒联合发表了一篇论文，题为《资本成本、公司财务和投资理论》。他们在文中论证，在一定的严格假设下，由于所得税税法允许利息费用在税前扣除，故公司的价值会随负债的持续增加而不断上升。该文设定的及其后发展的假设主要有：① 公司融资时没有交易费用或佣金；② 投资者无须交纳个人所得税；③ 投资者与公司的借款成本相同；④ 息税前利润不受负债的影响。显然，这些假设并不完全成立，由此导出的结论也不完全符合现实情况。为了解决上述问题，莫迪利安尼和米勒及其后续支持者通过研究，使上例假设得以一一解除，并引入现实的因素——财务危机成本和代理成本，从而进一步发展了现代资本结构理论。

二、最佳资本结构

从理论上讲，各企业都应有最佳资本结构，但在实际中，很难十分准确地确定这个最佳点。这是由于理论上的分析将实际现象理想化并抽象掉了许多现实的因素；同时，迄今还没有确定最佳资本结构所需的一套完整实用的方法。为此，最佳资本结构的理论只能作为指导，不能代替现实的分析，我们必须回到现实中。

（一）资本结构的影响因素

在现实中，决定资本结构的因素很多，除了前述的资本成本、财务风险以外，还有下述重要因素：

1. 企业经营的长期稳定性

大中型企业，尤其是与人类社会生活密切相关的企业，有责任持续不断地向社会提供产品和服务，因此它们对财务杠杆的运用必须限制在不危及长期稳定经营的范围之内。

2. 管理人员所持的态度

如果管理人员不愿使公司的控制权旁落，则可能不愿增发新股，而尽量采用债务融资。相反，如果管理人员不愿冒风险，那么可能较少利用财务杠杆，尽量降低债务资本的比例。

3. 贷款人和信用评级机构的态度

虽然企业对如何适当地运用财务杠杆都有自己的分析，但贷款人和信用评级机构的态度往往成为决定财务结构的关键因素。通常来说，企业都会与贷款人和信用评级机构商讨资本结构，并且对他们提出的意见予以充分重视。如果企业过高地运用财务杠杆，贷款人未必会接受超额贷款的要求，或者只在相当高的利率条件下才同意增加贷款。

4. 保持借债能力

企业应当努力维持随时发行债券的能力。为了维持借债能力，不少企业倾向于在正常情况下使用较少的借款，从而表现出完美的财务形象。就短期效益而言，此举可能不错，但从长远观点看，却并非较好的选择。

5. 企业的增长率

在其他因素相同的情况下，发展较慢的企业可能只通过留存利润补充资本，而发展较快的企业必须依赖外部融资。所以，增长率高的企业与增长率低的企业相比，会倾向于使用更多的债务。

6. 企业的获利能力

我们可以观察到，具有很高投资利润率的企业很少使用债务，因其可以利用较多的留存利润来解决融资问题。

7. 税收因素

利息费用可以减税，而股利不能减税，因此企业的所得税税率越高，借款举债的好处就越大。所以，税收在客观上产生了一种刺激作用。

（二）资本结构的行业差别

不同的行业以及同一行业的不同企业在运用财务杠杆时所采取的策略和方法大不相同，从而也会使资本结构产生差别。因此，财务人员应把握本企业所处行业资本结构的一般水平，并分析本企业与同行业其他企业的差别，以便确定本企业的资本结构。与此同时，财务人员还必须认识到资本结构不会停留在一个固定的水准上，随着时间的推移和情况的变化，资本结构也会发生变动。

总之，了解资本结构的行业状况、行业差别及其变动，有助于认识资本结构的行业特点，并将其作为确定最佳资本结构的一个参照系。

（三）最佳资本结构的确定

最佳资本结构是指企业在一定时期内使其综合资本成本最低、企业价值最大的资本结构。从资本结构的理论分析中可知，企业综合资本成本最低时的资本结构与企业价值最大时的资本结构是一致的，因此在确定最佳资本结构时所运用的衡量标准是企业综合资本成本（即加权平均资本成本）的高低。

在实际中，企业对拟定的融资总额可以采用多种融资方式来筹集；同时，每种融资方式的融资数额亦可有不同安排，由此形成若干个资本结构（或融资方案）可供选择。

例如，某企业初创时有如下三个融资方案可供选择，如表 7－11 所示。

表 7－11　融资方案表

融资方式	方案 1		方案 2		方案 3	
	融资额（万元）	资本成本（%）	融资额（万元）	资本成本（%）	融资额（万元）	资本成本（%）
长期借款	40	6	50	6.5	80	7
债券	100	8	150	8	120	7.5
优先股	60	12	100	12	50	12
普通股	300	15	200	15	250	15
合计	500	—	500	—	500	—

下面分别测算三个融资方案的加权平均资本成本，并比较其高低，从而确定最佳融资方案，即最佳资本结构。

方案 1：

（1）各种融资占融资总额的比重。

长期借款：40÷500＝0.08。

债券：100÷500＝0.2。

优先股：60÷500＝0.12。

普通股：300÷500＝0.6。

（2）加权平均资本成本。

$0.08\times6\%+0.2\times8\%+0.12\times12\%+0.6\times15\%=12.52\%$

方案 2：

（1）各种融资占融资总额的比重。

长期借款：50÷500＝0.1。

债券：150÷500＝0.3。

优先股：100÷500＝0.2。

普通股：200÷500＝0.4。

（2）加权平均资本成本。

0.1×6.5％＋0.3×8％＋0.2×12％＋0.4×15％＝11.45％

方案 3：

（1）各种融资方式占融资总额的比重。

长期借款：80÷500＝0.16。

债券：120÷500＝0.24。

优先股：50÷500＝0.1。

普通股：250÷500＝0.5。

（2）加权平均资本成本。

0.16×7％＋0.24×7.5％＋0.1×12％＋0.5×15％＝11.62％

比较以上三个融资方案的加权平均资本成本，方案 2 的加权平均资本成本最低。在其他因素大体相同的条件下，方案 2 是最好的融资方案，其形成的资本结构可确定为该企业的最佳资本结构。企业可按此方案筹集资本，以实现资本结构的最优化。

（四）追加融资方案的选择

企业在持续的生产经营过程中，由于扩大业务或对外投资的需要，有时需要筹集新资金，即追加融资。因追加融资以及融资环境的变化，企业原有的资本结构就会发生变化，从而原定的最佳资本结构未必仍是最优的。因此，企业应在资本结构的不断变化中寻求最佳资本结构，以保持资本结构的最优化。

一般来说，按照最佳资本结构的要求，选择追加融资方案可有两种方法：一种方法是直接测算、比较各备选追加融资方案的边际资本成本，从中选择最优追加融资方案；另一种方法是将备选追加融资方案与原有最优资本结构汇总，测算各追加融资条件下总资本结构的综合资本成本，比较确定最优追加融资方案。

例如，某企业现有两个追加融资方案可供选择，如表 7－12 所示。

表 7－12　追加融资方案情况表

融资方式	方案 1		方案 2	
	融资额（万元）	资本成本（％）	融资额（万元）	资本成本（％）
长期借款	50	7	60	7.5
优先股	20	13	20	13
普通股	30	16	20	16
合计	100	—	100	—

追加融资方案的边际资本成本也按加权平均法计算，根据表7－12所列资料，两个追加融资方案的边际资本成本计算如下：

方案1：

$$\frac{50}{100}\times7\%+\frac{20}{100}\times13\%+\frac{30}{100}\times16\%=10.9\%$$

方案2：

$$\frac{60}{100}\times7.5\%+\frac{20}{100}\times13\%+\frac{20}{100}\times16\%=10.3\%$$

比较两个追加融资方案，方案 2 的边际资本成本低于方案 1，因此方案 2 优于方案 1。若该企业原资本结构为长期借款 50 万元，债券 150 万元，优先股 100 万元，普通股（含留存利润）200 万元，资本总额 500 万元，将其与追加融资汇总列为表 7－13。

表 7－13　综合对比表

融资方式	原资本结构		追加融资		追加融资后
	资本额（万元）	资本成本（%）	资本额（万元）	资本成本（%）	资本结构（万元）
长期借款	50	6.5	60	7.5	110
债券	150	8	—	—	150
优先股	100	12	20	13	120
普通股	200	15	20	16	220
合计	500	11.45	100	10.3	600

下面用选择最优追加融资方案的第二种方法，对第一种方法的选择结果做一个验证。

（1）若采用方案 1，追加融资后的综合资本成本为：

$$\frac{50}{600}\times6.5\%+\frac{50}{600}\times7\%+\frac{150}{600}\times8\%+\frac{100}{600}\times12\%+\frac{20}{600}\times13\%+\frac{30}{600}\times16\%$$
$$+\frac{200}{600}\times15\%=11.36\%$$

（2）若采用方案 2，追加融资后的综合资本成本为：

$$\frac{50}{600}\times6.5\%+\frac{60}{600}\times7.5\%+\frac{150}{600}\times8\%+\frac{100}{600}\times12\%+\frac{20}{600}\times13\%+\frac{200}{600}\times15\%$$
$$+\frac{20}{600}\times16\%=11.26\%$$

在以上计算中，根据同股同利原则，原有普通股应按新普通股的资本成本计算其加权平均数。这里假定股票的成本与报酬等价。

（3）比较追加融资后两个新的资本结构下的综合资本成本，结果是方案 2 的综合资本成本低于方案 1 的综合资本成本，因此方案 2 优于方案 1。

由此可见，该企业追加融资后，虽然改变了资本结构，但经过科学的测算及做出正确的融资决策，企业仍可保持其资本结构的最优化。

本章小结

本章第一节主要介绍了融资决策的概念、影响因素及原则。第二节重点讲解了确定资本成本的各种方法。第三节首先介绍了财务风险的衡量方法，详细阐述了营业杠杆、财务杠杆以及复合杠杆等概念，在此基础上进一步提出财务风险的相关测量方法。第四节介绍了资本结构理论、最佳资本结构等，并结合相关案例对融资方案的选择进行了分析。

本章要点

- 融资决策的原则
- 资本成本的定义及作用
- 个别资本成本的确定
- 加权平均资本成本的确定
- 边际资本成本的确定
- 营业杠杆的计算
- 财务杠杆的原理
- 资本结构理论的演进
- 资本结构的影响因素
- 最佳资本结构的确定
- 追加融资方案的选择

本章关键术语

资本成本　　财务杠杆　　资本结构　　融资方案

边际资本成本　　加权平均资本成本

本章习题

1. 融资决策应遵循哪些原则？

2. 怎样认识资本成本的意义？计算资本成本有什么作用？

3. 某公司发行面额为120万元、年利率为8%的5年期债券，按面值90%折价发行，发行费占发行价格的5%，公司所得税税率为33%。试计算公司债券成本，并比较一次还本、分期付息与一次还本付息的债券成本有哪些异同。

4. 优先股成本和普通股成本有什么不同？

5. 某公司发行面额为10元的普通股1 500万股，每股溢价50%发行，发行费率为5%，预测第一年的股利率为10%；以后每年递增2%，求该普通股成本。

6. 什么是综合资本成本？什么是边际资本成本？试举例说明。

7. 甲、乙两企业的总资本均为1 000万元。它们的资本结构是：甲企业权益资本占总资本的25%，乙企业权益资本占总资本的75%，股价均为1元/股，资本负债率为8%，预计息税前营业利润率为10%，企业所得税税率为25%。

（1）计算两企业财务杠杆系数和每股盈利额。

（2）验证：如果企业营业利润增加50%，其他条件不变，则企业每股盈利的增加率恰好等于原来财务杠杆系数的一半。

8. 何谓最佳资本结构？如何确定最佳资本结构？

9. 阅读以下文字并回答问题。

成功控制财务风险——杜邦公司

美国杜邦公司是一家以科研为基础的全球性企业，提供能提高人类在食物与营养、保健、服装、家居和建筑、电子和交通等生活领域的品质的科学解决之道。杜邦公司成立于1802年，在全球70个国家经营业务，共有员工79 000多人。

2015年，陶氏化学和杜邦美国宣布合并为新公司，该公司将成为全球仅次于巴斯夫的第二大化工企业。

由于杜邦公司最初经营具有高危险性的火药业务，风险管理的意识早已深深融入了企业文化之中，现在它已被誉为全球安全管理标杆。杜邦公司在石油化工行业持续经营200多年，在工程项目管理实践方面积累了丰富经验，并定期与全球同行业领先企业进行对标分析和改进，总结研发了一整套颠覆式项目全生命周期风险管理系统。该系统成为杜邦“长寿基因”的天然保障，并被全球众多企业借鉴和推崇。

杜邦风险管理系统贯穿项目前期研究、设计、建造、调试、生产、维保和弃置的全过程，涵盖各类项目的综合性风险管理。项目管理包含四个要素，即安全、质量、进度和费用，在全生命周期过程中，每个要素都有各自的目标，同时又相互制约。杜邦认为，在这个过程中，企业越早实施工程项目的安全管理，项目质量越高，成本越低，工程项目的规模越大，工程项目管理（包含安全管理）方法与手段所发挥的作用、带来的回报就越大，集中管理可以对项目业绩带来很好的提升。

在参考与借鉴其他公司风险管理机制的基础上，杜邦公司建立了三部分的风险管理框架：

（1）制定整个公司的风险政策；

（2）制定整个公司的风险管理指导原则；

（3）建立并实施风险管理的具体措施和程序。

杜邦公司在风险管理中更加注意综合性手段的运用。比如，保险和营运风险也被纳入了全球风险经理的管理范围。通过这种方法的使用，杜邦公司将其原来只针对财务风险的分析方法也应用到其他领域。另外，杜邦公司还增强了所使用风险管理方法的一致性，并能够对其在每个领域中所承受的风险是否适度做出更准确的判断。

为了能够进一步对风险进行综合评估，杜邦公司需要一种风险管理方面的通用语言。因为公司的管理层发现，并非所有的管理人员都能理解并熟练运用风险价值评估方法。这一现状阻碍了风险管理能力的提高，在整个企业的层面上看尤为如此。杜邦公司深信，在当今的经营环境下，需要一种更高级、更有效的风险管理工具。后来，杜邦公司宣布同互联网风险测量公司建立合作关系，双方共同开发风险收益法及其他服务功能。

风险收益法为公司提供了一种通用语言。因为与其他度量方式相比，收益更容易被管理人员和投资者所理解。新的计量手段也更加有利于杜邦公司加强在整个公司范围内的风险统筹，使杜邦公司能够从公司整体出发，确认各种风险对公司收益（或现金流）产生影响的途径。与那些以抽象数据作为风险管理依据的方法相比，这种方法可以使公司管理层掌握不同风险对于收益影响的具体程度，而且可根据需要，对收益影响的结构分析进行细化，进一步确定各种子风险的影响程度。在此基础上，杜邦公司就可以做出是否消除风险以及在多大程度上消除风险的决策，同时也更容易对工作人员采取的消除风险措施的有效性做出评价。此外，杜邦公司还能够进一步了解实现各种收益目标的可能性，以及每年、每季度甚至每个月公司的风险总收益。

过去，杜邦公司在风险管理中实行的是纵向的方式。在新的方式下，管理层可以从整个公司的角度出发，分析当前都有哪些风险，哪些风险能够互相抵消。在从整个公司对风险进行统筹之前，管理人员经常采取一些相互冲突的举措，大大降低了各自所实行策略的效果。新手段和工具的应用使管理人员对风险有了更明晰的认识，在充分考虑风险回报的基础上进行经营决策，更好地控制住了收益的波动，提高了公司的盈利能力。

问题：杜邦公司在决定资本结构时遵循了怎样的原则？

第八章
投资项目管理

章前引例

云南地处西南，借助“一带一路”建设和大湄公河次区域合作倡议的开展，地理位置占据极大优势，在近些年的投资开发建设中，云南积极参与了一批建设项目，其积累的经验和方法对国内外投资建设项目中的项目管理和施工成本管控有着积极的指导作用。

星耀集团积极响应中国“一带一路”倡议，充分发挥多产业、多领域的资源优势，努力推动与“一带一路”沿线经济体的项目合作。根据地理位置，我们可以看到紧邻云南的国家主要有缅甸、老挝、越南、柬埔寨、泰国等，而缅甸就是星耀集团“走出去”的第一站。

2015 年 9 月 12 日，以星耀集团与中国水利水电第十四工程局有限公司（简称中国水电十四局）签署的缅甸仰光坎塔亚中心项目的施工合同为标志，项目正式进入合同实施阶段。

缅甸仰光坎塔亚中心项目建设资金采用全新的创新模式，由中国水利水电第十四工程局有限公司、中国建设银行云南分行、中国信用出口保险公司云南分公司、业主方等通过“建信通”“建信融”方式解决建设资金。中国水电十四局作为总包方通过现场管理，根据不同的合同模式，收取相应的总包服务费，通过控制现场管理费用的方式，降低成本，从而达到增加利润的目的。本项目虽位于境外，但工程计价体系和管理方式多采用境内方式。

缅甸仰光坎塔亚中心项目总投资为 2 亿美元，于 2014 年 11 月破土动工，历时 4 年建设完成。项目包括国际化 5A 级商务写字楼、仰光温德姆至尊皇家湖酒店、高端服务式公寓、住宅和大型商场等，是仰光为数不多的能提供一站式服务的高端商业综合体。

缅甸坎塔亚中心项目总用地为 3.53 英亩，总建筑面积为 113 751 平方米，由 4 栋 20～25 层的高楼组成，总投资约 1.6 亿美元，建设期限为 36 个月。该项目分为三期建筑：一期为住宅楼；二期为写字楼；三期为酒店及酒店式公寓。该项目属于施工总承包，但该项目的造价管控重点同国内项目不同：总包方不再是先对分包方进行审减，然后再报建设方，再次审减，而是先报建设方审核后，再由建设方返还总包方再次进行审核，做到最终造价与现场实际更为贴合、更加公平公正，总包方更多行使的是管理职能。

该项目承包范围包含总承包工程所需的所有工作，发包人提供施工图纸范围内的场地、土建、装饰装修、给排水系统、电气系统、消防、市政、园林景观等该项目范围内的所有内容。该项目所使用的工程计价体系及管理模式采取国内与国外相结合的模式，即采用《建设工程工程量清单计价规范》(GB 50500－2013)、云南省2013版建设工程消耗量定额，其中主要材料采用工程所在地材料供应商供应情况和材料价格，辅助材料价格按昆明市场指导价上浮20%计入。

这样庞大的一个投资项目是怎么形成的？为什么投资者会对这样的一个项目进行投资？其可行性如何？项目周期又是怎么进行规划与划分的？什么因素会影响一个项目的进程？面对如此庞大的一个投资项目，要怎样对项目全过程进行更好的管理与监督？这样一个投资项目背后运行的理论逻辑是什么？通过本章的学习，读者将对投资项目管理有更加全面、系统的了解。

学习目标

- 了解投资项目的特征、分类以及投资项目周期的含义
- 掌握投资建设项目周期的工作类型、阶段划分及其影响因素
- 掌握投资项目决策阶段的主要工作
- 了解项目管理知识体系的主要内容及其发展

第一节 项目及投资

一、项目在投资活动中的地位

从广义上看，投资是一个非常宽泛的范畴。在这一范畴下，存在着多样化的投资活动，大到中央政府的军事投入，小至个人购买几张纪念邮票。众多的投资活动，按其支出的时间特点来分，大致有三类：第一类是一种连续的投资活动，其投资随时间连续不断地发生，如企业流动资金投入、家庭日常性购买证券或其他收藏品、国家经常性的基础科研投入。对于这类投资来说，因其同企业、家庭或国家的日常活动紧密地联系在一起，常常被归到相应的日常管理中，属于一般性资金管理。相关的管理领域包括企业财务、家庭财务、政府预算与财政管理等，可称为常规性投资管理。第二类是一种间断的投资活动，其投资每隔一段时间发生一次，具有总体上的间断重复性，如企业的维修改造投资、家庭定期购买保险或储蓄、国家的公共设施改善投入等。这类投资的性质介于连续投资和一次性投资之间，可根据其具体情况（如规模、特点、目的、要求等因素）归入其中一类进行管理，也可以用两种方式结合管理。第三类是一次性投资活动，其投资为独立的非重复性活动，如企业新产品开发投资等。这类投资与连续投资活动相比，具有不同的特点和运行规律，如果沿用常规性投资的规律方法，就会降低其效率，所以在管理科学中出现了一种新的管理形式和方法，即项目管理。因此，项目管理是落实一次性投资活动的基本形式和方法。

对项目管理在投资活动中的这一定位必须有科学的理解。首先，应认识到任何分类都是一种主观的、有目的的行为，分类是相对的而不是绝对的。实际上，这三种投资之间并没有明显的界限，有时是可以互相转化的。其次，应注意到项目管理只是落实一次性投资活动的一种“基本”手段，所以项目管理的针对性不是绝对的，也就是一次性的投资活动不一定非要用项目管理的方法来管理；反之，连续的或间断的投资活动通过适当的处理也可应用项目管理的方法来运作。一般来说，具备下列条件之一的一次性投资活动应该作为项目来管理：

（1）大规模的投资活动。

（2）具有开拓、创新性质的投资活动。

（3）具有特别重要意义的投资活动。

（4）具有特殊要求的投资活动，如时间要求非常紧迫、质量要求特别高或预算特别严格的投资活动。

二、投资项目的界定

（一）投资项目的特征

从投资的角度看，投资项目是落实一次性投资活动的一种基本形式和方法；从项目的角度看，投资项目是以投资为内容的一种特定项目。投资项目是投资和项目的结合体，其特征包括如下几个方面：

1. 一次性

这是区别于常规投资活动的根本方面。每个投资项目都是一个相对独立完整的特定系统，这个系统不同于常规投资活动，有自己的特定内容和使命，不会有完全相同的另一个系统存在。投资项目在本质上是个体化的系统，项目管理的首要工作是认识、鉴别、界定投资项目这个独特的系统，包括它的范围、内容、目标和限定条件等。

2. 目标性

每个投资项目都是为明确的目标而设计的，这是投资项目不同于一般日常活动的重要方面。投资项目的目标也不同于一般企业的目标。一般企业可以将其长期经济效益作为追求的根本目标，而将其他方面作为限定条件或附属目标。作为特定的一次性任务，投资项目本身并不一定能够直接实现投资效益，更多的情况是通过其运营使用来实现效益，所以它必须以任务的有效完成为目标。首先，投资项目任务的完成必须形成具有合理功能的投资成果，此时，投资项目的成果性目标可简单地用投资项目成果的使用功能和质量表示。其次，投资项目任务的有效完成还要求实现这种成果的投资过程必须具有较高的效率，此时，投资项目的效率性目标可简单地用项目的投资成本和工期来表示。投资项目的目标如图 8-1 所示。

- 投资项目的目标
  - 投资项目的成果性目标
    - 使用功能
    - 质量
  - 投资项目的效率性目标
    - 投资成本
    - 工期

图 8-1　投资项目的目标

投资项目的特点使我们难以把投资项目的成果性目标和效率性目标合二为一，简单地归结为经济效益目标，而只能对两者等量齐观，不能偏废或单纯强调任何一方面，投资项目管理的目的是力求两者的最优适应。投资项目管理必须同时考虑两方面的任务：一是在保证项目合理功能的条件下最大限度地减少项目投资；二是在一定项目投资条件下，最大限度地提高项目的合理功能。为科学、有效地进行投资项目管理，投资项目的目标一般应符合如下条件：首先，目标必须是复合的。其次，投资项目的目标必须与投资项目周期的阶段变化相一致。最后，目标必须明确简单，便于测度。

3. 周期性

投资项目的周期性是指投资项目活动有明确的起点和终点，而且其过程呈现出阶段性变化的特征，这是投资项目活动不同于持续活动的重要方面。关于投资项目的周期性，本章将在后面详述。

4. 限定性

任何投资项目都应有明确的限定条件，投资项目的目标应该在约束条件内实现，其中包括时间的限定、投入资源的限定、质量标准的限定等。不同的投资项目，其限定条件的松紧不同，管理者应据以进行灵活的、有重点的管理。

5. 投资过程周期长、投入大、风险大

这是针对一般的投资活动而言的，也是投资活动不同于日常活动的重要方面。因此，对投资项目进行管理，应该选“精兵”运作，制定专门的管理办法和条例，有周密的论证规划。

（二）投资项目的分类

从西方国家的情况来看，其投资项目按投资主体利益的不同，主要划分为私立项目和社会公共项目。我国对投资项目的分类，一般按投资规模（大型、中型、小型；限额以上、限额以下）、投资组织形式（新建、改建、扩建等；基本建设、更新改造及房地产开发）和投资行业性质（工业、农业、水利等）来划分。综合国内外的情况，投资项目主要有下面两种分类方法：

1. 按投资主体和项目性质不同划分

（1）民间经济项目，是指以私人企业或社会团体为主体投资并承担责、权、利的营利性项目。这类项目可完全由市场来运营和组织。

（2）公共（益）项目，是指政府投资项目。这类项目应严格按照政府规定的计划和程序进行审批管理。

（3）社会福利项目，是指由私人、企业或社会团体投资的非营利性项目。对于这类项目，政府应该制定相应的鼓励和管理政策来指导。

（4）混合性项目，是指上述两类或三类结合在一起的项目。对于这类项目，应根据项目的具体情况进行管理。

2. 按投资活动的内容划分

投资活动的内容主要是指投资的对象及其所形成资产的性质。由于资产种类及形成方式多样，投资项目分类具有复杂性；同时，各种投资形式常常不是截然分开的，而是相互混杂的，这也带来了投资项目分类的相对性。所以，在此只能做一种粗略的相对划分。

（1）固定资产投资项目，投资于长期使用的厂房等建筑物和大型的机械设备。这类投资项目的特点是长期占用资金、投资额大并且需要较强的直接经营管理经验，但其投资收益比较稳定。

（2）房地产投资项目，投资于土地、住宅、厂房、办公楼及其他建筑设施。这类投资项目与固定资产投资项目的区别主要是其投资者不长期占用房地产，而是期望通过转手获利。这类投资项目的特点是投资额大、风险大，并且需要较多的相关业务经验与知识，但其投资收益也较高。

（3）新产品、新事业研制与开发的风险投资项目，投资于开发新产品、新事业。其特点是投资不可预见的因素多、风险大，但投资一旦成功，收益潜力巨大，而且可能对投资主体的发展起到关键作用。

（4）现有设施的技改投资项目，投资于对现有设施的更新或改造，通过规模经济或适应新的市场实现投资目的。其特点是投资的基础比较稳定，风险收益易于预测分析，但不易有重大变化。

（5）收购与兼并投资项目，是指通过收购或兼并获得某种产品或事业的经营条件，包括经营设施、市场、信誉、专利等。其特点是投资运作难度大、潜在的风险大、问题多，但一旦收购或兼并成功，可以较快地投入经营且潜在效益大。

延伸阅读

收购投资项目案例

（6）金融策划投资项目，是指为企业上市、融资、产权改组而设立的项目。其特点是管理难度大，需要有较强的专业化经验和知识，但其风险小、收益稳定。

根据不同的目的，投资项目还可以有其他分类方法，如按规模分为大、中、小型项目，按行业分为工业、农业、城市基础项目等。

三、投资项目周期

投资项目作为一次性的投资活动，必然会有明确的起点和终点，而且其过程呈现出明显的阶段性活动特征，所以投资项目具有周期性特征。投资项目的周期性是投资项目活动不同于一般的常规性、重复性经济活动的重要方面，这在客观上就要求投资项目管理不能照抄一般经济管理的做法，必须有自己的特殊性。

投资项目周期是指投资全过程中各项工作必须遵循的先后工作阶段、工作次序及其内在联系，一般包括三方面的内容：一是一项投资活动客观上包括的工作内容和类型；二是投资全过程中性质不同的各阶段划分；三是各阶段、各项工作间的联系。

投资项目管理的对象就是投资项目周期全过程。有效管理的实现在很大程度上取决于对投资项目周期性特征和规律的正确认识及把握。投资项目周期性特征对投资项目管理具有多种意义，从投资管理角度来说，主要体现在如下三个方面：

（1）投资项目是有特定周期的活动。投资项目周期是若干投资项目阶段的有机整体，投资项目管理的优化必须是投资项目周期全过程优化而不是阶段性优化。

（2）投资项目周期呈现出阶段性特征。科学有效的投资管理必须建立在对投资项目不同阶段正确界定和划分的基础上，并需要根据这种阶段性变化建立一种灵活的管理模式。

（3）在投资项目周期的不同阶段，其工作内容、工作形式、投入产出要素有所不同，因此其组织管理的内容（重点、难点）、形式和手段也应与此相适应。

不同领域的投资项目，其周期内容可能会有所区别，但在本质上是一致的。下面以固定资产投资建设的项目为例进行分析，简称“投资建设项目”。

第二节　投资建设项目周期

一、投资建设项目周期的性质

正确地理解和运用项目周期的理论，对有效的项目投资管理具有重要意义。这需要明确项目周期的性质，因为它明确了项目管理的界限。在投资建设活动中经常提到建设程序，有时也提到建设管理程序，两者与投资建设项目周期有密切的关系。

建设程序又称投资程序，是指投资建设活动必须遵循的先后次序及其内在联系。建设管理程序是指不同的建设活动参与者根据自身利益的需要，对投资建设活动的工作阶段、工作次序和工作关系所进行的管理规定。在我国，建设管理程序主要是指政府对建设过程的规定。从这两个定义可以看到，建设程序是客观的，研究建设程序就是要研究投资建设活动的规律性；建设管理程序是主观的，研究建设管理程序就是要探索经济主体有效组织、管理建设活动的方法。从表面上说，建设程序可以等同于投资建设项目周期。那么，为什么另提一个投资建设项目周期呢？首先，这是因为在实践中，建设程序和建设管理程序常常被混用，并且简单地等同于政府的建设管理程序。这自然就混淆了主、客观关系，既不利于探索和运用建设活动的客观规律，也不利于改革和简化政府建设管理程序，投资建设项目周期这一范畴从字面意义上就可避免误解误用。其次，建设程序的概念主要是从工作次序角度出发的，缺乏对项目阶段特征及管理规律的深层考虑，而投资建设项目周期的范畴则可更明确地体现项目周期的阶段性变化规律。最后，在国外投资建设项目研究中，较多地运用了项目周期这一范畴，因为它能体现项目的特征。本书不仅从名称上用投资建设项目周期概念取代了建设程序，而且期望从实质上贯彻投资建设项目的周期性特征和规律。

建设管理程序是一个应该保留的概念，因为对投资建设项目周期进行科学组织、管理是项目投资管理的一项基本内容。建设活动的参与者主要有政府部门、投资者、建设单位、设计单位、施工单位、银行、建设监理单位、建设咨询单位及建筑材料供应单位等。不同的参与主体在工程建设活动中所处的地位和承担的职责是不同的，因而对投资建设项目周期的管理有不同的目标和内容，其大致可分为三类：

第一类是政府部门的管理。这种管理属于行政管理的范畴，主要是在宏观、总体上的管理，其目标是要保证投资建设项目符合国家和社会发展的要求以及项目投资建设活动不危害社会利益。

第二类是投资者或建设单位的管理。这是针对一项投资的全过程所进行的管理，属于投资管理的范畴，其目标是保证投资效益的有效实现。

第三类是建设过程中局部活动的参与主体的管理，比如设计单位、施工单位等，它们只是对投资建设项目周期中的某一阶段或某一方面进行管理。

建设管理程序是一种主观的管理行为，它可以根据管理者的意愿有所改变，必须把管理的这种主观性和投资建设项目周期的客观性区别开来。工程建设管理必须以投资建设项目周期为依据，但工程建设管理办法必须能够根据工程的具体状况和管理主体的利益有所变化，而不是一成不变。

建设管理程序的具体内容与投资建设项目周期的内容是一致的，一般包括三个方面：一是对工程建设阶段的规定和管理；二是对工程建设顺序的规定和管理；三是对上述活动中各方面责、权、利关系的规定。中国的建设管理程序主要是政府对项目的行政管理程序，自 1949 年以来这种管理曾有过几次变化，目前基本上形成了分级、分段和分类管理的格局。分级管理是指中央一级的政府主管部门、省级的政府主管部门具有批准项目立项的管理权限。对于小型基本投资建设项目，一些省级政府规定地（市）、县级政府部门也有权审批立项。现在，一些经批准的企业和企业集团也已经具备了项目立项决策的自主权。分段管理是指按照我国现行的投资管理体制，基本建设程序各个阶段的管理权限一般不集中于一个部门，而是由几个部门分别分段管理。通常来说，对于项目建议书和可行性研究报告，凡是大中型的基本投资建设项目，一律由国家发改委审批；小型基本投资建设项目，则一般按隶属关系审批立项，对于直属于中央各部门的，由有关部门审批，直属于地方一级的，由相应一级的地方相关部门审批。至于项目的初步设计文件、竣工验收报告、后评价报告等，其管理、审批权限根据项目类型的不同，在各个地区有不完全相同的规定，主要集中由计划、建设和行业主管部门管理。基本建设程序特别规定，对特大型投资建设项目的决策、竣工验收，由国家发改委审核后，要报国务院批准。分类管理是指根据项目的行业规模等特点进行管理。项目审批权限的划分除了根据大、中、小型项目划分外，还要根据各类项目的不同属性来划分，包括所有制形式（如国有企业和民营企业）、项目的用途（如工业项目、住宅项目）等几方面属性。同时，在不同时期，国家对于基本建设程序的繁简程度、管理权限的集中与分散、审批内容等各个方面都有不同的规定；另外，特定时期对于特定的一些基本投资建设项目，比如国家产业政策限制建设项目、现阶段对超前消费项目（如楼、堂、馆、所等）的限制等，审批立项的管理权限都要因项目的情况不同而在划分上有所变化。

这种管理程序存在的基础是政府作为唯一的或主要的投资主体以及实行行政计划的宏观体制。显然，随着中国经济体制改革的深化，其局限性和不适应性会越来越明显，改革的一个重要方向就是对非政府投资建设项目逐步建立起投资主体（业主）建设管理程序，以取代以政府行政审批为主的建设管理程序。中国许多大型银行、企业都建有自身的投资建设项目管理程序，其有效的运行必须建立在对投资建设项目周期理论科学运用的基础上。

延伸阅读

从三峡工程看投资项目的周期规划

二、投资建设项目周期的工作类型

研究投资建设项目周期，首先需要认识它所包含的工作类型，而这又取决于对投资建设周期的界定，即对投资建设活动外延或范围的确定，其中主要涉及两个问题：一是按什么标准分析建设全过程；二是如何确立建设活动的起点和终点。

以什么标准来考察投资建设活动，这是研究投资建设项目周期首先要解决的问题。总体来说，主要有两种角度：一种是实物角度，即从建筑物实际的形成过程来考察；另一种是资金运动的角度，即从建设活动资金投资意向至投资回收整个过程来考察。前一种角度主要适于在产品经济条件下建设活动的分析，后一种角度适于在商品经济条件下对建设活动的分析。因为在商品经济条件下，一切实物运动的本质基本上都反映为一种相应的资金运动，其目的是实现资金的效益。按照前一种角度，投资建设活动的起点是建设前期准备工作，终点是建筑物的形成，这是中国传统建设活动的思路。按照后一种角度，投资建设活动的起点是工程建设投资意向，终点是投资资金的回收，这是中国经济体制改革后的思路。在中国社会主义市场经济条件下，投资建设活动主要应按商品经济的规律进行，也就是要从资金运动的角度考察。

从资金运动的角度分析，投资建设的全过程按其活动的目的和内容不同，可分为性质不同的若干项工作。这些工作在不同的研究和实践过程中可能会被冠以不同的名称，但其工作的内容本质上应该是相同的。另外，在不同的项目情况下，这些工作的次序和组合形式可能有所不同，在此只能研究一般性问题。最后，有些工作还需要进一步分解、细化并分别列入投资建设项目周期的不同阶段，但为研究的方便，在不影响本书结论的前提下，本书暂不做分解。按上述思想，下面对投资建设项目周期的工作类型加以分析。

（1）投资意向。这是投资建设活动的起点。产生投资意向的主体有政府部门、企业、事业单位、家庭（个人）。一般来说，不同类型的投资活动应该由不同的投资主体产生意向。一般的经济投资建设项目应该由企业产生投资意向；社会公益项目应该由政府部门或事业单位产生投资意向。产生投资意向的原因基本上有两个方面：一方面，产生意向的主体有闲置资金，需要寻找投资机会，这是建立在可能基础上的投资意向；另一方面，社会上有较好的投资机会，被某一主体发现，这是建立在需要基础上的投资意向。投资意向实际上是投资时机和方向的初始选择。

（2）市场研究与投资机会分析。有了投资意向之后，接下来需要寻找能够实现投资意向的机会，这就是市场研究与投资机会分析。它研究的是投资机会与投资主体自身的条件是否适应以及具体投资机会的落实。这是一种粗略的市场预测分析和企业自身状况的分析，其主要目的是希望将投资意向变成投资方案，以便进行深入研究和考察。

（3）项目建议书。项目建议书用书面的形式把投资机会分析的结果表达出来。一般来说，投资分析人员并不一定是投资决策人员，所以投资分析者需要寻找一种有效的途径将投资的建议呈报给决策人，项目建议书就起这个作用。

（4）初步可行性研究。项目建议书被决策者接受后，项目建议得到确认，接下来需要认真论证分析。初步可行性研究是对项目建议书所提出的投资构想进行初步的论证分析，并将项目投资方案进一步具体化。初步可行性研究必须对若干不同项目进行比较与选择，其目的是从若干项目中选择一个或几个优化的项目。

（5）可行性研究。这是紧接着初步可行性研究进行的分析评价工作，它是对一个初步可行性研究提出的一个或几个项目的若干种可能方案的分析论证，实质上是一个投资方案的具体确立和构造。可行性研究是决定一个项目投资与否的最重要环节，是项目决策的直接依据。

（6）决策立项。这是项目决策阶段的最后一项工作，应由决策者亲自进行。一般来说，可行性研究工作并不一定由决策者亲自进行，可委托专业部门或个人进行。决策立项阶段有两项工作：一是对可行性研究的精确性、可靠性、全面性进行评估；二是根据投资主体的目标、战略和内外条件做出最终选择。至此，工程项目的决策阶段就结束了。

（7）设计任务书。设计任务书将可行性研究用一种书面的形式落实给规划设计单位和人员，是可行性研究的具体化。这项工作是连接决策阶段和规划设计阶段的桥梁，所以它必须真实地反映投资者的投资意向，设计单位必须严格据此做出规划设计。

（8）初步设计。规划设计活动按其对象的不同可以分为不同阶段，对于大型、技术复杂的设计可以分为初步设计、技术设计、施工图设计三个阶段，对于一般项目可以只搞初步设计和施工图设计。初步设计是设计的第一阶段，它应根据设计任务书具体地构造工程建设方案，并做出工程的初步概算。初步设计对不同的投资建设项目不尽相同，一般可以包括以下10个方面的内容：一是设计依据和设计的指导思想；二是建设规模、产品方案、原材料、燃料和动力的用量及来源；三是工艺流程、主要设备选型和配置；四是主要建筑物、构筑物、公用辅助设施和生活区的建设；五是占地面积和土地使用情况；六是总体运输；七是外部协作配合条件；八是综合利用、环境保护和抗震措施；九是生产组织、劳动定员和各项技术经济指标；十是总概算。

（9）建设准备。初步设计完成后，投资建设方案的要点就确定了，就可进行建设准备了。建设准备可以视为投资建设项目规划设计阶段的第二项工作。这项工作比较复杂，大体包括如下几方面的工作内容：一是工程建设现场的准备，包括征地拆迁等活动；二是工程建设队伍的准备，包括如何选择和监控设计施工单位；三是建设活动所需专用设备的准备；四是将来投产后生产活动所需各种生产要素和生产条件的落实；五是建设条件的落实。

（10）技术设计。这是针对重大项目或特殊项目，为解决具体的技术问题所进行的设计，是对初步设计的一种补充。它一般包括如下四个方面的内容：第一，特殊工艺流程方面的试验、研究及确定；第二，新型设备、材料、部件方面的试验、制作及确定；第三，大型建筑物、构筑物（如水坝、桥梁等）或某些关键单位的模型和样品等方面的试验、研究及确定；第四，某些技术复杂、需要谨慎对待的问题的研究及确定。

（11）施工图设计。这是根据初步设计和技术设计所进行的详细设计。它是对项目所有的厂房、设施和关键部位的土建及安装绘制出尽可能完整、详细的图纸。其深度应能满足所有方面的需求，如施工活动的需要、设备材料购置的需要、施工图预算的需要。施工图设计是规划设计阶段的最后一项工作，是施工活动的基本依据。在施工图设计阶段，一般要编制工程预算。至此，工程项目的设计阶段就结束了。

（12）施工组织设计。这是落实设计文件的规划手段，是连接规划设计阶段和施工活动的桥梁。施工组织设计是指导工程施工活动的计划文件，一般包括施工组织总设计、单位工程施工组织设计、特殊工程和特殊部位施工组织设计三种类型。它通常包括如下几方面的内容：一是施工方案的确立和主要施工机具的选择；二是施工要素的落实，包括材料、设备、劳动力；三是施工现场的组建；四是施工平面的布置。

（13）施工准备。这是根据施工图设计和施工组织设计，由施工企业进行的第一项具体工作，它的部分准备工作要与施工组织设计同步进行。施工准备主要包括如下几方面的内容：第一，准备施工活动所需要的设备、材料；第二，组建施工队伍；第三，准备施工活动所需的各种现场条件；第四，实施现场的“七通一平”工作，包括水、电、路等。

（14）施工过程。这是施工阶段具体配置各种施工要素形成建设产品的过程，是投入劳动量大、周期长的工作，这是施工企业管理的基本任务。

（15）生产准备。这是指施工接近结束时，为使项目及时投产使用所进行的准备，包括生产设备的购置、人员的培训、生产所需原材料的订购，这一步工作主要应由投资者进行。一般情况下，这项工作从项目决策后就着手进行，在此阶段只是具体落实。

（16）竣工验收。这是工程施工阶段的最后一项工作，它是对建设成果的第一次全面检查和评定，也是为下一步的投产经营活动进行的准备。一般来说，竣工验收应严格按照施工图纸等设计文件进行，由建设单位、设计单位、施工企业共同参与。工程竣工验收合格后，双方应结清工程价款，办理各种移交手续。至此，可以说具体的建设过程就结束了。

（17）投产运营和投资回收。这两项工作是一般工业企业管理的范畴，不属于建设投资考察的范围。但是，从投资资金运动的角度来看，这是建设投资的资金回收过程和投资效果的实践检验过程，所以一般应进行两项工作：一是投资的回收；二是投资效果的测算评价。

（18）项目后评估。项目后评估是在项目投资使用阶段，根据实际的结果和各种数据对投资建设项目进行的综合评价，它应与工程项目决策阶段的经济评价工作相对应。其中，最关键的是要科学地总结工程投资建设项目的经验和教训，特别是要分清各方面的原因。一般来说，影响一个工程投资建设项目效益的原因主要可分为如下三个方面：一是项目投资决策方面的原因；二是项目建设过程中的原因；三是经营过程中的原因。至此，投资建设项目周期全过程就结束了。

三、投资建设项目周期的阶段划分

怎样对投资建设项目全过程中的各项工作实施有效管理呢？这取决于这些工作的性质和特点。从全过程角度看，这些工作呈现出明显的阶段性变化规律。其中，（1）～（6）项工作是一种分析论证性质的工作，主要解决项目选择问题，也就是“肯定”或“否定”的问题。在肯定性结论的条件下，后面的工作才能继续进行；在否定性结论的条件下，后面的工作就要停止或返回投资建设项目周期的起点。但是，肯定并不意味着一种成功，否定也不是一种失败，只是对投资的一种选择，是对社会资源配置的一种选择。所以，这六项工作可称为项目建设的第一个阶段——投资建设项目的决策阶段。（7）～（11）项工作是一种规划布置性质的工作，主要是确定项目的具体方案。相对项目决策而言，这是执行性质的工作；相对施工活动而言，它是决策和计划性质的工作。实际上，这是选择和设计实现项目投资构想的实施方案的过程，这五项工作可称为投资建设项目周期的第二个阶段——投资建设项目的规划设计阶段。（12）～（16）项工作是一种具体的资源组合性质的工作，主要是在确定性约束条件下优化实施过程。这是一种操作性、业务性的实际执行工作，所以可称为投资建设项目周期的第三个阶段——投资建设项目的实施阶段或施工阶段。（17）～（18）项工作是一种总结评价性质的工作，甚至可以说是一种依托于生产经营过程的分析研究工作，就特定的具体项目来说，其作用是极小的。（这里不把投资回收作为其成果，投资回收是生产运营的结果。）但从宏观角度上看，它们具有一定的作用，这个阶段可称为投资建设项目的终结阶段。本书只是从投资建设项目资金运动的角度稍微论及这个阶段。

把投资建设项目全过程分为性质不同的四个阶段，这只是一种理论上的抽象，对此必须有科学的理解。首先，应当指出，任何一种划分都是一种出于某种主观目的而对客观的假定，对投资建设项目阶段的划分也不例外。投资建设活动客观上并不存在截然分开的若干阶段，而是为了有效管理的目的把工作性质和管理规律相似的工作归入一个阶段，把相异的工作归入另一个阶段，所以这种划分当然不是绝对的，而是相对的。其次，在一般的情况下，投资建设项目全过程都可划分为这样四个阶段，而且同一阶段内各工作的性质相似，不同阶段的工作性质和特点则有较大区别，但对于特殊的项目可能有例外。再次，前后阶段、前后工作一般应按顺序进行。前一阶段或前一项工作是下一阶段或下一项工作的基础和依据，下一阶段或下一项工作是前面工作的具体化或落实，而且前后阶段或工作间相互补充。最后，投资建设项目周期是这四个阶段有机结合的总体，四个阶段缺一不可，它们有效配合才能实现项目目标。投资建设项目周期如表 8-1 所示。

表 8-1 投资建设项目周期

<table>
<tr><th>周期阶段划分</th><th>工作类型与工作程序</th><th>阶段或工作间的联系</th></tr>
<tr><td>投资建设项目的决策阶段</td><td>（1）投资意向
（2）市场研究与投资机会分析
（3）项目建议书
（4）初步可行性研究
（5）可行性研究
（6）决策立项</td><td rowspan="4">（1）前后阶段、前后工作一般应按顺序进行
（2）各阶段任务的性质和特点有较大的区别，但相互补充
（3）同一阶段内各工作性质相似，但可能有一定的交叉关系
（4）前一阶段或前一项工作是下一阶段或下一项工作的基础和依据，下一阶段或下一项工作是前面工作的具体化或落实</td></tr>
<tr><td>投资建设项目的规划设计阶段</td><td>（7）设计任务书
（8）初步设计
（9）建设准备
（10）技术设计
（11）施工图设计</td></tr>
<tr><td>投资建设项目的施工阶段</td><td>（12）施工组织设计
（13）施工准备
（14）施工过程
（15）生产准备
（16）竣工验收</td></tr>
<tr><td>投资建设项目的终结阶段</td><td>（17）投产运营和投资回收
（18）项目后评估</td></tr>
</table>

四、投资建设项目各阶段管理分析的四因素模式

在投资建设项目周期的各阶段中，究竟有哪些因素对投资产生影响？这些因素以何种形式影响投资？影响的程度有多大？这是投资建设项目管理首先要分析清楚的问题，也是科学、有效地管理投资的前提和基础。

为简化问题的分析，我们不妨把各阶段归结为单一的投入产出系统，即各阶段都是如图 8-2 所示的系统过程。

投入——转化过程——产出

图 8-2　系统过程

在这个过程中，对项目投资直接有影响的是其投入和产出，转化过程必须通过对投入和产出的作用而间接影响项目投资。具体的项目投资管理主要研究这种转化过程，但在项目投资影响因素分析中可忽略这一过程，而只需分析投入和产出对投资的影响。

第一，分析各阶段的投入因素。在投资建设项目周期的各阶段中有多种生产要素投入，我们可以抛开其实物形态，把所有投入简单地归结为一种资金投入。对于市场经济条件下的投资建设项目，这种归结应该是合适的，因为在市场经济条件下，所有经济要素都可以用货币来衡量。这样，投入对项目投资的影响可以用一个最简单的指标来测度：

$$\text{各阶段投入占总投资的比重}=\frac{\text{某阶段投入成本}}{\text{总投资}}\times 100\%$$

但是，问题并不这么简单，详细分析可以发现，各阶段投入实际是由性质截然不同的两部分构成：一部分是某一阶段工作本身需要的费用，它是通过价值的创造间接地转移到投资建设产品上的，可以简称为工作成本；另一部分是某一阶段购置项目所需生产要素的费用，它的价值直接融入投资建设产品，可以简称为要素成本。这两种不同的投入成本在投资建设项目周期的不同阶段，其性质、规模和结合形式有所不同，所以必须分别分析和管理。因此，确定各阶段投入对项目投资的影响可用如下两个指标表示：

$$\text{Ⅰ　某阶段工作成本的影响}=\frac{\text{某阶段的工作成本}}{\text{总投资}}\times 100\%$$

$$\text{Ⅱ　某阶段要素成本的影响}=\frac{\text{某阶段的要素成本}}{\text{总投资}}\times 100\%$$

第二，分析各阶段的产出因素。投资建设项目周期各阶段的产出是通过质量来影响项目投资的。各阶段产出质量是各阶段工作质量的结果，各阶段工作质量最终要通过产出质量来测度，所以本书简单地用工作质量来代替产出质量。这样的影响实际上包括两个方面：一是工作质量直接决定项目投资的数额，它就是实现同样功能的项目所需投资的数额，可以简称为工作质量影响（A）；二是工作质量直接决定投资建设产品的使用功能，这种功能在项目运营阶段直接影响项目的运营效益。项目投资效益是通过运营效益体现和实现的，所以工作质量间接影响项目投资效益，可以简称为工作质量影响（B）。因此，产出因素的影响可用如下两个指标表示：

$$\text{Ⅲ　某阶段工作质量影响(A)}=\frac{\text{某阶段工作质量决定的投资额}}{\text{总投资}}\times 100\%$$

$$\text{Ⅳ　某阶段工作质量影响(B)}=\frac{\text{某阶段工作质量决定的投资效益}}{\text{投资建设工作决定的总效益}}\times 100\%$$

这样就建立起了项目投资影响的四因素（Ⅰ、Ⅱ、Ⅲ、Ⅳ）模式。这种模式把投资建设项目的投资管理分为四种类型：

（1）第一种类型（Ⅰ）是对项目各阶段工作本身所需投资费用的管理。

（2）第二种类型（Ⅱ）是对项目各阶段投入要素（非工作本身需要的）投资成本的

管理。

(3) 第三种类型（Ⅲ）是通过对项目各阶段工作质量的管理而达到管理总投资费用的目的。

(4) 第四种类型（Ⅳ）是通过对项目各阶段工作质量的管理而达到提高投资效益（或使用功能）的目的。

项目投资的各阶段实际上都不同程度地存在着这四种类型的管理，而且不同阶段的管理特点和影响程度是不同的，这正是不同阶段需要采用不同管理方法的根本原因。在利用这种模式对各阶段投资管理因素进行分析前，需要对模式本身做几点说明：第一，本书所提出的四因素模式只是一种分析投资建设项目投资问题的思路和方法，目的是探索项目投资管理的科学规律和方法，它并不是对客观建设活动的一种划分和界定，所以不能完全对号入座、绝对地理解。第二，本书所提出的四种影响因素可测度的水平不同，其中第Ⅰ项、第Ⅱ项较容易计算，第Ⅲ项也可以在一定精度下进行估测，而第Ⅳ项一般难以精确地测定，可能只有理论意义。第三，一般来说，对于投资建设项目周期的不同阶段，这四种因素的作用有很大的不同（实际上，在划分项目周期阶段时已考虑了这种不同），所以项目投资管理的规律和方法也会存在较大的区别。

五、投资建设项目周期各阶段的影响因素分析

（一）投资建设项目的决策阶段

这个阶段的投资影响因素如表 8-2 所示。

表 8-2　投资建设项目决策阶段的影响因素分析

影响角度	类型	主要影响工作范围	影响幅度
投入影响	工作费用（Ⅰ）	投资机会分析费 市场调查分析费 可行性研究费 决策费用	Ⅰ＝X％
	项目要素费用（Ⅱ）	一般没有要素投入	Ⅱ＝0
产出影响	产出对总投资的影响（Ⅲ）	建设用地费 投资建设项目资金成本 项目材料费 预备金 法定税费等	Ⅲ＝60％～70％
	产出对项目使用功能的影响（Ⅳ）	市场销售额度和产品价格 技术水平、生产规模与产品质量（项目运营成本和流动资金需求）	Ⅳ＝70％～80％

项目决策阶段的基本特征是智力化或称知识密集性，其主要投入是项目论证分析人员的工作报酬。一般的经验数据表明，Ⅰ为千分之几（最高可达百分之几），随项目种类、类型不同而变化。在项目决策结果没有得出之前，一般不会进行要素投入，所以Ⅱ＝0。这表明在项目决策阶段，工作成本对投资的影响极小，要素成本不构成影响。项目决策阶

段的产出是决策结果。当然，项目决策过程不只是要得出一个结论，另一个重要目的是对投资建设活动的成果目标（使用功能）、基本实施方案和主要投入要素（品种、数量、质量、价格、取得形式）做出总体策划。后一个目的只要对照一下可行性研究报告的内容就不难看出，这些方面恰恰是项目投资的主要决定因素或构成因素。这个阶段的一般经验数据Ⅲ为60%～70%，作者估计Ⅳ也应在70%～80%。这表明项目决策阶段的工作质量对项目投资具有决定性影响，它可影响项目投资总额的70%左右，对投资效益的贡献为80%左右。

（二）投资建设项目的规划设计阶段

这个阶段的投资影响因素如表8-3所示。

表8-3　投资建设项目规划设计阶段的影响因素分析

影响角度	类型	主要影响工作范围	影响幅度
投入影响	工作费用（Ⅰ）	初步设计费用 技术设计费用 施工图设计费用 （市场价格调查费用、技术考察费用）	Ⅰ=2%～10%
	项目要素费用（Ⅱ）	建设用地费用 特殊材料设备预订费	Ⅱ=10%～20%
产出影响	产出对总投资的影响（Ⅲ）	项目材料设备费用与机械使用费 项目施工人工费 项目施工管理费 预备费	Ⅲ=20%～30%
	产出对项目使用功能的影响（Ⅳ）	技术水平、生产能力和规模（项目运营成本与流动资金需求）	Ⅳ=10%～20%

项目规划设计阶段的基本特征是智力和技术的双重性。一方面，该阶段需要对具体的方案进行选择、比较和创造，这接近于项目决策阶段；另一方面，该阶段需要较多的技术和经验，这又属于执行性质的工作。这一阶段的投入有两个方面：一是规划设计人员的工作报酬；二是某些重要建设要素的预订和购置。前者的一般经验数据Ⅰ为百分之几（2%～10%），随项目规模、类型不同而变化；后者随这个阶段工作内容的不同而波动很大，一般经验数据Ⅱ为10%～20%，订购的主要是土地和特殊材料设备。这表明在投资建设项目的规划设计阶段，工作成本对投资的影响很小，要素成本是一个重要管理因素。投资建设项目规划设计阶段的产出一般是用图纸表示的具体设计方案，这是对投资方案的进一步落实和细化。可以说，在这个阶段，项目成果的功能、基本实施方案和主要投入要素（品种、数量、质量和取得形式）就基本确定了，也就是影响项目投资的主要因素可以确定了。这一阶段的一般经验数据Ⅲ为20%～30%，作者估计Ⅳ为10%～20%。这表明投资建设项目规划设计阶段的工作质量对项目投资具有重要影响，它不仅表现为影响度的进一步加大，更重要的是它可以制约、修正或强化决策工作的影响因素。

（三）投资建设项目的施工阶段

这个阶段的投资影响因素如表 8-4 所示。

表 8-4 投资建设项目施工阶段的影响因素分析

影响角度	类型	主要影响工作范围	影响幅度
投入影响	工作费用（Ⅰ）	施工组织设计与施工准备费 投标费用 综合管理费 项目现场管理费	Ⅰ＝10%～20%
	项目要素费用（Ⅱ）	项目施工人工费 项目施工材料费 项目施工机械使用费	Ⅱ＝50%～60%
产出影响	产出对总投资的影响（Ⅲ）	建筑施工管理费 小部分材料费 小部分人工费 小部分机械使用费	Ⅲ＝10%～15%
	产出对项目使用功能的影响（Ⅳ）	生产质量与产品质量 （项目运营成本和流动资金需求）	Ⅳ＝5%～10%

项目施工阶段的基本特征是资金和劳动的双重性。从投资业主的角度看，需要投入大量资金购置各种生产要素进行优化组合，形成最终产品；从活动性质看，这是一种需要技术、经验和具体劳动的操作性过程。这一阶段的投入也有两个方面：一是建筑施工人员的工作报酬，一般的经验数据Ⅰ为 10%～20%；二是建筑施工要素的投入，一般的经验数据Ⅱ为 50%～60%。这表明在项目施工阶段，成本已经成为项目投资的重要影响因素，这个阶段的工作成本高达 10%～20%，要素成本高达 50%～60%。投资建设项目施工阶段的产出就是建设活动的最终成果——建设产品。其质量是一个复杂的问题，本书后面有专门的论述，在此先假定其质量是一种合格前提下的追求。由于投资的主要因素在此之前已经基本确定下来，所以这个阶段质量的投资影响较小，一般的经验数据Ⅲ为 10%～15%，作者估计Ⅳ为 5%～10%。这表明项目施工阶段的工作质量已经相对退居次要地位，不是主要的管理因素。

（四）投资建设项目的终结阶段

这个阶段的基本业务是生产运营工作，对项目投资来讲只是一种间接的效益实现过程。怎样从项目投资运动的角度考虑这一过程，国内的研究一般只讨论到项目后评估，这当然是不够的。在此，本书也只是保留这一阶段，从一般意义上探索项目投资的事后管理和检验评估的规律及方法。

在此，需要特别指出的是关于项目生产运营阶段流动资金的管理问题。这个问题主要是一般生产运营管理问题，属于企业管理范畴，但它与项目固定资产投资建设活动有密切关系，所以也需要探索在前三个阶段考虑过的项目流动资金管理问题。

从以上分析不难看到，随着投资建设项目周期的阶段性变化，项目投资的四种影响因素有一定的变化规律：Ⅰ是从小到大的变化趋势，变化程度居中；Ⅱ是从小到大的变化趋势，变化程度很大；Ⅲ、Ⅳ是从大到小的变化趋势，变化程度很大。投资建设项目周期各阶段的投资影响因素的这种变化规律如图 8－3 所示。

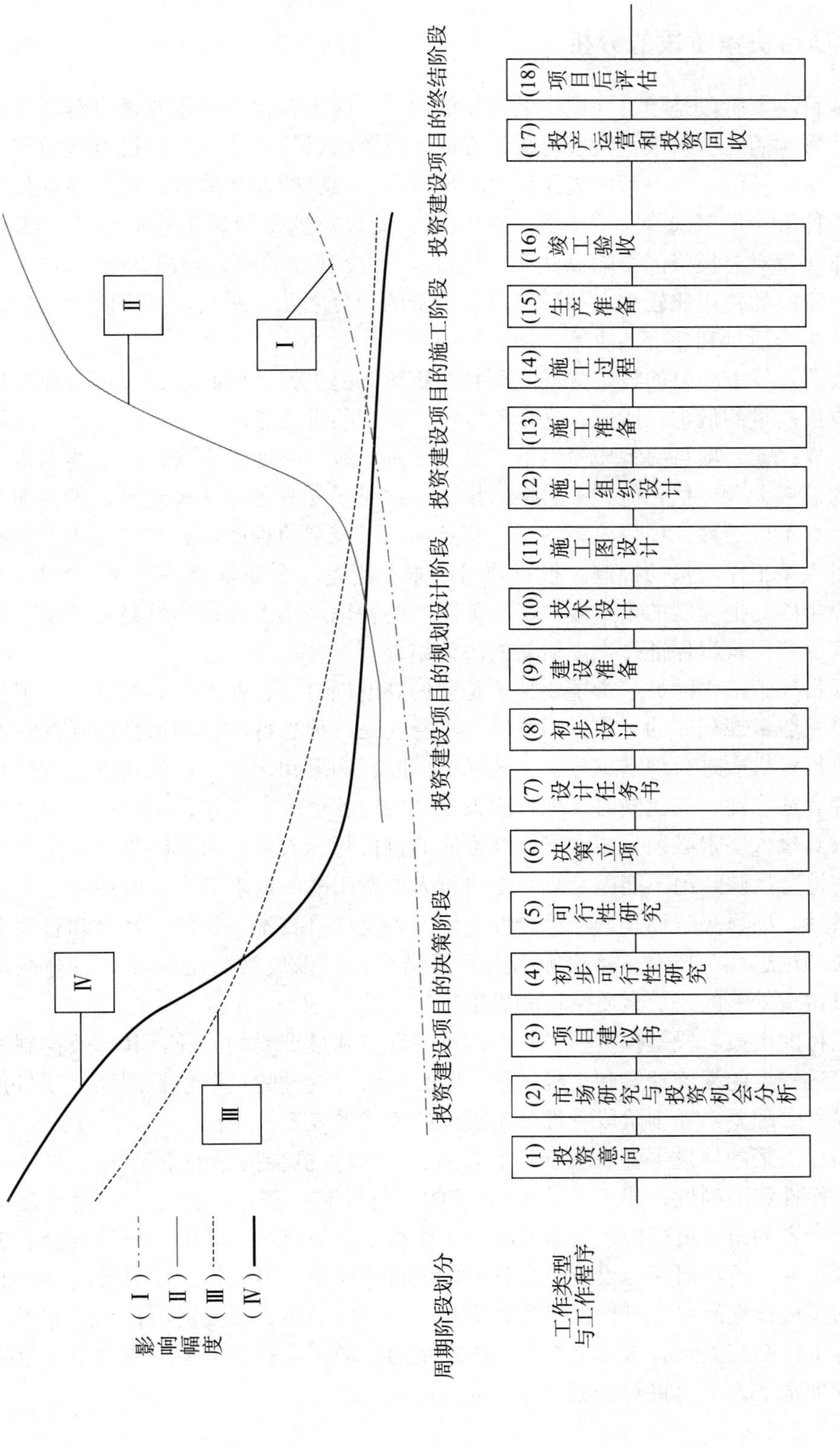

图8－3 投资建设项目周期投资影响因素示意图

第三节　投资项目决策

一、投资项目决策阶段的分析

投资项目决策阶段是项目周期中最重要的阶段，因为在这一阶段要做出对项目投资效益起决定性影响的几项决策：投资时机和方向、投资项目的比选及项目投资规模和总体实施方案。其中，任何一项决策的失误都可能导致项目投资的彻底失败，而且在现代激烈的市场竞争条件下，任何选择都具有很大的风险，所以对这个阶段工作质量的要求越来越高。其工作质量对总投资的影响高达70%左右，对投资效益的影响高达80%左右。相对而言，这个阶段的费用比较少，一般只占总投资的千分之几。所以，这个阶段的管理目标是高水平的决策质量和适度的决策费用。

实践表明，投资项目的投资失误主要是决策阶段的失误，但并不是决策工作费用的超支，而是决策质量的低劣。所以，这个阶段投资管理的重点是项目决策的质量，决策费用支出只是次要因素。项目决策质量恰恰又是一个难以科学测度的变量，一般要用投资最终产品使用的效果大致评估，但到了最终结果出来的时候要改正就已经晚了，因为项目投资活动一般具有不可逆性。项目决策的这一特点加大了控制的难度，有些投资业主因此实质上放弃了对决策工作质量的控制。投资项目决策费用是一个非常容易测度和控制的变量，很多投资业主因此把控制的重点放在了决策工作的费用最小上，这当然是极端错误的，因为缺乏适度的费用难以保证产生高质量的决策结果。

投资项目决策工作的另一个重要特点是它的高度创造性、智力化和综合性。项目决策的本质不是一般常规程序的工作，因为项目本身就是一种独特的、创造性很强的一次性活动，需要对投资机会进行识别、分析、选择、决断、构思和运筹，这就要求其管理具有较大的灵活性和适应性。与此同时，项目决策工作的内容也决定了它是一项高度智力化的活动，这要求其投入要素必须是高水平、高素质的科技管理人员。项目决策质量是项目决策队伍质量的综合反映，绝不能因为高水平决策人员费用高而退求其次，改用一般常规性业务人员。最后，项目决策还是一项综合性工作，涉及项目技术、经济、社会和管理等众多方面，需要理论思维、技术、经验等因素有机结合，所以决策队伍应具有综合性素质结构，应尽量避免单一的人员素质结构和思维。

投资项目的决策阶段是投资项目管理的首要环节和最重要的方面，其有效控制的实现有赖于对上述特点的深刻理解和正确运用。结合前面讨论过的投资项目周期、项目投资影响因素和投资管理要素，本阶段管理分析模式的表述如表8-5所示。

投资项目决策的质量主要取决于三个方面：① 投资机会把握的正确性；② 多项目比选论证的全面性和准确性；③ 项目投资方案的可行性和经济性。这三个方面都是站在项目业主或投资者的角度进行的，一般业主的工作程序如前所述。其中，投资机会的选择主要包括投资意向、市场研究与投资机会分析、项目建议书三项工作。项目投资方案的确定主要包括初步可行性研究、可行性研究和决策立项三项工作，而投资项目比选介于两者之间，与所有工作都有关系。这三个方面工作质量的好坏，从根本上说，取决于项目决策者的素质和管理水平。下面将对这三个方面进行详细介绍。

表 8-5 项目决策阶段的管理模式

<table>
<tr><td rowspan="3">投资控制要素</td><td>机制和手段</td><td colspan="3">科学的决策程序：重点是多项目比较和多方案分析
合理的人员结构：技术、经济、管理、理论型、经验型
直接控制手段：亲自参与，不断检查，及时调整
优质优价控制方式：费用标准应与质量挂钩
决策过程充分利用社会专业化力量</td></tr>
<tr><td>对象</td><td colspan="3">决策过程，前期咨询服务单位和人员</td></tr>
<tr><td>目标</td><td colspan="3">高水平决策质量和适度的决策费用</td></tr>
<tr><td>投资控制特点</td><td colspan="4">控制的重点是决策质量，次要因素是决策费用以及工作性质的创造性、智力化和综合性</td></tr>
<tr><td rowspan="5">投资影响的范围和幅度</td><td>影响角度</td><td>类型</td><td>主要影响工作范围</td><td>影响幅度</td></tr>
<tr><td rowspan="2">投入影响</td><td>工作费用（Ⅰ）</td><td>投资机会分析费、市场调查分析费、可行性研究费、决策费用</td><td>Ⅰ=X%</td></tr>
<tr><td>项目要素费用（Ⅱ）</td><td>一般没有要素投入</td><td>Ⅱ=0</td></tr>
<tr><td rowspan="2">产出影响</td><td>产出对总投资的影响（Ⅲ）</td><td>建设用地费、建设项目资金成本、项目材料费、法定税费、准备金</td><td>Ⅲ=60%～70%</td></tr>
<tr><td>产出对项目使用功能的影响（Ⅳ）</td><td>市场销售额和产品价格、技术水平、生产规模和产品质量（项目运营成本和流动资金需求）</td><td>Ⅳ=70%～80%</td></tr>
<tr><td>工作类型与工作程序</td><td colspan="4">(1) 投资意向 → (2) 市场研究与投资机会分析 → (3) 项目建议书 → (4) 初步可行性研究 → (5) 可行性研究 → (6) 决策立项</td></tr>
<tr><td>阶段划分</td><td colspan="4">投资项目决策阶段投入——转化过程——产出</td></tr>
</table>

二、投资机会的分析

项目投资机会一般是指投资的时间和方向，这是很难加以分析、描述的问题，但它关系到投资运营活动生产的最终产品的市场前景，因而将对投资效益产生重要的影响。因为投资机会具有很大的随机性和相对性，任何科学的方法都不可能完全准确地确定其具体的时间和细节，科学研究的目的只是提供一种分析的思路和框架，以避免投资的盲目性。项目投资机会是客观存在的，但能否抓住机会取决于项目业主的客观条件和主观努力。一般来说，识别投资机会可以从三个方面入手。

延伸阅读

从宁德时代投资项目看投资机会

（一）客观环境的分析

当客观环境发生变化时，就可能出现有利的项目投资机会，所以项目业主必须密切注视一切可能的环境变化。机会存在于变化之中，这可从下面两方面进行分析。

1. 市场供需态势分析

在市场经济条件下，市场是反映社会各个方面需求和供给态势的最佳场所，不仅一般企业、家庭和社会团体的经济大多需要利用市场来实现，而且政府的许多政策也要通过市场来落实，所以寻找项目投资机会首先应进行市场调查、预测和分析。市场供需态势分析分两个方面：市场供需态势分析的一个方面是现态分析，即现行市场的短缺状况。如果一种产品或服务出现短缺，销售价格就会上涨，而且销售规模也会扩大，所以这时进行相关投资的收益就会很高。但是市场出现短缺的时候，会有很多人把资金陆续转移到这个方面，在较长的时间内肯定会出现供过于求、风险大增的情况，此时时间（速度）因素将起关键作用。所以，投资的时机是在市场出现短缺之前，而不是出现短缺之时，最好是在市场出现短缺时投资的产品能够上市。当然，此时要看产品供给弹性的大小以及供求不平衡会不会由于制度或经济运行上的某种原因而在短期内无法调整。对市场短缺情况的分析，不仅要看市场总体供需态势，还要具体地看产品供需的结构性短缺。因为市场需求是同社会发展和居民习惯、信息等因素相联系的，不同国家和地区社会发展水平不同，需求的内容和层次也会有差异，这就可能造成某一地区畅销的产品在另一地区卖不出去，在某一地区饱和的产品在另一地区处于短缺状况。同样地，由于居民习惯、信息等因素的影响，也可能造成结构性短缺。

市场供需态势分析的另一个方面是潜在市场分析。潜在市场分析对于长期投资具有更重要的作用。随着现代科技日新月异的发展和市场竞争越来越激烈，很多产品更新换代的速度非常快，世界经济新浪潮一波强过一波。能否走在浪潮的前面或至少赶上浪潮，决定着一个企业、地区甚至国家的命运。这些都取决于能否正确地预测到市场潜在的发展趋势并据此进行相应的投资。潜在市场分析一般可考虑如下几方面：一是现有产品的更新换代、技术革新预测分析，目前广泛使用的分析方法是产品生命周期分析。这种分析方法把一种产品从构想到退出市场的全过程视为一种生命周期过程，并把这个过程划分为四个阶段，即开发期、发展期、成熟期和衰退期。产品生命周期阶段不同，其市场前景和管理策略也不同。这种方法现已成为产品市场分析的经典理论，各方面研究资料很多。二是新产品、新技术开发预测分析。现代经济增长在很大程度上依赖于知识，特别是科学技术的进步，而新的科学技术一般要通过新产品和新技术的开发来实现。所以，预测分析新产品、新技术必须把握现代科技发展的动态，深入了解现代科技专家的工作并同其协调配合。

市场调查、分析和预测的方法发展很快，已经形成了一门独立的专业学科——市场预测学。其中，各种定性、定量方法达几百种之多，做市场调查预测时应系统学习。但是，仅仅运用这些方法对于做出正确的预测是比较困难的，因为这不仅是方法问题，更重要的是眼界和创造性思维的问题。

2. 政策分析

在现代社会经济发展中，政府是左右经济运行的仅次于市场的力量，政府政策的变化是投资机会的重要来源。从长远看，对于单个企业和项目来说，只有适应政策需要才能存在和发展，否则只有死路一条。政策分析主要是预测研究政府的行政规划、产业政策、财政税收政策、金融信贷政策的可能变化。通过这种分析，要了解政府可能的限制政策、鼓励优惠政策甚至具体的规划投资方案，这样就可以相应选择投资的行业、区域、时间和形式，有时甚至是具体的项目。

（二）对企业经营目标和战略的分析

项目是实现企业目标和战略的手段，不同的企业目标和战略，其项目选择也会有重大差别。在激烈的市场竞争环境下，企业要想取得并保持最佳的地位，必须制定出与自身条件相适应的目标和战略，项目投资机会的选择应该有利于这种目标和战略的实施。企业的基本目标当然是为了实现长远的利润，但不同企业有不同的实现利润的路径和方式，其中主要包括对风险、市场、企业信誉和形象等方面的态度及选择。企业目标必须通过制定相应的经营战略来实现，而企业经营战略与投资项目密切相关。由于分析研究的角度不同，对企业战略有不同的划分方法。图 8-4 是其中的一种分类。

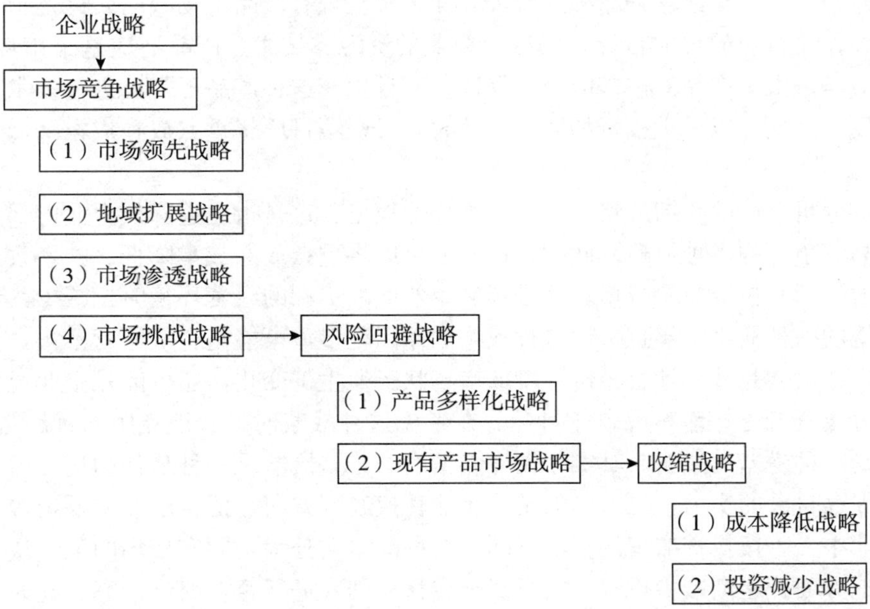

图 8-4　企业战略的类型

不同的经营战略反映了企业不同的目标选择和价值取向，本身并无优劣之分。有时，企业可能以一种战略为主，其他战略为辅；或几种战略同时考虑、随机变换。企业战略的分类不是绝对的，实际上，各种企业战略之间也没有明确的界限，这不过是一种方向性的分析方法。在不同的企业战略下，投资机会的选择也应有所区别。

首先，分析市场竞争战略：（1）市场领先战略。这是一种以长期占有市场的大部分份额为目标，充分发挥企业规模或技术优势的战略。这种战略有几种不同情况：一种情况是企业原来就占有市场的大部分份额，现在的主要目标是保持不变。此时，投资项目应将重点放在产品质量改进、兼并竞争性企业及产品更新换代等方面，但要考虑政府可能的产品政策及反垄断政策。另一种情况是公司原来占有市场的相当份额，现在的主要目标是增加占有份额。此时，投资项目应将重点放在兼并竞争性企业、建立新销售网络等方面。（2）地域扩展战略。这是一种外延式的增长战略，主要是通过扩大企业活动的空间范围来扩大销售。此时，投资项目应将重点放在兼并不同地区的竞争性企业及在相关地区新建销售网络等方面。（3）市场渗透战略。这是一种“内涵”增长战略，是指在现有市场内通过改进产品、吸引更多的顾客而扩大市场占有额。此时，投资项目应将重点放在产品技术革新和改造、产品质量改进和提高等方面。（4）市场挑战战略。这是指后兴起的公司为了占有市场的大部分份额而采取的一种竞争性战略。此时，投资项目也应将重点放在对竞争性公司兼并、产品技术革新与改造、产品成本降低等方面。

其次，分析企业的风险回避战略：（1）产品多样化战略。这主要是指企业经营向产品多样化方向发展，包括建立配套产品线和开发新产品或新品种。采用这种战略，可以把企业风险分散于多种产品或多个经营侧面。当一个方面失利时，其他方面可以补救，因此减少了单个项目的风险。这种战略可以保证资源连续和广泛地运用，但不能保证资源有效地使用，而且对经营者的水平要求很高。此时，投资项目应将重点放在对生产经营互补性产品公司的兼并、新产品或互补品种开发等方面。（2）现有产品市场战略。这是指选定现有的某个市场作为企业的长期目标，然后使企业的资源、技术、产品适应这个市场的要求。采用这种战略，由于产品的销售能力有保证，而且生产这种产品不需要进行技术革新和市场研究开发，因此可以减少投资的风险。此时，投资项目应将重点放在成本降低、配套产品开发等方面。

最后，分析企业的收缩战略：（1）成本降低战略。这是指通过降低企业内部生产经营成本而提高竞争力的一种战略。此时，投资项目应将重点放在成本降低、技术改造、组织变革等方面。（2）投资减少战略。这是指当企业面临不利的经营环境时，减少其经营规模以适应环境的一种战略。导致采用这种战略的原因很多，可能是企业经营不善，使费用超出了收益，也可能是外部社会经济环境或市场状况发生了变化，还可能是企业经营者认为减少一部分投资能更好地实现企业目标。在考虑这种战略时，必须克服一种错误的认识，即认为这是一种最差的战略。其实，在许多情况下，这恰恰是一种最佳的选择。它不但可以使企业保存自己的实力，更重要的是使企业转换经营方向，把自己的主要资源投到生机勃勃的事业中去。按投资减少的程度不同，这种战略又分为：固守市场的某一块，把投资分散到其他方面；逐渐减少投资，实行资金转移；彻底进行企业财产清算。此时，投资项目应将重点放在新产品开发、新行业企业的兼并、原企业更新转换等方面。

（三）对企业内外资源条件的分析

企业内外资源条件是指项目投资实施所必需的各种建设生产条件与要素。企业的外部条件主要包括建设活动所需的外部条件和生产运营活动所需的外部条件。建设活动所需的外部条件可称建设条件，主要是指工程建设施工所需的水、电、路、施工队伍等方面，这是比较容易分析确定的。生产运营所需的外部条件可称生产条件，主要是指对生产运营过程所需的原材料、工艺设备、水、电、路、技术队伍等投入要素能否及时供应及其价格的分析，这对项目投资是极其重要的。在实践中，因外部生产条件不落实而使投资无法实现效益的例子很多，所以绝不能用建设条件代替生产条件。项目的外部条件提供了一种可能，如果缺乏相应的外部条件，那么再好的投资也会落空，也就不是真正的投资机会。企业内部条件的分析包括三个方面：一是企业资源力量的分析，包括企业财力、物力和人力资源的数量及质量以及在社会上筹措相应资源的能力；二是企业技术能力的分析，包括企业现有技术设备和技术人员的水平；三是企业管理能力的分析，包括管理技术、管理人员、企业经营控制能力、生产组织能力、销售能力等方面。

通过以上三个方面的分析，就可以初步确立项目投资的方向。此时，可能存在几种情况：一是初步确定了投资的领域，有几个项目待选择，这就需要进一步对这些项目进行论证评价。二是初步确定了几个投资领域，有几个项目可供选择，这就需要对不同领域的项目进行论证。三是初步选定了一个具体的项目，同时也有几个备选项目，这就需要进一步论证分析。

（四）编制项目建议书

在一般情况下，项目前期投资机会分析人员并不是真正的投资决策者，所以分析人员需要以一种适当的方式将结果呈报给决策者。因此，无论是哪种情况，一般都需要根据分析的结果编制一个项目建议书。项目建议书是对前一段工作的总结和对下一段工作的落实，起到承上启下的作用。项目建议书包括的内容可根据具体投资机会确定，一般包括如下几项：

（1）投资的背景和依据。一方面，应包括投资提出的背景、总体设想和投资机会分析结果；另一方面，应说明项目建议书编制人员、资料来源以及为此所进行的相关调查分析。

（2）市场和政策分析与预测。一方面，应包括市场总体情况、可能的机会及机会的具体分析；另一方面，应包括政府目前的规划和政策及可能的变化及原因。

（3）企业战略和内外条件的分析。其中，包括企业现在的市场位置及可能的变化、企业目标和战略选择、企业资源及外部资源条件。

延伸阅读

项目建议书案例

（4）投资总体构想。其中，包括企业可选择的若干投资领域和项目、选择的理由和依据以及具体落实的构想。

（5）具体的若干项目建议。各项目资料的详略可以有所不同，一般包括产品方案、拟建规模和建设地点、资源情况和建设条件、投资估算与资金筹措、项目实施的构想、初步的投资效果评价。

投资机会分析看上去很简单，甚至在实际工作中常常被忽视，但实际上，这是十分关键的环节。因为有关项目投资的重大方向和全面性问题基本上都会在这一阶段初步确定。比如市场方向问题，如果出现失误，投资建成的产品不符合使用者的需要或无法销售出去，将是最大的投资浪费。再如，投资配套条件，如果项目建成后，缺乏相应的资源保证或获取资源的代价过大，都会导致项目的彻底失败。因此，这个阶段的组织管理工作十分重要，必须千方百计地提高其工作质量，这需要解决三个方面的问题：

（1）认识问题。投资机会分析在投资项目周期中应占怎样的地位，应该包括什么内容？这是一个需要重新加以认识的问题。投资机会分析在项目周期中的地位应该界定为投资机会选择和多项目初步比较阶段，而不是目前的单个项目初步论证。项目建议书的内容也应以多项目分析为主，而不是单个项目的初步论证资料。现行的项目决策体制实际上否定了多项目比较，把项目建议书等同于可行性研究，认为两者只是在研究深度上有区别，决策中所进行的优化只是项目内部多方案的比较优化。多项目选择与比较对科学控制具有极其重要的作用，因为它为科学决策提供了基础和前提，并对项目投资的许多基本方面做出了方向性论证。

（2）组织机制问题。投资机会分析要寻找外部环境条件与企业自身优势的最佳结合点，不仅要对外部市场和政策进行分析，而且还要分析项目业主自身的优势、劣势、潜力、资源状况、目标、战略等因素。而最了解后一方面情况的，当然是企业本身，所以这项工作最好由投资主体亲自来做或至少是亲自参与进行。由投资主体亲自来做，对于小型企业来说，可以由企业经理或副经理牵头组织人员完成；对于大中型企业来说，应该专门设置一个企业发展策划部（或投资部、发展战略部等），经常跟踪市场信息和政策信息，不断进行机会分析并提交项目建议书，由企业亲自组织人员做投资机会分析。对于一些专业性很强的调查预测问题，如某一特定产品或技术市场的预测，也可委托相应的专业公司来做。在企业亲自组织人员的情况下，企业经理对于发展策划部的工作必须予以充分的重视。首先，在人员结构上，应该使较高层次的理论战略研究人才、科技人才、经济人才和经验型人才相结合。其次，该部门的地位和人员报酬应该较高，并有足够的活动经费，基本上能保持队伍的稳定性和工作的持续性。再次，企业经理应该定期经常性听取、检查和研究这个部门的工作，并不断对其提出要求。最后，要组织人员经常讨论这个部门提出的项目建议，并进行必要的评估。如果能够采用，还应考虑其实施效果，并据以对该部门进行考核、奖惩。

对于较大规模或特殊的投资项目，投资者最好雇用或委托社会性咨询组织或相关领域的投资研究人员进行，但也应同时派企业内部的得力人员亲自参与。从投资控制的角度看，这种委托或雇佣关系不易采取单纯地按量取费的合同关系，而应在质量上下功夫。把质量条款纳入合同中是有一些困难的，核心问题是很难进行科学的评定，一般也不便根据事后的效果付酬，但可以采取如下一些办法：事先了解拟委托各方的信誉、实力、经验，特别是已有的成功实例（失败实例）；事先了解拟委托单位的人员构成，指定素质较高的个人负责；明确规定分析预测的深度和需要提供的数据资料，在过程中经常派人参与等。对于特别重要的项目，还可先分别委托几个单位分头进行，最后委托一个单位进行综合分析，提出最终结果。

（3）程序和内容问题。程序是指应该在投资项目周期中给投资机会分析以适当的位置，把它同单个项目的一般可行性研究（即详细可行性研究）区别开来。投资机会分析和一般可行性研究的区别如表 8－6 所示。

项目的初步可行性研究是介于投资机会分析和一般可行性研究之间的工作，因此不包

表 8－6　投资机会分析与一般可行性研究的比较

因素	投资机会分析	一般可行性研究
工作主体	投资者亲自做 委托社会专业机构做 （投资者参与）	主要委托社会专业机构做 投资者自己做为主
对象	社会众多的项目	单个项目的若干方案
目的	寻找、选择为主，评价为辅	评价为主
内容	见项目建议书内容	见可行性研究报告内容
深度	满足项目初选和进一步论证要求	满足项目决策和编制设计任务书的要求

括在表 8-6 的比较之中。

在内容方面，投资机会分析必须十分宽泛，其大致内容如前所述，在此强调两点：一是在分析的面上，应尽量包括所有重要的潜在项目，但进入进一步研究范围的项目数量不能太多，一般是几个项目。二是进入进一步研究范围的项目，其成本、效益等方面应该有可测度性，而且项目总体上具有较强的可行性，这样才能为项目的下一步研究提供较好的条件。

三、多项目比选论证

项目投资机会分析完成后，应该提出若干个待选的项目，并以项目建议书形式提交项目决策者审查。通过审查，项目决策者可能觉得有必要对其中几个项目进行进一步的比较论证，以确定需要进行可行性研究的一个具体项目，这就是多项目比选论证。

多项目比选论证工作可根据投资者的具体情况和拟投资项目的规模、复杂性及重要性等因素来确定具体的组织形式。对于一般的小型项目，可将项目投资机会分析和初步可行性研究合二为一，在编制项目建议书时对多项目进行比选，最后保留一个项目进入可行性研究阶段。对于重要的大中型项目，可把投资机会分析的重点放在多项目选择寻找方面，进而通过初步可行性研究对多项目进行比选论证，最后确定一个项目进入详细可行性研究阶段。

多项目比选论证工作原则上应由项目原投资机会分析人员组织进行，至少是参与进行，以保证前期论证工作的连续性。其中，部分专业性和独立性较强的分析论证任务也可委托社会上的咨询服务公司或人员。有效地进行多项目的比选论证，关键在于解决两个方面的问题：一是被比选的项目具有典型性，即比较全面、重点地反映了相对投资者有利的市场机会；二是建立起了科学的项目评价指标体系，并为此调查收集了比较全面、真实的技术经济资料，这些资料应该符合相应指标计算的要求。其中，第一个方面是项目投资机会分析要解决的问题，下面分析后一个方面。

多项目比选论证的评价指标体系与可行性研究中的项目评价指标体系在本质上是一致的，但因为评价的对象、目的和内容都有所区别，所以也有一些不同点。第一，指标设置的面宽，应尽量考虑到影响项目投资的各方面因素，到可行性研究阶段时可根据具体项目的情况合并或细化某些指标。第二，定性指标和定量指标相结合，所选指标应该具有一定的可测度性。可行性研究阶段应以定量指标为主，并具有很强的可测度性。第三，各指标的估算精度要求较低，对一般方案的估算精度达到±30%即可，对于拟进入可行性研究方案的估算精度则需要达到±20%。按照上述原则，多项目比选论证的指标体系可分为如下四个方面：

（1）盈利性指标。这是对项目投资的经济效益进行多方面比较考核的指标，一般应包括投资回收期、投资利润率、投资净现值、净现值率、内部收益率、投资年等值及费用等值或现值指标等。运用这些指标必须明确几个方面的问题：一是指标设置应该与以合理的时间和费用能得到的资料数据相一致，具有一定的灵活性；二是各种指标是从不同方面对项目经济效益的考核，不能离开这一点去比较其低劣；三是对于不同的项目情况，如投资规模、投资时期、资源条件，可以先进行必要调整后再比选。从总体上说，至少应该从三个角度考虑：一是投资占用时间；二是投资回收比率；三是投资回收绝对额度。

（2）风险性指标。这是指项目投资效益潜在的不确定性，应该分析具体的风险因素及其影响程度。风险是客观存在的，任何项目都有风险，而且在市场经济条件下，盈利性越高的项目一般风险也越大。项目决策者必须在风险和效益之间进行权衡选择。项目的风险是多方面的，有宏观因素也有微观因素；有些风险可以量化，有些风险难以量化；有些风险是项目投资业主可控的，有些风险是不可控的，这都是设置项目风险指标时必须认真考虑的。一般可设如下风险指标：一是项目拟提供的产品或服务的生命周期阶段；二是项目的比较优势，包括规模、区位、技术、人力、资源等方面；三是市场竞争程度，包括现行的和潜在的；四是项目盈亏平衡状态；五是项目对主要影响因素的敏感程度；六是投资的流动性，包括可能变现速度和价格。

（3）项目的企业适应性。这是指项目与企业目标、战略和条件相适应的程度。任何项目的优劣都是相对的，只对于符合一定条件的主体成立；反之，任何投资主体都有与其相适应的投资项目，否则它就无法生存和发展。因此，多项目比选论证的本质是要寻求项目与企业的最佳适应度，一般可设置如下几方面指标：一是同企业目标和经营战略的适应性；二是同企业资金结构或筹资能力的适应性；三是同企业技术管理能力的适应性；四是同企业现行业务的适应性；五是同企业文化的适应性。这些适应性指标基本上都难以直接量化，可以通过各种数学方法间接做量化处理。

（4）项目的社会适应性。这是指项目与国家政策和社会环境相适应的程度。任何项目或企业只能存在于一定的社会环境之中，从长远来看，只有适应环境的项目或企业才能有真正的发展前途，因此在进行多项目比选论证时必须充分考虑项目的社会适应性。这主要包括以下几个方面：一是同国家短期和长远规划的适应性；二是同国家现行和未来政策的适应性；三是同项目当地基础条件的适应性，包括主要基础设施、资源条件；四是同项目当地文化背景、习俗的适应性。这些指标是难以量化的，通过一些数学方法进行量化也容易失真，所以最好只作为定性分析指标运用。

将上述四个方面归纳起来，可形成一个指标体系，见图 8－5。

对这一指标体系需要做几点说明：第一，这种指标体系是方向性的，不是操作性的，它提出了多项目比选论证的主要方面。对于具体项目，可根据其种类、规模、复杂性等因素进行简化和选择。第二，这种宽泛的指标体系为项目调查数据的收集提供了一定的余地，项目投资业主可根据掌握的资料详尽程度有选择地设立指标。第三，项目的比选论证可以采用多种方法对这几方面指标进行适当的综合，得出一个总指标，但这个指标的实用意义不会很大，所以需要同时保留各方面指标的评价情况。

四、一个独立项目的可行性研究

关于这方面的内容，国内外相关的研究文献非常丰富。国际上比较有代表性的著作是联合国工业发展组织编制的《工业可行性研究编制手册》，该手册可以说是国内各种可行性研究论著的一个“母本”，被称为可行性研究“黄皮书”。该手册按基础资料占有程度、研究深度和可靠性要求不同，把项目前期论证工作划分为若干阶段，见表 8－7。

按该手册的内容，项目可行性研究应该包括：① 实施纲要，即扼要复述下面各部分的所有结果；② 项目的背景和历史；③ 市场分析和销售设想；④ 原材料和供应品；⑤ 建厂地区、厂址和环境；⑥ 工程设计和工艺；⑦ 工厂组织与管理费用；⑧ 人力资源；⑨ 实施进度安排；⑩ 财务分析与投资评估。

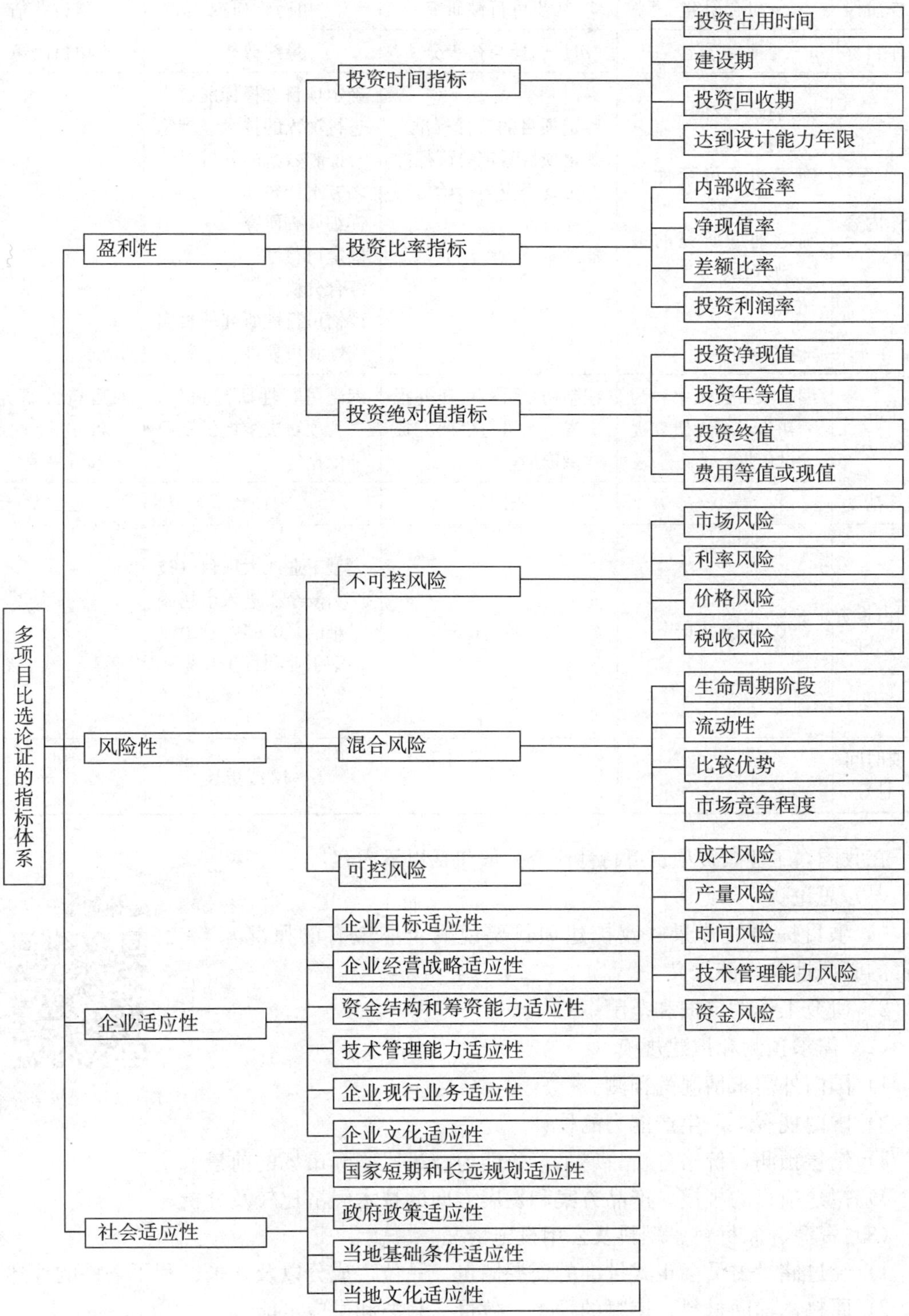

图 8-5　多项目比选论证的指标体系

表 8-7 项目前期各阶段研究比较

工作阶段	机会研究	初步可行性研究	可行性研究	项目评估
工作目标	项目选定	初步选择与初步分析	最终分析	项目决策
工作内容	鉴别投资方向 寻找投资机会 确定初步可行性研究的范围 确定辅助研究的关键方面	鉴定项目的选择标准 确定项目暂定的可行性 评价是否应当开始可行性研究 辅助研究	确定项目选择标准 进行深入的技术经济论证和效益的分析 多方案比较 详细调查研究 确定可行性 综合分析 评估可行性研究的真实性和可靠性	—
工作成果及作用	编制项目建议书，为初步可行性研究提供依据	编制初步可行性研究报告，为可行性研究提供依据	编制可行性研究报告，为项目决策提供重要依据	对可行性研究报告进行评估，做出决策
估算精度	±30%	±20%	±10%	±10%
费用占投资的百分比	0.2%～2.0%	0.25%～1.5%	大型工业或大项目（技术复杂、进入市场困难的）0.8%～1.0% 小型工业项目 1.0%～3.0%	—
需要时间（月）	1～3	4～6	8～12 或更长	—

在我国，工业投资项目可行性研究一般包括以下内容：

（1）总论。

1）项目提出的背景（改扩建项目要说明企业现有的概况）、投资的必要性和经济意义。

2）研究工作的依据和范围。

（2）需求预测和拟建规模。

1）国内外需求情况的预测。

2）国内现有工厂生产能力的估计。

3）销售预测、价格分析、产品竞争能力、进入国际市场的前景。

4）拟建项目的规模、产品方案和发展方向的技术经济比较及分析。

（3）资源、原材料、燃料及公用设施情况。

1）经过储量委员会正式批准的资源储量、品位、成分以及开采、利用条件的评述。

2）原料、辅助材料、燃料的种类、数量、来源和供应可能。

3）所需公用设施的数量、供应方式和供应条件。

延伸阅读

可行性研究报告案例

(4) 建厂条件和厂址方案。

1) 建厂的地理位置、气象、水文、地质、地形条件和社会经济现状。

2) 交通、运输及水、电、气的现状和发展趋势。

3) 厂址比较与选择意见。

(5) 设计方案。

1) 项目的构成范围（包括的主要单项工程）、技术来源和生产方法、主要技术工艺和设备选型方案的比较，引进技术、设备的来源、国别，设备的国内外分交或与外商合作制造的设想。

改扩建项目要说明对原固定资产的利用情况。

2) 全厂布置方案的初步选择和土建工程量估算。

3) 公用辅助设施和厂内外交通运输方式的比较及初步选择。

(6) 环境保护。

调查环境现状，预测项目对环境的影响，提出环境保护和“三废”治理的初步方案。

(7) 企业组织、劳动定员和人员培训（估算数）。

(8) 实施进度的建议。

(9) 投资估算和资金筹措。

1) 主体工程和协作配套工程所需的投资。

2) 生产流动资金的估算。

3) 资金来源、筹措方式及贷款的偿付方式。

(10) 社会及经济效果评价。

五、投资项目决策工作的费用管理

投资项目决策阶段的费用是一种工作费用，主要包括投资机会分析费、初步可行性研究费、可行性研究费和决策费用。有些费用主要是投资者自身的费用，如投资机会分析费、决策费用；有些费用主要是对外支付的费用，如初步可行性研究费、可行性研究费。项目决策阶段的费用额度主要取决于项目前期工作的复杂性、规模以及投资者确立的组织管理模式。

投资项目决策阶段的费用与其质量相比是一个次要的问题，但也必须加以科学的控制，主要原因在于：(1) 对经济工作来说，费用是一个需要相对控制的范畴，关键在于“价有所值”，即所有投资支出都应力争使其发挥最大的效用。(2) 项目决策阶段的费用占总投资的比例数虽然各不相同，但独立地看，其本身的绝对数可能是一个不小的数额，特别是对于大中型项目。例如，投资 10 亿元的项目，如果前期论证研究费占 0.2%，那么总额就高达 200 万元。(3) 有很多项目经过论证后是不适宜进行投资建设的，此时决策阶段的费用成了一种毫无效益的纯支出，当然需要避免。

为了科学有效地控制投资项目决策阶段的费用，必须做好如下几项工作。

（一）确定适度的费用控制目标

投资项目决策阶段的费用具有补偿性质，是对前期研究论证人员的一种补偿。这种补偿包括他们直接劳动投入的报酬，还包括相关的间接费用，如公司管理费、投资费用以及与此相关的法定税费。一般来说，在一定的合理限度内，给予决策工作的费用越高，决策工作质量也越高。在缺乏必要费用保证的条件下，决策工作的质量也难以保证，对于投资者来说，支付适度的费用以保证决策质量是非常合算的。因此，投资项目决策阶段费用控制的目标应该是“适度的费用”，而不是最小的费用。

但是，科学地确定费用的额度是一件比较复杂和困难的事。国际上尚无统一的支付标准和规定，我国也没有统一的规定，各地区、各部门一般都制定了参考标准，确定投资项目决策工作的费用一般应考虑投资项目的规模、性质，所需决策工作的内容、工作量和复杂性等因素，现行一般的标准为工程投资的千分之几。对于具体的投资项目，确定适度的费用额度，一般可从两个方面考虑：一方面，同类项目的社会一般标准，应该在此基础上根据项目的具体情况加以调整修正。这种办法对于常见的、费用容易把握的项目比较合适。另一方面，根据需要补偿费用的实际项目和支出额度来计算。这种办法适于多种项目情况，而且比较容易控制，对于一些特殊项目或项目的特殊情况更为有效。其缺点是计算起来复杂，而且有些标准难以确定。项目决策论证工作的补偿费用项目可划分为如下五个方面：

（1）直接成本，是指履行某项具体的决策论证分析任务所支付的费用。一般包括：① 项目论证直接参加人员的工资、奖金等报酬；② 针对具体项目论证工作可确定的专项开支，包括差旅费、通信费、资料费以及计算机等设备使用费；③ 论证工作所需对外支付的费用，如利用外部人员进行专项研究的费用、研究中需要对外支付的信息费等。

（2）间接费用，是指咨询论证单位应分摊到具体认证项目中的管理费用。一般包括：① 估算总部和管理人员、技术人员的工资、奖金；② 估算的办公费、设备租赁费；③ 公司办公场地费；④ 固定资产折旧及资金利息；⑤ 各种保险费。

（3）法定税费，是指由各级政府部门征收的税和费，包括增值税、所得税等。

（4）利润，是指除了必要的费用补偿之外，应该获取的额外回报。

（5）预备费，是指为应付不可预见的因素而增加的工作费用和由于价格调整而发生的费用上涨，包括价格调整费和不可预见费。这项费用可按论证咨询费的一定比例在合同中列出，将来视实际发生的情况结算。

（二）坚持按照投资项目决策程序办事

在项目周期中把决策阶段划分为若干个具体的工作阶段，按照这个程序办事，一般就能减少不必要的费用支出。一方面，项目决策程序循序渐进，可以减少失误、节省返工费用；另一方面，投资项目决策阶段的三项主要工作所需支付费用的数额是不同的。其中，第一项投资机会分析工作所要支付的费用最少（不包括企业内部发生的费用），第二项多项目分析论证工作所要支付的费用居中，第三项可行性研究的费用最高。从工作费用控制的角度看，项目决策阶段应循序渐进，争取把不合适的项目在第一、第二阶段中淘汰，尽量不发生后一阶段的费用，这就需要坚持在检查时按决策程序办事的原则。同时，应该适时终结论证研究工作，也就是说，如果前一阶段的研究成果已经出现明显的不可行结论，应及时终止或简化进一步的论证研究，节省后期工作费用。

（三）采用多种付费形式

项目前期论证工作付费的方式很多，主要有一次总付、计时付费、成本加酬金和按项目总投资成本或设计费的一定比例支付等形式。投资者可视工程具体情况灵活选用，以达到控制费用的目的。

（1）一次总付的方式。这种方式比较简单，投资和论证咨询方对费用总额都很清楚，因而也便于支付和控制，比较适于小型或中型的一般工业项目。因为这种项目论证咨询服务任务的内容明确，所以付费标准容易掌握。采用这种付费方式的前提是，协议双方事先对项目前期论证工作的费用都有比较精确的估算。采用这种付费方式有两方面内容不容易解决：一是服务工作内容变更或增加问题。较好的解决办法是在协议中明确规定服务工作内容发生变化时计算增补费用的标准和办法，但如果拖了很长时间，还应该考虑因物价上涨因素而需要增加的费用。对于增加服务工作的付费，可考虑采用计时付费或成本加比例酬金付费。二是协议双方对实际从事的服务工作范围的认同问题。如果双方对协议规定的服务工作范围缺乏相互一致而清楚的理解，就可能出现投资者认为论证咨询方没有完成全部工作任务或论证咨询方认为投资方随意增加了服务工作的内容。这样可能导致双方关系紧张，缺乏相互理解而无法配合工作。较好的解决办法是在协议中尽量把服务工作的范围规定得详细一些，对有可能引起分歧的方面通过相互讨论而达成一致的理解。但是，由于项目前期工作具有很大的随机性和灵活性，所以出现变化是无法避免的，可视具体情况采用其他付费方式。

（2）计时付费的方式。这种方式的优点是比较客观公平，双方都容易接受，不要求协议双方事先精确地估算出费用额，而且当服务范围和建设时间发生变化时无须修改合同。其缺点是项目论证咨询服务时间的弹性很大，不利于控制费用支出，而且费用支付也比较复杂。这种方式特别适合投资方与项目论证咨询方合作进行项目前期论证的情况，关键在于服务工作时间和每小时计费标准的确定，这应该考虑项目的具体情况和行业的一般标准。

（3）成本加酬金的方式。这是一种按照实际支出付费的方式，其特点是不受项目论证咨询工作变化、价格变化及不可预见因素的影响，而且也不需要事先精确地估算出所需的费用额度。其缺点是不便于核算和控制。它比较适于项目前期论证咨询任务的范围和内容难以清楚规定的情况。这种付费方式按酬金计算办法，可分为成本加固定酬金和成本加比例酬金两种。采用这种付费方式，关键在于科学地规定成本补偿的范围和依据，以及酬金计取的标准。解决前一方面问题的办法是在合同中明确规定成本补偿的范围，同时要求项目论证咨询单位对其费用支出有极为详细和准确的记录，并且需要准备必要的原始票据，以备审查。对于部分灵活性很大的费用开支，可以采取固定额度支付或按一定比例提取的方式。酬金的计取标准可参考行业一般水平，然后依据项目的具体情况调整修正。采用成本加固定酬金的方式，应该在合同中设立奖励条款，即因节约成本而对论证咨询单位的奖励。采用成本加比例酬金的方式，应该在合同中规定限制条款，即因成本过高而对论证咨询单位的处罚。

（4）按项目总投资成本或设计费的一定比例支付的方式。这是支付投资项目前期费用最常用的一种方式。其优点是比较容易计算，不需要事先进行精确的估算，而且支付也比较简单，变化少。其中，关键在于确定付费的成本基数和费用比率。付费的成本基数可以是投资项目总投资、建筑安装工程成本或设计费，这应该视前期论证咨询工作的范围等情况确定。付费的费率一般应以行业或地区一般标准作为主要参考，再根据项目具体论证咨询任务情况加以调整修正。采用这种付费方式的主要缺点是单纯把项目前期费用与建设成本直接联结起来，缺乏对前期工作实际内容和质量的考虑。一般来说，在项目功能一定的条件下，项目前期论证工作做得越细越好，所需的工作费用越多，其带来的建设成本越低。但是，按照这种付费方法，项目论证咨询单位只能拿到较少的补偿费用；反之，低劣的前期论证工作造成了建设成本的增加，反而会使其获得更多的补偿费用。这当然是不科学的。把前期论证费用与设计费联结起来显然是不科学的，因为这两种工作本身并没有必然的联系。较好的解决办法就是在协议中明确规定根据前期论证工作的质量调整付费比率，并规定具体的调整办法，或者尽量不采用这种付费形式。

第四节　项目管理知识体系

一、项目管理知识体系概述

（一）项目管理知识体系的产生与发展

项目管理知识体系（project management body of knowledge，PMBOK）是描述项目管理专业知识的所有专业术语，由美国项目管理学会（PMI）提出，并以模块化的方式逐渐完善。它是为了适应项目管理职业化而发展起来的，是现代项目管理发展的一个重要特征，当前专指由一些项目管理专业学术组织在项目管理知识、项目管理工作内容与流程、项目管理工具与方法等方面的标准化文件。

世界上很多国家都已经开发或正在开发自己的项目管理知识体系。例如，美国项目管理学会开发的 PMBOK、国际项目管理协会（IPMA）开发的国际项目管理专业资质标准（ICB）、英国项目管理协会（APM）开发的 PMBOK 等。荷兰、德国、澳大利亚等国也有自己的 PMBOK。俄罗斯、日本、中国也在开发自己的项目管理知识体系。这些国家的知识体系在内容和结构上都有很大的区别，众多项目管理知识体系并存的现状也说明了项目管理还是一门年轻的学科，正处在发展完善的过程中。

本书中的项目管理知识体系是指由美国项目管理学会制定的标准体系。美国项目管理学会成立于 1969 年，是一个国际性学会。它致力于向全球推行项目管理，是项目管理专业最大的由研究人员、学者、顾问和经理组成的全球性专业组织。PMI 在教育、会议、标准、出版和认证等方面发起技术计划及活动，以提高项目管理专业的水准。PMI 正在成为一个全球性的项目管理知识与智囊中心，它的成员以企业、大学、研究机构的专家为主，其贡献是开发了一套项目管理知识体系。

（二）PMI 项目管理知识体系指南的演变

1. 初期开发

PMI 成立的前提是在不同应用领域（如建筑业和制药业）的项目中存在许多通用的管理实践。在 1976 年 PMI 蒙特利尔年会上，人们开始广泛讨论通用实践标准化的问题，这又导致了对项目管理职业化的讨论。

但是，直到 1981 年，PMI 董事会才正式立项开发支持项目管理职业化的程序和概念。该项目建议书提出了 3 个重点：（1）识别职业从业人员的特征（职业道德）；（2）确定项目管理知识体系的内容和结构（标准）；（3）对项目管理职业成就的认可（认证）。因此，该项目团队被称为道德、标准与认证（Ethics，Standards，and Accreditation，ESA）管理小组。

1983年8月，ESA项目的成果以特别报告的形式发表在《项目管理学报》上。该报告包括以下部分：① 职业道德规范及其执行程序；② 以下6个主要知识领域的标准：范围管理、成本管理、时间管理、质量管理、人力资源管理和沟通管理；③ 教育认证（对教育机构课程质量的认可）与资格认证（对个人职业资格的认可）指南。该报告后来成为PMI教育认证与资格认证工作的初始基础。1983年，PMI对西卡罗来纳大学的项目管理硕士课程进行了认证；1984年，颁发了首批项目管理专业人士资格认证（PMP）证书。

2. 1986—1987年的更新

ESA报告的发表在PMI内部引发了关于标准问题的广泛讨论。1984年，PMI董事会批准了有关标准研究的第二个项目，以便“在现有ESA的框架内……收集应用于项目管理的知识”。随后，它成立了6个委员会，分别研究已经识别出的6个知识领域。此外，它还在1985年PMI年会上安排了一次专门研讨会。

经过上述努力，产生了一份修订稿。该修订稿得到了PMI董事会的原则性批准，并刊登在1986年8月的《项目管理学报》上征求意见。

除了扩展和重组原有资料外，该修订稿还新增了以下3个部分：① 项目管理框架，目的是阐述项目与外部环境以及项目管理与通用管理之间的关系；② 将风险管理作为单独的知识领域，以便进行更充分的讨论；③ 将合同/采购管理作为单独的知识领域，以便进行更充分的讨论。

此后，这份材料又进行了一系列更改与修正，并于1987年3月由PMI董事会批准。1987年8月，PMI发行了名为《项目管理知识体系》的单行本。

3. 1996年的更新

《项目管理知识体系》发表之后，有关PMI重要标准文件的格式、内容和结构的讨论一直持续不断。1991年8月，PMI标准部主任艾伦·斯特雷顿（Alan Stretton）提议，根据会员意见对文件进行更新。在随后的几年里，他们编制了一系列草稿并广为传阅，还在达拉斯、匹兹堡和圣地亚哥的PMI会议上进行了集中讨论，从而逐渐形成了文件的修改稿。

1994年8月，PMI标准委员会向协会的全部10 000名会员及20多个其他职业和技术协会分发了该文件的征求意见稿。

1996年，《项目管理知识体系指南》（《PMBOK指南》）出版，这标志着1991年启动的项目已经完成。该文件取代了1987年的PMI《项目管理知识体系》文件。

4. 2000年版的更新

2000年版的《PMBOK指南》取代了PMI 1996年出版的《PMBOK指南》。该版指南以1996年版为起点，修订的范围包括：（1）增加新材料，收集已经得到普遍认可（普遍认可是指大多数时间适用于大多数项目，其价值与有效性已得到广泛认同）的做法、工具、技术以及其他有关事项，用以反映项目管理知识与做法的最新发展；（2）使图表与正文更加清晰，以便使用者从本指南中收获更大；（3）纠正前一版中的疏漏与错误。

5. 第 3 版的更新

《PMBOK 指南》第 3 版（2004 年版）取代了 2000 年版的《PMBOK 指南》。《PMBOK 指南》第 3 版最显著的变化之一就是结构，它强调了过程组的重要性。第 3 版增加了 7 个过程，重命名了 13 个过程，删除了 2 个过程，净增加了 5 个过程。

6. 第 4 版的更新

《PMBOK 指南》第 4 版（2008 年版）编写工作的范围说明书明确要求，编写团队应该"尽可能使标准更加准确、及时、相关、清晰、简洁并易于理解和执行。这可能需要对内容进行重组、增补、提炼或删减等"。

本着以上原则，编写团队对过程进行了提炼，把输入和输出尽可能标准化，并用国际通行方法加以描述，以实现较大程度的一致性和清晰性。

7. 第 5 版的更新

PMI 于 2012 年对《PMBOK 指南》进行了修订，本次修订在第 4 版九大知识领域基础上新增了一个知识领域——项目干系人管理，知识领域从 9 个变成 10 个。

8. 第 6 版的更新

《PMBOK 指南》第 6 版（2018 年版）取消了"项目管理过程"，增加了"项目经理的角色"章节，增加了"知识管理""管理项目知识""实施风险应对"过程，取消了"结束采购"过程，将"估算活动资源过程"放到了"资源管理"知识领域。同时，"时间管理"改成"进度管理"，"人力资源管理"改为"资源管理"，"规划干系人管理"过程改为"规划干系人参与"过程。

相较第 5 版，《PMBOK 指南》第 6 版调整了基础知识部分的结构和内容，修改了 6 个知识领域，包括整合管理、进度管理、资源管理、风险管理、采购管理、干系人管理，提高了结构化、标准化的程度，同时给出了更加完善的知识领域的裁剪指南和敏捷化指南。

9. 第 7 版的更新

PMI 于 2021 年对《PMBOK 指南》进行了修订，从传统的五大过程组与十大知识领域转向了全新的十二大原则和八大绩效域。下面对这八个绩效域的主要内容进行简要介绍。

二、项目管理知识体系的八个绩效域

1. 项目干系人绩效域

项目干系人绩效域主要包括干系人参与和与其他绩效域的相互作用。有效的干系人互动有助于促进达成成功的项目成果。干系人参与包括实施战略和行动，以促进干系人在项目决策和实施中的有效参与。

2. 项目团队绩效域

项目团队绩效域解决与负责生产实现业务成功的项目可交付成果的人员相关的活动和职能，包括项目团队的管理和领导力、项目团队文化、高绩效团队项目、领导力技能、裁剪领导风格等。

3. 项目开发方法和生命周期绩效域

项目开发方法和生命周期绩效域解决与项目的开发方法、节奏和生命周期阶段相关的互动和职能，包括开发、节奏和生命周期之间的关系，交付节奏，开发方法，选择开发方法的考虑因素，生命周期和阶段的定义，协调交付节奏、开发方法和生命周期，等等。

4. 项目规划绩效域

项目规划绩效域解决与交付项目的可交付物和成果所需的初始、持续和不断发展的组织和协调相关的活动和职能，包括规划概述、规划的变量、项目团队的组成和结构、沟通、实物资源、采购、变更、度量指标、一致性等。

5. 项目工作绩效域

项目工作绩效域解决与建立项目流程、管理实物资源和培养学习环境相关的活动和职能，包括项目过程、平衡竞争性制约因素、使项目团队保持专注、项目沟通与参与、管理实物资源、处理采购事宜、肩负新工作和变更、整个项目期的学习等。

6. 项目交付绩效域

项目交付绩效域解决与交付项目所要实现的范围和质量相关的活动和职能，包括价值的交付、可交付物、质量、次优的成果等。

7. 项目测量绩效域

项目测量绩效域解决与评估项目绩效和采取适当措施以保持可接受的绩效相关的活动和职能，包括制定有效的测量指标和测量内容，展示信息和测量陷阱，对绩效问题进行故障诊断，以及成长与改进等。

8. 项目不确定性绩效域

项目不确定性绩效域解决与风险和不确定性相关的活动和职能，包括普遍不确定性、模糊性、复杂性、易变性、风险等。

本章小结

本章第一节主要介绍了项目在投资活动中的地位、投资项目的界定和投资项目周期的概念。第二节重点阐述了投资建设项目周期的性质、工作类型与阶段划分，并详细地讲解了投资建设项目各阶段管理分析的四因素模式，而后分析了影响投资建设项目周期各阶段的主要因素。第三节介绍了投资项目决策阶段的分析与管理，包括投资机会的分析、多项目比选论证、项目投资方案的可行性与经济性等内容。第四节介绍了项目管理知识体系的有关内容。

本章要点

- 投资项目的特征
- 投资项目的分类
- 投资建设项目周期的性质与工作类型
- 投资建设项目周期的阶段划分与影响因素
- 投资项目决策
- 项目管理知识体系

本章关键术语

投资项目	投资项目周期	工作类型	建设程序
阶段分析	决策阶段	投资机会	企业战略
多项目比选论证	可行性研究	项目管理	

本章习题

1. 什么是投资项目？如何对投资项目进行分类？
2. 投资项目周期的工作类型有哪些？
3. 如何对投资项目周期进行阶段划分？
4. 投资建设项目周期各阶段的影响因素有哪些？
5. 投资项目决策的质量取决于哪些方面？
6. 如何进行投资机会的分析？
7. 对一个独立项目进行可行性研究包含哪些内容？
8. 如何进行投资项目决策工作的费用控制？
9. 建设程序和建设管理程序有什么区别？
10. 现行项目管理知识体系中的八个绩效域分别是什么？
11. 阅读以下文字并回答问题。

母婴用品覆盖新生儿衣、食、住、行各个领域。近年来，社会对于育儿问题关注度逐年提升，母婴用品迎来众多新需求。随着收入水平的提升，新一代父母具备更强的消费能力与更科学的育儿观念，对于能够减少育儿负担，提升便捷、安全、健康体验的母婴用品偏好往往更高，带动母婴用品市场规模持续增长，同时，更加多元化、个性化的需求带动细分品类呈现差异化发展态势。随着80后、90后进入生育高峰，以及二孩放开等政策因素的刺激，加上我国人均可支配收入的持续提高，我国母婴用品市场发展迅速。MobData数据显示，在2014—2020年间，中国母婴用品市场规模从1.65万亿元增长至4.09万亿元，年复合增长率为19.82%。根据高禾投资研究中心的预测，依托促进生育政策的持续推进与生育保障力度的进一步提高，以及年轻父母消费升级趋势的显现，中国母婴用品市场规模将继续保持12%～17%的高增长，2023年预计突破6.2亿元。

以上资料显示，母婴用品市场具有良好的前景及发展趋势。每个投资项目都是为了明确的目标而设计的，假设你作为投资人，想要抓住母婴用品市场的商机，设计一个投资项目，你认为该投资项目的具体目标是什么？请从成果性目标和效率性目标两方面进行分析。另外，请你对该投资项目的投资机会从多方面进行分析。

第九章
产权投资

章前引例

2010年5月，中国平安向美国新桥集团定向增发2.99亿股境外上市外资股，新桥以其所持深圳发展银行（以下简称深发展）的5.2亿股股份作为支付对价，使得中国平安成为深发展第一股东。2010年6月，深发展向平安人寿非公开发行3.79亿新股，中国平安及其相关方共持有的深发展股份进一步提升，正式拉开了历时两年的两家银行整合大幕。2012年6月，深发展宣布与平安银行正式合并为一家银行。自7月27日起合并后的银行被正式定名为平安银行。至此，中国金融史上最大的并购案落下帷幕，深发展进一步提升了其资本实力，平安集团亦向其金融混业经营构想迈出了一大步。

其实，并购、参股和企业租赁都是产权投资的形式。那么，什么是产权投资？假设你是一家企业的经营者，你在什么情况下会选择进行产权投资？你又应如何选择具体的产权投资形式？产权投资的程序又是什么？本章将对这些问题进行回答。

学习目标

- 掌握产权投资的概念和意义
- 了解产权投资的主要实现形式
- 掌握产权投资的决策分析
- 熟悉产权投资的程序

第一节　产权投资的基本概念

一、产权及产权投资

（一）产权的概念及基本属性

产权（property rights）是一个含义极不确定的概念，不同的学者有不同的理解。其中，有一种理解认为产权就是指财产的所有权，如《牛津法律大辞典》的解释是：产权“亦称财产所有权，是指存在于任何客体之中或之上的完全权利。它包括占有权、使用权、出借权、转让权、用尽权、消费权和其他与财产有关的权利”。《中华人民共和国民法典》中没有使用产权的概念，而是使用了所有权的概念：所有权是指所有权人对自己的不动产或者动产，依法享有占有、使用、收益和处分的权利。

在经济学中，产权这一概念还有一种更广义的理解，即不仅包括财产所有权，还包括其他一系列权利，是多种权利的总称。当今西方学者对于产权的定义越来越广泛，不仅包括排他性的所有权、排他性的使用权、收入的独享权、自由的转让权，而且包括资产的安全权、管理权、毁坏权等。

需要指出的是，产权并不完全等同于所有权，它与所有权是两个既互相联系而又互相区别的概念。产权与所有权有着极其紧密的逻辑联系，但两者又各有独特的含义。所有权的意义在于确定谁是财产的最高支配者、全权支配者，它侧重说明人与物的关系，是指某人对某物拥有所有权，某物归谁所有。而产权作为多种权利的总称，其基础和核心是所有权，在实际使用中，既可以涵盖一组权利的整体，也可以指其中的某项具体权利。产权与所有权不是对等的关系，我们可以说所有权是一种产权，也可以将所有权的某项具体权能，如占有权、使用权、收益权、处置权说成是产权，但不能反过来说产权是所有权。

产权具有如下基本属性：

（1）排他性。产权体现的是资产归谁所有及归谁支配、运营这样一组经济行为的法律关系，因此，主体明晰、资产归属明确是产权的基本特征之一。它又包含两方面的内容：一是明确所有者主体，即明确资产归谁所有、归谁使用等；二是明确所有者客体，即明确归某个所有者占有、使用和支配的是哪些产权。

（2）可分解性。产权的可分解性是指产权所包含的权益是可以分离、分割的。企业产权的分离是指企业产权的各种权能（如使用权、占有权和经营权等）可以分属不同的主体，比如土地的狭义所有权、占有权、支配权和使用权可以分离，分属不同的主体；企业产权的分割是指同一财产的产权是可以分割的，产权可以分成若干份额，如股份制企业中的股权。

（3）可交易性。产权是商品经济高度发展的产物，产权是可以交易的。产权的交易包含多种形式，它包括所有权各项权能在内的整个所有权的交易；企业产权的各种权能，如占有权、使用权、收益权与处分权的单独交易；企业产权的部分权能，如经营权在一定时期内的交易。

（4）收益性。产权所有者凭借自己对财产的所有、使用而获取利益，这是产权所有者谋取自身利益、实现资产增值的主要手段。失去了收益性，产权就没有任何经济意义。

（5）法律性。产权关系是法律确认各种经济利益主体之间对财产的占有、使用、收益和处分而发生的权利、义务关系，是一定历史时期的所有制形式在法律上的表现。产权的确定必须以国家法律为前提，并受法律保护。

（6）多样性。产权的形态具有多样性，产权具有实物形态、股权形态和债权形态。产权的实物形态就是对资产直接的实物占有；产权的股权形态就是对资产通过购买股权的形式来占有；产权的债权形态就是经济主体将资产贷放出去后对这部分资产形成的债权占有。

（二）产权投资的含义及基本形式

产权投资就是以产权为对象的投资活动，是通过产权的买卖获取投资收益的资本运行形式。直接投资的投资要素是劳动力、生产资料、技术和信息等，产权投资则是以这些投资要素的部分或整体集合为投资要素，本质是对其他企业的资产所有权结构进行改造性投资，进而实现对该企业的法人财产权、资产管理权的控制。产权投资不同于一般的项目投资，产权投资是按照现代企业制度和产权交易的市场规则，形成符合法律规范的、能够在产权交易中实现资产的市场价值，并在经营方向与管理权的控制过程中盘活资产存量、优化资产结构，使投资获得较大资产增值效果的投资方式。产权投资是企业投资的主要形式之一。企业进行产权投资是市场经济条件下一种正常的和普遍的企业行为及市场行为；是企业获得新技术、进入新市场、应对竞争对手以及提高市场份额的战略行为。根据产权的特点，产权投资可以分为以下三种基本形式：企业产权的整体投资、企业产权的分割投资和企业产权的分期投资。

（1）企业产权的整体投资，是指企业所有权发生转移，生产要素整体流动，产权价格一次性付费的企业产权投资形式。企业产权整体投资的主要形式是兼并。

（2）企业产权的分割投资，是指把企业产权分割为所有权、占有权和经营权分别进行投资，从而实现产权转移的一种产权投资形式。企业产权分割投资的主要形式有控股和参股等。

（3）企业产权的分期投资，是指企业在所有权和经营权分离的条件下，企业经营权在一定时期内有偿转让的一种产权投资形式。企业产权分期投资的主要形式有承包和租赁两种。企业产权分期投资的特点是：① 企业法人财产的所有权与企业经营权是分离的，承包者和承租者获得的只是企业财产的经营权，而企业财产的所有权则在发包者和出租者手中。② 企业法人财产的经营权是分期转让，而非一次性转让，转让的期限由投资双方签约决定。③ 企业经营权的投资采用合同的形式来规范双方的权利和义务。

产权投资由于投资方式和数量的不同，形成的资产形式是不同的。当企业收购的股权达不到控股的要求时，企业获得的资产可以视为金融资产；当企业掌握了控股权后，企业就有权对以企业形态存在的资产（包括实体资产、无形资产等）进行经营活动。

二、产权投资的前提条件

（一）产权界定

产权界定是产权投资的基本前提。经济系统中使用的资源几乎都是稀缺的。市场的作用就是通过价格机制，将资源分配给能够最有效地使用资源的人。而要实现这种分配，就必须界定产权。如果不界定产权，价格机制就不能起作用，因为资源的市场流动过程就是一个财产权转让的过程。产权界定与运用市场机制配置资源的代价存在着密切的关系，产权界定明确，运用市场机制的代价就小；反之，将会产生较高的交易成本，使资源配置难以进行。

（二）产权制度的建立

产权制度是指以产权为依托，对财产关系进行合理有效的组合、调节的制度安排，是对财产占有、支配、使用、收益和处置过程中所形成的各类产权主体的地位、行为、权利、责任、相互关系加以规范的法律制度。产权的投资是通过被投资方的产权转让实现的，产权的转让受交易成本的制约，交易成本越大，产权转让越困难；交易成本越小，产权转让越容易。产权的交易成本是与产权制度密切相关的。在不同类型的产权制度下，交易成本是不同的，进而交易的经济效果也是不同的。在合理的产权制度下，能够形成有效的约束、激励与监督机制，保护产权所有者的利益，促使资源优化配置。

产权投资的制度基础是公司制。现代公司制确立了企业的法人财产权，实现了出资者所有权、法人财产权和经营权的三权分离，具有明晰的产权关系。现代公司制的典型形式是股份公司，股份公司通过股东会、董事会和执行机构等公司治理结构的设置及运作，明确划分责、权、利，形成了调节所有者、公司法人、经营者和职工之间关系的制衡及约束机制。

（三）科学的产权定价机制

进行产权投资的基础是要对所交易和投资的产权进行科学合理的定价，如果没有一种科学的定价机制来对产权进行估价，那么将导致所交易产权的价格缺乏合理的标准和依据。如果所交易的产权定价过高，将增加投资方的投资成本，进而也增加投资方的投资风险；如果所交易的产权定价过低，那么产权出让方必然难以接受，从而阻碍产权投资的进行，甚至会导致产权投资的失败。因此，一个科学合理的产权定价机制是产权投资能够顺利进行的客观保证，在进行产权投资前必须选择合适的资产定价方法来对所投资的产权进行合理的估值和定价。

（四）产权交易市场的规范

产权交易市场是产权交易的场所，是企业产权交易关系的总和。产权交易市场是产权投资顺利进行的重要条件，它可以使企业生产要素在更广阔的范围和更深的层次上进行优化配置。同时，产权交易市场可以降低资源配置的成本。从微观形态来看，产权交易市场具有提供交易场所、为交易双方提供信息以及各种服务和组织协调等功能。

在我国，产权交易市场包括股票交易所、产权交易所（中心）、资产调剂市场、承包市场或租赁市场以及国有资产经营机构等以企业所有权与使用权的买卖或有偿让渡为内容的交易场所等。

（五）完善的法律、法规

产权交易必须依照法律、法规进行。如果没有完善的法律和法规作为依据，产权投资的过程必然难以得到规范，无形中增加了产权投资的风险，从而不利于产权投资的发展。所以，产权投资能够顺利进行的重要条件之一就是要有完善的法律体系，既要解决因产权转让不规范而造成的国有资产流失问题，又要解决因产权转让市场发育不良而造成的存量资产不能流动的问题。

三、产权投资的意义

（一）产权投资是实现企业发展战略的重要途径

企业并购是产权投资的重要形式之一，是企业走外部成长道路的主要途径。与新设企业走内部成长道路的传统途径相比，并购能够促进资本集中，节省培养人才、开拓市场、开发技术等所需要的时间，迅速扩大企业规模，形成生产、营销、技术、资金、管理等方面的协同作用，充分享有规模经济的益处。美国著名经济学家乔治·斯蒂格勒曾经说过："没有一个美国大公司不是通过某种程度、某种方式的兼并而成长起来的，几乎没有一个大公司主要靠内部扩张成长起来的。"当代世界上著名的大公司、大财团都是在不断并购其他企业的过程中成长、发展、壮大的。当企业选择集中发展型战略时，可以采取兼并、合并、控股、租赁等产权投资形式，促进资本集中、生产规模扩大。当企业选择多元化经营战略时，可以采取向其他行业并购、参股、控股、租赁等形式，实现向新领域渗透。

（二）产权投资是企业实现产业升级的重要手段

任何一个企业在成长的过程中都会面对产业结构的演进问题，即从一个产业升级到一个更高级的产业，而产权投资则是跨入一个新产业的重要手段。通过产权投资，可以打破产业进入壁垒，如规模、资金、技术等壁垒。与直接投资相比，通过产权投资方式突破进入壁垒更为迅速和有效。

（三）产权投资是企业获得核心能力的重要方法

企业的核心能力有三种培育方法，分别为演化法、孕育法和并购法。并购是企业获得核心能力的一种重要方法。近年来，很多大公司为了取得自己未拥有的特殊能力，选择走并购的途径。例如，联想集团为了抵御国内外竞争对手冲击，摆脱经营困境，于2004年正式宣布收购IBM PC事业部，以得到IBM的一些技术从而弥补本身的研发缺陷；中国化工集团最终于2017年以430亿美元完成了对瑞士先正达的收购，提高了其在农化行业、种业的地位，增强了在全球范围内的市场竞争力。

（四）产权投资可以实现规模经济

通过并购的产权投资形式，企业可以获得所需要的产权及资产，实行一体化经营，达到规模经济。企业的规模经济是由生产规模经济和管理规模经济两个层次组成的。生产规模经济主要包括：企业通过并购对生产资本进行补充和调整，达到规模经济的要求；在保持整体产品结构不变的情况下，在各厂中实现单一化生产，达到专业化生产的要求。企业通过纵向并购，可以有效地解决由于专业化引起的各生产流程的分离，降低运输成本，充分利用生产能力。管理规模经济主要表现在：由于管理费用可以在更大范围内分摊，使单位产品的管理费用大大减少，从而可以节省管理费用；多厂企业可针对不同的市场层面进行专门化的生产和服务，并共用同一销售渠道，以节约营销费用；可以集中足够的人力、物力和财力，致力于新技术、新产品的开发；大企业往往拥有较好的资信，借贷、筹资相对容易，充足的财力可使企业较好地适应外部环境的变化。

（五）产权投资可以节约项目新建的迟滞时间

一个新建项目一般要经过立项、可行性研究、选址、设计、施工、生产准备、竣工验收等阶段，从项目立项到建成投产、形成现金流一般要花费很长的时间。产权投资方式要比新建项目的投资周期缩短2/3以上，从而使企业节约项目的迟滞时间；同时，由于目标企业的原有资产（包括固定资产和无形资产）具有一定程度的整体配套功能，产权改造后易于进入新的生产经营周期，可以使投资方尽快获得投资收益。此外，产权投资还可以分享原有企业的经验，形成有力的竞争优势。另外，企业通过并购还可以在技术、市场、产品、管理，甚至在企业文化方面取长补短，实现互补效应。

（六）产权投资可以通过收购低价资产获利

如果产权投资对象的市场价值低于其内在价值，通过并购、参股等产权投资形式就会获得较高的投资收益。造成产权投资对象价值低估的原因主要有：第一，产权投资对象现在的管理层并没有使公司的经营潜力得以充分发挥；第二，产权投资对象可能拥有有价值的资产（如土地），而这些资产在会计账簿上却以折旧的历史成本反映，过低地估计了这部分资产的价值。衡量公司价值是否被低估，通常采用两种比率：价值比率，价值比率＝股票市场价值/资产的账面价值；托宾 q 值（又称 q 比率），托宾 q 值＝股票市场价值/重置成本。如果企业对产权投资对象的实际价值比其自身更为了解，则会通过并购、参股等形式进行投资，然后将其以实际价值出售，或者对其重整后再出售，以获得更高的投资收益。

（七）产权投资有利于进行跨国经营

有些国家为了保护民族工业和国内市场，对外资企业的发展进行种种限制，从税收政策和企业规模等方面控制外资企业的发展。通过并购他国企业的方式可以避开这些障碍，直接进入国际市场。

（八）产权投资的风险易于控制

投资方企业在进行产权投资后，能够比较容易地获得目标企业的投资环境、市场关系和社会公共关系等积极因素，有助于建立新的、高效率的经营管理系统，为企业的经营减少障碍和负面影响，因而产权投资相对于直接投资新建项目的风险会大大降低。此外，如果产权投资通过证券市场运作，更易于规避一些生产经营环节的风险，在某些情况下还可以规避税率风险、汇率风险等。

（九）产权投资可以实现财务经济

并购、租赁等产权投资方式可以使企业的闲置资金得到有效利用，提高投资收益率。当迅速成长的企业遇到筹资困难时，若能找到一家资金充裕的企业进行联合，可以降低筹资成本，保持较强的偿债能力。另外，税法中的递延税金条款促使盈利水平较高的企业通过合并其他企业冲抵利润，降低纳税基础和适用税率，从而减少税金支付。

四、产权投资的主要实现形式

（一）并购

并购是企业产权整体投资的一种形式。并购通过对企业所有权的投资，可以使企业所有权发生转移，生产要素整体流动。并购是兼并和收购（mergers and acquisitions,

M&A）的简称。除了一些特殊的情况（如会计、税收考虑和相关的法律规定等），通常兼并和收购习惯上作为一个固定的词组来使用，因为兼并和收购实质上都是一个公司通过产权交易取得其他公司一定程度的控制权，包括资产所有权、经营管理权等，以实现一定经济目标的经济行为。

为了更详细地把握企业兼并和收购的形式及特征，我们对兼并和收购的区别进行如下分析：

（1）兼并是指两个或两个以上的公司合并，其中一个公司因吸收了其他公司而成为存续公司的合并形式。合并后，存续公司仍然保持原有公司的名称，有权获得其他被吸收公司的资产和债权，同时承担其债务，被吸收公司作为经济实体已不复存在；而收购则是一家企业购买另一家企业达到控股百分比股份的合并形式。收购企业对被收购企业的原有债务不负连带责任，只以出资控股的股金为限承担风险。被收购企业的经济实体依然存在。

（2）兼并是以现金购买、债务转移为主要交易条件的，而收购则是以所占有的企业股份份额达到控股标准为依据，实现对被收购企业的产权占有。从理论上说，A公司持有B公司51%的股权，即取得绝对控股权，对B公司的经营业务具有决策权，而B公司的法人地位并不消失。但在股份分散的情况下，A公司只需取得30%或更少的股份，就可以达到控股的目的。

（3）兼并的范围较广，任何企业都可以自愿进入兼并交易市场；而收购一般只发生在股票市场中，被收购企业一般是上市公司。

（4）兼并发生后，其资产一般需要重新组合、调整；而收购是以股票市场为中介的，收购后，企业的变化形式比较平和。

它们产生的动因以及在经济运行中所发挥的作用基本是一致的，而且在许多企业兼并和收购的实际操作过程中，它们是很难区分的。所以，在本书以后的论述中，一般不再区分兼并和收购，而将它们简称并购。

从企业执行其发展战略的角度划分，可将企业并购分为以下三类：

（1）横向并购。横向并购是指同属于一个产业或行业、生产或销售同类产品的企业之间发生的并购行为。进行这类并购的企业动机一般是消除竞争对手、扩大市场份额，或消除重复设施，提供系列产品，提高规模经济的效益，甚至获得垄断利润等。在一般情况下，横向并购可以扩大同类产品的生产规模、降低生产成本，从而获得规模效益。采用横向并购方式的基本条件是：并购方需要并且有能力扩大自己产品的生产和销售，并购双方在技术、生产工艺、产品及销售渠道方面基本相同。由于横向并购很容易导致垄断，不利于市场上的竞争，所以许多国家都对横向并购采取限制的措施。

（2）纵向并购。纵向并购是指生产过程或经营环节紧密相关的企业之间的并购行为。纵向并购可分为向前并购，即向其产品的后加工方向并购，如生产零部件或生产原材料的企业并购装配企业或加工企业；向后并购，即向其产品的前加工方向并购，如装配或制造企业并购零件或原材料生产企业。纵向并购可以扩大生产经营规模，节约通用设备、费用等；可以加强生产过程各环节的配合，有利于协作化生产；可以加速生产流程，缩短生产周期，节省运输、仓储和资源等。

（3）混合并购。混合并购又称复合并购，主要是优势企业并购那些与其生产和职能联系并不紧密，甚至毫无关联的其他行业部门的企业的并购方式。混合并购的主要目的是开展多样化经营，分散处于一个行业所带来的风险，提高企业对经营环境变化的适应能力。

（二）参股

参股是企业将部分资本作为股本向另一家企业入股的一种经济行为。其目的不是实现对所投资企业的控制，而是获取投资收益。参股作为产权投资的一种方式，具有以下特点：

（1）参股者投资入股另一企业，由此获得股权。而参股者将资产的使用权和处置权等让渡给所投资企业，参股者从让渡资产使用权等权利中得到报酬，即享有未来的股息和红利。

（2）参股的比例达不到一定的比例时，不会改变所投资企业的法人地位。参股类似于并购，只不过所购买股份的比例达不到控股的程度。

（3）参股者往往投资于有成长潜力、经营好、效益高的企业，由所投资企业统一使用，实现资产一体化。

（三）企业租赁

企业租赁是对企业产权的分期投资。企业通过对出租企业经营权的投资，获得一定时期内出租方的经营权，并按合同规定，定期交纳租金。租赁期限一般为 3～5 年，在租赁期内，出租者并不让渡资产的所有权，仅将资产的使用权转让。在租赁期内，资产归承租者使用，无论经营好坏，都按商定的租金偿付，租赁期满后，资产仍归出租者。

企业租赁具有以下特点：企业租赁不同于设备租赁，企业租赁区别于一般传统的财产租赁，也不同于现代的融资租赁。设备租赁仅仅获得对租赁设备的使用权，企业租赁获得的是被承租企业的经营权；设备租赁所取得的是有关的设备，而企业租赁所取得的是整个企业的全部资产，既包括固定资产也包括流动资产，既包括有形资产也包括无形资产。

企业通过对同行业企业的租赁，可以获得经营资产、扩大规模，实现企业的发展战略。另外，这种扩大规模的方法与通过基本建设扩大规模相比，具有节省投资、提高效率的优点；企业通过对上游的原材料企业和下游的产品销售企业的租赁，可以达到控制原材料来源、占领市场的目的；企业通过对不同行业企业的租赁，可以实现企业的多样化战略，分散经营风险；当企业不具备并购的资金实力时，可以通过租赁在一定时期内获得资产，进行投资活动。

第二节　产权投资的决策分析

一、企业并购的投资决策

企业并购的投资决策是企业在整个并购过程中，在关于并购对象的选择、并购对象的价格、并购方式等的多个方案中选择一个较佳方案的过程。由于并购是一项十分复杂和专业化的活动，因此在并购过程中，要注意发挥中介机构，尤其是投资银行的作用。在国外，投资银行在并购中发挥着十分重要的作用：帮助公司策划并购方案，安排并购；当出现敌意收购时，协助公司进行反收购策划；建立公允价格；安排融资等。

（一）企业并购条件分析

企业实行并购，首先要明确企业的投资战略。无论企业在投资战略中选择的是何种发展战略，是采取集中发展战略，还是采取同心多样化、横向一体化、纵向一体化、复合一体化战略，都要根据采取的战略来选择并购对象。

在企业实施的投资战略的指导下，还要通过对外部环境的分析和对企业内部条件的具体分析，寻找合适的并购机会。

1. 企业外部环境分析

企业外部环境分析包括对政治、经济、社会、文化等因素的分析，对企业并购有较大影响的有国家的经济政策、并购的法律环境以及重大的机会分析。

（1）国家的经济政策。国家的经济政策对国民经济运行的影响是不容忽视的，企业应该了解国家在企业并购中的引导、监督、中介及服务功能，及时对国家颁布的各项政策做出反应，寻求有利政策的支持，避免不利政策的管制。

首先，要对产业政策进行分析。产业政策一般包括产业结构政策、产业组织政策等。产业结构政策对今后产业结构调整、优化及产业发展顺序做出了规定，这种规定实际上给出了资产存量结构调整与变化的目标，因而给出了并购的有效范围。产业组织政策主要对市场结构、市场行为的调节做出规定，由于企业并购的结果将提高企业集中度、改变市场结构，因此产业组织政策无疑是有重要的引导与制约作用的。

其次，要对金融政策进行分析。金融政策通过对不同产业、不同项目、不同类型的企业实行不同的信贷发放准则和利率优惠准则，将起到引导或抑制并购在某一领域发生和发展的作用。

再次，要对财政补贴政策进行分析。在国家产业政策鼓励的范围内，并购方可以在一定时期、一定范围内享有财政贴息，从而引导并购的开展。

最后，要分析对待特殊行业的限制。若是涉及某些关系到国计民生的特殊行业或特殊企业的并购，并购方不可忽视有关部门批准的可能性及难易程度。

（2）并购的法律环境。并购方企业了解法律环境主要是为了避免企业并购中可能遇到的法律障碍。企业并购的法律体系包括证券法、反垄断法、公司法、知识产权法、社会保障法等。

（3）重大的机会分析。当市场出现重大变动时，比如某种生产要素的价格突然提高、某种原材料的供应大幅减少、外汇市场上汇率的涨跌等，会使一些企业陷于突发性的困境，处于劣势地位，或使并购方企业的优势骤然强大，从而为优势企业并购劣势企业提供了重大机会。

2. 企业自身的条件分析

企业在做出并购决策前，要对本企业进行透彻的诊断和并购行为评估，确认自己是否真正需要通过并购得到发展，企业是否具有并购的能力。企业对自身的诊断主要是通过财务结构分析、供销市场分析以及发展的主要障碍进行的。企业对并购能力的分析，具体包括：

（1）资金运筹能力。企业并购需要较大的资金，因此要求企业必须有良好的资金运筹能力。企业运用的资金可能是企业的自有资金，也可能是凭借企业和银行良好的关系、较高的资信等级筹借来的资金，还可能是通过发行债券募集来的资金。不管用哪种方式筹集资金，都要保证资金及时到位。

（2）经营管理能力。企业并购的目的是要使目标企业的资产在并购完成后得到合理有效的运用，与并购企业产生协同效益，服务于本企业的发展战略。只有企业自身具有科学、高效的经营管理系统，才能把目标企业纳入组织系统中，从而在新的企业整体组成后实现生产效率的提高。这就要求企业有良好的经营机制、优秀的管理人才以及适合企业发展的企业文化等。惠普公司总裁戴维·帕卡德在《惠普之道》中曾形象地写道："许多公司死于消化不良，而不是饥饿。"如果企业不具有良好的经营管理能力，很可能并购企业后，不仅不能达到预期目标，反而会拖累原有企业。

（二）并购对象的选择

并购对象又称目标企业，确定并购对象，即确定目标企业。这个过程可以分为两个阶段：

（1）目标企业初选阶段。对目标企业的选择，一般是从本企业的发展战略考虑。例如，为了避开产业发展的局限性而步入另一产业，可以考虑选择拟进入产业中具有技术创新能力的企业、拥有市场价值较高的知识产权的企业或者是拥有优秀技术人才的企业；随着国家宏观战略布局重点的转移而进行资本空间结构的转移，可以从企业发展的地域选择角度，选择占据重要的区位优势、当地关系良好且能与本企业形成优势互补的企业，或者选择与本企业业务相近的企业以扩大市场占有率；发展多种经营，以减少经营风险；若预测被并购企业的地理位置良好，将来在地价上可以获利丰厚；可并购有筹资渠道的企业，如金融机构和上市公司等。并购方在明确了并购目的的同时，也确定了选择目标企业的标准。这些标准包括产业类别、规模、地理位置、市场地位、技术水平等。目标企业的初选就是按照这些标准，寻找那些对本企业有价值的目标。

（2）具体分析目标企业的内部条件，确定并购对象。并购方通过分析目标企业的资本结构、市场份额、盈利能力、企业规模、管理能力等，分析本企业能否用自己的优势去弥补目标企业的劣势。对目标企业分析的内容包括：企业所有制形式、财政隶属关系；资本总体状况、固定资产规模、设备先进程度、生产工艺情况；企业总体经营状况、在行业中的位置、商誉；企业经营规模、营销状况、在市场中的竞争地位；企业地理位置、占地面积；企业人员结构、管理水平、职工素质、企业文化等。

（三）并购方式的选择

并购方式的选择是企业并购策略中一个至关重要的问题，它直接关系到企业并购的成败及交易价格的高低。并购方式的选择除了符合法律规定外，主要取决于并购方企业的自身条件和目标企业的状况。国内有四种常用的并购方式：

（1）购买式并购，是指并购方出资购买目标企业的资产，从而实现并购的方式。这种方式一般以现金为购买条件，将目标企业的整体产权一次性买断。购买时依据目标企业的整体资产价值确定购买价格。其特点是：首先，通过购买，将目标企业资产的所有权、经营权一次性地转移到并购方，因为一次性投入大，要求并购方事先经过充分的技术经济论证和可行性研究。这种方式适合于大企业对小企业以及濒临破产企业的并购。其次，并购方不与目标企业协商债务如何处理，而是在完成企业并购的同时对目标企业的债务进行清偿，所以目标企业应该是资产大于负债的企业。这种方式还适于对暂时盈利但无发展前途，迫切需要转产的企业实施并购。

（2）承担债务式并购，是指并购方以承担目标企业的全部债务为条件，接受其资产以实现并购的方式。这种并购方式的特点是交易不以价格为准，而是以债务和整体产权价值比来确定，无须对目标企业进行资产评估。并购后，目标企业所有资产归入并购企业，法人主体消失，目标企业的管理人员和职工（包括离退休人员）全部由并购方接纳。承担债务式并购适合于我国国有企业产权不明确的实际情况，这种并购方式所占比例最大。这种方式实际上代替了企业破产的功能，存在较多的行政干预，会出现不等价交换的现象。

（3）吸收股份制并购，是指将目标企业的净资产作为股金投入并购方，成为并购企业的一个股东。目标企业的法人地位消失，企业的所有人员由并购方接纳。这种并购从被并购方来看，相当于以实物或企业整体产权与并购方合资，或投资于并购企业。如果并购企业是一个股份公司，就相当于用被并购企业的产权去购买并购企业的一部分股权。吸收股份制也发生在被并购企业资产大于负债的情况下，被并购企业所有者将企业的净资产作为股金，成为并购企业的一个股东。被并购企业所有者对原有企业净资产仍享有所有权，其所有权体现为股权，具有与并购企业一起按股分红的权利。

（4）控股式并购，是指并购方通过购买目标企业的股票达到控股，实现并购的方式。这种方式在成熟的产权交易市场上被广泛采用。理论上，控股是指持有有投票权的股票（即普通股）的51％，但在上市公司有相当规模而股份又比较分散的情况下，往往控制了25％～30％的股权就能达到控股的目的。目标企业在并购后仍具有法人资格。控股式并购的特点是：灵活性强，并购方既可以购入目标企业的股票，也可以出售其股票，可进可退，风险性小；并购方作为目标企业的新股东，对目标企业的原有债务不负连带责任，其风险责任仅以出资控股的股金为限。它不再以债务转移作为必要的交易条件，而是以所占企业股份份额为特征，以达到控股为依据，实现对目标企业产权的占有；企业并购无须一次性完成，可以分阶段进行。

（四）企业并购的交易价格决策

企业并购的交易价格确定是实施企业并购的关键环节，因此必须进行企业并购的交易价格决策。

1. 影响企业并购的交易价格的因素

企业并购的交易价格决策是在对企业资产价值进行评估的基础上做出的。值得注意的是，不同的评估标准、评估方法可能得到不同的评估结果，因此对一个目标企业现有的资产采用不同的评估标准、评估方法极可能导致较大的价值差距。所以，并购企业可以选择对自己最有利的评估方法，这样也为并购企业与目标企业对价格的协商确定带来了灵活性。

企业并购的交易价格高低在很大程度上取决于对所并购企业资产的供需状况：当目标企业的资产有众多的买者时，其交易价格就会被抬高；而当目标企业的资产或同类企业的资产在产权交易市场上过剩时，其价格就会下跌。而产权市场的供求状况与国家的经济政策、经济周期、产业结构的调整有很大关系。

企业并购的交易价格的影响因素除本身的价值、市场供需状况外，还有以下一些因素：供需双方在市场和并购中的地位；并购双方对资产预期收益的估计；并购双方对机会成本的比较；未来的经营风险估计。另外，目标企业人员安排、债权和债务情况以及目标企业提出的附加条件等，都会影响交易价格的确定。

2. 并购价格的确定

并购价格的确定包括如下步骤：

（1）基本价格的确定。基本价格又称交易底价，是企业在价值评估的基础上所确定的价格，也是企业在并购前的基本定价。并购的价值评估方法将在下面介绍。

（2）浮动价格的确定。浮动价格又称谈判价格，是并购双方围绕基本价格进行谈判，根据被并购企业的资产状况、经营情况、稀缺程度、发展潜力以及并购方的需求程度、市场竞争程度确定浮动价格和浮动范围。

（3）并购价格的确定。并购价格又称成交价格，是从基本价格开始，经过浮动价格的谈判，并购双方共同认可的交易价格，即可以成交的并购价格。在并购双方完成谈判的一切手续，并通过法律确认后，并购价格才正式确定。

（五）对被并购企业的估价

对被并购企业的估价使用的主要方法包括贴现现金流估价法、市场比较法以及两者的混合法。

1. 贴现现金流估价法

并购中的贴现现金流（discounted cash flow，DCF）估价法基本上可以分为两类：一类是以全资本现金流为贴现对象、加权平均资本成本（WACC）为贴现率的企业价值模型。为了评估股权价值，需要在估价结果中减去付息债务的价值。第二类是以股权资本现金流为贴现对象、股权资本要求收益率为贴现率的股权价值模型。该评估结果就是公司股权的贴现价值。其中，前者需要对公司目标资本结构做出假定，而后者则假设资本结构保持不变（否则，就要调整相应的股权资本要求收益率，也就是贴现率）。

对并购中所采用的贴现现金流估价法产生关键影响的因素包括：

（1）现金流量。现金流量是目标公司在被收购后对收购公司现金流量的贡献。该估计结果显然不同于目标公司作为一家独立公司时的现金流量，其原因为：一方面，收购公司可能获得收购目标公司前不能获得的经济效益；另一方面，收购一般会带来新的投资机会。

现金流量的计算公式为：

$$\text{现金流量}=\text{经营利润}\times(1-\text{所得税税率})+\text{折旧}-(\text{增加的营运资本投资}+\text{资本支出额}) \tag{9-1}$$

也可以表示为：

$$CF_t=S_{t-1}(1+g_t)p_t(1-T_t)-(S_t-S_{t-1})(f_t+w_t) \tag{9-2}$$

式中，CF 为现金流量；S 为销售额；g 为销售额年增长率；p 为销售利润率；T 为所得税税率；f 为销售额每增长 1 元所需追加的固定资本投资；w 为销售额每增长 1 元所需追加的营运资本投资；t 为某一时点。

只要得出 g、p、T、f、w 这五个变量的估计值，就可以对现金流量进行规划。

（2）预测期。一般是逐期预测现金流量，直到其不确定的程度使管理部门难以做更进一步的预测。虽然这种做法随着行业背景、管理部门政策和收购的具体环境不同而不同，但在很多情况下预测期被定为5～10年。但也有例外，如奔驰和克莱斯勒合并时，就按照德国有关并购的相应会计政策进行了3年的预测，以后的区间按永续经营的原则处理。

（3）终值处理。终值对于DCF的估价结果会产生很大影响，并会在一般的估价结果中占有60%以上的比重。一般来说，计算终值可以采用贴现法和比率法，而财务顾问通常会同时采用这两种方法进行处理。当采用贴现法时，一般需要假设的最重要因素是永续增长比率，其实这是交易双方产生分歧的常见焦点之一。而比率法则利用最后一年的某项财务预测数据，如息税折旧摊销前利润（EBITDA）、自由现金流（FCF）等乘以相应的比率，得到公司价值或者股权价值。

（4）贴现率。贴现现金流估价法高度依赖于贴现率的确定，贴现率的细小差别都会造成目标公司评估价值的巨额差异。从理论上讲，如果未来目标公司的风险被认为与收购公司总风险相同，那么目标公司现金流量的贴现率就是收购公司的资金成本。资金成本用税后债务成本和股本成本的加权平均值计算。需要指出的是，只有当收购不影响收购公司的风险时，收购公司用自己的资金成本贴现目标公司的现金流量才是适当的。此外，如果目标公司收购后的资本结构不同于收购前的资本结构，也要被调整。

一般认为这个模型不适用下列公司的估价：陷入财务拮据状态的公司、收益呈周期性的公司、拥有未被利用资产的公司、有专利或产品选择权的公司、正在进行重组的公司、涉及并购事项的公司和非上市公司等。

另外，由于并购公司所处行业及监管环境的特点，还可能用到一些特殊的贴现模型，如股利贴现模型和收益贴现模型。

股利贴现模型适用于稳定支付股利的成熟性行业，如银行业。在理论上，股利贴现模型与贴现现金流模型的估价结果应该是一致的，但由于这种模型过于简单，因此在对细节要求很高的并购估价中一般并不适用。但在某些情况下，如公司股利政策十分稳定，而且也是投资者主要的收益来源时，在进行某种改进之后，股利贴现模型也可以用到并购估价中。2001年1月，美国第一联邦银行采用换股方式收购美联银行，交易规模达到147亿美元（按第一联邦银行当时的股价计算），为当年全球十大并购之一。其财务顾问就采用了股利贴现模型对两家银行进行了价值评估，在对第一联邦银行的估价模型中，假设公司每年的经营现金流减去必要投资之后都作为股利发放出去。其中，投资要达到两个假设标准：一是维持每年总资产5%的增长；二是维持一级资本比率占总资产的4.5%。其实，可以看出，这种股利贴现模型实际上就是我们使用的贴现现金流模型，只不过假设自由现金流作为股利发放而已。

从理论上看，对收益或者利润进行贴现不能用来评估公司的股权价值。在假设每年的折旧和投资支出额相抵销时，可以直接对净收益贴现，但并购中很少采用类似的模型，除非并购双方受到当地并购监管在评估方面的限定。例如，在克莱斯勒和奔驰进行并购的过程中，由于德国监管当局对并购估价方法的规定，双方采用收益贴现法作为确定换股比例的方法之一。

其他估价方法，如经济增加值（EVA）法、调整现值（APV）法等，在一般的并购估价过程中很少用到。虽然从理论角度看，这些方法与DCF估价法等价，但在实际应用中，由于其本身结构的复杂性和行业惯例等因素的影响，财务顾问很少采用这些方法。

2. 市场比较法

市场比较法通常是将股票市场上与目标公司经营业绩相似的公司最近的平均实际交易价格作为估算公司价值的参照物的一种模型。它是根据证券市场真实反映公司价值的程度（市场有效性）来评定公司价值的模型。并购中应用的市场比较法主要有以下几类：可比公司法、可比交易法、历史价格法等。

（1）可比公司法。选取可比公司的标准主要有以下几个方面：公司规模、业务类型和产品构成、增长性和利润率、资产使用效率和风险特征等。但与目标公司完全可比的公司几乎是不存在的，因此只能选取近似的可比对象，企业价值倍数（EV/EBITDA）、企业价值与企业自由现金流量的比率（EV/FCFF）、市盈率（P/E）、价格与股权自由现金流量的比率（P/FCFE）是最常用的指标。在某些情况下，如评估对象正在亏损或者没有正的现金流，则可以采用市销率（P/S）作为估价指标。例如，在美国在线对时代华纳的并购中就采用了该指标对美国在线进行可比公司估价分析。

（2）可比交易法。在股权收购的情况下，此方法被公认为最佳。使用可比交易法时，一般都会参照近期发生的可比并购交易的情况，主要是参考其溢价程度、定价隐含的关键比率（如EV/EBITDA、P/E等）。而选取的可比交易，一般都是同行业内部发生的、规模在一个量级的交易。其中，如何对"溢价"进行定义十分重要，财务顾问会在具体的分析中进行准确的定义。一般都是采用交易当时的价格（股票或现金）与双方正式对外公布有关并购信息前一段时间（如一个月）的平均股价进行比较。

（3）历史价格法。这种方法完全参照交易双方的历史股价，并以此确定交易的价格或者换股的比例情况。相对来讲，这种方法主要是提供一个参考范围，交易双方一般很少会将其作为核心的定价依据。而在技术上，使用历史价格信息需要排除除权或者分拆等因素的影响。一般来说，财务顾问会选取不同时间长度的历史价格、采用某个时间段价格的简单平均或者移动平均作为比较对象，如一个星期、一个月等。

相对于贴现现金流估价法而言，市场比较法较为简单，其本身并不需要复杂的假设和预测。在并购交易的估价和谈判中，市场比较法也是必不可少的估价方法，并可以作为贴现现金流估价法十分必要的补充，更直观地给出定价的依据，但其本身的最大弱点是不能将并购的各种细节和未来的运营紧密结合，不能对整合价值做出比较准确的估计，而且在并购方不是上市公司时不太适用。

3. 混合法

这种估价方法多用于对规模较大、业务或者产品线众多的公司进行估价。在大公司之间进行并购时，由于双方的业务构成都很复杂，各个业务的风险特性和增长性不尽相同，而且为了完成并购交易，还可能涉及重组和剥离，因此，有时需要对具体的业务类别应用不同的估价方法和估价假设。在应用贴现现金流估价法和市场比较法时，都可以采用部分加总的方式，对不同的业务假设不同的估价比率或者不同的贴现率。另外，交易双方还可能拥有数量较大的非经营性资产，或者持有对其他公司的投资（非合并项目），这些资产的价值评估也需要与经营性资产的评估分离开，并采用适当的方法进行评估。

需要注意的是，价值的估算只是作为制定价格的参考，任何一种估价模型本身并没有优劣之别。公司的价值往往存在于与另一家公司合作后才可产生的利益，即所谓的综合效益（指互相分立的企业在联合后所产生的总效果大于各自分立时的效果之和）。至于报偿，是指当买方基于综合效益而愿付出比市价更高的价格买入目标公司时，如果没有加上此项报偿，也许卖方就不愿卖。

必须注意，在估算公司真正价值的同时，必须对目标公司做详细的审查，才能确定真实的公司价值。由于各种外在因素和不确定性因素的影响，必须确定出目标公司经营风险的大小，在最后估价时，即可因此风险而对所估的结果再打个适当折扣，以反映目标公司对买方的可能价值。

二、企业参股的投资决策

在进行参股投资时，因为投资方对参股企业并不具有绝对的控制权，所以投资方进行参股决策时面对的风险会更加复杂，不仅涉及参股公司因自身经营发展而客观存在的经营风险、投资风险等，还因参股公司与其控制方存在各种业务情况，增加了许多不确定的风险。所以，投资方在进行参股投资之前必须进行科学的决策，要对参股公司的风险进行科学评估，合理规避对参股公司的投资风险。

参股投资的决策一般有以下几个方面：

（一）明确参股目的

投资者进行参股的目的往往不是获得企业的控制权，在大多数情况下是为了等到参股企业发展后取得相应的资本收益。所以，投资方应该首先明确自己的参股目的，根据自身利益需要来确定参股的数量和范围。

（二）对参股情况进行论证

对拟参股的公司情况进行落实，结合行业情况，分析其未来的经营状况，包括原料的供应、市场的需求、投融资环境等内容。如果是境外投资，还应充分考虑所在国的政策情况、汇率风险、政府违约等政府风险。如果拟参股的公司已成立，除对以上内容进行论证外，还需要对该企业目前在行业的情况及现有装备水平进行落实，并聘请专业人员进行尽职调查及评估审计工作。通过对以上情况的论证，评判参股公司能否合理保证投资目的的实现。

（三）沟通及谈判

经过相应的可行性论证，投资方在进行参股投资时，还应该与参股公司的控制方进行沟通及谈判，尽可能在投资前对参股公司运行管理中的风险，尤其是与控制方的关联交易风险进行合理规避。

（四）确定收益核算方法

投资方进行参股投资时需要确定计算参股收益的方法。由于投资方对参股企业没有控制权，因而在核算收益时可以选择成本法进行核算。当采用成本法时，除追加或收回投资外，长期股权投资的账面价值一般应保持不变。被投资单位宣告分派的利润或现金股利，确认为当期投资收益。投资企业确认投资收益，仅限于所获得的被投资单位在接受投资后产生的累积净利润的分配额，所获得的被投资单位宣告分派的利润或现金股利超过上述数额的部分，作为初始投资成本的收回，冲减投资的账面价值。

现行《企业会计制度》规定，企业投资年度以后的利润或现金股利，确认为投资收益或冲减初始投资成本的金额，可按以下公式计算：

应冲减初始投资成本的金额＝(投资后至本年末被投资单位累计分派的利润或现金股利－投资后至上年末被投资单位累计实现的净损益)×投资企业的持股比例－投资企业已冲减的初始投资成本 (9-3)

应确认的投资收益＝投资企业当年获得的利润或现金股利－应冲减初始投资成本的金额 (9-4)

（五）规划投资退出机制

对参股公司按以上方法进行评价后，对评价结果有两项低于评价标准的，应采取以下措施：会同参股公司控制方提出参股公司的战略发展调整措施；对参股公司控制方不配合或无法实施调整措施的，该公司应尽早决策，寻找稳定的退出渠道，退出投资。

三、企业租赁的投资决策

当投资者实施发展型战略时，可以采取多种方式，既可以通过企业参股投资方式，也可以通过企业并购方式，还可以通过企业租赁方式。企业租赁投资是指企业作为承租方的租赁投资。

当企业在发展过程中遇到场地、劳动力资源、水电供应等条件限制时，企业可以通过企业租赁方式，承租经济效益差、管理水平低，但是具有发展潜力的企业，用自己的品牌优势、畅销产品、技术、管理人才等，对承租的企业进行调整、改造，使其发挥优势和潜力，满足企业的战略需要。

企业租赁的投资决策主要包括两方面：一是确定租赁企业的类型；二是确定租赁企业的租金。

1. 确定租赁企业的类型

租赁企业的类型要根据企业投资战略来确定。当企业采取横向一体化投资战略时，要选取同行业的企业作为租赁对象，如华北制药集团租赁的企业大多是制药企业。当企业采取多样化投资战略时，则应选取要进入行业的企业作为租赁对象，如三九企业集团租赁的企业涉及不同的行业。

2. 确定租赁企业的租金

租赁企业的租金是承租方向出租方支付使用其资产的费用。影响租金的因素主要包括有形资产的价值、资本的有机构成、企业的无形资产、企业素质、企业的生产经营环境和供求状况等。计算租金较普遍的方法有以下几种：

（1）固定租金法，即定额包干、超额分成的方法。定额部分为基本租金，超额部分为增长租金，两者之和就是租金。

（2）浮动租金法，即租金随租赁经营企业利润的增长而浮动的租金计算方法。租赁双方先确定基数利润和基数租金，如租赁企业经营得好、利润增长，租金也随着利润的增长而等比例增加。

（3）资产利润率租金法，即以企业出租时本地区本行业前三年的年平均资产利润率作为基数资产租金率，以这个租金率乘以租赁企业的有形资产总额，即为企业的有形资产租金。再根据企业的商誉、商标、专利等价值及租赁对象的供求状况，由租赁双方共同商定租赁企业的基本租金。

（4）租赁成本法，即以租赁成本为基础计算租金。其计算公式为：

$$\text{年租金}=(\text{设备价值}-\text{设备残值}+\text{占用资产所支付的利息}+\text{企业上缴的所得税}+\text{企业交付的保险费}+\text{出租者的预期利润})/\text{租赁期限} \quad (9-5)$$

其中的设备价值，若是新购设备，则为原值；若是旧设备，则是扣除折旧后的净值。

对于租金的确定，应首先由出租人按照以上方法定出标底，用招标的方式，通过投标者之间的竞争，最后确定一个合理的标底。

第三节　产权投资的程序

一、企业并购的程序及一体化

（一）企业并购的程序

1. 确定并购对象

并购企业依据并购目的寻找并购对象。对并购企业来说，寻找并购对象大致有三条途径：一是自己广泛搜寻信息，选择目标对象；二是通过投资银行等对企业比较熟悉的中介机构牵线搭桥；三是通过新闻媒介公开“招聘”目标企业。

2. 进行可行性研究

在并购过程中，可行性研究是重点环节。可行性研究在企业的并购中起着举足轻重的作用，是企业并购取得成功的关键因素之一，可行性研究既是一门科学又是一门艺术。据统计，在确定目标公司后，经可行性研究分析未能最终达成协议的占50%。

因此，在可行性研究中要注意以下问题：要组成有实际经验的研究小组，明确各方面专家的角色；要力争从目标公司得到所需的全部信息；要听取有经验的法律咨询；要按计划在规定时间内完成可行性研究等。进行可行性研究有以下要点：

（1）有关财务问题的要点。会计和税收政策与办法；企业的收益；未在资产负债表中反映的问题；企业内部财务税制的可靠性；有关会计方针的比较；兼并完成后企业的财务状况和经营状况预测；有关两个企业财务合并的问题。

（2）有关管理和并购问题的要点。并购前后企业内部的结构和责任；关于企业的计划增长情况和业绩的衡量；管理部门结构的有效性和兼并后的管理模式；企业采用的决策方法和信息来源；职工业绩的考核和奖励办法。

（3）有关企业管理问题的要点。兼并后，近年来企业销售收入的变化趋势和生产盈利状况；产品平均销售价格、数量和产品组成；主要客户；现有订货数量；市场开拓情况；生产流程；生产能力的限制；资金计划。

（4）管理信息系统问题的要点。管理信息系统的质量和可靠性；管理信息系统的能力和先进程度；管理信息系统软件和硬件的灵活性；管理信息系统的安全性。

（5）有关职工福利问题的要点。已退休职工福利的债务责任；企业兼并后福利计划改变所带来的开支；雇员合同和雇佣协议书的管理等。

（6）有关法律等问题的要点。目标企业是否受过法律诉讼；是否存在未记录的债务；有关环境问题；保险的范围和保险总额；自身保险的责任等。

目标企业应为并购企业提供并购所需的详细资料，如目标企业具有独立财产权利的企业法人证明、目标企业资产与债务的明细清单、目标企业的职工名册等。兼并企业要对目标企业提供的材料进行调查、核实，对有出入的问题要咨询，力求论证清楚，在此基础上写出可行性分析报告，提出并购的具体报告。

3. 进行价值评估，确定并购价格

对目标企业的价值进行准确合理的评估，是企业并购的关键环节。企业并购通常要请国家认定的有资格的专业评估机构进行评估，同时，还要全面、及时地进行被兼并企业的债权、债务、各种合同关系的审查清理，以确定处理债务合同的办法。价值评估完成后，要在双方平等协商谈判的基础上，确定双方都能接受的成交价格。

4. 并购方案的批准

2022 年 5 月，国务院国有资产监督管理委员会印发《关于企业国有资产交易流转有关事项的通知》（国资发产权规〔2022〕39 号）。与《企业国有资产交易监督管理办法》（国资委 财政部令第 32 号）等现行国有资产交易流转制度对照，该通知中关于国有资产交易流转相关审批事项变化主要体现在：一是增加不同国家出资企业及其控股企业之间采取非公开协议转让的适用情形；二是强调重要行业、关键领域企业不得失去国有资本控股地位，同时明确国家出资企业在内部重组整合中涉及该类企业时可自行审批的情形；三是明确通过发行基础设施 REITs 盘活存量资产的工作要求，并明确涉及非公开协议转让的报同级国资监管机构批准；四是将可依据审计报告定价的情形扩大至国有独资或全资企业之间的非公开协议转让，不受是否为同一国家出资企业限制；五是明确国有控股、实际控制企业与其直接、间接全资拥有的子企业，或其直接、间接全资拥有的子企业之间划转所持企业产权，可比照无偿划转规定进行操作。

5. 签订并购协议

在并购价格和其他条件都得到满意解决以后，双方就并购的具体内容达成一致意见，并正式签订并购协议。并购协议对双方的权利和义务的规定应明确具体，通常并购协议主要包括以下内容：并购双方的名称、地址、法人代表；并购的形式；并购价格；并购转让费的支付形式、期限；被并购企业的债权、债务及各类合同的处理方式；被并购企业职工的安置和福利待遇；违约责任；合同生效期限及其他事项。协议签订后，经双方代表签字，报国有资产管理局、工商、税务、土地局等部门审批，再通过司法机关的法律公证，使并购协议具有法律效力。

6. 并购协议的履行

在并购协议规定的期限内，办理交接手续。协议生效后，并购双方要向工商管理部门及房产等部门申请办理企业登记、被并购企业注销、房产变更、土地使用权转让手续，同时根据并购协议规定，办理资产的移交及转让费的支付手续，被并购企业的债权债务应按协议进行清理，并据此调整账户，办理更换合同、债据等手续。

7. **发布并购公告**

并购完成后，要通过有关公共媒体发布并购公告。需要指出的是，对上市公司的收购程序与通过交易所完成的并购不完全相同。限于篇幅，这里不做介绍。

（二）企业并购的一体化

当并购发生法律效力后，从法律上讲，该项并购活动已经结束，但对于并购企业来说，并购活动最重要、最困难的任务才刚刚开始。惠普公司总裁戴维·帕卡德在《惠普之道》中指出："虽然兼并对扩展公司的技术和快速打入新的市场常常是很有用的，但是兼并并非没有自己的问题。主要问题是难以融合两种文化、经营理念和管理风格。被兼并的公司管理人员很难放弃其独立性，这是可以理解的。而我们一方又需要向新增加的企业提供指导和人力、物力，在这方面所花费的时间和精力比预料的要多得多。"

企业并购的真正目的就在于取得被并购方资产后，对被并购方资产进行彻底的改造，按照本企业的经营管理办法重组资产，将其纳入本企业经营的轨道，使这些资产发挥收益潜能，为本企业目标服务。对于并购的目标要通过有效的投资一体化来实现。

企业作为一个整体系统，按照一定的标准划分为若干个子系统，当两个或多个企业并购为一体时，各企业子系统的一体化是必要而且困难的。并购一体化是为了实现并购企业的总体目标而联合、调整和协调参与并购各企业的子系统之间业务及管理活动的过程。由于并购是两个以上不同法人之间的吸收合并，是一个企业控制、占有另一个（类）企业，或取消另一个企业的法人资格，或将其变为二级法人的重组过程。投资一体化意味着被并购企业的投资必须服从并购企业战略性、目标性的安排。

二、企业参股的程序

不同的投资方在进行参股时的流程可能并不完全相同，但总的来说，一般程序大同小异，主要包括以下几个阶段：

（一）筛选目标公司

投资方按照自身的投资策略，通过多种渠道寻找符合既定标准的目标参股企业，通过自身评估和咨询有关行业专家，评估目标企业的成长潜力，从而发现投资机会。

（二）接触、洽谈

在投资方初步筛选出合适的目标参股公司后，需要与目标公司进行接触，洽谈有关参股合作的意向，了解目标企业的意愿，并就一些具体的利益分配问题进行商讨。

（三）立项、尽职调查

在双方明确投资意向后，投资方将开展相关行业研究和企业分析工作，拟定合作方案，并召开立项会议，以决定是否对目标公司开展尽职调查。在立项通过后，投资方会立即组织对目标公司的尽职调查，形成相关的投资建议书。

（四）签订投资意向方案或协议

投资方在对目标公司进行尽职调查后，如果确认目标公司符合参股合作对象条件，投资方会与目标企业进行基础性谈判，而后确定合作意向方案，起草投资协议，确定投资价格及有关条款，会同法律顾问修改相关的协议和法律文件，经双方同意后，签订参股合作意向书或投资协议。

（五）投资后管理

参股投资后，投资方不参与参股企业的日常经营和管理，但根据事前约定，拥有对参股企业的监督权。因此，投资方会随时跟踪参股企业的经营情况，了解财务信息，对参股企业的投资区域、投资比例、资金去向及投资绩效等运行情况进行监督检查，并利用自身的资源优势提供有关的增值服务。

（六）投资退出

参股投资的目的不是获得目标企业的控制权，因而投资方在取得预期的收益后，会选择合适的退出时机将资金撤出参股公司。在退出时，投资方会根据签订的参股协议中的相关内容与参股企业进行退出谈判，并形成有关的法律文件，实现退出。

三、企业租赁的程序

企业租赁一般是采取招投标的方式进行的，企业要想取得承租权，必须进行投标。企业租赁的程序如下：

（一）选取租赁对象

企业应在企业投资战略的指导下，根据取得资产后的使用目的来选取租赁对象，租赁对象的选取与并购对象的选取大致是相同的，但租赁对象可选取的范围一般比较小，租赁对象一般须征得租赁对象的所有者的同意，或者到租赁市场去选取租赁对象。在此，我们主要考察市场中的租赁程序。

（二）投标

当出租方决定实现租赁经营时，便会在制定租赁方案、资产评估等工作的基础上公开招标，以择优选拔承租人。招标单位（即出租方）一般向本系统或全社会发布招标公告，公开号召投标。招标公告的内容包括招标企业的名称、性质、经营范围、产品及产量、产值；租赁期；投标条件；报名手续；中标者的权利和义务等。

承租企业在看到招标公告后，如果出租方和自己所选择的租赁对象大致吻合，同时具备投标条件，便可以报名参加投标，领取招标文件，申请投标，递交有关本企业情况的文件，供出租方做资格审查之用。

（三）做出承租决策

当资格审查通过后，企业要在认真研究招标文件的基础上，深入租赁对象进行实地考察，取得有关技术、经济资料，并结合本企业的情况进行分析，做出是否承租该企业的决策。

（四）制定投标书

当企业决定承租该企业时，应该调查了解投标环境，制定投标策略，在规定的期限内制作投标书，供招标方评定。投标书一般包括投标方简历、承租对象、承租期限、租金及财产抵押、经营目标、经营思想、经营方针、经营措施以及租赁期内的主要经济指标等。

（五）签订租赁经营合同

出租方应根据合理竞争、优胜劣汰的原则，组织进行公开答辩，并对投标者进行综合考评。在征求职工大会或职工代表大会的意见后，确定中标者。若企业未能中标，则租赁企业的活动宣告失败。企业中标后，租赁双方就合同条款进行磋商、达成协议，签订租赁经营合同。租赁经营合同的内容应包括：标的；合同生效条件和有效期限；租赁期限；租赁期内的经营总目标及年度经营目标；租金数额、交付期限及计算办法；承租方的收益及企业各项基金的分配比例；企业租赁前债权债务及遗留亏损的处理；租赁双方的权利和义务；担保的形式和要求；合同的变更、解除及合同纠纷处理办法；违约责任；租赁期满后资产返还和验收。双方签订合同后，还应根据法律、法规、政策的要求，办理其他必要的批准手续或公证、签证手续。

（六）办理租赁手续

租赁合同签字后，由租赁双方持合同向公证机关申请公证，公证部门确认合法后出具公证书，租赁合同正式生效。承租人办理企业法人变更登记手续，开始租赁经营企业。企业承租时，必须出具与租赁企业资产成一定比例的留用资金作为担保并存入银行，除征得出租方同意可作为流动资金参加周转外，不得挪作他用。

（七）合同期满后，对租赁企业的处理

合同期满后，对租赁的企业有如下处理方法：

（1）出租方与承租方续签合同，继续租赁。

（2）承租方不再承租企业，承租方和出租方进行财务结算，进行债权与债务的处理。

（3）承租方通过并购方式获得出租企业的资产。

（4）承租方将本企业对承租企业的投入折算成股份，成为该企业的股东。

本章小结

本章第一节首先介绍了产权的概念及基本属性、产权投资的含义及基本形式；其次，

介绍了产权投资的前提条件，即产权界定，产权制度的建立，科学的产权定价机制，产权交易市场的规范，完善的法律、法规；再次，从多个角度论述了产权投资对于企业的重要意义；最后，介绍了产权投资的主要实现形式，即并购、参股和企业租赁等。

在此基础上，本章第二节介绍了产权投资的决策分析，包括企业并购的投资决策、企业参股的投资决策和企业租赁的投资决策。其中，企业并购的投资决策主要包括企业并购条件分析、并购对象的选择、并购方式的选择、企业并购的交易价格决策、对被并购企业的估价五个方面；企业参股的投资决策主要包括明确参股目的、对参股情况进行论证、沟通及谈判、确定收益核算方法、规划投资退出机制五个方面；而企业租赁的投资决策主要包括两个方面：一是确定租赁企业的类型；二是确定租赁企业的租金。

本章第三节介绍了产权投资的程序，主要介绍了三个部分：一是企业并购的程序及一体化；二是企业参股的程序；三是企业租赁的程序。

本章要点

- 产权的基本属性与产权投资的前提条件
- 产权投资的三种主要实现形式
- 并购价格的确定步骤
- 贴现现金流估价法的基本原理
- 市场比较法的基本原理
- 租赁企业租金的确定方法
- 企业并购的程序及一体化

本章关键术语

产权	产权投资	兼并	收购
并购	企业租赁	横向并购	纵向并购
混合并购	购买式并购	承担债务式并购	吸收股份制并购
控股式并购	贴现现金流估价法	股利贴现模型	收益贴现模型
市场比较法	租赁成本法	企业并购的一体化	

本章习题

1. 简述产权的含义及特点。
2. 简述产权投资的含义。
3. 产权投资包括哪几种形式？
4. 产权投资的前提条件是什么？
5. 产权投资具有什么意义？
6. 企业兼并和收购的区别是什么？
7. 企业租赁有哪些特点？

8. 影响企业并购交易价格的因素有哪些?

9. 企业并购估价有哪几种方法?

10. 确定企业租赁的租金有几种方法?

11. 试述企业并购与租赁的程序。

12. 已知某公司股票市场价值为1.71亿元，资产净值为1.65亿元，重置成本为1.62亿元。试分别用价值比率和托宾 q 值两种比率衡量公司价值是否被低估。

13. 已知A公司在2020年年初收购B公司并聘请资产评估机构对B公司的股权进行估值。资产评估机构以三年为预测期，对B公司的财务预测数据如表9-1所示。

表9-1 财务预测数据 单位：万元

	2020年	2021年	2022年
税前营业利润	1 300	1 600	1 900
折旧及摊销	500	650	800
资本支出	1 200	1 200	1 200
营运资本	200	300	600

B公司2019年的营运资本为50万元。所得税税率为25%。试分别求其在2020—2023年的现金流量。

14. 已知A公司在2018年2月1日以2 400万元的价格购入B公司3%的股份，购买过程中另支付相关税费9万元。B公司作为未上市企业，其股权不存在活跃市场价格。B公司2018—2020年实现的净利润及利润分派情况如表9-2所示。试计算A公司在2019年和2020年这两年的应冲减初始投资成本金额及应确认的投资收益。

表9-2 B公司实现的净利润及利润分派表 单位：万元

年度	当年度实现净利润	当年度分派利润
2018	3 000	2 700
2019	6 000	4 800
2020	9 000	4 800

15. A公司以企业租赁的方式对B公司进行投资，B公司共有100万元的设备，设备期满余值为30万元，企业上缴所得税与支付的保险费共计3万元，预期利润为14万元，租赁期为10年，同期市场利率为7%。试计算年租金为多少。

第十章

企业投资战略

章前引例

2016年阿里巴巴提出“新零售”概念，称纯电商时代已经过去，线上、线下和物流必须结合在一起，才能诞生真正的新零售。

早在2008年，阿里巴巴即以1 500万元入股当时的百世物流，后来成为其第一大股东。除此之外，阿里巴巴搭建菜鸟物流网络、投资圆通快递和中通快递等，对物流行业进行了整合。2017年，阿里巴巴将一大批线下商超拉入了新零售阵营，包括增持银泰商业股份（从28%提升至74%）、收购联华超市18%的股份、以逾5亿元入股新华都、以28.8亿美元入股大润发母公司高鑫零售……再加上此前投资的三江购物、苏宁，阿里巴巴的新零售布局十分宏伟。阿里巴巴联合蚂蚁金服以95亿美元完成了对饿了么的全资收购，这是阿里巴巴从新零售走向新消费的一次重大突破，依托外卖服务所形成的庞大本地即时配送网络，以此建立新零售场景下必需的商业基础设施。

阿里巴巴的投资战略是激进的还是稳健的？这样的投资战略是如何形成与实施的呢？

学习目标

- 了解企业投资战略的含义及特点
- 掌握企业投资战略的各种类型及其优缺点
- 掌握企业投资战略制定的步骤

第一节　企业投资战略的基本概念

一、企业的资金运行系统

企业的资金运行是一个不断循环的过程。它的基本过程如下：首先，在分析企业外部环境和企业内部条件的基础上，根据企业的目标制定投资战略；其次，在投资战略的指导下，进行筹资决策和投资决策；再次，根据筹资决策筹措资本，根据投资决策进行投资活动，从而形成资产；最后，通过对资产的运作活动产生价值增值，并在此基础上，制定新的投资目标，使资金运行系统不断运动，产生更大的资本增值。企业的资本运行过程如图 10-1 所示。

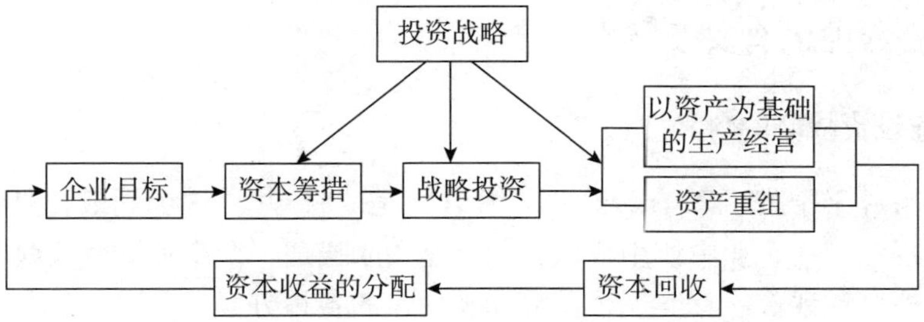

图 10-1 企业的资本运行过程

（一）资本筹措

资本筹措是资本运行的起点，它要满足战略投资的要求。总体来说，资本筹措有资本积累和资本集中两种方式。资本积累是企业将自己的一部分利润进行再投资。资本集中是将不同资本所有者的资本集合起来，再由企业进行投资，其优越性在于集中的资本范围广、数量多。

（二）战略投资

投资就是资本运用，是企业把资本转变为资产的过程。投资决策是资本运用过程的一个重要环节，其正确与否直接关系到投资的最终结果。投资决策要以企业的发展战略为指导，寻找投资机会，确定投资方式以及确定各种投资方式的结构。企业的投资方式包括三种：实业投资、产权投资和金融投资。对于大多数非金融企业而言，金融投资是一种短期投资，更多的是为了提高资金的流动性。实业投资和产权投资关系到企业全局和长远发展，是企业的战略投资。

（三）资产的运动和增值过程

资产的运动和增值过程包括两方面的内容：一是以资产为基础的生产经营活动；二是资产重组活动。以资产为基础的生产经营活动是企业资本增值的基础。

（四）资本回收

资本回收是资本运行过程的一个重要环节。资本回收有许多方式，其中最主要的是通过投资项目投产获得收益来收回投资。此外，还有通过股权转让、租赁等多种形式收回投资。

（五）资本收益的分配

企业投资的目的是获得与风险相匹配的资本收益，因此资本收益形成后，资本的运行就表现为资本收益的分配。资本收益最终要在国家、资本所有者、企业、经营者和生产者之间进行分配。

通过对资本运行过程的分析，可以看出资本筹措、战略投资、资产的运动和增值过程是资本运行过程的三个主要环节。

二、企业投资战略的含义及特点

（一）企业投资战略的含义

战略一词来源于希腊字“strategos”，其含义是“将军”。这个词最初是指指挥军队的艺术和科学。现在，在企业中使用战略一词，是用来描述一个企业如何实现它的目标和使命。战略包括拟订和评价能够实现企业目标及使命的各种方案，并最终选定将要实施的方案。企业战略可以分为三个重要的层次，即企业总体战略、事业层战略和职能战略。

1. 企业总体战略

企业总体战略又称经营战略，是对企业整体经营的方向、原则、方针所做的规定，通常这种规定应以书面形式表现出来。企业总体战略是企业运行的指导思想，是在不断变化的竞争环境中对企业准备如何运行的一种总体表述。企业总体战略需要回答的根本问题是：企业的业务是什么以及应该是什么？回答这一问题可以帮助企业明确自己的使命和所追求的目标，并据此确定需要开发哪些战略，从而通过企业现实的决策为企业今后的经营打下良好的基础。

大型企业常将具有共同战略因素的若干个子公司、事业部组成战略经营单位（SBU），每个战略经营单位都有自己固定的、独立的产品和细分市场。企业总体战略要解决的一个核心问题是企业应建立一种什么样的业务组合。一般来说，一个事业部的产品或服务就是一个类型，因此业务组合可以等价于企业的（大类）产品组合。企业总体战略不仅要规定企业所要提供的产品门类，还要决定某一种产品在企业组织中的地位。企业总体战略突出体现了企业关于其发展方向的选择思路。为此，企业总体战略还需要详细回答以下一些问题：

（1）企业理想的业务结构和相应的发展目标是什么？

（2）如何确定企业各业务目标的优先顺序？

（3）为实现设定的业务目标，企业应采取什么措施和如何配置资源？

（4）企业的适当规模是什么？

（5）企业的长期发展目标是追求增长还是维持现状？

（6）企业是维持并扩大现有业务领域还是多元化经营？

（7）企业是否需要进入其他地理区域市场？

（8）企业是否应该兼并另一企业或与其他企业进行联合投资？

2. 事业层战略

事业层战略又称竞争战略（competition strategy），也可称为业务层次战略或者 SBU 战略。竞争战略是在企业总体战略的制约下，指导和管理具体战略经营单位的计划和行动。企业竞争战略要解决的核心问题是：如何通过确定顾客需求、竞争者产品以及本企业产品之间的关系来奠定本企业产品在市场上的特定地位并维持这一地位？在这个战略层次上，需要回答以下几个基本问题：

（1）企业应该在何处竞争（在哪些市场以及在这些市场上应该集中于哪些细分市场）？

（2）要与哪些产品竞争？

（3）在这些市场上，如何实现可持续的竞争优势？

（4）如何使战略经营单位的业务与公司的整体目标保持一致，并支持和推动公司的发展？

3. 职能战略

职能战略又称职能部门战略，是企业研究开发、生产作业、市场营销、财务管理和人力资源管理等主要职能部门的短期战略计划。它需要回答的问题是：如何支持事业层战略？职能部门的研究开发、生产作业、市场营销、财务管理和人力资源管理应当如何与事业层战略保持一致？

企业投资战略是在总体战略的指导下，对企业投资的方向、目标和计划做出长远的、系统的、全局的谋划。企业投资战略是企业总体战略在投资管理方面的分战略，它决定企业资源的合理配置和有效利用，并具体体现为企业资金投入的方向、重点及投入资金的数量。

（二）企业投资战略的特点

1. 企业投资战略服从于企业总体战略

作为企业总体战略的分战略，企业投资战略应该与总体战略协调一致，并保证总体战略的实现。企业投资战略制定的依据是企业总体战略，企业投资战略只能在企业总体战略所给定的框架内进行投资方面的谋划，包括投资方向、投资重点、投资组合、投入资金的来源与使用、投资的具体方案管理等方面的内容。企业投资战略也是企业总体战略在投资管理方面的具体分解和落实。

2. 企业投资战略要受经营单位战略和职能战略的制约及影响

企业投资战略虽然统帅、制约着企业的各经营单位战略，各经营单位的战略要服从于企业投资战略，但企业投资战略的制定也需要考虑各经营单位战略的现状、战略发展方向及目标。此外，企业投资战略还受到企业产品战略、竞争战略、技术发展战略等方面具体战略的制约和影响。

3. 企业投资战略决定着资源配置的方向

企业投资战略对企业运用可支配资源起着指导性作用。由于投资收益来源于使用资产而非拥有资产，所以在制定投资战略时，企业不仅要考虑自身拥有的全部资源，而且应该考虑企业可以支配和使用的资源。因此，企业要注意通过产权投资形式获得对更多资源的支配权。

延伸阅读

盲目追求利润会毁掉企业吗

三、企业投资战略的目标

企业的目标是企业价值最大化，企业投资战略的目标同样是企业价值最大化。企业价值最大化就是在考虑资金的时间价值和风险的情况下，通过企业合理的经营、最优的财务决策，使企业市场价值达到最大。与利润最大化相比，企业价值最大化这一目标具有以下特点：

首先，企业价值最大化分析是一种动态分析，它充分考虑了资金的时间价值。对公司价值的评判是以未来每股收益的现值之和来计算的，而未来每股收益的贴现都与贴现因子（即货币的时间价值）密切相关。正是在这个意义上，投资者对企业未来收益的预期促使企业注重长期获利能力的生成，有利于克服企业行为短期化倾向。

其次，企业价值最大化分析中包含了风险因素。在企业现值的计算中，贴现率的选取本身就充分考虑了风险因素。因为投资者在资本市场上对收益率的要求是与风险程度相对应的：风险越大，要求的收益率越高，进而采用的贴现率越大，导致在其他条件既定时企业价值越小。

最后，企业价值最大化目标能较好地综合销售收入最大化、增长最大化和市场份额最大化等目标。

第二节　企业投资战略的类型

对投资战略进行分类，是为了使企业决策时能够更好地选择投资战略。投资战略包括发展型投资战略、稳定型投资战略、紧缩型投资战略和组合型投资战略。

一、发展型投资战略

发展型投资战略是以企业总体战略为指导，将企业的资源配置到开发新产品、开拓新市场，采用新的生产方式和管理方式，以便扩大企业的产销规模，增强企业的竞争实力。发展型投资战略一般会取得大大超过社会平均投资收益率的收益水平。

发展型投资战略包括集中发展型投资战略、同心多样化投资战略、纵向一体化投资战略、横向一体化投资战略和复合多样化投资战略等形式。

（一）集中发展型投资战略

集中发展型投资战略是集中企业的全部资源，以高于过去的增长速度来增加现有产品或服务的销售额、利润额或市场占有率。

企业在创立初期，由于融资能力弱、管理经验不足等原因，大多采取区域市场内的集中发展型投资战略。在此期间，企业力求改变实力弱小、竞争地位低下的局面，其战略目标主要是增加产量、扩大市场份额以及建立信誉等。

集中发展型投资战略的优点是目标集中，容易实现生产专业化和规模经济。这种战略也存在一定的风险，其中最主要的风险就是完全被产业兴衰所左右。当本产业由于需求变化等原因出现衰退时，采取集中发展型投资战略的企业必然受到相当大的冲击。因此，企业应考虑实施一段时间后，向其他类型的发展战略转移。对于已经成熟的企业来说，集中发展型投资战略比较适于在未完全饱和的市场中占相对优势的企业。只有优势企业才能以最高的经济效益和经济的价格提供高质量的产品及服务。此外，优势企业的资金、技术、管理及品牌优势容易通过资本运作，实现同业内的低成本扩张，迅速占领市场。

在一些资源独占型的产业（如房地产、矿业）以及在局部具有相当稳固的竞争优势的企业可以选择集中发展型投资战略。在某一产业领先的国际性公司（如美国的波音公司和法国的米其林公司）都选择了集中发展型投资战略。但是，任何商品的市场容量都是有限的，当市场已趋饱和，占有相对经营优势的企业的增长速度肯定会放慢，这会影响企业的长期稳定发展。此时，如果发现了新的商机，选择集中发展型投资战略的企业就会向多样化的方向实施战略转移。

集中发展型投资战略的资本投向是非常集中的，所以问题是如何满足资本扩张的需要。其战略重点是资本的融通和加快资本的运营速度，选择能够满足发展需要的资本融通方案，并保持一定的弹性，以免外部环境的突然变化引起企业经济活动发生紊乱。

集中发展型投资战略的实施，既可以通过企业自身扩大再生产的形式来实现，又可以通过产权投资、横向一体化的形式来实现，还可以通过开发新市场、跨国经营等多种形式来实现。

（二）同心多样化投资战略

同心多样化投资战略是将企业的资源配置到与企业现有产品或服务相似的新产品或新服务中。这一战略能够充分利用企业现有的专业知识、技术经验、生产设备和销售渠道。当一个企业所在的产业处于上升时期时，该战略是一种很有生机的战略，它可以加强组织在具有特殊知识和经验的领域中的地位。有一项研究考察了占美国资产近 2/3 的 460 家公司，结果表明：这些公司之所以能在多样化过程中仍然保持较快的增长，主要是因为它们进入的是与原有产品和技术有关的市场，这就是同心多样化投资战略。

德国西门子公司、美国杜邦公司、中国青岛海尔集团就是通过实施同心多样化投资战略而取得成功的。德国西门子公司进入新产业的前提是在原有产品和技术的基础上取得了新产品或新技术的突破及创新，其多样化的成功都是沿着电子、电气技术方向发展的，是发挥专业经营优势的多样化经营。其多样化的基本原则是：选择技术相关产业；各产业有共同的目标市场；能在技术、市场或其他方面建立起竞争优势，以使企业立于不败之地。中国青岛海尔集团也采取了家电产业的相关多样化经营战略，使企业的销售渠道能够得到充分的利用。家电类企业管理模式的类似性又使中国青岛海尔集团的管理模式可以比较容易地移植到各个企业中，从而形成了集团化的综合竞争优势。

同心多样化投资战略虽然避免了集中投入单一产品或服务的风险，但资本的多方运作增加了管理上的难度，也增大了资本短缺的风险。另外，经济不景气会危及各行各业，相关业务更是同涨同落，这使得同心多样化企业的抗风险能力大打折扣。特别地，如果企业总体实力不强，分散于多个业务会使各业务的规模较小、竞争力较差，各项业务的效益都不会好，此时同心多样化投资战略反而起到了分散企业力量的负面作用。

（三）纵向一体化投资战略

纵向一体化投资战略是指在向前和向后两个可能的方向上扩大企业现有经营业务的一种发展战略。向前一体化就是组织自行销售其产品或服务。向后一体化则是组织自行供应其生产现有产品或服务所需的部分或者全部产品或服务。

纵向一体化投资战略将原先由多个单一化经营的企业的业务组合到一个企业内部进行，从而既可以节约交易成本和费用、降低经营风险，又便于企业最有效地利用资源。具体来说，向后一体化一方面使企业能够对原材料的成本、质量和供应进行更有效的控制，另一方面又可以将原材料供应商获得的利润转移到本企业中来。向前一体化可使企业控制销售渠道和销售过程，有助于消除库存积压、掌握市场信息，从而增加产品的市场适应性。原材料生产企业进入产品制造领域，有助于实现产品的差异化，并增加产品的附加价值。

纵向一体化投资战略也存在一定的风险。实证研究表明，采用向前一体化进入新产品、新市场的企业，其经营效果比采用其他战略进入同一领域的企业差得多。采用纵向一体化投资战略的企业，其价格收益比率也显著低于实行同心多样化投资战略的企业的价格收益比率。因此，企业要慎重选择纵向一体化投资战略。

当企业决定采用纵向一体化投资战略时，其战略重点是根据企业获得资源的能力来确定是采取企业内部壮大的方式，还是采取与别的企业联合或兼并的方式。

（四）横向一体化投资战略

横向一体化投资战略是企业购买、联合或兼并与自己有竞争关系的企业的战略。它与同心多样化投资战略有类似之处，两者新增的产品或服务都与企业现有的产品或服务有极为密切的关系。两者的差别是：在同心多样化投资战略中，新产品或服务的增加既可以通过内部开发，又可以通过购买或兼并另一个企业来实现，而且被购买企业生产的产品或服务与购买企业的产品或服务极为相关，但并不直接竞争，而在横向一体化投资战略的情况下，是通过购买竞争对手来增加新产品或服务。这两种战略的差别甚微。

横向一体化投资战略可以通过经验共享和优势互补实现规模经济，提高产业集中程度，从而增强企业对市场的控制能力。但是，横向一体化投资战略要承担在更大规模下经营的风险，面临可能出现的由于组织规模庞大而产生机构臃肿、效率低下的弊病。

企业实行横向一体化投资战略时，要制定联合、兼并、合并等多个战略方案，并根据企业投资战略的目标确定出最优方案。

（五）复合多样化投资战略

复合多样化投资战略是指将资源导向与企业现有产品或服务不同的产品或服务。复合多样化投资战略可由企业内部或外部产生，更多的是通过与其他企业合并或合资经营产生。许多企业都愿意选择复合多样化投资战略。

复合多样化投资战略有许多优点：第一，可以产生资金上的协同作用，一项业务产生的短期资金盈余可能恰好补充了另一项业务的资金需求；第二，可以通过向不同产业的渗透和向不同市场提供服务来分散企业的经营风险；第三，可以向具有更优经济特征的产业转移，以提高企业的盈利能力和灵活性；第四，联合后的企业可以产生税收协同效应，用一个部门的利润来弥补另一部门的亏损，从而降低企业整体的纳税额。

复合多样化投资战略也有许多弊端：首先，它对高层管理者提出了更高的要求。企业经营业务范围越广，高层管理者就越难了解各个经营单位的经营状况，也难以协调单位之间的工作。其次，需要增加管理机构和管理人员，从而增加管理费用，也增加了管理困难和混乱的风险。最后，可能会妨碍各项业务潜力的发挥，从而抑制了各项业务的发展。因此，企业在选择复合多样化投资战略时，应采取慎重的态度，不要单纯为了多样化而多样化。

当企业决定实行复合多样化投资战略时，其战略重点是根据企业的目标，具体分析可利用的内部和外部资源，在此基础上制定合并、收购及合资企业的特定标准，对有关企业进行全面研究，并依据上述标准做出评价，确定实行方案。

企业应当慎重运用此战略，不要单纯为扩大规模而采取复合多样化投资战略。影响复合多样化投资战略成功的关键因素是企业对从事的新经营领域的熟悉程度。企业采取复合多样化投资战略应至少具备以下三项基本实力之一：较强的融资实力、成熟的销售渠道和良好的技术创新能力。由于缺乏经验和应付困难局面的技能，企业向陌生产业扩张时，除了新兴产业外，一般不采取新建企业的方式，而是采取兼并、联合等方式建立子公司，充分利用已有资源，尽早取得经济效益和竞争优势；否则，企业非但不能减小风险，反而可能陷入困境。西方企业跨产业经营成功的经验是整体收购其他产业的相对优势企业，使其能在较短时期内为集团盈利。对新业务进行整合之后，由于与主业有明显差异，所以应由其相对自由发展，不宜对其约束过多，并且在新业务未成熟时，不宜把集团的重心转移到新业务上。随着现代科技的飞速发展、网络技术的广泛应用、组织结构的扁平化、计算机辅助设计系统的不断完善，非相关多样化企业的管理和技术创新逐渐趋向合理，但这一般需要很大的资本、智力投入，所以不适合实力较弱的中小企业。

二、稳定型投资战略

稳定型投资战略是企业在战略规划期内将企业的资源基本保持在目前状态和水平上的战略。它的基本特点是：企业满足于过去的投资收益水平，决定继续追求与过去相同或相似的目标；每年期望取得的投资收益按大体相同的比率增长；企业继续用基本相同的产品或服务为顾客服务。

稳定型投资战略的优点是：可以避免开发新产品和新市场所必需的巨大投资、激烈的竞争及开发失败的风险；容易保持经营规模和资源的平衡协调；避免因资源的重新组合而造成时间上的损失等。因此，稳定型投资战略对处于成熟产业和稳定环境的成功企业来说是极为有效的。例如，可口可乐公司曾多年采用稳定型投资战略，并获得了极大的成功。此外，对许多产业和企业来说，稳定发展也是最合逻辑、最为适宜的战略。

稳定型投资战略的缺点是：当外部环境发生动荡时，就会打破企业战略目标、外部环境、企业实力三者的平衡，使实行稳定型投资战略的企业陷入困境；当企业在市场上的差异优势由于竞争对手的模仿或产业的变化而减弱或消失时，就会无力抵御强大竞争者的进攻；稳定型投资战略会降低企业的风险意识，从而使企业面对风险时缺乏适应性和抗争性。

三、紧缩型投资战略

当企业的经营状况、资源条件不能适应外部环境的变化，难以为企业带来满意的收益，以致威胁企业的生存和发展时，企业常常采取紧缩型投资战略。一般来说，企业只是在短期内实行这一战略，以使企业渡过危机，然后转而采用其他战略方案。紧缩型投资战略按实现战略的基本途径可以划分为以下三种类型。

（一）抽资战略

抽资战略是指减少企业在某一特定领域内的投资，这个特定领域或是一个战略经营单位、事业部、产品线，或是特定的产品、牌号，其目的是削减费用支出、改善现金流量，然后将引出的现金流投入新的或发展中的领域。

（二）放弃战略

放弃战略是指卖掉公司的一个主要部门，这个主要部门可以是一个战略经营单位、一条生产线或是一个事业部。当抽资战略失效时，常常采用放弃战略。日本的五十铃汽车公司由于不能在开发竞争和销售竞争中取胜，结果导致轿车部门的竞争力日益下降，决策者最终决定实施放弃战略，做出抛弃亏损的轿车部门，构建以卡车为主体的生产体制的决定，从而把有限的资源集中到卡车生产线上。

（三）清算战略

清算战略是通过拍卖或停止全部经营业务来结束企业的生命。对任何企业的管理者来说，清算是最无吸引力的战略，通常只有在其他战略全部失灵时才加以采用。固执地坚持无法挽回的事业，其结局只能是不可避免地破产，但当企业破产时，可清算的东西就会更少。

四、组合型投资战略

许多大型企业并不局限于实施单一的战略，而是将战略组合起来，一些可能的战略组合如下：

（一）同时组合

同时组合包括在增设其他战略经营单位、产品线或事业部的同时放弃某个战略经营单位、产品线或事业部；在某些领域或产品奉行发展战略的同时，紧缩其他领域或产品；对某些产品实行抽资战略，而对其他产品采用发展战略。例如，美国通用电气公司（GE）采取著名的“第一名、第二名”战略，即 GE 的产品一定要在全球、全美做到第一名或第二名。GE 公司将居于领先地位的产品分成三大类，将全公司的产品集中于三类产品之内，重新组成了 13 个具有强大竞争力的事业部，卖掉或关闭没有效益或前途的业务部和生产线，并将所获得的 100 多亿美元全部用来发展这 13 个事业部，主要集中在高科技和效益丰厚的服务业务上。其投入的方式主要有两个：一是直接投入某一产品的研究开发和扩大生产；二是兼并或购买其他公司的生产线或业务，以便在短时间内扩大自己的生产经营能力。GE 还根据市场变化随时做出新的调整，当某个业务部不再具有领先地位时，就会被调整。

延伸阅读

绿色投资战略与投资收益最大化

（二）顺序组合

顺序组合是指按顺序实行不同的战略，具体包括在一个时期内采用发展战略，然后在另一个时期内实行稳定发展战略；先使用紧缩战略，待条件改善后再采用发展战略等。

第三节 企业投资战略的制定

企业投资战略的制定是实施企业投资战略管理的基础和首要环节，它对于企业投资的整个过程都具有非常重要的意义，也是企业从事投资活动的先决条件。企业投资战略的制定包括确定投资战略目标、战略条件分析、确定投资战略重点、制定投资战略方案和投资战略方案选优等步骤。

一、确定投资战略目标

企业投资战略的目标是实现企业价值的最大化，投资战略应围绕这个目标确定企业的产业目标、产品目标、技术目标和市场目标等。投资战略应尽量做到科学、合理。为此，要采取的措施如下：一是详细分析企业现状；二是准确预测企业的未来发展。通过分析现状，把握企业现有的能力和水平，使战略目标建立在现实可行的基础上；通过预测未来，科学评估企业发展趋势，又可使战略目标具有超前性和先进性。

二、战略条件分析

战略条件分析包括战略环境分析、企业内部条件分析以及投资战略态势分析。战略环境分析主要包括国家总体经济状况的分析、国家经济政策（尤其是货币金融政策、投资政策、产业政策）的分析以及行业分析。企业内部条件分析主要是分析企业的资源优势与劣势，以认清企业自身的实力。投资战略态势分析是将战略环境分析及企业内部条件分析结合在一起，分析企业应采取的战略姿态。

（一）战略环境分析

战略环境分析的直观表述见图 10－2。它表示国民经济系统包含若干产业，某产业的发展既受政治、经济、社会、技术等方面因素的影响，又受其他产业发展的制约；在产业内部，某产业的发展除了受政治、经济、社会、技术等因素的间接影响，还受产业本身发展及其内部结构的影响。

战略环境分析的关键是对企业参与竞争的某个或某些产业的分析，这是因为产业环境决定了企业参与竞争的领域，而且产业的发展在一定程度上制约着企业的发展。产业分析的内容比较广泛，主要包括以下几点：

1. 产业的特性

进行产业分析首先要对产业的特性进行分析，对产业特性的分析可以通过回答以下问题来完成：该产业具有何种特性？该产业在工业生产总过程中处于什么位置？该产业有什么资本需求？该产业中的企业所需的资源是资金密集型、技术密集型还是劳动密集型的？该产业是垄断性竞争还是分散性竞争的？该产业中的企业达到了什么样的投资收益率？该产业中的财务指标（如资本收益率、每股平均收益、流动比率、速动比率、存货周转率等）的平均水平如何？

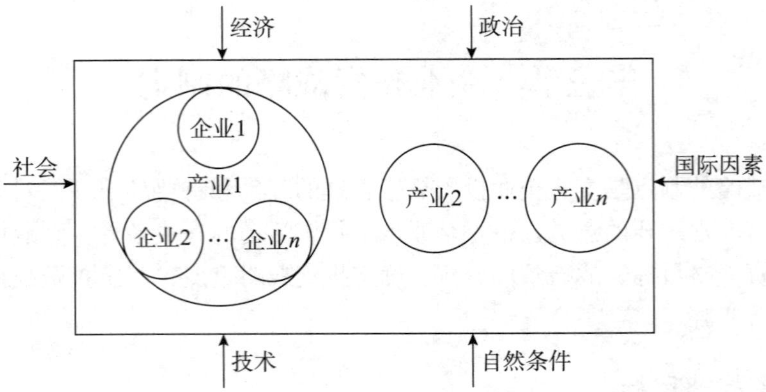

图 10-2　战略环境分析

2. 产业的生命周期分析

产业生命周期的概念是从产品的生命周期演化而来的，它假设产业经过初创期、成长期、成熟期、衰退期几个阶段。初创期产业的特点是：投资于此产业的企业数量很少，企业盈利很少，大部分企业亏损，风险很大，初创期属于高风险、低收益时期。成长期产业的特点是：企业数量开始增加，经营利润迅速提高，但亏损的风险很大，破产率和兼并率也很高。成熟期产业的特点是：随着企业的大量增加，企业竞争激烈、优胜劣汰，少数在竞争中生存下来的大企业开始垄断整个产业的市场，经营利润较高、风险不大，但增长速度放慢，进入一个稳定发展的时期。衰退期产业的特点是：由于市场对该产业产品的需求量下降，产品销售量下降，企业数目逐渐减少，市场萎缩，利润不断下降，当正常利润无法维持时，整个产业便逐渐解体。

3. 产业的发展状况

分析产业的发展状况对于确定资本的投向具有重要的意义。国家的经济政策，政府对产业的支持和限制，产业相关技术的发展，国际经济关系，如进出口贸易、资本、技术等在国际的流动等，都对产业的发展起着相当重要的作用。产业本身的需要、资源供应以及产业的生产能力都对产业的发展有着更直接的影响。

对产业发展状况的分析可以重点围绕以下几个问题展开：社会对产业的产品或服务的需求总量是多少？需求的趋势如何？产业目前的总生产能力，包括设计能力、实际能力有多大？生产能力是过剩还是不足？产业的资源（包括自然资源、资本资源和人力资源等）供应状况如何？产业的技术总体水平如何？今后技术将朝什么方向发展？

4. 产业的竞争结构分析

产业的竞争结构是决定产业竞争规划和激烈程度的根本因素。通过产业的竞争结构分析，可以确定企业对各种竞争因素的态度和基本对策，制定有效的企业战略。美国著名的战略管理学家迈克尔·波特指出，在任何产业里，无论是国内还是国外，无论是生产一种产品还是提供一项服务，竞争规律都寓于五种竞争力量之中，即新竞争者的进入、现有企业间的竞争、替代品的威胁、购买者的讨价还价能力和供应者的讨价还价能力。波特的分析模型涉及五种竞争力量的分析，所以简称“五力模型”，见图 10-3。

（1）新竞争者的进入。新竞争者是指产业外准备进入或正在进入某产业从事生产经营活动的企业。进入产业的新竞争者带来了新的生产能力，并谋求一定的市场份额，产业内

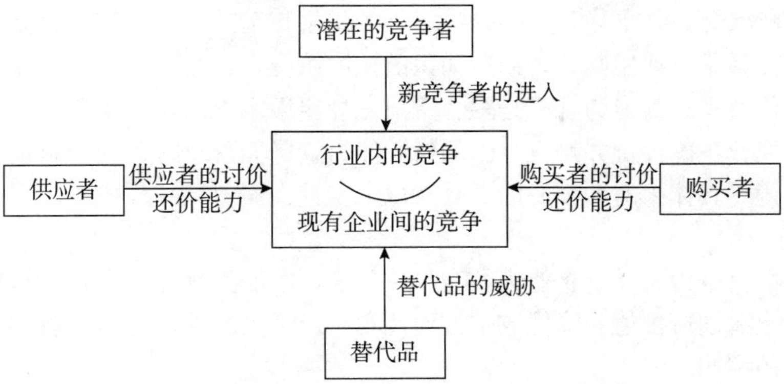

图 10-3　波特的“五力模型”

供应增加而利润降低。但新竞争者能否进入一个产业，取决于该产业的进入障碍。构成进入障碍的因素有规模经济、产品差别化、资本的需求、销售渠道、成本优势、政府政策和法律的约束以及产业内现有企业的反应等。

(2) 现有企业间的竞争。产业内现有企业间的竞争对企业的生存和发展有着更直接的影响。产业内的竞争主要取决于下列因素：竞争者的多少和力量的对比、市场增长率、固定成本和库存成本、产品差异性和用户的转变费用、产业生产能力的增加幅度、不同的竞争策略、退出障碍等。

(3) 替代品的威胁。技术的不断发展会产生更新更好的替代品，如果企业产品的竞争能力弱，就会被替代品逐渐取代，从而使本产业内的企业处于不利的地位。

(4) 购买者的讨价还价能力。在买方市场条件下，购买者的能力较强，他们会要求生产厂家或供应商降低产品价格、提高产品质量、提供较好的服务及其他要求。这种讨价还价能力对企业形成了一种竞争压力。

(5) 供应者的讨价还价能力。在卖方市场条件下，供应者的能力较强，供应者会通过提高价格、降低服务费、配额供给等手段使被供应的生产企业在一定程度上达到妥协。

上述五种竞争决定因素既决定着产业与外部的竞争关系，也决定着产业内部的竞争关系。这五种因素本身又密切相关，一个变化可能会引起一系列变化，所以必须深入调查、积累资料，进行深入细致的分析研究。

延伸阅读

沃尔玛的波特五力分析

(二) 企业内部条件分析

制定企业投资战略，不仅要分析投资战略环境，还必须正确认识和评价企业的内部条件，其中最重要的部分是分析企业的核心能力。核心能力是一种能为企业进入各类市场提供潜在机会，借助最终产品为所认定的顾客利益做出重大贡献，而且不易为竞争者所模仿的能力。

核心能力是企业在特定经营环境中形成的，与竞争能力和竞争优势等方面有关的知识技能、技术体系、管理体系、价值观念与行为规范的有机组合，是识别和提供竞争优势的知识体系。体现在企业员工身上的知识技能是最常提到的核心能力的要素，它包含了企业特有的知识技能状况。技术体系是指经过多年的积累与选择，经过整理建立起来的技术知识系统。管理体系是指使用知识和创造知识的控制系统，如监督与激励、责任与权利、分权与集权等。价值观念与行为规范是融合于前三种要素之中的，是企业文化的一种表现形式。一个企业能否正确评价并培育自己的核心能力，是能否及时识别创新机会并提高创新成功概率的关键。具体来看，核心能力具有以下特性：

1. 有价值

企业的核心竞争力有助于企业为顾客创造价值，它能为顾客带来相对长期的关键性利益，能够使企业在创造价值和降低成本方面比竞争对手更优秀，能为企业创造超过一般同行业企业的超额利润。

2. 异质性

核心能力是企业在长期的生产经营活动过程中积累而成的，它不仅与企业独特的技能等技术特性高度相关，还深深地印上了企业组织管理、市场营销以及企业文化等诸多方面的特殊烙印。企业核心能力既具有技术特性又有组织特性，很难被竞争对手完全了解且轻易复制，更无法进行市场交易。企业核心能力的异质性决定了企业的效率差异与收益差别。

3. 扩展性

核心能力使企业拥有进入各种市场的潜力。企业一旦建立了自己的核心能力，即可将其核心能力组合到不同的相关创新中，构建新的创造与发展的基础，并不断推出创新成果。核心能力是发展新业务的引擎，它决定着企业如何实行多样化经营，是差别化竞争优势的源泉，如卡西欧公司在显示技术方面的核心能力可使其参与计算机、微型电视、监视仪等方面的经营。

4. 动态性

企业核心能力是企业在长期实践中以特定方式、沿着特定的技术轨道逐步积累起来的，因此具有较强的稳定性。但是，企业核心能力的动态发展演变也是客观必然的。企业核心能力总与一定时期的顾客价值需求、产业动态、管理模式以及企业资源等变量高度相关，曾经的企业核心能力也可能演变为一般的企业能力。因此，企业战略需要适时实现企业核心能力的跃升。

要正确认识核心能力还必须理解核心产品的概念。核心产品是核心能力的载体，它是一种或几种核心能力的物质体现，同时也是核心能力的市场体现。核心产品是最终产品的重要组成部分，是联系核心能力与最终产品的纽带。对于核心能力、核心产品与最终产品的关系有一个比较确切的比喻：企业好比一棵大树，树干和大树枝是企业的核心产品，小树枝是各战略业务单元，花和果实则是最终产品，而提供营养的根系则是核心能力。核心能力理论认为：企业是一种或几种核心能力的组合，核心能力隐藏于各战略业务单元和产品之后，不易察觉，但它是客观存在的。一种核心能力可以衍生出几种产品和业务，核心能力比产品更稳定，发展更缓慢，产品仅仅是核心能力的短期表现。所以，企业应该透过产品来分析自己的核心能力。

（三）投资战略态势分析

企业投资战略态势是指在企业投资战略中，企业的内部条件与外部环境相互对比所形成的一种趋势架构。它也说明了企业在对待环境变化的过程中所应采取行动的姿态。投资战略态势分析必须回答以下问题：我们的企业是干什么的？顾客是谁？对顾客的价值是什么？我们的业务将是什么？我们的业务应该是什么？在明确了上述五个问题的基础上，可以采用机会-威胁分析矩阵、波士顿矩阵和战略群模型等工具。

1. 机会-威胁（SWOT）分析矩阵

机会-威胁分析矩阵是西方广为应用的一种战略分析方法。SWOT 是英文的缩写，SW（strengths and weaknesses）是指企业内部的优势和劣势，OT（opportunities and threats）是指企业外部的机会和威胁。SWOT 分析就是企业在选择战略时，对企业内部的优劣势和外部环境的机会与威胁进行综合分析，据此对可供选择的战略方案做出系统评价，最终选出一种最合适的战略。

企业内部的优劣势是相对于竞争对手而言的，表现在资金、技术、设备、职工素质、产品、市场、管理技能等方面。衡量企业的优劣势有两个标准：一是资金、产品、市场等一些单方面的优劣势；二是综合的优劣势。企业要对内外环境条件做深层次分析，不仅研究现实的机会与威胁、优势与劣势，还要研究潜在的机会与威胁、优势与劣势。在战略选择上，企业要扬长避短，内部优势强，就宜于采用增长型战略，否则就宜于采用防御型战略。

战略选择还要考虑另一个方面，即企业的外部环境。外部环境包含很多因素，有的对企业发展有利，可能给企业带来某种机会，如宽松的政策、技术的进步就有可能给企业降低产品成本、增加销售量创造条件。外部环境中对企业的威胁则是那些不利于企业发展的因素，如紧缩信贷、原材料价格上涨、税率提高等。来自企业外部的机会和威胁，有时需要与竞争对手相比较才能确定。有利的条件可能对大家都有益，威胁有时也不仅仅是威胁本企业。因此，在有些条件下，还要分析同样的外部环境到底对谁更有利或更不利。诚然，企业与竞争对手的外部环境是不可能完全相同的，但很多时候却有许多共同点，此时对机会与威胁的分析不能忽略与竞争对手相比较。企业拥有的机会多，一般宜采取增长型战略，而面临强大威胁时，则宜采取防御性战略。这只是一般的规律，不能绝对化。影响企业的内部因素与外部环境因素很多，并且它们之间又互相渗透和影响，因此制定战略时必须把它们综合起来考虑，以便寻求总的最佳效果，见图 10-4。

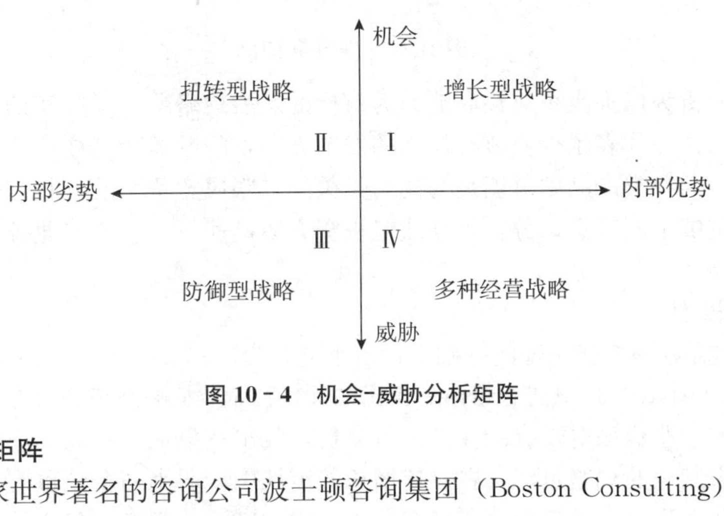

图 10-4　机会-威胁分析矩阵

2. 波士顿矩阵

它是由一家世界著名的咨询公司波士顿咨询集团（Boston Consulting）创立的一种被

广泛运用的战略态势分析方法，该方法可以对现行的业务组合进行分析，见图 10－5。波士顿矩阵根据市场成长率和相对市场份额将企业的各业务单位分为四类：

（1）明星类。这种类型的业务单位具有高市场成长率和高相对市场份额。对于这类业务，应加大投资力度，减少现金消耗，争取可观的盈利。

（2）金牛类。这种类型的业务单位市场成长率偏低而相对市场份额较高，企业享有规模经济和较高利润率的优势，因此必须保持自己在某一领域或产品上的相对优势。为此，企业或投入大量现金，以更新产品、分销组合和促销手段，保持较高的市场占有率；或采用并购方式，以提高市场占有率和覆盖率为目的，收购或兼并目标企业，击败竞争对手；或抢占制高点，给竞争对手造成威胁。

（3）问题类。这种类型的业务单位市场成长率高而相对市场份额较低，企业要在大量投资和及时退出两者中做出果断抉择：要么追加投资，使之迅速赶上正处于成长中的市场需要，跻身明星阵容；要么及时退出，采用出售股权的方式，尽可能回收原有投资，以免不必要的风险侵蚀资本。

（4）狗类。这种类型的业务单位市场成长率和相对市场份额均较低，管理当局要采用收缩或淘汰的策略。

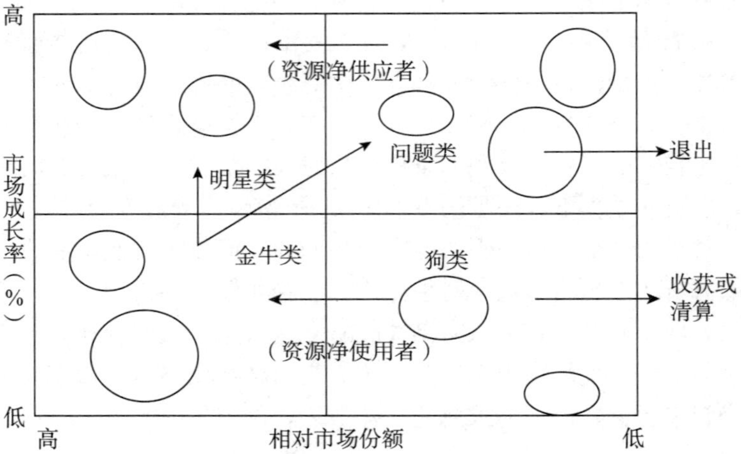

图 10－5　波士顿矩阵

业务组合分析为以提高企业核心能力为目标的发展战略奠定了坚实的基础，明星类产品和金牛类产品往往代表了企业核心能力的发展方向，问题类产品往往代表了企业辅助能力的发展状况，而狗类产品则可能是与能力无关的“跟风竞争”的产物。公司应根据四大类战略业务单位的不同特点，分别策划战略投资方案，使每一个战略业务单位能沿着正确的战略路线发展。

3. 战略群模型

战略群模型是在波士顿矩阵的基础上，由小汤普森（A. A. Thompson，Jr.）与斯特里克兰（A. J. Strickloud）对其进行修改后得出的又一种企业战略态势分析方法，见图 10－6。

象限Ⅰ中的企业应该对现有的业务进行分析，找出竞争地位较弱的原因，并确定是否有能力实现过去制定的战略目标。在迅速增长的市场中，弱小的企业也有机会成为强有力的竞争者。因此，当企业通过努力获得竞争优势时，应该首先考虑集中战略。此时，如果

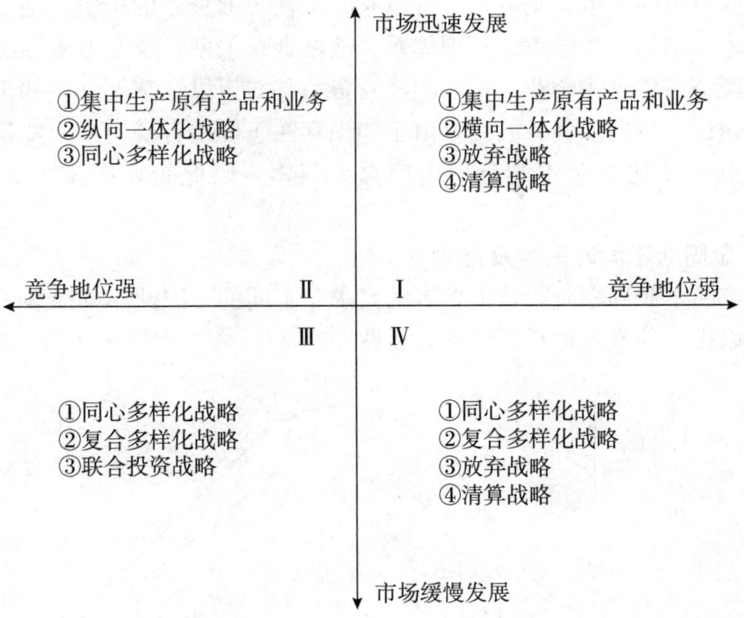

图 10-6 战略群模型

企业缺乏必要的资源，可以通过横向一体化战略来加强企业的竞争地位；反之，当企业无法在战略规划期内获得更多的竞争优势时，应该考虑放弃或清算战略。

象限Ⅱ中的企业处于最佳的战略位置，首要选择的投资战略应该是继续集中发展现有业务，不宜轻易转移其既有竞争优势。如果拥有较多的资源，就可以考虑纵向一体化，无论向前一体化或向后一体化都有助于扩大其市场份额、提高利润率。企业还可以采用同心多样化战略，以减少经营范围过窄所带来的风险，但这对资源的要求较大。

象限Ⅲ中的企业具有较多的资源，而内部增长对资源的需求却有限，因此可以采取同心多样化战略，以利用原有的竞争优势，也可以采取复合多样化战略，以分散经营风险，还可以采取联合投资战略，以实现进入更有前途的业务领域的目标。

象限Ⅳ中的企业通常要减少其对原有业务的投资，可以考虑实施多样化经营，从其他业务领域获得发展机遇，或者实施紧缩型的抽资转向战略，或者采用放弃或清算战略，以尽可能收回被占用的资源。

三、确定投资战略重点

企业的投资战略应该遵循企业成长的规律，通过投资战略调整企业的结构，使企业不仅获得量的增长，同时也使结构得到优化。结构的优化包括企业的经营资源结构、产品结构、产业结构等。

1. 对经营资源的投资重点

在 21 世纪，企业投资战略的重点发生了重大的转变，投资所形成的资产从有形资产更多地转向无形资产。企业通过投资形成资产，投资所形成的资产可以是有形的，如土地和建筑物、工厂、设备和存货，也可以是无形的，如专利、品牌、技术诀窍和人力资源等。近年来，西方国家投资所形成的无形资产呈增加的趋势，有些企业的无形资产投资已经超过一个企业市值的一半。企业经营者越来越重视无形资产的价值，他们认为：与有形资产相比，人才、知识、数据库、管理体系、战略合作关系、企业形象等更能增加企业的价值。在知识经济条件下，企业最重要的经营资源是知识以及掌握这些知识的人才，所以企业应加大对知识产权的投资。同时，由于知识存在于使用者身上，而知识劳动者的想象力、经验等无形资产比企业中的有形资产重要得多，因此企业应该加大对人力资源的投资。

2. 产品生命周期不同阶段的投资重点

在不同的产品生命周期阶段，消费者的需求是不同的，因此不同阶段的关键成功因素是不同的，所以投资的重点也是不同的，见图 10－7。

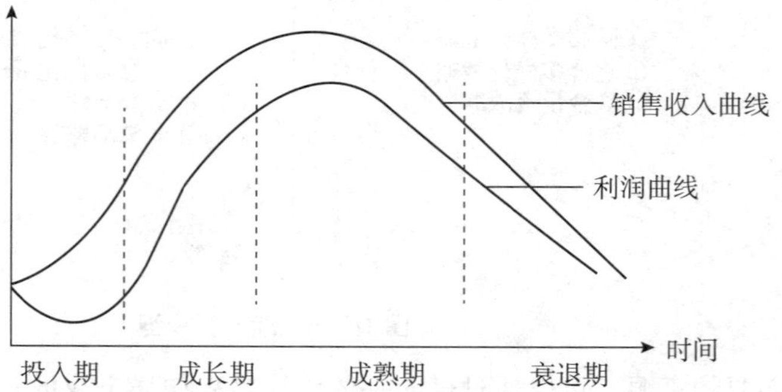

	投入期	成长期	成熟期	衰退期
经营风险	非常高	高	中等	低
关键成功因素	新产品的开发与投入	市场份额的增长与全面市场开发	在最小成本下维持市场份额	成本最小化和资产变现
财务控制措施	研究与开发的重要阶段，对可行性评价的审核决策	市场与市场份额增长的投资评价	计算投资收益和剩余收入	从运行中回收现金流

图 10－7　产品生命周期不同阶段的关键成功因素

在产品的投入期，经营风险非常高，关键成功因素是新产品的开发与投入。在这一阶段，投资的重点是产品的开发。在投入期，产品成本高，销售收入低，利润很可能是负的。在财务上要注意对可行性评价的审核决策。

在产品的成长期，经营风险很高，关键成功因素是市场份额的增长与全面市场开发。投资的重点应该放在建立销售网络、广告宣传、建立与销售商的伙伴关系等市场开发上。在成长期，随着产品市场渗透的加强，销售额将提高，由于成本较前一阶段下降，产品将开始盈利。在财务上要注意对市场与市场份额的投资评价。

在产品的成熟期，经营风险一般，关键成功因素是在最小成本下维持市场份额。这一阶段以稳定的价格和利润以及竞争者的出现为特征，由于市场趋于饱和，新产品的吸引力开始逐渐减少，从而销售额及利润将达到最高水平。在财务上要注意计算投资收益和剩余收入。

在产品的衰退期，经营风险较低，关键成功因素是要保持成本最小化和资产变现。在财务上要注意从运行中回收现金流。

3. **产业生命周期不同阶段的投资重点**

在产业生命周期的不同阶段，企业所需考虑的投资重点也是不同的，见图 10－8。

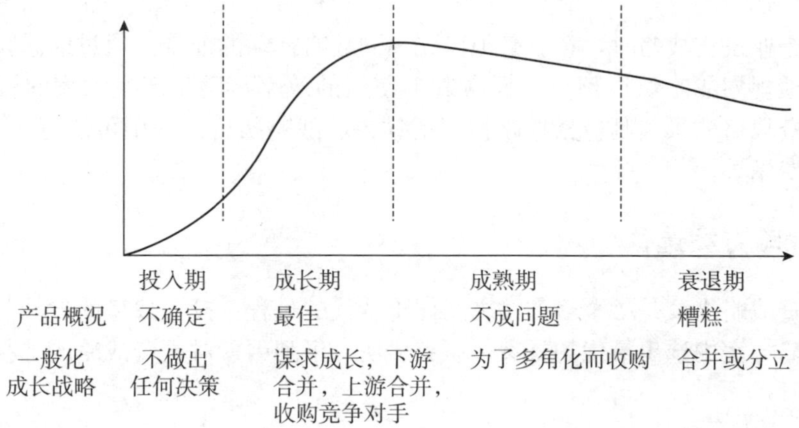

图 10－8 产业生命周期不同阶段的投资重点

当产业处于成长期，外部对产业的需求迅速增长，产业内的企业面临较大的发展机会，企业的主要目标是扩大生产规模。在这一阶段，企业可以通过并购、租赁等产权投资形式获得企业规模的扩大。

当产业处于成熟期，外部对产业的需求呈稳定态势，产业内的企业面对一定的市场份额，企业的主要目标是扩大市场占有率。在这一阶段，企业的投资一方面应该放在扩大市场占有率上，如通过新建或并购等形式扩大销售网络，另一方面要通过多角化经营（通过投资新建或并购其他产业的企业）使企业实现产业的升级。

当产业处于衰退期，外部对产业的需求逐步下降，产业内的企业面对亏损甚至倒闭的威胁，企业必须从生产能力过剩的产业转向其他具有发展前景的产业。在这一阶段，企业主要是要实现资产的变现。

从一个产业转向另一个产业，要把握好时机。适时从一个产业向另一个产业过渡是企业成长的必然选择。如果过早地进入一个新的产业，就可能失去在原有产业的投资收益；如果在原有产业停留时间过长，就有可能永远失去进入一个新产业的机会。

四、制定投资战略方案

企业要根据战略目标的要求，制定可行的企业投资战略方案。制定投资战略方案一般要分成轮廓设想、精心设计和前景预测三个步骤。

（一）轮廓设想

轮廓设想就是从不同的角度和途径，设想各种各样的可行方案。这一步骤的关键在于冲破思维定式，充分发挥创造力，大胆创新。

（二）精心设计

由于轮廓设想所得到的方案比较粗糙，需要进一步设计完善之后才有实用价值。精心设计主要包括两项工作，即确定方案的细节和估计方案的实施结果。

（三）前景预测

在制定企业投资战略时，企业必须事先预测战略行动的前景。通过前景预测，企业可以更加合理地规划战略执行预算，提高资本使用的效率，避免产生太大的资本损失和浪费。企业投资战略前景预测包括战略执行的结果、战略执行过程中可能遇到的意外情况、战略执行的费用等。

五、投资战略方案选优

企业投资战略决策是一个多方案之间评价选优的过程。投资战略的选择是在若干个可行的投资战略方案中选出最优的方案。研究表明，下列因素对投资战略的选择起着关键性的作用。

（一）企业总体战略

企业总体战略决定着企业投资战略的选择，它是投资战略选择过程的起点。

（二）决策者对风险的态度

投资是风险性很高的活动。企业决策者对风险的态度会影响对投资战略的选择。高风险的投资战略方案可能意味着高收益。有的企业决策者愿意承担投资风险，通常采取进攻性的发展战略，回避投资风险的企业决策者通常采取防御性战略。

（三）企业筹集和调配资源的能力

企业在经营中需要资金、原材料、人才、能源等一系列资源，企业筹集这些资源的能力对企业投资的成功有重大的影响。企业与金融界、政府部门及其他企业的关系，企业的声誉及还款能力，企业在产业中的组织和协调能力都与企业筹集资源的能力有很大关系。

（四）竞争者的反应

决策者应全面考虑竞争者对不同投资战略选择可能做出的各种反应，并制定出相应的对策。

（五）时间因素

投资战略决策可利用的时间影响着投资战略选择。时间压力限制了可供选择的投资决策方案的数量，也减少了在评价方案时所能收集的信息量。当处于时间压力下时，人们往往更看重消极因素，考虑的问题也较少。另外，还应考虑实施投资战略的时机。

为了对决策方案进行科学、合理的评价，并根据评价结果选择最优方案，必须设置适宜的评价标准。研究表明，判断某一战略是否可行需要通过以下 4 项检验：

（1）目标一致性检验。拟议中的战略必须与企业的目标保持一致。

（2）产业结构检验。拟议中的战略应该发挥企业在特定产业或相关产业结构中的优势。

（3）能力检验。拟议中的战略所需要的条件应能依靠企业的技巧和能力满足。

（4）可行性检验。拟议中的战略所需要的资源条件应能获得，制约因素应能克服。

六、投资战略的实施与修正

投资战略的实施是将投资战略方案付诸行动的过程。首先，要将战略方案具体化，因为实施战略方案需要将其分解为可操作的具体方案。其次，要建立实现战略的组织结构，因为方案是通过组织来实施的，适宜的组织结构将为企业战略决策方案的实施提供组织上的保证。美国著名管理学家钱德勒先生指出："组织结构服从战略。"企业要根据战略来调整组织结构，确保实现战略所必要的活动能够有效地进行。同时，还要根据外部环境的变化，对企业的战略进行修正，以保证战略的正确性。

本章小结

本章第一节从介绍企业的资金运行系统出发，通过对资本运行过程的分析，可以看出资本筹措、战略投资和以资产为基础的增值活动是资本运行过程的三个主要环节；然后，在此基础上介绍了企业投资战略的含义和特点；最后，指出了企业投资战略的目标，即企业价值最大化，并对这一目标的特点进行了分析。

本章第二节主要介绍了企业投资战略的类型，包括发展型投资战略、稳定型投资战略、紧缩型投资战略和组合型投资战略，随后分别对这四种类型的投资战略做了详细的分析。

本章第三节是本章的重点内容，主要讲解了企业投资战略的制定过程。首先，简要介绍了如何确定投资战略目标，然后用较多篇幅讲解了如何进行战略条件分析，包括战略环境分析、企业内部条件分析以及投资战略态势分析。其次，在此基础上讲述了投资战略重点的确定，而后简单介绍了制定投资战略方案的三个步骤。再次，分析了如何在若干个可行的投资战略方案中选出最优的方案。最后，对投资战略的实施与修正进行了简略的描述。

本章要点

- 企业的资金运行系统
- 企业投资战略的三个层次
- 企业投资战略的目标及其特点
- 企业投资战略的四种类型及其各自内容
- 企业投资战略环境分析及有关模型
- 企业内部条件分析的内容
- 投资战略态势分析和三种模型分析工具
- 确定企业投资战略重点的方法
- 制定投资战略方案的三个步骤
- 影响企业投资战略方案选优的几个关键因素

本章关键术语

投资战略	发展型投资战略	集中发展型投资战略
同心多样化投资战略	纵向一体化投资战略	横向一体化投资战略
复合多样化投资战略	稳定型投资战略	紧缩型投资战略
组合型投资战略	投资战略目标	战略条件分析
投资战略重点	投资战略方案	投资战略方案选优

本章习题

1. 简述企业的资金运行系统。
2. 企业投资战略包括哪三个层次？
3. 简述企业投资战略的含义及特点。
4. 企业投资战略的目标是什么？
5. 简述投资战略的类型。
6. 发展型投资战略包括哪几种？
7. 选择企业投资战略应考虑哪些因素？
8. 战略环境分析有哪些主要内容？
9. 简述企业投资战略制定的程序。
10. 如何运用机会-威胁分析矩阵、波士顿矩阵和战略群模型进行投资战略态势分析？

第十一章

国际投资

章前引例

中国国际投资促进会（简称中国投促会）是经国务院批准，在民政部登记注册的具有独立法人地位的全国性投资促进机构，于 2006 年 7 月 25 日正式成立。

中国投促会由全国各地投资促进机构、开发区招商部门、企业、金融机构、投资机构、专业服务机构、相关事业单位和社会团体、研究机构和专家、学者等组成，是非营利性社会组织。

中国投促会的宗旨和职责是：实施国家“引进来”“走出去”投资促进战略；组建全国性投资促进工作平台和行业投资促进机制，设立多、双边投资促进合作机制，与相关国际组织建立合作伙伴关系；开展促进中国与其他国家、地区之间投资贸易合作的活动；推进“一带一路”倡议的实施；促进内地与香港、澳门特别行政区，祖国大陆与台湾地区的投资贸易合作；分析全球跨国投资新趋势、新模式，研究其他国家/地区投资政策法规，调研我国投资环境，编制报告，发布信息，建立信息库，推广多元化投资促进产品，举办多种形式的投资促进活动；为外商来华投资、中国企业海外投资、中外企业合作到第三方投资和我国东中西部地区投资合作提供有效服务和解决方案；为会员提供协调、咨询、信息、培训等服务；为政府、园区、企业、相关机构提供投资环境评估与改善方案及市场调研、专业培训、项目评估与推进、投资促进活动策划等服务；代表会员、企业向政府有关部门反映投资及运营中存在的问题，提出改善投资环境的建议；履行社会责任，维护会员的合法、正当权益；承办政府部门交办的任务，办理与本会宗旨有关的其他事项。

为什么我国要设立这样一个全球性投资促进机构？从其名称我们就可以知道该机构主要服务于我国的国际投资，那么国际投资是什么？它有什么作用？国际投资方式都有什么种类？它们各自分别有什么样的影响因素？为什么我国如此注重国际投资？通过本章的学习，读者将对国际投资有更加全面、系统的了解。

学习目标

- 了解国际投资的作用与发展过程，掌握国际投资相关理论
- 掌握国际直接投资的分类及影响因素
- 掌握国际间接投资的主要种类
- 了解补偿贸易、国际加工装配、国际租赁等国际投资方式

第一节　国际投资的产生与发展

一、国际投资的含义

国际投资（international investment）是国际货币资本及国际产业资本跨国流动的一种形式，是将资本从一个国家或地区投向另一个国家或地区的经济活动。国际直接投资和国际间接投资是国际投资的两种基本形式。国际直接投资是指投资者到国外直接开办工矿企业或经营其他企业，即将其资本直接投放到生产经营中的经济活动。它不是单纯的资金外投，而是资金、技术、经营管理知识的综合体由投资国的特定产业部门向东道国的特定产业部门的转移，它包括独资经营、合资经营、合作经营、合作开发、跨国并购等具体方式。国际间接投资是指国际证券投资以及通过国际中长期信贷、经济开发援助等形式进行的资本外投活动。此外，还有第二次世界大战后迅速发展起来的国际补偿贸易、国际加工装配、国际租赁等形式。“跨国性”是国际投资的显著特征，由此决定了国际投资在以下几个方面有别于国内投资：

第一，国际投资目的的多样性。国内投资的主要目的是用于促进一国的国民经济发展，而国际投资的目的则是多维的。有的国际投资活动的目的在于使资本保值或增值，有的在于建立和改善双边或多边经济关系，有的则带有明显的政治目的。

第二，国际投资领域的市场分割及不完全竞争性。各主权国家受政治、经济、自然、文化及社会等各方面因素的影响，将世界市场分割成多个。受市场分割的影响，国际资本流动具有不完全竞争性。

第三，国际投资中货币单位及货币制度的差异性。各国使用的货币不同，货币制度也千差万别，货币本位的差别决定了资本国际相对价格的不同，从而影响国际投资的规模、流向和形式。

第四，投资环境的国际差异性。投资环境包括政治、经济、法律、社会文化等多方面因素。各国的政治经济制度有别，有社会主义国家和资本主义国家之分；各国经济发展的水平不同，有发达国家、中等收入发展中国家和低收入发展中国家之分；各国的法律及社会文化等方面的差异更为明显，因而各国的投资环境迥异，影响到国际投资的收益和风险。

二、国际投资的作用

国际投资对世界经济的发展能够产生深刻的影响，但国际投资形式和投资具体目的的不同以及投资对象选择的不同，对世界经济产生的影响程度、侧重面的差别很大，很难笼统地描述。这里仅就国际投资的资本转移效应、技术和管理转移效应、产业升级效应、贸易创造效应、就业效应方面分别进行阐述。

（一）资本转移效应

国际投资所引起的资本转移，对东道国和投资国会产生不同的效应。对东道国来说，国际投资直接增加其资本流入，能够扩大生产、增加产出，并通过乘数的作用，促进其经济增长；同时，也能引发东道国国内相关投资的增加，促进东道国投资环境的改善。对投资国来说，投资国资本流出，短期内可能会减少母国的资本流量，但从长期考察，一旦投资进入回收期，资本利润汇回母国，就会增加母国的资本流量和存量。同时，伴随着投资国资本的流出，也会刺激投资国的出口生产，增加东道国对投资国出口品的需求，拉动母国经济增长。在外汇方面，从短期看，直接投资对东道国的国际收支有积极的影响，因为有外资的流入；但从长期看，跨国公司利润汇回会造成巨大的外汇负担，特别是一些跨国公司在几年或十几年内就收回投资，情况更是如此。如果从投资国与东道国双方角度来考察，直接投资对双方国际收支的影响是不同的。在短期内，投资国的资金外流，可能使其国际收支恶化，从而有利于东道国国际收支的改善。但从长期看，情况正好相反，投资国在一段时期后开始有利润汇回国内，从而国际收支状况逐渐改善；相反，东道国的资金外流，从而对其国际收支有消极影响。要使投资国和东道国的国际收支从长期看能相互统一，唯一的办法是东道国通过直接投资的流入，增加生产、出口创汇和提高企业的经济效益。这样，投资国在一定时期内收回投资对东道国国际收支的影响，就可能因投资收益和出口创汇收益的增加而抵消。假设存在这样一种情况，东道国为使其国际收支不致恶化而强制实施外汇管制，以防止那些设在其境内的外国子公司或分支机构把股利汇回母公司，那么投资国的国际收支状况在长期内难以得到改善，而且东道国也不可能有更多的外资流入。

（二）技术和管理转移效应

外国资本对东道国的注入使东道国有可能借助各种注入方式提高研发能力，获得研发成果。这些方式包括：东道国借助跨国公司在体系外部建立开发和技术合作网络时，有机会学习和掌握跨国公司的研发成果；东道国借助外国投资者的非股权投资方式或合作生产方式，获得投资国的技术与知识，这些技术包括项目设计、产品规格、制造技术、质量监控以及管理技能等。在通常情况下，伴随外国直接投资的技术转移适用性强，易于东道国工人和管理人员掌握，也能更好地与东道国总体经济技术水平和相关产业技术水平相适应，技术扩散效应更显著。同时，伴随国际投资的进行还存在技术和管理的外溢效应，这是一个综合的动态过程，既有进口机器设备、中间品等硬件技术的转移，也有技术服务咨询、技术人才培训、组织管理技能和企业家精神培养等软技术的渗透及扩散，而更重要的是技术开发和创新机制的动态发育。它的主要形式包括在外国投资企业受过训练并有经验的人员流动，外国投资者的竞争压力迫使当地生产厂家提高自己的技术水平，仿效外国投资者的新产品和新工艺等。

（三）产业升级效应

国际投资可以为东道国引入一批相互产生积极影响的资源，如资本、技术、网络等，这些资源与东道国资源相结合，同时也是出于外国投资者自身利益的考虑，投资者将采用具有相对优势的新技术工艺，使现行技术升级换代，从而使东道国的经济结构在客观上获得调整。东道国为了达到投资对产业结构调整的目标，也会制定相应的投资政策，引导外资投向国内亟须调整的产业部门，支持国内的经济结构调整。当然，如果外国投资带来的生产活动附加值较低，或者带来的竞争压力迫使效率不高的东道国企业退出市场，那么这类调整意味着东道国付出了一定的社会代价。投资国通过国际投资有利于把国内效率相对较低或附加值相对较小的产业转移到国外，从而使母国的经济结构客观上获得优化；同样地，母国为了达到产业结构调整的目标，也会制定相应的产业政策，引导国内的经济结构调整。国际直接投资对东道国特别是发展中东道国的产业升级效应表现在很多方面，如帮助东道国建立新的产业、促使原有产业升级、增强优势产业的国际竞争力、扩大优势产业出口规模、培植相关产业和企业的竞争优势等。

（四）贸易创造效应

以跨国公司为主体的国际直接投资，是第二次世界大战后国际贸易发展的重要动力。尽管从理论上分析，国际直接投资有贸易创造和贸易替代两方面的效应，但实践经验表明，国际直接投资的发展从总体上伴随着国际贸易的迅速扩张。大量事实证明，跨国公司在东道国的分支机构具有较高的出口趋向，与东道国企业相比，它们的出口导向性更强。同时，这些分支机构的出口产品正不断地向制成品和技术密集型制成品的方向发展，与东道国企业相比，它们的出口产品技术含量较高。然而，正是这些分支机构的动向，给东道国企业传递了信息，引导着东道国企业的行为，开辟出新的国际市场。当然，也不排除某些分支机构存在进口倾向较大的情况。在这种状态下，个别跨国公司的国际投资对东道国扩大国际出口市场的效应，可能在很大程度上被抵消，甚至可能出现负的效应。对此，东道国政府需要采用政策进行引导和调节。

（五）就业效应

东道国吸收国际投资通常会给本国就业带来直接效果和间接效果。从直接效果来看，国际资本投入在就业数量上往往给东道国创造许多新的就业机会。其中，新建企业投资方式吸收的就业人员一般高于并购方式，因为前者将吸纳一批新的就业人员、扩大就业队伍，而后者只是安置原有的就业员工。在就业质量方面，国际资本投入往往给东道国就业人员创造了许多培训机会，有利于提高员工的技能水平。从间接效果来看，国际直接投资对就业的贡献不仅体现在外商投资企业直接提供的就业机会，还包括通过刺激前（后）向关联产业发展而间接创造的就业机会。国际劳工组织的实证研究表明，外商投资企业为关联产业创造的就业机会比其直接雇用的人数高 2～3 倍。

当然，国际投资理论也指出，国际投资的上述效应有一定的不确定性，主要取决于各国利用外资的战略与政策，取决于国际资本流入的技术含量和附加值，取决于与各国现有产业关联度的大小，也与各国的产业与技术政策有关。

延伸阅读

2021 年我国对外直接投资情况

三、国际投资的产生与发展

（一）国际投资的产生

国际资本的形成经历了一个历史过程。在这一过程中，各种形态的国际资本相互联系、相互促进。资本在国际范围内的运动：首先，表现为商品资本的运动，即国际贸易；其次，表现为货币资本的运动，即以国际借贷、国际证券投资为主要形式的国际间接投资；最后，表现为生产资本的运动，即国际直接投资。国际直接投资是资本在国际范围内运动的最高形式。

18 世纪 60 年代至 19 世纪 60 年代，第一次产业革命使社会生产完成了向大机器工业的过渡，初步形成了工业国与农业国的分工。19 世纪 70 年代开始的第二次产业革命，将原材料的生产主要集中到拉丁美洲、亚洲、非洲等农业国家，而将工业集中于欧洲和北美洲。到 19 世纪末和 20 世纪初，国际分工体系基本形成，国家之间的商品交换规模越来越大，以国际贸易为表现形式的国际商品资本得到了极大的发展，参与国际贸易成为一国参与国际分工的主要形式。资本的本性决定了国际商品资本形态必然要向国际货币资本形态、国际生产资本形态的方向发展。跨国银行的出现是国际货币资本运动（即国际间接投资）产生的重要标志。从历史发展的进程来看，国内的“资本过剩”与国外有利可图的投资场所的存在，是国际货币资本运动产生的内在动力，殖民主义体系的建立为古典国际货币资本运动创造了外部条件。第二次世界大战后，生产的国际化程度不断提高，各国的生产通过国家专业化分工及国际协作紧密地联系在一起，各国的生产越来越成为世界生产过程的一部分。跨国公司的出现是国际生产资本（即国际直接投资）产生的重要标志。这样，国际生产资本形成的规模越来越大，逐渐成为占主导地位的资本形态。

（二）国际投资的发展阶段

国际投资发展的历史大体上经历了以下几个阶段：

1. 1914 年以前的国际投资

国际投资的起源可追溯到 19 世纪上半叶已基本完成的英国工业革命。一方面，英国的工业革命形成了国内相对过剩的资本；另一方面，由于对原材料及食品等的迫切需求，英国不得不大举对外投资。整个 19 世纪的国际投资规模不大，而且 1914 年以前的国际投资以私人对外投资形式为主，是国际私人投资活动的“黄金时代”。到 1914 年为止，各主要债权国的对外投资总额已超过 410 亿美元，其中多为私人对外投资。私人对外投资占主导地位的原因是当时的国际经济环境。在 1914 年以前的一段较长时期内，资本主义国家尚处在自由竞争的资本主义阶段，强调个人主义与政府的不干涉，所以当时的私人对外投资很少受到政府方面的人为限制与阻碍。此外，国际上通行金本位制度，使汇率波动所能带来的风险和损失降到了最低限度。

在这一时期，英国、法国和德国是国际上的最大对外投资国，荷兰与瑞士也是重要的国际资本来源地，其中英国曾长期占主导地位。19 世纪中叶之后，英国的工业发展速度较快，为了加强对殖民地、半殖民地国家的控制与剥削，巩固其世界霸主的地位，英国对外投资规模急剧扩张。到 1913 年，英国的对外投资额已达 40 亿英镑，相当于当时英国国民财富总额的 1/4，占当时西方国家对外投资总额的 1/2。美国随着本国工业化和经济的发展，19 世纪末开始对外投资，到 1914 年，其对外投资额为 35 亿美元，而在美国的外国投资额达 72 亿美元，美国为净债务国。到 1914 年，英国、法国、德国、美国、日本等国的对外投资总额为 440 亿美元。从投资的形式上看，这个时期国际直接投资只占国际投资总额的 10%左右，其余的 90%是国际间接投资（包括借贷资本形式和证券形式）。对外投资主要用于东道国的资源开发业、铁路业等，因而投资期限较长，长达99年的贷款期限并不罕见。

从国际投资的流向看，这一阶段的东道国主要有北美洲、拉丁美洲、大洋洲等资源丰富的国家和亚洲、非洲一些殖民地与半殖民地国家。19世纪初期，英国的对外投资大多投向欧洲大陆；1870年以后，英国的对外投资主要流向农产品和原料的重要产地，尤其是美国、澳大利亚、加拿大、阿根廷和新西兰。法国和德国到19世纪末才开始对外投资。法国的对外贷款受政治因素的影响，主要流向俄国、东欧和北欧的一些国家，德国的对外投资主要集中在中欧、东欧的一些国家。

2. 两次世界大战期间的国际投资

在这一阶段，由于受整个国际经济格局的制约，国际投资发展缓慢。

第一次世界大战给国际投资格局带来了重大变化，美国从一个净债务国变成了最大的债权国，这是筹措战争费用和战后经济复兴费用所造成的。为了应付战时的非常入超，协约国被迫借款和压缩对外投资，而美国政府对同盟国的贷款总额达100亿美元。至1919年，美国已从1914年债务总额约37亿美元的净债务国变成债权总额为37亿美元的债权国。英国与法国由于大量借款和削减对外投资，加之其在国外投资的贬值，在第一次世界大战结束时已大大削弱了其债权国的地位。德国由于交付战争费用、在协约国的投资被没收以及在其他地区投资的贬值，由债权国沦为一个净债务国。

第一次世界大战后，新的长期国际资本的主要来源地由英国转移到美国。在战后第一个10年，美国借出的长期贷款主要有两个流向：一是对昔日的标准国际债主国的巨额贷款（几乎都是欧洲国家），帮助它们用于战争的救济和经济复兴；二是专为经济扩张而进行的贷款。战后的最初几年，尤其是1919—1920年，是这一时期对外投资规模最大的两年，对外投资的方式主要是政府贷款，投资的目的是实现战后经济的复兴。到1922年，美国政府不再办理对外贷款，从此私人对外投资有了长足的发展。最多的私人对外投资出现在1924—1928年，1929年后新发行的外国证券数量大幅减少。在1929—1933年世界资本主义经济大危机期间，工业国的产量下降了17%，世界贸易量下降了25%以上，国际货币体系崩溃了，没有一个贷款国能够作为最后的资金提供者，履行英国以前的职能。资金匮乏导致国际贸易量的下降，国际贸易量的下降又进一步加剧了国际投资资金的短缺。由于生产、出口、产品价格的下降，一些东道国难以偿还到期外债。经济发展萎缩，通货紧缩，国际贸易量锐减，国际货币机构的解体，贸易保护与外汇管制政策的实施，以及政治的动荡不安等，导致新的国际投资中止，未清偿的贷款普遍不再履行义务，出现了国际性债务危机。

1930年，英国仍为世界主要长期债权国之一，其投资主要流向英属殖民地。除美国、英国等少数债权国外，其他国家多为长期债务国，如加拿大、澳大利亚、阿根廷、中国、印度、德国、巴西等。同期，美国的国际投资开始反向流动，美国的对外投资额少于在美国的外国投资总额。1931—1939年，美国平均每年净吸收国外投资额2.9亿美元。在这一阶段，官方对外投资规模迅速扩大，但私人对外投资规模仍在国际投资中占主导地位。到第二次世界大战结束的1945年，美国、英国、法国、德国、日本5个主要投资国的对外投资额分别为170亿美元、140亿美元、60亿美元、10亿美元和0。

3. 第二次世界大战后至20世纪60年代末的国际投资

第二次世界大战的结果是：除美国外，各参战国的经济惨遭破坏，美国乘机向外扩张，美元成为主要的国际储备货币，对外投资的规模迅速扩大。美国于1947年宣布实行“马歇尔计划”，旨在帮助遭到战争破坏的欧洲国家恢复经济。1946—1965年美国对外贷款和赠与（军事援助除外）总额达840亿美元，其中500亿美元为赠与。1956年是美国私人对外投资的转折点，投资总额超过以往任何一个时期的水平。与20年代的对外投资相比，美国私人对外投资的方式也有了较大的变化。1920年美国私人对外投资中约60%为证券投资，而第二次世界大战后占主导地位的投资形式是直接投资。1965年美国私人对外投资中，直接投资占80%以上。1946年后，美国政府对外投资逐年增加：1946年为50亿美元，1956年为182亿美元，1965年达203亿美元。在总额上，截至1965年，美国对外投资达900亿美元，在美国的外国投资约250亿美元。

第二次世界大战给英国的国际投资地位带来了根本性的变化，1938—1948年英国对外投资的名义价值从35.45亿英镑跌落到约19.6亿英镑；同期，在海外的英镑负债迅速增长，超过了英国对外投资的总额。这样，美国取代了英国，成为国际资本的主要来源地和世界主要债权国。到1970年底，美国、英国、法国、联邦德国和日本的对外投资累计额分别为1 486亿美元、490亿美元、200亿美元、190亿美元、36亿美元。其他西方国家的对外投资规模也得到了较大的发展，但所占比例仍然较小。

20世纪60年代末期，美国的国际收支持续逆差；到70年代初，受国际石油危机的严重打击，美国的世界主要债权国的地位发生了动摇。

长期以来，对外投资一直为西方经济大国所垄断。在20世纪60年代后期，随着自身经济的发展和引进外资规模的扩大，一些发展中国家和地区也开始发展对外投资。到1969年，发展中国家和地区的跨国公司已达1 100个。印度、韩国、新加坡、巴西、墨西哥、阿根廷和中东的一些国家以及中国香港、中国台湾等地区成为对外投资的新生力量。从总体来说，这类国家和地区的对外投资在国际投资中所占的比例仍然较小，但发展势头良好，在一定程度上打破了西方经济大国在国际投资领域的垄断地位。此外，苏联和东欧各国也开始发展对外投资。

4. 20世纪70年代至2008年期间的国际投资

进入20世纪70年代后，生产国际化的程度进一步提高，国际投资的规模超过了以往任何一个时期。美国、英国、法国、联邦德国和日本在国际投资领域仍保持领先地位，其中，美国仍然占据主导地位。西方经济大国既发展对外投资，又大力引进外资。例如，到1980年年底，美国对外投资余额达6 069亿美元，引进外资余额为5 009亿美元。1970年美国的海外资产为1 654亿美元，1988年已达12 537亿美元，比1970年增长了6.6倍。同期，外国在美国的资产由1 069亿美元增长到17 862亿美元，增长15.7倍。许多资本主义国家对外投资累计额都超过了当年的出口值。此外，随着经济发展水平不均衡性的加剧，主要资本主义国家在国际投资领域中的地位有了新的变化。日本急起直追，成为世界上后起的对外投资大国。到1980年年底，日本已超过法国，成为继美国、英国、联邦德国之后的第四大对外投资国。

进入20世纪70年代后，发展中国家和地区的对外投资增长较快。1970—1972年发展中国家和地区的对外投资余额仅为4 300万美元，相当于发达国家对外投资余额的

0.33%。1978—1980年这一比例上升到1.64%。新加坡、韩国、菲律宾、阿根廷、巴西、墨西哥、委内瑞拉等国家和中国香港等地区，既积极引进外资，又大力发展对外投资，成为发展中国家和地区主要的对外投资国和地区。苏联和东欧一些国家的对外投资也得到了进一步的发展。

值得一提的是，在这一时期，石油输出国组织异军突起，成为国际投资领域的一支重要力量。1973—1974年与1979—1980年两次石油提价使得石油输出国组织的经常账户出现巨额盈余。由于这些国家的经济落后，吸收和利用资金的能力有限，于是大量资本外流。1974—1980年石油输出国组织大量的资本流向国外，其中，在西方发达国家的存款为1 250亿美元，对外直接投资与证券投资为2 320亿美元，为国际货币基金组织提供贷款200亿美元，无偿或有偿援助非产油发展中国家810亿美元。

进入20世纪80年代后，以美国为首的主要西方国家的对外投资呈缓慢增长势头。从总体来看，对外投资总规模仍不断扩大，但增长速度明显放慢，进入稳定增长时期。当然，与经济发展的不平衡相一致，各西方国家的对外投资增长速度也是不一致的。80年代后，主要西方国家在国际投资中的地位发生了进一步的变化。从1983年起，美国对外投资额的增长极为缓慢，但引进外资的发展速度增长较快，国外净资产额逐年下降。到1984年年底，美国在国外的净资产额仅为282亿美元。到1985年第二季度，美国引进外资的余额超过其对外投资余额，由世界最大的债权国变为债务国。此时，美国保持了长达67年之久的债权国地位。

由于世界经济进入了经济全球化阶段，20世纪90年代的国际资本流动达到了空前的规模，而这种状况又与经济全球化彼此呼应。国际资本流动是经济全球化的集中体现。90年代以来国际资本流动的主要特点包括：

（1）国际资本流动规模巨大，虚拟经济与实体经济严重脱节。可以说此时国际资本流动的规模之大，是以往任何时候都无法比拟的。举例来说，1973年全球外汇市场日交易量仅为150亿美元，而到了1995年，外汇市场的日交易量则达到12 000亿美元。全球外汇交易额大于世界市场进出口总价值的60倍，每日金融交易与实物贸易有关系的不超过2%，金融衍生产品种类已经达到1 200多种。

（2）国际间接投资对于发展中国家经济发展的重要性日益增加。在利用外资方面，有相当多的发展中国家对于间接投资的利用要高于直接投资，如巴西、阿根廷、韩国、墨西哥、泰国等国。从1992年起，这些国家的外国证券投资的流入速度远远快于直接投资的流入速度，而且这些国家在过去的经济发展中，对外国证券投资的依赖性要远远大于对外国直接投资的依赖性。但是，也正是由于这种间接资本的特点及其过快流入，造成了这些国家金融市场的不稳定，也就使得流入这些国家的国际间接投资波动较大。基于此，更多的发展中国家开始对证券投资的流入加以控制，如智利、韩国等。

（3）国际直接投资的发展势头迅猛，流量达到创纪录的水平，以美国为首的发达国家是国际投资的主要投资者和吸纳者。国际直接投资在维持了连续7年的增长后，1997年国际直接投资仍以发达国家间的流动为主。美国仍是世界上最大的资本输出国。在国际投资处于低潮、发达国家对外直接投资普遍锐减时，美国仅在1990年出现明显的下降，以后一直保持着十分强劲的增长势头。美国私人海外证券投资额在1980年时相当于当时美国国内生产总值的9%，而到了1996年则高达164%。1995年，10个最大的东道国吸收的外国直接投资占总投资的2/3，而100个最小的外资吸收国吸收的外国直接投资仅占世界流量的1%。1995年国际直接投资流量增长90%，主要发生在发达国家。其中，美国利用外国直接投资和对外直接投资分别为600亿美元和950亿美元，继续保持第一。欧盟国家对外投资增长很快，英国和德国分别为380亿美元和360亿美元，主要投向欧盟国家和美国。逐渐走出经济衰退的日本，国际投资回升，投资流向大多是东亚、东南亚和发达国家。

（4）对发展中国家的投资继续增长。尽管国际直接投资流动仍以美国、日本和欧盟为主体，但近年来，流入发展中国家的直接投资较过去有了很大的改观，而且直到东南亚金融危机爆发前，一直保持着不断增长的势头。据统计，在20世纪90年代的头7年中，国际资本流入发展中国家的年平均增长速度为10%以上，明显高于世界经济和国际贸易的增长速度。其中，仅1995—1997年（截至亚洲金融危机之前）每年的净资本流入量就增长了2倍，达到1 500亿美元。在国际直接投资的流动中，1996年流入发展中国家的国际直接投资额已达1 290亿美元，约占全球直接投资总额的38%，比90年代初增加了近4倍。其中约60%流入亚洲地区、约30%流入拉美地区，而同期流入非洲国家和东欧国家的直接投资额分别占全球投资总额的4.09%和5.7%。虽然1996年国际直接投资流向发展中国家和发达国家的比例并不平衡，但与90年代初相比，对非洲国家和东欧国家的国际直接投资也分别增长了约16%和27.8%，这表明国际社会对非洲和东欧的兴趣有所增强。1997年受亚洲金融危机的影响，国际直接投资的流向发生了逆转，大量国际资本流向欧洲和美国，全年流入发展中国家的资金仅为1 400亿美元，其中私人资本的流量下降了7.1%，仅对亚洲新兴市场的流入就下降了14%左右。

（5）跨国公司仍是对外投资的主体，并购成为其对外投资的主要形式。面对竞争压力、自由化浪潮和新投资领域的开放，越来越多的企业，包括发展中国家的企业更积极地参与了全球化经济活动。这些企业再次以并购作为自己的核心经营战略，在国外建立起自己的生产设施，以保护、巩固和增强自己的国际竞争力。1988—1995年世界跨国并购总额（包括证券投资进行的并购）增加了一倍，达到2 290亿美元；1988—1995年多数控股并购总额（不包括证券投资进行的并购和少数控股国际直接投资）增长了84%，达到1 350亿美元。西欧（1995年的并购活动主要发生在西欧）的跨境企业销售额达到了500亿美元，跨境企业收购额达到了660亿美元，大多属于欧盟内部的企业并购。1995年美国的企业并购达到了最高水平，其企业销售额为490亿美元，企业收购额为380亿美元。跨国并购活动最为活跃的行业为能源、经销、电信、医药和金融服务行业。中小型企业和服务相关型企业也积极参与了并购活动。总而言之，并购高潮开始于20世纪80年代后期，在90年代的国际直接投资衰退中受到了影响，而后再掀高潮，使1995年的国际投资流量达到创纪录的水平。

（6）国际直接投资的部门结构向第三产业倾斜，同时基础设施投资向外国投资者开放，成为国际投资的新特点。由于东道国政府急于获取外国的资本和技术，并采取私营化、自由化的政策，越来越多的国家向国外投资者开放基础设施投资。更多的跨国公司采用特许经营的方式参与基础设施的投资。

5. 2008年全球金融危机发生后的国际投资

2008年，一场国际性的金融风暴席卷全球，发达国家金融市场的流动性出现了不足，信贷规模也出现了紧缩。这使得其本土的金融机构和国际投资机构不得不从海外撤资，国际资本显现出从发展中国家流向发达国家的局面。此后，尽管各国和各地区央行宣布向金融机构注资，对其实行国有化，抑或是降息，人们的信心依旧不足，金融市场情绪依旧有些恐慌。

在经历了 2008 年和 2009 年的大幅下滑后，2010 年全球国际直接投资流入量出现了缓慢增长，达到 1.244 万亿美元，比 2009 年增长了 5%，但比金融危机前的平均值低约 15%，更比 2007 年的峰值低了 37%。2010 年出现的有限增长主要是由于国际直接投资更多地流入发展中国家，使得发展中国家与经济转型国家吸收的国际直接投资第一次超过国际直接投资流量的一半。2010 年全年的跨国并购逐步回升，私募股权投资基金的投资重新大幅上扬，而主权财富基金的投资却严重下滑。2010 年全球外国直接投资（FDI）流出量为 1.323 万亿美元，比 2009 年有所增长，但低于金融危机前的平均水平，更比 2007 年的峰值低了 39%。与 FDI 流入一样，FDI 流出也呈现出不均衡性。来自发展中国家和经济转型国家的 FDI 流出量强劲增长，2010 年达 3 880 亿美元，比 2009 年猛增了 21%，占全球 FDI 流出量的比例也从 2007 年的 16%提高到了 29%，反映出这些国家的经济向好，它们充满活力的跨国公司希望在新兴市场中开展竞争。来自发达国家的 FDI 流出量虽止跌回升，增幅达 10%，但仅为 2007 年峰值水平的一半。

2014 年，各经济体的 FDI 流入量参差不齐，流入发展中经济体的 FDI 创历史最高水平，达到 6 810 亿美元，增长幅度为 2%。发展中经济体在全球 FDI 流动格局中的地位进一步增强，占全球 FDI 总额的 55%。流入发达国家的 FDI 持续低迷，全年下降 28%，为 4 990 亿美元。中国首次超过美国成为全球最大的 FDI 流入国，2013 年吸引外资增加 4%，达 1 290 亿美元，而美国同期 FDI 流入大幅减少六成，仅为 924 亿美元。在全球十大外资流入地中，发展中经济体占据 5 席，即中国内地、中国香港、新加坡、巴西和印度。

延伸阅读

新冠疫情对外国直接投资的影响

四、国际投资理论评析

资本在国家之间的转移带来了资本的国际流动，西方经济学家对此进行了研究。早期的国际投资理论解释资本流动主要以间接投资为研究对象，这些理论又称国际间接投资理论，是后来发展起来的国际直接投资理论的渊源。

早期的国际投资理论是以古典或新古典经济学为理论基础的，其前提条件为市场是完善的，即市场是完全竞争、信息充分、资本自由流动的。早期利率理论不仅直接解释了国际贷款活动，而且表明国际证券投资也以利率学说为基础。根据利率理论，资本在国家之间的流动是由不同国家之间利率水平的差异造成的，资本倾向于从利率水平较低的国家流向利率水平较高的国家。资本富裕的国家资本相对价格（利率）较低，资本贫乏的国家资本相对价格较高，资本就从资本富裕国家流向资本贫乏国家，最终达到一种均衡，在完全竞争的国际资本市场上只有一种利率存在。

与古典理论不同，新古典理论引入资本边际生产力的概念，认为资本边际生产力的差异才是决定资本国际流动的因素，较好地解释了资本流动多发生在发达国家的现象。因为资本总是流向资本边际生产力高的国家，而发达国家资本边际生产力高于不发达国家。

第二次世界大战以后，尤其是20世纪60年代以来，随着各国对外直接投资和跨国公司的迅速发展，早期的国际资本流动理论对国际直接投资不能做出有效的解释，经济学家开始从产业组织理论、产品生命周期理论、折中理论、投资发展周期理论、边际产业扩张论、“两缺口”理论、债务周期理论等出发进行深入研究。

（一）产业组织理论对境外投资的解释

美国经济学家海默（S. Hymer）在1960年首先提出垄断优势理论，他认为一个企业之所以要对外直接投资，是因为它有比东道国同类企业有利的垄断优势，从而在国外进行生产可以赚取更多利润。由于存在不完全竞争，跨国公司拥有新技术优势、杰出的管理制度、跨国市场营销网络、国际化经验、生产规模经济、降低融资成本及产品差异化能力等。由于当地企业很难达到跨国企业所拥有的知识资产优势，或者要拥有这种优势必须花费很大成本，这样投资者就可以凭借自己的垄断优势获取垄断利润；同时，由于跨国企业将生产扩展到海外，可使企业生产达到最适度规模，以最大限度地降低生产成本，从而产生竞争优势。这两种优势决定了对外直接投资的方向，跨国企业应该到知识资产优势相对薄弱的国家或地区投资兴建工业企业。

凯夫斯（Caves，1971）和马吉（Magee，1977）等曾利用产业组织理论阐述企业海外投资行为。凯夫斯认为技术水准与行销手法所形成的产品差异化是水平式投资发生的重要原因。马吉强调信息与技术等市场不完全性，通过多国籍企业内部移转会较经由外部市场有效率，从而出现以直接投资来内部化其优势。

（二）产品生命周期理论

弗农（Vernon，1966）将动态概念导入传统国际贸易理论，描述比较利益随时间改变时，生产地点将随之移动。弗农将全球分成高所得国家、先进国家、发展中国家，并认为所有产品都会经历从开发、问市、销售到普及的过程，产品依其发展阶段可分为创新产品、成熟产品、标准化产品。弗农发现，由于国家间、厂商间的技术差距会随时间推移逐渐缩小，产品由创新产品迈向成熟产品时，通过比较利益来源，企业就会从技术优势移转至降低生产成本上，高所得国家最初在国内生产并出口，同时会到其他生产成本稍低并有一定需求的先进国家投资进行生产；当产品进入标准化阶段时，因生产技术普遍扩散，生产成本成为竞争的核心，企业就会到生产成本更低的新兴工业化国家或发展中国家投资生产。弗农认为，产品生命周期理论可以用来解释为什么美国的许多制造公司从出口转向对外直接投资。在新产品阶段时，生产还不够标准化，设计与工艺过程经常有变化，还需要投入一定的科研费用，此时生产仍旧集中在美国，尽管其他国家的生产成本可能会更低。在产品成熟阶段，制造公司纷纷到国外投资，以降低产品成本，同时也节省了因出口而发生的费用。一般来说，美国制造公司最初愿意将资金投向发达国家，因为它们对美国的出口贸易限制比较严格，美国对发达国家进行投资是为了保住其以前通过出口打开的市场，因此美国人称之为“防御性”投资。

（三）折中理论

英国经济学家邓宁（J. H. Dunning）综合各种境外投资理论，提出折中理论。邓宁认为，厂商境外投资是由企业专属优势、内部化优势和区位优势三者综合作用的结果。

企业专属优势是指该境外投资企业具有较其他国家厂商优越的地方，包括：① 拥有财产权、优越的管理技术、创新的产品及能力等无形资产优势；② 拥有范围经济、规模经济、生产要素独占权或较易取得有利资源、获得母国公司的支持等管理营运上的优势；③ 拥有多国化的经验。

内部化优势是指企业为避免市场的不完全性带来的影响而把企业的优势保持在企业内部。邓宁认为，市场的不完全性包括两方面内容：一是结构的不完全性，这主要是由对竞争的限制所引起的。在这种情况下，交易成本很高，相互依赖经济活动的共同利益不能实现。二是认识的不完全性，这主要是由于产品或劳务的市场信息难以获得，或者要花很大代价才能获取这些信息。只有通过内部化，在一个共同所有的企业内部实行供给与需求的交换关系，用企业自己的程序来配置资源，才能使企业的专属优势发挥最大的效用。

区位优势是指甲国能为外国厂商在该国投资设厂提供比乙国更有利的条件。这些有利的条件是甲国特有的，对所有的跨国企业一视同仁。它们不仅包括各种自然资源、劳动力，而且包括制度因素或其他因素，如产业结构、市场规模、税收和补贴、进口限制、交通运输成本等。

邓宁认为，上述专属优势和内部化优势是对外直接投资的必要条件，而区位优势是对外直接投资的充分条件。企业在拥有专属优势和内部化优势的基础上，可以根据区位优势决定是采取出口形式、技术转移形式还是对外直接投资形式；是在甲国投资还是在乙国投资。如果一国企业拥有专属、内部化和区位三种优势，可开展对外直接投资；如果企业具有专属和内部化两种优势，可采用出口形式；如果企业仅有专属优势，则只能选择技术转移的形式。如果一国厂商在甲国投资比在乙国投资可获取更多的利益，那么投资就会由乙国流向甲国。因此，对外投资的流向依赖于区位禀赋，即特定国家可提供的各种条件。

（四）投资发展周期理论

邓宁在20世纪80年代初提出的投资发展周期理论，是折中理论在发展中国家的运用和延伸。投资发展周期理论认为，一国的国际投资地位与人均国民生产总值呈正比关系。根据人均国民生产总值，邓宁区分了四个经济发展阶段：第一阶段，人均国民生产总值在400美元以下。处于这一阶段的国家只有少量的外国直接投资，完全没有对外直接投资。第二阶段，人均国民生产总值为400～1 500美元，外国对本国的投资量有所增加，而本国对外直接投资量仍然是零，从而净对外直接投资呈负数增长。在经济发展的第三阶段，人均国民生产总值为2 500～4 750美元。在这一阶段，外国对本国的直接投资量仍然大于其对外直接投资，不过两者之间的差距缩小。处于经济发展第四阶段的国家，其净对外直接投资呈正数增长。在这一理论中，邓宁又将经济发展周期与企业竞争优势因素结合起来，以说明某国的国际投资地位是怎样随着竞争优势的消长而相应变化的。

（五）边际产业扩张论

1973年，小岛清在研究了日本企业对外直接投资的状况后，发表了《对外直接投资的宏观探讨》一文，运用比较优势原理，提出了“边际产业扩张论”（后来这一理论又被写入《对外直接投资》一书中），解释了日本的对外投资问题。日本是后起的工业国，许多投资企业与西方老牌跨国公司相比，在技术水平上并不具有绝对垄断优势。日本对外投资之所以能够成功，主要是由于对外投资企业能够利用国际分工的原则，充分发挥自己的优势。把生产基地迁移到国外的日本企业，一般都是在日本国内已失去比较优势的企业，它们为了继续维持生产规模，就需要到比较优势更大的国家或地区进行投资，以建立新的出口基地。而在日本国内可以集中发展具有比较优势的产业，使国内的产业结构更趋合理，这有利于促进对外贸易的发展。小岛清在比较优势理论的基础上，总结出了所谓的“日本式对外直接投资理论”。这一理论的核心是：对外直接投资应该从本国（投资国）已经处于或即将陷于比较劣势的产业，即边际产业依次进行。因此，他的这一理论又称“边际产业扩张论”。其主要依据是：由于各国的要素禀赋差异，要素相对价格也存在差异，当一国某产业要素密集度较高的那种要素相对价格上升时，该产业将处于比较劣势状态，就应该将该产业转移到那种要素价格相对较低的国家，这样就可以形成要素组合合理化，增加东道国的国民生产总值，这就是所谓的边际产业转移。在这种情况下，双方技术差距较小，既易转出，又易吸收。将边际产业转移出去的国家，可以从受让国进口产品以满足需求；同时，可用更多资源扩大具有比较优势部门的生产和出口，因此双方均从中获利。除了边际产业转移，边际性生产环节也可依此转移。

（六）“两缺口”理论

“两缺口”理论通常称为“两缺口”模型（two-gap model）或外汇瓶颈论，是由美国经济学家钱纳里（H. B. Chenery）和斯特劳特（A. M. Strout）在《对外援助与经济发展》一文中首先提出来的。该理论旨在解释发展中国家利用外国资金来弥补国内资金短缺的必要性。该理论在西方经济学界具有较大的影响力。著名经济学家刘易斯（W. A. Lewis）在1983年美国经济学会第96届年会上发表了题为《发展理论的现状》的讲演。他在讲话中指出：“发展经济学家在50年代和60年代创作的新模型给人的印象是十分深刻的。”刘易斯在此次演讲中列举了14项新理论，其中第一项就是“两缺口”理论。

根据凯恩斯宏观经济理论，一国的总供给（Y）等于消费（C）加上储蓄（S），一国的总需求等于消费（C）、投资（I）再加上净出口需求（$X-M$）。要使国民经济达到均衡，总需求必须等于总供给，即：

$$C+I+X-M=C+S$$

整理上式，可得：

$$I-S=M-X$$

等式左边的（$I-S$）为投资与储蓄的差额，即储蓄缺口；等式右边的（$M-X$）为进口与出口的差额，即外汇缺口。

在一定的时期内，一国的储蓄缺口应与外汇缺口相等。如果投资大于储蓄，则说明国内出现储蓄缺口，该缺口需要由外汇缺口（即进口大于出口）来平衡，即在既定的核算阶段，储蓄缺口应等于外汇缺口。这就是“两缺口”理论的核心。

不难想象，两缺口的相等是事后才得出的，而在事前，投资、储蓄、进口、出口都是独立变动的，储蓄缺口与外汇缺口一般不可能正好相等。基于此，加强政府宏观经济调控就是十分必要的。如果国内储蓄缺口大于外汇缺口，政府就必须实施减少投资、增加储蓄的政策；如果外汇缺口大于储蓄缺口，政府就必须实施减少进口、扩大出口的政策。

除了采取以上从缺口本身修补的措施以外，还有一个可以调节两缺口平衡的措施，就是利用外资。利用外资可以同时对储蓄缺口和外汇缺口产生影响。一国以机器设备的形式吸收利用外商投资：一方面，它增加了进口，但又不需出口收汇来支付；另一方面，它增加了国内投资品数量，且又不需国内储蓄提供。

根据上述对“两缺口”理论的具体阐述，储蓄缺口、外汇缺口的数学模型还可做重新表述。

储蓄缺口可用下式表示：

$$I \leqslant Fs + sY$$

式中，I 为投资额；Fs 为弥补储蓄缺口所需的资本流入额，即净国外投资；sY 为预计达到一定经济增长率所需的国内储蓄，即可投资资源。

如果 Fs 与 sY 之和大于 I，则表明经济处于充分就业状态，投资小于达到一定经济增长率所需的水平，有储蓄缺口存在。

外汇缺口可用下式表示：

$$m_1 I + m_2 Y \leqslant F_f + X$$

式中，m_1为投资的边际进口率，为固定常数；m_2为单位国民生产总值的边际进口倾向，为固定常数；$m_1 I + m_2 Y$ 为实现经济增长目标所需的进口量（亦可用 M 表示）；F_f为弥补外汇缺口所需的资本流入量；X 为预期出口水平，是外生变量。

如果 F_f与 X 之和大于 M，则表示进口小于实现经济增长目标所需的规模，即有外汇缺口存在。对于外汇缺口处于支配地位的国家，外资流入的作用更大。当然，并不是说存在储蓄缺口的国家不需要外资的流入。该理论只是简要分析各类发展中国家对外资的相对需要程度和有效利用外资的能力。

“两缺口”理论为发展中国家制定宏观经济政策提供了理论依据。一方面，发展中国家为了大力发展民族经济，投资需求旺盛，但国内积累有限、储蓄严重不足，形成储蓄缺口；另一方面，由于经济发展水平低，发展中国家的出口创汇能力普遍较低，而迫切需要的技术设备等进口却呈刚性增长，这样必然导致外汇缺口。双缺口的存在显然不利于经济的发展。弥补双缺口的方法有两条：第一，削减国内投资需求和进口，以便在低水平上取得供求总量的均衡，这显然有违大力发展经济的愿望，是一种消极的方法，一般是不足取的；第二，就是引进外资，包括对外借债和吸引外国直接投资，弥补双缺口，这可以说是最有效的方法。积极利用外资，弥补外汇缺口，并将外资用于经济效益显著的生产性投资项目，增加出口创汇能力或降低出口创汇成本，既有助于促进经济发展、增加社会财富总量，同时也可以增加储蓄。

也有一些西方学者对“两缺口”理论提出批评意见。有的西方学者认为，发展中国家短期内国内生产对进口的需求是固定的，但从中长期来看，替代进口产业必然会发展起来。也有的西方学者认为，储蓄缺口并不能成为国际资本流动的决定性因素，因为资本并不一定从储蓄率高的富国流向储蓄率低的穷国。刘易斯曾在 1978 年出版的《国际经济秩序的演变》一书中指出，现在的发达国家在 19 世纪也曾是发展中国家，当时的国际资本并不是由富国流向穷国，那时的资本流入国（如美国、澳大利亚和阿根廷等）的人均收入要高于资本流出国（如英国、法国和德国等）。同时，一些新殖民地国家的储蓄率也要高于宗主国。20 世纪 60 年代之后，许多发展中国家的国内储蓄率稳步提高，也与“两缺口”理论的部分观点不相符。

（七）债务周期理论

债务周期理论又称债务周期假说或国际收支阶段论，是全面阐述一国在参与国际投资进程中呈现出的具有周期性特点的理论。西方经济学家凯恩斯（J. E. Cairnes）首次提出一国的国际收支状况与其经济发展水平相联系。美国经济学家金德尔伯格（C. P. Kindleberger）对此做了进一步的发展。后来，西方学者费舍尔（Fischer）与福兰克尔（Frekel）在 1972 年第 2 期《国际经济学杂志》上发表的《投资、两部门模型、债务及资本品的交换》一文中运用分阶段法提出了债务周期理论。

根据国际资本流动的结果，可将各国划分为两大类：一类是债务国，即净资本流出额为负值的国家；另一类是债权国，即净资本流出额为正值的国家。不同的西方经济学家、经济研究机构、债务国与债权国的政府、国际经济机构提出了不同的债务周期理论。一般来说，债务周期理论认为，一国在参与国际投资的进程中，一般要经过如下几个阶段：

第一阶段为不成熟债务国阶段。处在这一阶段的国家，国内储蓄不足，需要吸收大量的外资来弥补国内储蓄不足的缺口。为了满足国内市场需求，处于这一阶段的国家，进口增长速度高于出口增长速度，资源的流入大于资源的流出，即对外贸易呈现逆差；国际资本流动表现为资本净流入；国际利息收支表现为利息净流出；随着国内经济的发展，吸收国外资金的能力不断增强，利用外资的规模不断扩大，对外债务不断上升。

第二阶段为成熟债务国阶段。经历过第一阶段的国家，随着国内经济的不断发展，国内储蓄不断增长，并逐渐超过投资需求，其超出部分主要用来归还外债本息。在这一阶段，与还本付息余额相比，国内储蓄超过投资部分仍显得不足，故仍需要利用外资。处在这一阶段的国家利用外资的效益不断提高，出口贸易的增长速度大于进口贸易的增长速度，对外贸易逆差不断下降，并开始出现顺差；国际资本流动仍表现为资本流入，但速度趋于降低；国际利息收支仍表现为利息净支出；对外债务余额仍呈上升趋势，但上升速度减慢。

第三阶段为债务减少国阶段。在这一阶段，国内储蓄能力已得到进一步增强，足以满足投资需求和偿付外债本息，因此不需要再举借外债。在这一阶段，出口贸易增长速度明显高于进口贸易增长速度，对外贸易顺差不断上升；国际资本由净流入转变为净流出；国际利息收支仍为净流出，但趋于减少；由前两个阶段积累起来的对外债务余额趋于减少。

第四阶段为不成熟债权国阶段。处于这一阶段的国家的对外贸易顺差下降，并转为逆差（由进口增加与货币升值等原因造成）；国际资本流动仍为净流出，但增长速度下降；国际利息收支表现为净流入；对外债权不断增加。

第五阶段为成熟债权国阶段。处于这一阶段的国家的对外贸易呈逆差；资本流出流入额较大，但净资本流量减少；国际利息收支表现为利息流入；国外债权增长缓慢或稳定不变。

债务周期理论从动态角度分析了一国国际借贷地位发生变化的周期性规律。在一定程度上，该理论为各国在不同的发展阶段制定宏观经济政策提供了有价值的参考依据。该理论论证了经常项目（主要是国际贸易收支）与资本项目之间相互制约、相互依存的关系，并认为：一国通过利用外资，可以促进对外贸易，使之成为顺差。但是，该理论只是抽象地描述了各国在参与国际投资进程中的一般周期性特征，具有局限性。

第二节　国际直接投资

一、国际直接投资的含义和影响因素

（一）国际直接投资的含义和分类

国际直接投资又称外国直接投资（FDI），按照国际货币基金组织（IMF）的划分标准，国际直接投资是指一国的投资者将资本用于他国的生产或经营，并掌握一定经营控制权的投资行为。

国际直接投资是国际投资的基本形式。在第二次世界大战前，生产和资本国际化主要表现在流通领域，对外直接投资在资本主义国家对外投资总额中所占的比重很小。第二次世界大战后，发达资本主义国家在科学技术革命的推动下，生产和资本国际化趋势日益加强，对外直接投资的规模迅速扩大，并且日益在国际投资中占据主导地位。国际直接投资已成为战后世界各国经济相互联系、相互渗透的重要纽带和方式。

可以从不同的角度，将国际直接投资划分成不同的类型。

（1）按照境外投资进入东道国的方式，可以分为跨国并购和新建投资。跨国并购是跨国公司通过购买另一个现有外国企业的股权而控制该企业；新建投资又称绿地投资，是指重新建立一个海外新企业。以收购的方式，投资者能以最快速度进入海外生产基地，建立产品渠道，缩短建设期间，较快取得收益，降低经营中的不确定风险。企业通过收购还可以拥有公开市场中不能得到的企业资源，如获得被收购公司的商标、专利、技术、管理经验和市场信息等，或以此作为跨国公司的财务转移手段，抽逃资金，规避政治风险。自20世纪90年代以来，跨国并购已经取代新建投资成为国际直接投资的主要方式。但是，收购所需资金需要一次投入，价值评估较难，被收购企业和收购企业的经营思想、管理体制可能存在较大差异，严重者可能导致收购失败。

（2）按子公司与母公司的生产经营方向是否一致，美国哈佛大学产业经济学家理查德·凯夫斯（Richard Caves）将国际直接投资分为以下三种：

1）垂直式境外投资，是指一国企业到国外建立与国内的产品生产有关联的子公司，并在母公司与子公司之间实行专业化协作，一般包括投资于原企业产品的原料生产，即所谓的“向前垂直境外投资”，或者是原有产品销售、再加工的“向后垂直境外投资”。

2）水平式境外投资，是指一国企业到国外投资建立与国内生产和经营方向一致的子公司或附属机构，同时，这种国外分支机构或子公司能够独立地完成产品的全部生产与销售过程。它一般适用于机器制造业和食品加工业。

3）多角化境外投资，是指一国企业到国外投资建立与国内生产和经营方向完全不同、生产不同产品的子公司。此种多角化、多目标的营运方式较符合“分散危险的原则”，尤其在遇到投资东道国实施征收、没收或国际市场价格不稳定等突发情况时，不会弄得全盘皆输。

(3) 国际直接投资按投资者对企业参与方式的不同，可以分为几种具体形式，即独资经营、合资经营、合作经营、合作开发、BOT 投资方式等。

(二) 影响国际直接投资的因素

影响国际直接投资流量和流向的因素很多，主要有以下三方面：政治及社会文化因素、经济因素和风险因素。

1. 政治及社会文化因素

影响国际直接投资的政治因素有以下几方面：

第一，投资接受国或地区的政局是否稳定，投资环境有无突变的可能，以及当政府首脑更迭时能否保证政策的连续性等。

第二，各国制定的有关投资的法律或条例。投资接受国是否有健全的法律制度，外国投资法是否完善等，是影响国际直接投资流向变化的重要因素，因为投资者都很关心投资法中对外国投资者的权利和义务如何规定、对其利益及资金的调出有无限制、限制的程度怎样、政府对外资企业有无限制、受哪些限制等。

第三，各国对外资的政策干预措施。一般来说，投资接受国为了使外国投资有利于本国经济的发展，都采取必要的政策干预措施来对外资企业的活动进行监督和管理，如建立外资管理机构、限定外资入境的条件、控制外资的规模和流向等。有的国家还规定，对外资企业的产品营销、利润分配、财务状况进行定期审查。如果一国的干预措施太多太严，则会严重影响国际直接投资的流入。

影响国际直接投资的社会文化因素主要包括一国居民的消费模式、文化传统、社会文明程度、民族风俗习惯以及对外国人的态度和礼遇等。

2. 经济因素

经济因素是影响直接投资的一个主要因素。它包括多方面的内容，如市场条件、劳动力熟练程度、外汇管理、交通运输及其他基础设施等。其中，最主要的有以下三个方面：

第一，经济增长的前景。对一国未来经济增长的预测，是投资企业选择投资场所的一个重要依据。外国投资者往往愿意把资金投放到那些经济发展比较快，并能保持增长势头的国家。

第二，资本收益率。资本收益率的高低是企业能否对外投资的先决条件。一般来说，对外投资的根本动机就是为了获取利润。资本总是从利率低的地区流向利率高的地区。

第三，金融市场条件，即货币市场、资本市场是否健全，资金调节机制是否发达等。企业利用外国投资必然涉及资本信贷、证券买卖、资金融通等业务。因此，如果没有发达的金融市场和资金融通渠道，就不利于充分发挥货币资本的职能，进而影响到外国投资的效率和收益。

3. 风险因素

风险大小也是决定企业对外投资与否的一个重要因素。各国和地区的投资环境不是一成不变的。市场情况随时都会变化，一个国家和地区的政局有时也有变化。因此，投资者总是处在一个不断变化的环境中，而变动的环境就有各种风险。投资者在决定对外直接投资之前必须预测投资将会遇到何种风险及风险的大小。

一般来说，投资者十分关注政治风险，因为政治风险所造成的损失比其他风险所带来的损失都要严重。在大多数情况下，政治风险可能招致如下结果：(1) 财产损失得不到赔偿；(2) 即使财产损失得到补偿，但会失掉所有权与经营权，或者使经营决策权受到限制；(3) 已签订的合同会因新条例、新规定的颁布而被迫修改或失效，或造成合同不能履行等；(4) 提高税率和其他管理费，使经营出现亏损和濒于倒闭等。

二、独资经营

独资经营是指根据东道国有关法律规定在东道国境内设立的全部由外商出资并独立经营的一种国际直接投资方式。它在国际投资领域历史悠久且迄今仍然被采用。大型跨国公司尤为喜欢以创立独资企业的形式进行对外直接投资。两次世界大战以后，无论是发达国家还是发展中国家的独资企业都得到了较大的发展，主要原因如下：

第一，拥有先进技术是跨国公司最重要的垄断优势。独资企业实际上是跨国公司设立在国外的子公司，总公司对其拥有完全的控制权，高级技术人员由总公司直接选派，一般技术人员和工人则在东道国当地招聘，以便垄断技术，形成技术优势。其他形式（如合营等）就不能拥有这种优势，往往会造成国外投资者与东道国投资者共享技术优势。因此，跨国公司为了通过对外直接投资的形式发挥垄断技术优势，常常偏向于选用独资经营的形式。

第二，实现价格转移。跨国公司采取独资形式对外直接投资就可以在内部各子公司之间或总公司与子公司之间买卖原料或产品，从而可以根据各国（或地区）税收制度的差异，搞内部定价。如果采取合资形式，必然要涉及东道国与当地投资者的利益，双方难以达成一致协议。这也是跨国公司的重要策略之一。

独资经营企业必须依照东道国的法律进行投资活动和生产经营活动，取得东道国的法人资格。一般来说，独资经营企业不是外国的企业、外国的法人，而是东道国的企业和东道国的法人。

外国投资者在东道国境内投资后获得的利润和其他合法权益，受东道国法律保护，并且独资企业的合法利润、其他合法收入和清算后的资金可以汇往国外。独资企业外籍职工的工资收入和其他正当收入，依法纳税后，也可以汇往国外。独资企业依照东道国有关税收的规定纳税，并可以享受减税、免税的优惠待遇。例如，2020 年之前《中华人民共和国外资企业法》规定："外资企业将缴纳所得税后的利润在中国境内再投资的，可以依照国家规定申请退还再投资部分已缴纳的部分所得税税款。"但从 2020 年 1 月 1 日起，《中华人民共和国外资企业法》废止，我国境内单独对外商投资企业的税收优惠取消，税收优惠对内外资企业一视同仁。巴西规定，对进入开发程度低的地区（东北地区和亚马孙地区）的企业，减免法人所得税（1986 年以前减 50%）、工业制品税、商品流通税等。

与其他国际直接投资形式相比，由于独资经营企业由外国投资者提供全部资本、自主独立地经营、自己承担风险，因此具有自身的特点。

(1) 从政府管理的角度来看，一般政府在独资经营企业设立上的审查较为严格，大多规定：独资企业的设立必须有利于本国国民经济的健康发展，如调整国内产业结构、增加就业机会、促进国民经济良性循环等。有些行业禁止或限制设立独资企业，如武器制造业、污染转移行业等。如依照印度尼西亚《投资法》的规定，外国直接投资可以设立独资企业，但须参照《禁止类、限制类投资产业目录》规定。有些发展中国家不允许设立独资企业。

(2) 从经营管理权限来看，独资企业具有充分的自主权，同时东道国政府还对独资企业进行必要的保护和监督管理。东道国对独资企业的经营管理一般不予干涉，依法保障独资企业在经营管理方面有充分的自主权。但是，东道国为维护国家主权和国家利益，要对独资企业实施监督。例如，我国颁布的《中华人民共和国外商投资法》中规定对独资企业在以下几方面进行监督：(1) 在中国境内进行投资活动的外国投资者、外商投资企业，应当遵守中国法律法规，不得危害中国国家安全、损害社会公共利益；(2) 外商投资需要办理投资项目核准、备案的，按照国家有关规定执行；(3) 外商投资企业开展生产经营活动，应当接受相关主管部门依法实施的监督检查；(4) 国家建立外商投资信息报告制度，外国投资者或者外商投资企业应当通过企业登记系统以及企业信用信息公示系统向商务主管部门报送投资信息；(5) 国家建立外商投资安全审查制度，对影响或者可能影响国家安全的外商投资进行安全审查。

三、合资经营

(一) 合资经营企业的概念和分类

合资经营是国际直接投资中常见的一种方式。合资企业又称合资经营企业或股权式合营企业，是指由两个或两个以上属于不同国家（或地区）的公司、企业或其他经济组织依据东道国的法律，并经东道国政府批准，在东道国境内设立的共同投资、共同经营、共担风险、共负盈亏的股权式合营企业。投资各方除以资金作为投资股本外，也可以以器材设备、生产原材料、场地使用权、厂房、基础设施、劳务、工业产权、技术等折价作为股本，并按股份比例分取收益或分摊经营亏损。

合资经营企业是根据东道国法律组建的一种拥有独立资产的法定实体，因此它是具有法人地位的有限责任公司或股份有限公司，在遵守和执行东道国有关法律、法令、条例的前提下，应受到东道国法律的保护和管辖，即应依法保护国外合资者在合资经营企业中的投资及应得的利润和其他合法权益。一般来说，生产规模小、技术水平不高、在国际市场竞争中无垄断优势的小型跨国公司偏向于以建立合资企业的形式进行对外直接投资，其目的在于占领东道国市场，并获得东道国政府的支持。

合资企业的投资者构成较为复杂、经营目标多样，所以其类型也比较多。根据不同的标准，合资企业可划分为不同的类型。

1. 根据东道国政府关于设立合资企业的目标来划分

根据东道国政府关于设立合资企业的目标来划分，合资企业主要划分为外向型合资企业、内向型合资企业和开发型合资企业三类。

外向型合资企业的产品主要用于出口，面向国际市场。许多发展中国家都十分乐意在本国建立外向型合资企业，并希望以此来促进本国的国民经济发展和提高本国产品在国际市场的竞争能力。

内向型合资企业的产品主要用于国内销售，满足国内市场需要。这类合资企业可分为两类：一类是市场技术型合资企业，即由东道国以让出一部分国内市场为代价，吸引投资国的先进技术，其产品在东道国销售；另一类是进口替代型合资企业，即合资企业生产的产品在东道国国内市场销售，替代同类产品的进口。应当指出，内向型合资企业的产品主要在东道国国内市场销售，必然会产生外汇收支不平衡的问题。各国（特别是发展中国家）一般对建立内向型合资企业实行较为严格的控制。

开发型合资企业经营的主要目标是开发东道国的自然资源和边远落后地区。

2. 根据合资企业的投资比例来划分

各方投资者的资本在企业中所占的比例直接关系到其对企业生产经营活动的控制程度。投资比例大的投资者对企业的控制权就大，反之亦然。各方投资一般以股份形式表示。投资者股份越多，说明其拥有的股权越大；反之，则越小。按其投资比例来划分，合资企业可划分为对等型合资企业、参与型合资企业和联合型合资企业。

在对等型合资企业中，合资双方的出资比例相等，双方投资者在资本投资、经营管理和责任分组等各个方面均处于平等的地位。

在参与型合资企业中，合资的一方对企业有积极的经营支配权，另一方则处于从属地位，参与经营。对企业有积极支配权的一方，其股份在企业中所占的比例应大于50%。一些发展中国家的外资法规定，本国一方的股份在合资企业中所占的比例必须在51%以上，其目的是从法律上确定本国投资者在企业中的经营支配权，防止外国资本对合资企业的控制，同时，也有助于获得当地政府的支持，在资金融通、物资供应、劳动管理等方面得到方便。

联合型合资企业是由两国或两国以上的公司在东道国共同投资联合设立的，由合资各方共同承担风险。各方合资者的权利和义务是根据其投资的比例来确定的，并据此承担相应的风险。在联合型合资企业中，虽然允许合资者退股，但退股者一般要以放弃已承担的投资费用的偿还请求权为条件，这与其他类型合资企业的退股有所不同。

3. 按合资企业组织形式划分

按合资企业的组织形式，可分为以下几种类型：（1）股份公司；（2）有限责任公司，即投资者对合资经营企业的债务所负的责任仅以自己的投资额为限，股东之间互相不负连带责任；（3）股份有限公司，即企业对自己的债务仅以自己的投资额承担责任，股东对企业的债务所承担的责任，仅以自己的股金为限，股东之间相互不负连带责任；（4）股权份额有限公司，即投资不是分成股份而是按投资比例分成份额来表示股权的多少；（5）股份两合公司，即由一部分负无限责任的股东和一部分负有限责任的股东共同组成的合资企业。从当前各国合资企业法规定的法律组织形式看，以采用有限责任公司、股份有限公司、股权份额有限公司形式组成的合资经营企业较多。

4. 根据合资企业的经营范围来划分

与独资企业相比，合资企业的经营范围极为广泛，且东道国政府大多持欢迎态度。按其经营范围来划分，合资企业主要有工业生产型合资企业、工程承包型合资企业、服务型合资企业和农业生产型合资企业四类。

工业生产型合资企业主要从事工业生产经营活动。从国际投资的历史发展看，这类合资企业一直在合资企业中占据主导地位。

工程承包型合资企业主要经营建筑工程和装修工程业务。

服务型合资企业主要经营商业、旅游业、饮食业、服务业等。

农业生产型合资企业主要从事农业生产经营活动。

此外，还可根据创办合资企业的目的、合资各方的经济性质、合资期限和投资规模等，将合资企业划分为其他不同的类型。

（二）合资企业的特点

1. 资本由合资各方共同投资

合资企业是由合资各方共同投资设立的经济实体，合资各方投入的资本、股本可以是货币资本（如现金）、实物资产（如建筑物、厂房和其他实物）和无形资产（如专利权、专有技术、商誉、商标和场地使用权等）。如果以后两者作为股本投入，其作价可以由合资各方按照平等互利的原则协商确定，亦可聘请合资各方同意的第三者评定。

外国投资者在合资企业中的出资比例直接关系到企业的经营管理权，关系到投资者的权益。各国关于外方投资比例的规定不尽相同，有些国家无限制，也有些国家明确规定上限，还有一些国家只规定下限，避免外商所占股份过小。

2. 生产经营由合资各方共同管理

根据出资比例，合资各方共同组成董事会。董事会是合资企业的最高权力机构，负责决定合资企业的重大事项，并聘请总经理和副总经理等高级管理人员。在董事会的领导下，由总经理负责企业的日常经营管理，总经理对董事会负责。

3. 合资各方共享收益、共担风险

合资各方共同享受企业的盈利，共同承担企业的风险，盈亏均按股份比例分担。

4. 合资企业有较为充分的经营权

合资企业是在东道国境内设立的具有独立法人资格的经济实体。合资企业在东道国法律允许的范围内从事生产经营活动，具有较为充分的自主权。从理论上讲，东道国政府不得对合资企业加以行政干涉。在有些国家，当地政府往往通过对本国合资者的干预来实现对合资企业的干预。与独资企业相比，合资企业的经营自主权易受到干扰。

四、合作经营

合作经营是指两国或两国以上的投资者，在签订的契约、合同或协议基础上建立起来的各种国际经济合作形式的简称。其中，合作生产、合作制造、合作技术投资等合作经营联合体因没有组成统一的经济实体，所以不具有法人地位。只有组成统一经济实体的合作经营企业，才具有独立的法人地位，受到东道国的法律保护。

合作经营企业又称契约式合营企业，是由两国或两国以上合营者在一国境内根据东道国的有关法律，通过谈判签订契约，共同投资、共担风险所组成的合营企业，双方的责、权、利均在契约中逐项明确规定。

合作企业与合资企业相比，存在以下不同之处：

（1）企业投资方式不同。合作企业各方的投资物一般不计算投资比例。合资企业要折价计股计算投资比例。在中外合作企业中，中方往往只提供基础条件，如土地、厂房、劳动力，合作经营企业无须缴纳土地使用费，且注册资本多以外商提供的资金和设备为限。在合资企业中，如中方以土地使用权作价入股，由企业缴纳土地使用费，注册资本为合营各方认缴资本的总和，且外商投资比例不得少于25%。

（2）组织形式和管理方式不同。合作企业的管理方式比较灵活，可以成立董事会，也可以不成立；可以由外方单独管理，也可以由中方单独管理，还可以委托第三方管理。合资企业采用比较规范的董事会领导的总经理负责制。

（3）利益分配和投资回收方式不同。合作企业以契约方式予以界定，合资企业以同股同权同利方式确定。合资企业是在毛利率扣除所得税和按规定提取的基金后，将净利润按各方的股权比例进行分配。合作企业是按合同约定的方式和比例分配利润，可以采取净利润分成、产品分成或产值分成等方式。合作企业的投资回收方式灵活多样，如加速折旧还本、收入所得首先按商定还本、合作前期增大外商分成比例等。合资企业只能以股息、红利方式回收。

（4）法律依据和法人地位不同。合作企业是契约式企业，可以是法人，也可以不是法人；合资企业是股权式合营企业，是法人。

（5）经营期限和清算方式也有所不同。合资企业期满后按注册资本比例分配资产净值。合作企业期满后，资产净值按合同的规定处理；如果外方在合作期限内已先行回收投资，则资产净值一般无偿归东道国所有。

五、合作开发

合作开发是资源国通过招标方式与中标的一家或几家外国投资开发公司签订开发合同，明确各方的责、权、利，联合组成开发公司对资源国的石油等矿产资源进行开发的又一种国际经济技术合作的经营方式。

合作开发一般采用国际招标方式，外国公司可以单独也可以组成集团参与投标，中标者签订合同，确定双方的权利和义务，合同期一般不超过 30 年。国际上进行的合作开发项目主要是海上石油（天然气）资源的勘探和开发。

（一）合作开发的程序

合作开发与合作经营不一样，一般分两个阶段进行：

（1）第一阶段：地球物理勘探阶段。由外国开发公司提供全部投资（含先进的技术、设备），负责对东道国的资源情况进行物理勘探并承担全部风险。因此，外方合作者将不放过任何机会，千方百计地在合同区域内寻找油（气）田。通过勘探，如果未发现有商业性开采价值的资源，资源国对外方进行物理勘探所耗费的一切费用均不负偿还责任。通过勘探，若查清确有具有商业性开采价值的资源，则根据合同进入第二阶段，正式进行合作开发。

（2）第二阶段：资源勘探开发阶段。此时，由资源国与外国合作者共同投资进行合作开发。因为石油等矿产资源是资源国珍贵的不可再生的能源，在合作开发中为了确保资源国对合作开发项目的控制权，资源国所占的股权一般在 50%以上，即外国合作者的股权应低于 50%，具体投资比例，需要视合作开发项目的具体情况和双方的需求程度共同商定，但原则上不得突破上述界限。

进入油（气）正式开采阶段，国外合作者为了尽快回收其全部投资并获得较高的利润，往往采用最先进的技术、设备和管理方法，主管开发作业和生产作业，并向资源国转让技术、传授经验，乃至资源国按合同规定在具备条件的情况下接替开发作业和生产作业，国外合作者则按合同规定，从生产的石油中回收其投资和费用并取得收益，收益率应随油（气）产量的增加而依次递减。国外合作者在第一阶段所花费的投资额，一般是从第二阶段油（气）田生产收益中得到补偿。国外合作者为执行合同按计划和预算所购置、建造的全部资产以及投资额按规定得到全部补偿后，其所有权即转归东道国所有。

按照国际惯例，资源国为了满足国外合作者的投资需求，一般都允许国外合作者将其分得的石油和优先购买的石油运往国外，并允许依法将其回收的投资、利润及其他正当收益在纳税后汇往国外，以保证国外合作者的合法权益，提高其投资的积极性。

（二）合作开发的特点

（1）东道国政府对合作开发项目管理较严。因其涉及东道国的自然资源开发，而自然资源具有不可再生性。合作开发要由东道国政府批准，给予特许权。政府有关主管部门的职权是：确定合作区域和面积，选择合作对象；制定规则；制定合作开发业务政策；审批合作开发总体方案；审批合作开发规则。

（2）合作开发项目投资多、风险大、利润高。合作开发项目的投资额大，技术水平要求高，仅靠一国的资金和技术往往难以完成，即使是发达国家也是如此，如参与英国北海油田开发的外国石油公司达 200 多家。

我国也采用这种形式，1982 年 1 月和 1993 年 10 月分别通过《中华人民共和国对外合作开采海洋石油资源条例》和《中华人民共和国对外合作开采陆上石油资源条例》。自 1982 年成立以来，中国海洋石油总公司已与来自 21 个国家和地区的 81 家国际石油公司共签订 228 个对外合作石油合同，累计引进外资超 2 500 亿元人民币，海洋石油长期位居中国吸引外资最多的行业之列。

六、BOT 投资方式

早在 19 世纪末 20 世纪初，法国与世界其他国家和地区就出现了特许（concession）投资方式，著名的苏伊士运河就是由私人投资、以特许的方式修建的，但这还不是真正意义上的 BOT 投资方式。

20 世纪 70 年代，在美国和其他发达国家，基础设施领域开始采用 BOT 投资方式。70 年代末 80 年代初，一些发展中国家开始采用 BOT 投资方式进行基础设施建设。目前，BOT 投资方式已被广泛应用在发达国家和发展中国家的基础设施建设中。著名的横贯英国和法国的欧洲海底隧道、澳大利亚悉尼的港口隧道等都采用了 BOT 投资方式，土耳其、新加坡、马来西亚、菲律宾、巴基斯坦、泰国等发展中国家都有采用 BOT 投资方式的项目。

（一）BOT 投资的含义

BOT 是 build-operate-transfer 的简称，意为建设—经营—转让，是世界上许多国家政府为了吸引私人资本建设基础设施而采用的一种项目融资方式。根据世界银行《1994 年世界发展报告》的定义，BOT 是所有新项目常采用的一种特许经营方式。在 BOT 中，一般是私人团体（或国际财团）统一提供资金，进行建设和经营，并在一定时期内负责设施的维修，然后将这些设施转让给政府部门或其他公共机构。所谓特许，是一种私人团体为提供服务而从公共部门长期租赁资产的安排，私人团体在此期间有责任为新的特定固定资产的投资提供资金，这些新的资产在合同期满时将返还给公共部门。在BOT方式实际运行过程中，又演化出一些其他类似的形式，如BOOT（build-own-operate-transfer，建设—拥有—经营—转让）、BOO（build-own-operate，建设—拥有—经营）、BORT（build-own-rent-transfer，建设—拥有—租赁—转让）、BOOST（build-own-operate-subsidy-transfer，建设—拥有—经营—补贴—转让）、BTO（build-transfer-operate，建设—转让—经营）。

典型的BOT投资方式是指以私营部门（或国际财团）为主要发起人的项目公司，在取得政府的授权后，以特许权协议为融资基础，按照规定的程序和方法对一项基础设施项目自主进行设计、融资、建设、经营，并在特许期满将符合一定质量标准的设施资产无偿移交给政府的一种具有有限追索权性质的项目投融资方式。

在BOT投资方式中，政府与私营部门的项目公司签订合同，由项目公司进行项目的施工和经营。项目公司由一个或多个承建人组成（或者是合营公司，或者是独资公司）。项目公司以股本投资的方式建立，也可以通过发行股票以及吸收少量政府资金入股的方式筹资。

BOT投资项目所需的资金大多通过项目公司从商业金融渠道获得，如双边或多边金融机构以及出口信贷担保机构的支持。贷款的形式是无追索权贷款，即贷款方无权向项目的任何承办方（项目公司的股东）或政府追索债务的偿还。索赔仅限于项目公司及其财产，包括地产、厂房、设备，以及项目公司得到的任何合同权利、履约保证金、保险金和政府担保。

（二）BOT投资项目的运作程序

BOT投资项目千差万别，找不到两个完全相同的BOT投资项目，但是BOT投资项目的运作大致要经历下列程序：

（1）确定项目阶段。确定BOT投资项目一般通过两种方式来进行：一种方式是政府根据需要来确定项目；另一种方式是私营部门经过对各种因素的分析，根据政府的需要，向政府部门提出项目建议。例如，英国政府为解决跨越泰晤士河交通拥挤的状况，希望修筑一条公路，私营部门提出包括桥梁、隧道和水下管道等多种选择方案。

（2）项目准备阶段。项目确定后，要通过招标来确定承包商，这就需要做一系列准备工作。政府通常要发布一个项目技术参数的研究报告，说明项目的性质和规模。根据该报告准备招标文件（标底），包括对各投标者的具体要求和衡量投标条件的标准。在这一阶段，作为私营部门要调查项目的可行性，做详细的经济效益分析，要准备基础设计，要与贷款方协商，组成承揽项目的集团。

（3）招标阶段。政府部门通常在正式招标之前要对候选承包商进行资格审查，通过对各公司的组织状况、项目财务状况的分析，确定正式参加招标的公司名单。资格审查的目的是选择技术和经济实力强的公司参加招标，降低正式招标的复杂程度。另外，限定投标者的数量有助于增强投标者的信心，并促使其细致地准备项目可行性研究报告。参加正式投标的承包商需要制定和报送详细的项目建议书，内容包括项目类型、项目服务水平和质量、计划工期、项目服务价格和收费标准、项目使用寿命、投资分配结构、价格调整方式、外汇问题、项目维修服务和风险承担等。政府部门按照标底的衡量标准对各投标者进行评价和选择，确定中标者。

（4）合同谈判阶段。政府部门与中标者就项目进行实质性谈判，双方要对项目的各方面条款进行协商，所有的法律文件都将在这一阶段形成。如果谈判成功，双方将签订合同。

（5）建设阶段。一般都是以“交钥匙”的建设方式来进行，即项目从方案的选择、规划、设计、建筑施工、提供设备与安装、人员培训，直到试车、开始生产均由承包商一包到底。待工程建成、设备安装完毕，经过试车和一定时间的运转，在产品质量、产量和原材料消耗方面完全符合合同规定标准的条件下，移交项目。

（6）经营阶段。BOT 投资项目公司经营已建成的项目，产生足够偿还贷款及盈利的收入。在项目经营期内，项目公司全权负责整个项目的生产经营管理。

（7）转让阶段。BOT 投资项目期满，按照合同规定将项目无偿移交给政府。

（三）BOT 投资方式与中外合作经营方式的异同

BOT 投资方式与中外合作经营方式有相似之处。例如，中外双方都需要有一定数量的资金，合成一个企业进行建设、经营工作；合作期满后，外方移交退出。但是，它们之间还存在一些差异，主要为：

（1）中外合作企业的经济行为完全是企业之间的行为，政府并不承担主要的经济责任。BOT 投资方式的项目公司一般都与项目所在国政府保持着紧密的联系。

（2）中外合作企业必须有一定比例的自有资金，而且注册资本以外的贷款是有追索权的。BOT 投资方式的自有资金的投入数量没有比例限制，资金主要是银行等金融部门提供的无追索权的贷款。

（3）中外合作企业一般不会有政府股份，合作期满后，公司财产移交给中方的一个企业。而 BOT 投资方式的项目在合同期结束后，财产完全移交给政府。

延伸阅读

跨国公司为何 40 年来坚持选择中国

第三节 国际间接投资

国际间接投资是一种传统的国际投资形式，它是市场经济发展到一定阶段的产物。国际间接投资早在自由资本主义时期就出现了，其最初表现形式是资本输出。在 19 世纪 70 年代，以电力革命为标志的第二次科技革命的出现，使得生产力得到了进一步的发展，国际垄断组织由此形成；银行资本与产业资本相互渗透、融合，由此产生了金融资本，资本输出有了金融资本这个前提条件，因而以资本输出为特征的国际投资也随之产生与发展。这一时期的资本输出主要是以国际间接投资的形式进行的，即投资者通常采取提供贷款、发行债券和股票等形式对外进行投资。在第二次世界大战前，国际间接投资得到了迅猛发展，但在第二次世界大战后，由于国际直接投资的规模和比重不断增大，国际间接投资在资本国际流动总额中所占的比重反而相对下降了。直至 20 世纪 70 年代，随着国际期货、期权投资的迅速发展，国际间接投资规模的相对比重才有了一定的提高。

一、国际间接投资的含义和影响因素

国际间接投资又称金融投资，是国际资本流动的一种重要形式。它是指投资者通过各种方式的贷款、购买股票、发行债券、期货（期权）交易等行为进行的对外投资活动。按从事国际间接投资的主体，国际间接投资可分为全球性或区域性国际机构的投资、政府投资和私人投资；根据筹资的手段和管理的方法，国际间接投资可分为国际银行信贷、出口信贷、政府贷款、国际金融组织贷款、国际证券等。

国际间接投资的流量及流向受多种因素的影响，除政治因素外，还取决于利率、汇率、风险性及各国的偿债能力等。

（1）利率是决定国际间接投资流向的主要因素。在国际间接投资的资本来源中，有很大一部分是食利资本，它们的流动取决于各国利率的差别。在正常的情况下，资本必然从利率低的国家流向利率高的国家，在利率水平上实现相对的均衡。利率的种类较多，有短期利率和长期利率、名义利率和实际利率之分，对国际间接投资流量和流向影响较大的是长期利率及实际利率的变化。

（2）汇率的变化对国际间接投资的影响较大。汇率的变动会直接影响资本的流入与流出。如果一国的国际收支大量顺差，该国的经济实力就会相应增强，对外债权就会相对增加。由于外汇供过于求、本国汇率上升，外国为偿付该国的债务，必然会增加对该国的货币需求。在这种情况下，如果其他条件相同，则将促使该国资本流出。反之，如果一国的国际收支长期持续逆差，该国的经济实力就会相对下降，对外债务相对增加，使外汇供应短缺、本国汇率下跌，为偿付对外债务必然会增加对外汇的需求，这将促使外国资本流入。

汇率的稳定与否也会引起国际间接投资流向的变化。如果某国的货币汇率较高而又长期稳定，投机者就会将资金由汇率低、风险大的国家移入该国。由于汇率对资本流向的影响较大，许多国家根据本国的国际收支状况，通过制定汇率政策来限制或鼓励资本的流入与流出。当一国国际收支恶化时，国家可以实行外汇管制，限制外汇收支，对调往国外的资本不予兑换外汇，以防止资本外逃。同时，国家也可以通过实行外汇管制来维护本国货币汇率的稳定，以达到鼓励外国资本流入的目的。

（3）风险性也是影响国际间接投资的一个因素。如果风险小的资产和风险大的资产都能提供同样的收益率，投资者当然愿意持有风险较小的资产。国际投资者在国外进行投资时一般要对风险因素加以分析。例如，就借贷资本来说，是对国家进行投资还是对私人进行投资，两者在风险程度上有区别。虽然国家有时也由于政权更迭会使合法偿付失去效力，但一般来说，继任的政府仍有可能归还全部或部分贷款。因此，对国家（政府）进行投资的风险较小。

（4）各国偿债能力的差异会使国际间接投资的流向发生变动。国际信贷在世界各国之间的流动要考虑投资的回收问题，因此偿债能力就成为吸引国际间接投资的基本条件。由于各国的经济发展水平不同，自然条件、经济基础各异，其偿债能力也不同。一般来说，偿债能力与吸收国际间接投资的数量成正比。由于发达国家经济实力雄厚、有较多的外汇储备、偿债能力强，因而能吸引大量的国际资本。在发展中国家的国际间接投资也大多集中在那些新兴工业国家和地区。相对来说，这些国家和地区的经济发展较快，有较强的出口创汇能力。而非洲一些经济落后国家的经济发展缓慢、外债偿还能力低，很难吸引到较多的国际间接投资。近年来，国际债务危机愈演愈烈，发展中国家的债务负担越来越重，偿债能力普遍下降，严重影响国际间接投资的流入。

二、国际信贷

国际信贷（international credit）是一国的银行、其他金融机构、政府、公司、企业以及国际金融机构在国际金融市场上向另一国的银行、其他金融机构、政府、公司、企业以及国际金融机构提供的贷款。国际贷款一般包括政府贷款、国际商业银行贷款、国际金融组织贷款和出口信贷。

（一）政府贷款

政府贷款（governmental loan）是指一国政府利用财政资金向另一国政府提供的优惠贷款。政府贷款是以一国政府的名义提供与接受而形成的，主要使用国家财政预算收入的资金，列入国家资本的收入与支出的信贷。因此，政府贷款一般是由各国的中央政府经过完备的立法手段加以批准。政府贷款的形式通常是在政治关系良好的基础上，配合外交活动的一种经济手段。

政府贷款是具有双边援助性质的优惠贷款。发展援助委员会成员国的发展援助和石油输出国组织开发基金多半属于政府贷款性质，如美国国际开发署的对外援助、日本海外经济协力基金的对外援助、科威特投资局的对外援助等。

政府贷款具有如下特点：

第一，政府贷款是以政府名义进行的双边政府间的贷款，因此需要各国的议会通过，完成应具备的法定批准程序。

第二，政府贷款一般在两国外交关系良好的基础上进行，为一定的政治外交关系服务。

第三，政府贷款属于中长期贷款，一般都是低息甚至无息的，是具有经济援助性质的优惠贷款。

第四，政府贷款要受贷款国的国民生产总值、财政收支与国际收支状况的制约，因此它的规模一般不会太大。

（二）国际商业银行贷款

国际商业银行贷款（international banking credit）是某国银行或国际贷款银团在国际金融市场上向另一国借款人或国际机构提供的贷款。这种贷款一般不指定用途，即不与商品采购或特定工程项目相联系，借款人可以自主运用，不受贷款银行的限制，贷款期限有短期、中期、长期三种；利率为市场上的固定利率或浮动利率，较多地使用浮动利率。有独家银行贷款和银团贷款两种方式；在中长期信贷中，银团贷款较为流行。

独家银行贷款又称双边中期贷款，是指投资国的一家银行对东道国的借款者所提供的贷款。这种贷款的金额一般不是很大，最多不超过1亿美元，贷款成本较低，由借贷双方签订贷款协议。银团贷款又称辛迪加贷款，是指由投资国的一家银行牵头，多家银行参加，联合组成一个贷款银团，对东道国的贷款者提供的贷款。在这里，投资国既可能是一国，也可能是数国。银团贷款的金额一般较大，最高可达数十亿甚至上百亿美元，贷款成本较高，由借贷双方签订贷款协议。

国际商业银行贷款与其他各种国际间接投资形式相比，具有以下特点：

（1）在信贷资金的使用上比较自由，不受贷款银行的限制。出口信贷提供贷款与必须购买提供贷款国家的商品紧密结合在一起。政府贷款一般也有采购商品的限制，即贷款国必须全部或部分地采购提供贷款国家的商品，并且往往要用借款国家某种初级产品（如煤、石油等）来偿还所借的贷款。中长期银行信贷在贷款资金的用途上，不受贷款银行的任何限制，可由借款人根据自己的意愿安排使用。

（2）国际商业银行贷款的资金供应充分、借取方便，历年贷款额增长较快，每笔贷款金额较大。出口信贷的规模，一方面受借款国从出口国家所能进口的商品规模的限制，另一方面又受出口国提供贷款的可能的限制。政府贷款首先要以两国关系友好为前提，而且在经济上要有利于贷款国；同时，这种贷款的规模要受贷款国国家财政状况的制约。国际金融机构的贷款要受其自身资金供给能力的限制，同时，由于贷款多与工程项目相联系，借款手续也颇为烦琐。银行信贷的资金供应充分，而且借款手续较为简便，每笔贷款的金额较大，独家银行提供的中期贷款每笔额度可以为几千万美元，中长期银团贷款每笔额度可达 5 亿～10 亿美元。

（3）国际商业银行贷款的信贷条件较为苛刻，贷款利率水平较高，贷款期限较短。第一，就贷款利息而言，政府贷款因为有政府利息补贴，带有一定的经济援助性质，属于低息贷款，一般年息在 3%左右。而国际金融机构的贷款，一部分属于向最不发达国家提供的无息贷款，如世界银行所属的国际开发协会提供的项目贷款就免收利息；另一部分为中息贷款，如世界银行提供的项目贷款。出口信贷的利率受出口信贷君子协定（gentleman's agreement）的约束，出口国政府也有利息补贴，属中息贷款。国际商业银行贷款利率属市场利率，受市场供求关系的影响，随行就市，利率水平较高。第二，就贷款期限而言，出口信贷的贷款期限，中期为 2～5 年，长期为 5～10 年，而政府贷款的期限较长。国际债券的期限一般在 10 年左右，而国际商业银行贷款的期限较短。在欧洲中长期信贷中，独家银行提供的中期贷款期限一般为 3～5 年，中长期银团贷款的期限为 5～10 年。

（三）国际金融组织贷款

国际金融组织根据其业务范围和参加国数量，可分为全球性的国际金融组织和区域性的国际金融组织两种。全球性的国际金融组织有国际货币基金组织、世界银行（WB）、国际清算银行等；区域性的国际金融组织有亚洲开发银行（ADB）、亚洲基础设施投资银行（AIIB）、泛美开发银行（IDB）、非洲开发银行（ADB）、欧洲复兴开发银行（EBRD）等。自第二次世界大战以来，各种国际金融机构所提供的贷款，对各国解决其国际收支逆差与长期经济建设所需的外汇资金，起着日益重要的作用。

国际金融组织贷款是国际金融组织按照章程及自身运作要求向其成员提供的各种贷款，其中：（1）国际货币基金组织为稳定国际汇兑，消除妨碍世界贸易的外汇管制，在货币问题上促进国际合作，对成员提供短期资金，解决成员国际收支暂时不平衡时的外汇资金需要。（2）世界银行为促进各成员经济的恢复与重建，并协助发展中成员的经济发展和资源开发，而对成员提供长期资金的开发贷款。(3) 国际金融公司为促进私营部门的可持续发展而向发展中成员私人企业提供国际贷款。(4) 国际开发协会为加速不发达地区的经济发展而向更贫穷的发展中成员提供更优惠的贷款。(5) 亚洲、非洲、泛美开发银行等地区性金融机构为促进本地区的经济发展与合作，向发展中成员提供贷款和经济援助。

2015 年 12 月 25 日，亚洲基础设施投资银行（以下简称“亚投行”）正式成立，其总部设在北京。全球迎来首个由中国倡议设立的多边金融机构，这是一个政府间的亚洲区域多边开发机构，重点支持基础设施建设。亚投行的宗旨是促进亚洲区域的建设互联互通化和经济一体化的进程，并且加强中国与其他亚洲国家或地区的合作。

总体来讲，国际金融组织贷款具有以下特点：

(1) 贷款对象只能是成员及公私机构，不对非成员提供任何贷款。

(2) 贷款资金来自各成员缴纳的股本、捐款，参照市场利率向各成员中央银行及其他政府机构筹集，以及在欧洲、日本、美国和中东的资本市场上进行筹集。不像商业银行那样组织存款。

(3) 贷款条件优惠。国际金融组织贷款与国际金融市场商业贷款及外国政府贷款不同，具有利率低、期限长和附加条件少等显著优点。

(4) 贷款用途较广且申请贷款一般要有工程项目计划。贷款必须用于重点生产项目，如基础工程、公用事业发展、农村和农业建设、文教建设事业等。在特殊情况下，才发放非项目贷款，而且只能用于为支持生产而进口某项物资或设备所需的外汇，或用于帮助借款国为克服自然灾害以维持其经济发展所需的资金。

(5) 贷款目的都是为成员特别是发展中成员提供资金，促进各成员经济发展与资源开发。向我国提供多边贷款的国际金融组织主要有世界银行、国际农业发展基金（IFAD）、亚洲开发银行和国际货币基金组织等。

（四）出口信贷

出口信贷是政府为了支持和扩大本国大型设备的出口、增强国际竞争能力，以对本国的出口信贷给予利息补贴并提供信贷担保的方法，鼓励本国银行对本国出口商或外国进口商（或其银行）提供利率较低的贷款，用以解决本国出口商资金周转的困难，或满足国外进口商对本国出口商支付货款的需要。

第二次世界大战后，随着大型成套设备进出口的增长，世界出口信贷的规模也得到了极大的发展。各国普遍采用的出口信贷主要有卖方信贷、买方信贷、福费廷、信用安排限额、混合信贷、签订存款协议等形式。

卖方信贷是指在大型设备出口时为便于出口商以延期付款的方式出口设备，由出口商本国的银行向出口商提供的信贷。卖方信贷的具体操作程序是：出口商与出口方银行签订信贷合同，取得为进口商垫付的资金；进口商在订货时，只支付一定比例的订金（一般为合同货价的 10%～15%），其余货款在设备全部交付或投产后陆续偿还，同时支付延期付款利息，出口商收到货款后，再归还出口方银行信贷。出口商要向出口方银行支付利息、管理费和保险费。从出口方银行提供贷款给出口商的行为来讲，出口信贷属于银行信用；从出口商赊销商品给进口商的行为来讲，出口信贷属于商业信用，因此从本质上讲，出口信贷是一种以银行信用为后盾的国际商业信用。

买方信贷是由出口方银行直接向进口商或进口方银行提供的信贷。信贷额度一般为进出口商品额的85%，其余15%为订金——签订合同时支付10%的订金，第一次交货时再付5%的订金。进口商或进口方银行于进口货物全部交清后的一段时间内分次偿还借款本金，并支付利息。

福费廷是指在延期付款的大型设备进出口贸易中，出口商将经进口商承兑的、期限在半年以上到6年以下的远期汇票，无追索权地售予出口商所在国的银行（或大金融公司），以便提前取得现款的一种资金融通形式。这里所讲的无追索权是指出口商将远期汇票出售后，该汇票是否遭到拒付与出口商无关，即在出售汇票的同时，将拒付风险也转移给银行。

信用安排限额是指出口商所在国的银行为了扩大本国一般消费品的出口，给予进口商所在国银行以中期融资的便利，并与进口商所在国银行相互配合，组织较小金额业务的融资方式。

混合信贷是指出口国为扩大本国设备的出口、加强本国设备出口的竞争能力，在出口国银行发放卖方信贷或买方信贷的同时，出口国政府还从预算中提出一笔资金，作为政府贷款，连同卖方信贷或买方信贷一并发放，以满足出口商或进口商支付当地费用与设备价款的需要。政府贷款收取的利率比一般出口信贷利率更低，有利于促进该国设备的出口。政府贷款占整个贷款金额的比例视当时政治经济情况及出口商或进口商的资信状况而不同，有时占贷款金额的30%。这种为满足同一设备项目的融通资金需要，卖方信贷或买方信贷与政府贷款混合贷放的方式就是混合信贷。

签订存款协议是出口商所在地银行在进口商银行开立账户，在一定期限之内存放一定金额的存款，并在期满之前要保持约定的最低限度，以供进口商在出口国购买设备之用。这也是一种提供出口信贷的形式。

三、国际证券

国际证券是一种有价证券，是国际资本市场上的一种长期信用工具，可以在国际资本市场上发行、流通、转让，它代表着一定的权利，持有者享有定期向发行者索取一定收益的权利，发行者则以此获得一笔急需的长期资金。国际证券的主要形式有国际债券和国际股票。

与国际直接投资相比，国际证券投资的历史相当短暂。其中，国际债券市场是20世纪60年代伴随着欧洲货币市场的发展而出现的。国际债券市场产生的标志是1963年首次在欧洲货币市场发行的欧洲美元债券。与国际债券市场相比，国际股票市场产生于20世纪80年代，其标志是1983年两家加拿大企业的股票在加拿大、美国和欧洲一些国家的股票市场公开发行并上市。

国际债券市场经过几十年的发展已经初具规模，形成了一个比较规范的市场体系；此外，国际债券市场具有独立于国内债券市场的特性。国际股票市场并不像国际债券市场那样形成与国内债券市场相对独立的市场体系。国际股票市场的实质是各国股票市场的国际化。这种国际化反映在两个方面：一方面，某国企业可以在外国股票市场发行并上市股票；另一方面，某国居民可以买卖外国企业的股票。

1. **国际股票**

股票作为一种投资工具，是由股份公司发给投资者，用以证明投资者对公司的净资产拥有所有权的凭证。投资者凭此所有权分取公司的股息和红利，并承担公司的责任和风险。股票是企业筹资的重要途径，也是企业为其发展收集社会和民间资金的重要手段，它是企业资本的基础。如果公司的股票成为国际投资的对象，即当公司股票的发行和交易跨越国界时，这种股票就是国际股票。

若以在国外证券市场发行股票作为股票市场国际化的标志，那么可以把国际股票市场的出现时间定在1983年。在这一年，两家加拿大企业——加拿大铝公司（Alcan）与加拿大公司（Canada Enterprises），经三家国际辛迪加承销分别在加拿大、美国和欧洲一些国家发行了各自的股票。加拿大铝公司与加拿大公司在国外证券市场发行股票的成功，对跨国公司的融资决策产生了深远的影响。自此，世界上许多跨国公司纷纷把在国外证券市场发行股票作为自己中长期融资的一个重要渠道。投资者买卖的外国公司股票，可能是含投票权的股票，也可能是不含投票权的准股票。无论买的是普通股还是准股票，都使投资者证券组合中的证券种类增加。此外，由于发行这些普通股或准股票的是外国公司，而同一时期各国经济又处于经济周期的不同阶段，所以在投资者持有的证券组合中，外国公司股票的收益率与本国公司股票的收益率之间的相关系数就会降低。投资者买入外国公司股票，可以使投资者持有的证券组合的风险降低。

国际股票发行的种类多、选择的范围广。一般来说，国际股票可大致分为直接在海外上市的股票、存托凭证和欧洲股权三类。

直接在海外上市的股票是企业在国内股票市场上市的基础上，选择某国外金融中心的证券交易所发行上市交易的股票。企业的股票要在海外直接上市，必须符合当地证券市场的要求，遵守当地证券管理机构的规章制度。

存托凭证是指某国企业在外国证券市场发行股票时，为了避免发行股票所在国证券管理机构的管制，而把股票寄存在发行股票所在国的某保管人（custodian）手中（保管人通常是一家东道国的银行），然后由保管人以发行人的股票作抵押在发行国证券市场发行的一种有价证券。存托凭证的计价货币是股票发行所在国货币，每份存托凭证往往相当于若干股的原公司股票。

根据存托凭证的发行地点不同，可以把存托凭证分成美国存托凭证（American depository receipts，ADRs）、欧洲存托凭证（European depository receipts，EDRs）、香港存托凭证（Hong Kong depository receipts，HKDRs）等。

欧洲股权（Euro-equities）是20世纪80年代产生于欧洲的特殊的国际股票形式，是在面值货币所属国以外的国家或国际金融市场上发行并流通的股票。一般来说，欧洲股权在多个国家的市场上同时发行，由跨国投资银行组成的国际辛迪加进行跨境承销。因此，这里的词头“欧洲”的含义同欧洲货币、欧洲债券一样，不是地理学意义上的，而是国际金融学意义上的。最早的欧洲股权是英国于1983年在伦敦证券交易所发行的欧洲美元股权。

与欧洲各国的国内股票相比，欧洲股权的发行方式有所创新。前者所使用的传统方法是固定价格发行，目的在于保证现有的股票持有人的优先购股权（pre-emptive rights），这种方法在一定程度上限制了股票真实市场价格的实现及投资者结构的变化。因此，欧洲股权的发行采用了在国际范围内竞价发行的方式，即按估计的市场状况预定发行底价，由各国投资者自行出价，报价在最终确定的认购价格以上的投资者可以获得欧洲股权。

2. 国际债券

国际债券是指各种国际机构、各国政府及企事业法人按照一定的程序在国际金融市场上以外国货币为面值发行的债券。

国际债券从不同的角度可分为不同的类型，主要有：

（1）外国债券和欧洲债券。外国债券是指在发行者所在国以外的国家发行的、以发行地所在国的货币为面值的债券。

欧洲债券是指在别国发行的、不以该国货币为面值的债券。

欧洲债券在国际债券中占据主导地位，具有如下特点：

第一，没有官方机构管制，发行债券的手续简便，不需要在证券委员会登记注册。发行者不需要提供大量数据资料，指定主办银行后，即可公布发行事宜。

第二，发行时机、发行条件（价格、利率、手续费等）可随行就市，由当事各方自由决定。

第三，发行债券由跨国的银团、包销团和销售团组成，面向以欧洲为中心的广大地区销售，可以自由选定债券经纪人。

第四，债券为不记名的实物债券，有利于为发行者和投资者保密。

第五，投资者购买债券先缴利息所得税，可以促进债券的流通。

（2）公募债券和私募债券。公募债券是向社会广大公众发行的债券，可在证券交易所上市公开买卖。公募债券的发行必须经过国际公认的资信评级机构的评级，发行债券者必须将自己的重要情况公之于众。

私募债券是指私下向限定数量的投资人发行的债券。这种债券的发行金额较小，期限较短，不能上市公开买卖，债券利率高但发行价格低。私募债券一般不用经过资信评级机构的评级，也不要求发行人将自己的情况公之于众，发行手续较简便。

（3）可转换债券和附认股权债券。可转换债券是指可以转换为企业股票的债券。这种债券发行时为投资者提供一种权利，即投资者经过一定时期后，有权按照债券票面额将企业债券转换成该企业的股票，成为企业的股东，享受企业股票分红待遇。

附认股权债券是指能获得购买发行债券企业股票权利的债券。投资人一旦购买了这种债券，在该企业增加投资时，既有购买该企业股票的优先权，同时还可获得按股票最初发行价格购买的优惠。

（4）固定利率债券、浮动利率债券和无息债券。固定利率债券是指在债券发行时就将债券的息票率固定下来的债券。

浮动利率债券是指债券息票率根据国际市场利率变化而变化的债券。其利率标准和浮动幅度一般也参照伦敦银行间同业拆放利率。

无息债券是指没有息票的债券。这种债券发行时以低于票面的价格出售、到期时按票面价格收回，票面价格与发行价格之差就是投资人的利益。

随着债券市场的国际化程度越来越高，债券的风险及发行人的资信日益成为投资者关注的问题，国际上要求对国际债券的发行人进行全面的信用评级，以保护投资者的利益。信用评级由国际信用评级的专门机构进行。对债券发行人信用评级的高低直接关系到国际债券发行的条件、信誉及其成本。国际上公认的最具权威性的专业信用评级机构有三家，分别是标准普尔公司、穆迪投资服务公司和惠誉国际信用评级有限公司。

第四节　其他类型的国际投资方式

一、补偿贸易

补偿贸易是在20世纪60年代末70年代初在传统的易货贸易的基础上发展起来的。这种方式由于可以解决国际投资和贸易中的外汇短缺问题，在发达国家和发展中国家之间以及发达国家之间的经济合作中广泛流行。补偿贸易的产生和发展不是偶然的。在60年代初期，苏联、东欧国家相继进行经济改革，扩大对发达资本主义国家的贸易，增加技术、设备、粮食和其他消费品的进口，但外汇紧缺，无法用现汇支付，一些发展中国家的国际收支也存在巨额逆差，支付能力严重制约了这些国家对外贸易的发展。与此同时，西方各发达国家因资本、商品、设备严重过剩，市场问题尖锐，急于向外开拓市场、寻求出路。在这种情况下，逐渐产生了一种新的贸易方式。这种方式不以拥有现汇作为实现交易的条件，而是由双方通过一定的安排，在一方没有足够现汇的情况下先进口设备、物资，然后在一定期限内用商品或特定贷款偿还。此后，这种做法逐渐发展为补偿贸易。自70年代以来，补偿贸易获得迅速发展，从形式到内容都有很大的变化。

1. 补偿贸易的含义和分类

补偿贸易是指外国企业以向进口方企业提供机器设备、技术知识、专利等各种服务（包括培训人员）作为投资，待项目投产以后，进口方以该项目的产品或双方商定的其他商品清偿其价款的一种投资和贸易相结合的灵活投资方式。由于进口方企业的还款付息是采取产品补偿的办法，故称之为补偿贸易。

补偿贸易的主要形式包括直接补偿、间接补偿、混合补偿和劳务补偿。

直接补偿是指进口方用引进技术设备所生产的部分产品或全部产品分期偿还进口合同的价款。出口方必须承担按期购买一定数量项目直接产品的义务。这是补偿贸易的基本方式，在国际上被广为采用。

间接补偿是指如果进口的设备技术不生产有形产品或生产的有形产品出口方并不需要，而进口方对该产品有较大需求，经双方协商，也可以用指定的其他产品分期偿还进口合同的价款。在实践中，双方经常在品种的选择、数量的确定和市场安排上发生冲突，使谈判难以顺利进行，它不是补偿贸易的主要形式。

混合补偿是指补偿贸易中进口技术设备的价款，部分用直接或间接产品偿还，部分用现汇或货款偿还。

劳务补偿是指技术、设备的引进方以来料加工、来件装配所收取的工缴费（或以租金）偿还引进所需的价款。这是补偿贸易与加工贸易相结合的形式。技术、设备的出口方待项目建成后进一步提供原材料、零部件等，由引进企业加工成成品返还给出口方，引进方以其收取的加工费偿还设备价款。

2. 补偿贸易的利弊

（1）补偿贸易对设备进出口国家的好处。

补偿贸易对设备进口国家的好处有：可以适当解决外汇资金不足的困难，用未来的支付能力解决目前支付现汇的困难；引进先进技术设备，加快了企业的技术改造，提高了产品的市场竞争能力；可利用国外销售渠道，在长期贸易合同的基础上进入国际商品市场。

补偿贸易对设备出口国家的好处有：扩大设备、技术出口，并可解决国内生产能力过剩和资金过剩的问题；可获得比较稳定的原材料、燃料或零部件供应来源，设备供应方可以在协助进口方开发自然资源和人力资源的情况下，取得进口方以合理价格供给的本国所需的原材料、燃料、半成品，有利于维持本国正常生产。

（2）补偿贸易的局限性。

第一，补偿贸易整个过程时间长、资金周转慢、风险大，并且它是进出口相结合的交易，涉及面广、不稳定因素较多，国际市场的行情变动、国际金融市场的波动都可能影响产品的销售和货款的偿还，在合同执行过程中往往会出现一些意想不到的事情，引起争端。

第二，通过补偿贸易方式进口的技术、设备，价格往往偏高。因为设备出口商对补偿产品的推销通常需要委托贸易商代理，因而要支出一笔佣金，有时要占货价的20%，易销品也要付7%～15%的佣金，供方就把这类费用加在设备、技术的总报价中。

第三，如果补偿产品是制成品，往往不易为对方所接受。即使接受，往往成交价偏低，或在国际市场上低价抛售，致使同类产品在国际市场上的正常销路和原贸易商遭受不利影响。

第四，该种方式引进的技术、设备有时并不是十分先进。因为外国厂商为保持在国际市场上的竞争优势，不愿转让最新的技术设备。

二、国际加工装配

国际加工装配是集国际贸易与国际投资于一体的比较灵活的新型国际直接投资形式。由于它不需要东道国的投资，并可利用现有的厂房、土地、劳动力等，达到引进先进技术和利用外国投资的目的，因此特别适合缺少外汇、技术相对落后的发展中国家和地区。

1. 国际加工装配的含义

国际加工装配是来料加工、来件装配业务的统称。它是由外商提供原辅材料、零部件、元器件、包装物料等，由国内企业按外商要求加工装配，成品交外商销售，加工方收取外汇工缴费的对外经济合作方式。

来料加工是指一个国家或地区的厂商（承接方）承接国外厂商（委托方）的原料、辅料和包装物料，必要时也提供某些设备，按照委托方的品种、规格、款式、技术等要求进行加工生产，成品按规定交给委托方。承接方只收取工缴费，不负责销售。

来件装配是指由外国厂商提供元件、零部件，由东道国按外国厂商的规格、款式要求进行装配，然后交给对方销售，并收取工缴费。来件装配可分为以下四种形式：

（1）委托人提供元件和零部件，由受托人装配成成品，可按委托人要求定牌或不定牌。装配的成品交给对方，受托人收取装配的工缴费。这是比较常见的来件装配形式。

（2）委托人除提供元件和零部件以外，为了使受托人开展装配维修工作，由委托人替受托人代购有关机器设备，其代垫货款从受托人收取的工缴费中扣除。

（3）委托人投资兴建装配工厂，其建厂和投资于设备的价款分期从装配所得的工缴费中扣除。

（4）委托人只提供部分元件、部件，受托人也提供部分东道国的元件、部件，合并装配成成品。在出口时，委托人除支付装配的工缴费外，还应支付受托方提供的元件、部件价款。

2. 国际加工装配的特点

（1）虽然国际加工装配有进口和出口，但负责进出口的国外厂商是同一个客户，因此国际加工装配的进出口实质上是一笔业务。

（2）受托方一般不需自备货源，因受托方主要是代客加工，故一般不需具备原材料或元件、辅料等自有资金。

（3）受托方对委托方提供的原材料、元件、部件只有使用权，不具有所有权。

（4）受托方对制成品的质量、款式、技术性能指标等，只能按照委托方的设计和工艺要求，不能擅自做主，随意修改。

（5）受托方不需负责销售业务，它只收取事先约定的工缴费，与委托方的经营情况无关。

3. 国际加工装配的利弊分析

国际加工装配对东道国的经济发展十分有利，主要体现在以下三个方面：

（1）利用外资进行加工装配生产，以发挥本国的劳动力资源优势。开展国际加工装配，主要由国外厂商提供原材料和元件，东道国主要提供劳动力，这样既可以缓和东道国投资资金的不足，又可培训技术工人并安排劳动力就业。

（2）发挥生产潜力，增加外汇收入。东道国的有些工业企业由于原材料供应不充分，生产能力不能被充分利用，开展国际加工装配可以充分发挥其闲置的生产能力，为国家增加外汇收入。

（3）及时了解出口商品在国际市场上的信息。当商品在国际市场上畅销时，客户的订单就纷至沓来；反之，订单就会断档。因此，开展国际加工装配可以了解到国际市场上的最新商品信息。

国际加工装配也有不足之处，主要表现在：

（1）受托方只收取工缴费，出口商品的销售主动权为外国投资者所掌握。外国投资者（委托方）可以不考虑长远利益，只从眼前出发，在短期内大量销售，给受托方以后生产同样商品的出口带来不利影响。

（2）委托方来料或来件不及时会影响受托方的正常生产秩序。委托方在生产的淡季和旺季供料不均衡，给受托方的生产安排带来困难，淡季时停工待料，旺季时完不成生产任务，严重影响受托方的正常生产秩序。

三、国际租赁

租赁业务有很悠久的历史。早在公元前 2 000 多年，古希腊的商人就开始向船主租用船只，从事商业活动。现代租赁产生于 19 世纪初期。当时，大机器工业不断发展，技术不断进步，商品生产成为普遍的统治形式。英国是最早确立资本主义生产关系的国家，因此它成为现代租赁的发源地。1836—1849 年在伦敦出现了第一条铁路——伦敦至格林尼治铁路，它经过 8 年独立经营后，被租赁给了东南铁路公司，租期为 999 年。1877 年，美国贝尔公司开始出租电话设备。这些租赁交易是现代租赁产生的重要标志。

国际租赁是一种新发展起来的将国际信贷和国际贸易相结合的融资与融物合为一体的国际投资方式。它产生于第二次世界大战以后，对于出租人来说，能起到既输出资本又输出设备的双重作用；而对承租人来说，既能利用外资，又能引进国外先进设备。在20世纪50年代以后的40多年里，许多国家的政府为了振兴本国经济，积极支持和扶植租赁事业，使国际租赁业务得以迅速发展。

1. 国际租赁的含义

租赁是指出租人通过签订租赁合同将机器设备等物品较长期地租给承租人，承租人将其用于生产经营活动的一种经济合作方式。在租赁期内，出租人享有租赁物的所有权，承租人拥有租赁物的使用权，并定期向出租人缴纳租金。租赁期满后，租赁物按双方约定的方式处理。

国际租赁是跨越国境的一种经济行为，它是指在不同国家的当事人（通常是供货人、出租人和承租人三方）之间所进行的租赁交易。

2. 国际租赁的形式

（1）经营租赁（operating leasing）。经营租赁又称服务性租赁，是指租赁公司购置设备，出租给承租人使用。出租人负责维修、保养和零部件更换等工作，设备所有权一般不转移；承租人所付的租金包括维修费。经营租赁的租赁物主要是建筑机械等，租金高于融资租赁，租赁期限也较短，而且可经过一定的预告期而中途解约。

（2）融资租赁（financial leasing）。出租人负责筹集资金，根据与承租人达成的租赁协议，按照承租人提出的设备规格、技术要求，向承租人选定的供货厂商购买设备，取得设备的所有权，授予承租人使用。租赁期满，承租人支付全部租金，并支付象征性残值费用后，办理所有权转移手续，租赁设备即转为承租人所有。融资租赁的租赁期较长，承租人不能随意提前终止租赁协议，是一种特殊形式的贷款协议，两者的不同在于：被出租资产的所有权属于贷款方（出租人）而不是借款方（承租人），借款方只拥有资产的使用权；借款方向贷款方支付的租赁费包括利率和本金两部分，全部可以作为项目的经营费用在税前支出，而正常的贷款只有利息部分可以在税前支出，本金偿还不能扣税。

为区分经营租赁和融资租赁，租赁期结束时承租人可以用一个名义价格购买所租用的资产，租赁期至少占被出租资产经济寿命的75%以上；在租赁期内，租赁费用的现值应至少等于95%的被出租资产价值；协议允许在租赁期结束之前将被出租资产的所有权转移给承租人。

（3）转租赁。转租赁是指由两家租赁公司同时承继性地经营一笔融资租赁业务，即由出租人A根据最终承租人的要求以承租人的身份从出租人B处租进设备，然后再以出租人的身份转租给用户使用的一项租赁交易。

（4）杠杆租赁。这是20世纪70年代末在美国发展起来的融资租赁的最高级形式，适用于价值在几百万美元以上、有效寿命在10年以上的高度资本密集型设备的长期租赁业务，如飞机、火车、船舶、海上石油钻井平台、通信卫星设备和成套生产设备等。在英国，这种租赁被称为平衡租赁，是指在一项租赁交易中，出租人只需投资租赁设备购置款项20%～40%的金额，即可在法律上拥有该设备的完整所有权，享有如同对设备100%投资的同等税收待遇；设备购置款项的60%～80%由银行等金融机构提供的无追索权贷款解决，但需要出租人以租赁设备作抵押、以转让租赁合同和收取租金的权利作担保的一种租赁交易。

（5）回租租赁。这是指由设备的所有者将自己原来拥有的部分财产卖给出租人以获得融资便利，然后再以支付租金为代价，以租赁的方式，再从该公司租回已售出财产的一种租赁交易。

（6）维修租赁。这是金融租赁加上各种服务条件的租赁方式，其租赁费包括服务费，因此较为昂贵。维修租赁的租赁期较长，通常是两年以上，租赁物多以车辆为主，其目的是减轻承租人对车辆等的维修、管理业务。在维修租赁的合同期限内，原则上不能中途解约。采用这种方式租赁汽车时，租赁公司向用户提供一切业务上所需的服务，包括购货、登记、纳税、保险、检查、维修、验车、事故处理等服务。

（7）综合租赁。这是租赁和其他贸易方式相结合的一种租赁方式，如它与补偿贸易、来料加工、包销、买方信贷、卖方信贷、信托投资、合资经营、合作经营等方式相结合等。

3. 国际租赁的利弊分析

（1）为承租企业提供了一条有效的融资渠道。对投资资金有限的企业来说，不必一次支付巨额外汇购置设备，只要按期支付租赁租金，就可引进先进的技术和设备。每年支付的租金数额，一般只相当于购买设备价款的10%～20%。因此，企业可以避免因购买设备而积压资金，并可将这部分资金用于购买原材料、开发新产品、扩大生产能力等方面，提高承租人外汇资金的使用效率。特别是那些季节性、暂时性使用的设备，使用经营租赁方式可以节约资金。

（2）租金的支付方式灵活多样。可按年、季等平均支付，也可根据承租人的生产和现金流动状况采用递增或递减的方法支付。与借款相比，除了可免去借款协议中许多特有的限制性条款外，租金的支付可以根据承租人的特殊要求设定。例如，可根据承租人的生产和产品销售情况来安排租金，开始时的租金额度可定得低些，待产品销售进入旺盛时期，再提高额度来补足；租金也可根据企业的获利能力来安排。

（3）租赁能减少或免受技术设备陈旧过时的风险。随着科学技术的迅速进步，企业已购买的技术设备可能因新技术的采用而过时。如果采用租赁方式，当有新型号产品问世时，承租人就可退回老产品，要求出租人更换新的技术设备。

（4）租赁可获得良好的技术服务并可培训技术力量。有些租赁方式，如经营租赁，对那些技术密集型产品的安装、维修保养、人员培训、技术服务以及可能发生的风险，均由租赁公司负责。承租人一方面得到了技术培训，另一方面通过对设备的使用，在操作实践中逐步熟悉了设备的性能、结构和各项经济技术指标，为今后设备的留购创造好条件，使本身具有承担各项技术工作的能力。

（5）免受资产限额的限制。国际租赁的最大优点在于它的灵敏性，租赁合同条款一般不规定企业流动资本的数量，不限制企业资产变更和股息支付。因此，租赁是企业突破资本限额的有效手段。例如，企业有许多可投资项目，但其资金来源却受资本限额的限制，这可以通过租赁而不是通过购买来解决。另外，许多中长期贷款和长期债券的提供者可能限制企业进一步筹资的能力，而租赁可以规避这种限制。与此同时，企业利用租赁通常能保持现有信贷的来源，留作他用；而且在大多数情况下，利用租赁也不会限制企业的借款能力。

（6）对资产负债表影响不大。国际租赁与发行债券或银行贷款不同，它不必体现在企业的资产负债表上，不致因固定资产价值增大而使流动比率和固定比率等财务比率恶化，这对那些要降低债务比率的企业而言是十分重要的。

（7）可以抵消所得税。国际租赁还可以给企业带来税收上的收益。出租人因购买设备而享有投资减税和加速折旧的好处；承租人可以将支付的租赁费作为成本费用在税前列支，抵消所得税。

（8）对出租人来说，通过租赁可扩大产品的销路。租赁公司也往往是大制造厂商的附属机构。因为国际租赁无异于设备出口，为了扩大产品销路，制造厂商往往通过国际租赁来扩大产品的出口，加强对国际市场的影响。从事技术密集型产品经营性租赁的，类同技术出口，通过提供维修保养、人员培训等服务工作，可赚取较高的劳务报酬。

但是，国际租赁也有不足的一面。对承租人来说，租赁的成本往往比其他中长期融资方式的成本高，因为除贷款利息外，还要支付租赁公司的手续费；此外，融资租赁是不能中途取消的，即使企业在租赁期间发现承租的资产不能给企业带来收益，仍需按期支付租金，否则就要赔偿租赁公司的各项损失，往往罚则较重。承租人对租用的设备仅有使用权，如果发现设备有缺陷，承租人打算进行技术改造，除非得到出租人的同意，否则承租人无权自由处理，也不能以设备作为贷款的抵押品。对出租人来说，国际租赁也有租赁物的投资回收期较长的问题；若承租人中途停止租赁，出租人势必要承担找不到新承租人或买主而使设备闲置的风险；出租人还需要承担出租资产过时的风险以及在承租人倒闭或被兼并时的债权有限等问题。

延伸阅读

中航国际租赁项目落地江东新区

本章小结

本章第一节阐明了国际投资的含义与作用，梳理了其产生与发展的脉络，并对主要的国际投资理论进行了评析。第二节论述了国际直接投资的含义和影响因素，详细地讲解了国际直接投资的主要方式，具体包括独资经营、合资经营、合作经营、合作开发以及BOT投资方式等。第三节介绍了国际间接投资的含义和影响因素。国际间接投资主要包括国际信贷、国际证券等方式。第四节主要介绍了其他类型的国际投资方式，包括补偿贸易、国际加工装配和国际租赁。

本章要点

- 国际投资的作用
- 国际资本流动的特点
- 国际投资理论
- 国际直接投资
- 国际间接投资

本章关键术语

国际投资	国际直接投资	国际间接投资	产业组织理论
产品生命周期理论	折中理论	投资发展周期理论	边际产业扩张论
“两缺口”理论	债务周期理论	BOT 投资方式	国际信贷
国际证券	补偿贸易	国际加工装配	国际租赁

本章习题

1. 国际投资的作用有哪些？
2. 20 世纪 90 年代以来国际资本流动的主要特点有哪些？
3. “两缺口”理论的含义是什么？
4. 影响国际直接投资的因素有哪些？
5. 国际直接投资企业的经营方式及其相应特点是什么？
6. 影响国际间接投资的因素有哪些？
7. 国际间接投资的类型及其相应特点是什么？
8. 简述补偿贸易的含义及其利弊。

第十二章
我国境外投资的发展

章前引例

中美贸易摩擦对我国对外直接投资的影响

一、中美贸易摩擦始末

中美两国在当今世界的国际舞台上的地位日益重要，两国在国际社会中的政治利益和经济利益也都不断提升，中美两国的贸易往来呈现出密切联系的局面。但是，随着中国经济总体发展水平在国际上的不断攀升，中国对美国出口顺差的逐渐扩大，美国与中国的贸易摩擦逐渐加剧。2016 年，共和党参选人唐纳德·约翰·特朗普当选美国第 45 任总统。秉持“美国优先”的理念，特朗普上任伊始便着手调整对华经济政策。

根据特朗普的要求，美国贸易代表办公室根据“301”调查结果，于 2018 年 6 月 15 日正式公布了加税清单，包括对 1 102 种、总额 500 亿美元的从中国进口的商品加征 25%的关税，并于 7 月 6 日开征。此外，特朗普入主白宫后，对华贸易摩擦的力度和广度再次增强，反倾销与反补贴的“双反”调查无论是立案量还是执行量，都在 2017—2018 年间显著增多，调查结果大多不利于我国企业。

二、中美贸易摩擦对我国对外直接投资的影响

1. 我国对外直接投资流量十年来首次下滑

自国家实行“走出去”战略以来，我国对外直接投资一直保持高速发展，2003—2016 年间，中国对外投资复合增长率是 35%，到 2016 年我国对外投资额达到峰值 1 961.5 亿美元，但商务部的数据显示，自中美发生贸易摩擦以来，2017 年和 2018 年我国对外直接投资流量首次负增长，2017 年和 2018 年的对外投资额分别为 1 582.94 亿美元和 1 430.4 亿美元，相比 2016 年分别下降 19.3%和 27.1%。

2. 逆全球化的制度安排阻碍了中国企业并购

海外并购是我国企业对外直接投资的主要方式。但自贸易摩擦以来，特朗普政府利用《外国投资风险审查现代化法案》和美国外国投资委员会阻止中国对美国的投资、美国对国外的技术出口和合作以及扩大受管制技术范围，对中国企业在美并购进行严格审查，将因未决的国家安全考虑而放弃的中国并购交易数量推高至历史最高水平。2017 年，中国企业对美实施并购项目仅 82 个（2016 年为 164 个），实际交易金额仅 120.3 亿美元，仅为 2016 年交易金额 345 亿美元的约 1/3。

面对严峻的海外投资形势，以及新冠疫情的影响，通过回顾和总结改革开放40多年中国对外直接投资的发展历程、对中国和世界经济发展的影响，以及中国对外直接投资管理体系的演变过程，可以为未来中国的发展提供借鉴，提出中国对外直接投资未来发展的思路和方向。为此，我们将展开本章的学习，系统而详细地介绍中国对外直接投资的发展历程。

学习目标

- 了解我国境外投资的发展阶段
- 掌握境外投资发展战略的主要模式
- 掌握我国境外投资的管理制度

第一节　我国境外投资发展概述

一、境外投资的含义和主要动机

境外投资是指一国的投资主体将资金或者设备、原材料、工业产权等投放到本国以外的国家或地区，以设立各类企业或从事有价证券买卖、国际信贷等，从而获取一定收益的经济行为。

境外投资是世界各国进行对外经济技术合作的重要方式之一，在加强国际合作、了解国际市场动态、反馈出口商品信息、引进先进技术等方面，可以起到不可替代的作用。对于一个开放性的经济体而言，境外投资是国内投资的延伸，也是扩展对外贸易、促进经济成长的策略。近年来，世界各国的境外投资不断扩大。

依照经济学理论，经济自由化与国际化有助于实现资源配置的效率目标和国际经济发展，但当前国际贸易中存在着贸易保护主义抬头和国际竞争加强的趋势。由于市场竞争，企业必须以更低的生产成本、更接近市场的地理位置，才能突破贸易保护的限制，免除长途的运输成本耗费。依照贸易理论，若能拉近生产与消费的距离，不但可使生产成本降低，还可避免某种程度的国际竞争，所以海外投资乃时势所造成的。

对于一个开放性的经济体，境外投资是国内投资的扩大，更是开拓对外贸易的手段与促进经济成长的新兴力量。综合企业境外投资的经济理论，可以归纳出跨国企业境外投资的主要动机。

1. 积极方面

（1）竞争导向投资：突破贸易保护主义构筑的贸易障碍。

（2）生产因素导向投资：便于取得所需的经济资源，包括天然资源及人力资源。

（3）技术导向投资：通过合资、联营，便于观摩、学习国外先进技术，快速提高企业的技术档次。

（4）市场导向投资：开辟企业新的产品市场，易于掌握商情，了解海外市场需要。

2. 消极方面

（1）规避外国的市场设限。

（2）为本国面临淘汰的机器设备或技术寻找适当的出路。

（3）为本国的剩余资金寻找良好的投资环境。

（4）规避国内的高税率而到境外投资。

（5）规避国内的环境保护或消费者保护法，将“非干净工业”，即产生污染的工业移至海外。

二、我国境外投资的发展阶段

在我国实施改革开放的经济政策以前，对外经济技术援助是当时历史条件下中国发展外部经济交往，特别是对外输出技术和资金，进行国际经济合作最主要的活动形式。援助的方式包括成套项目援助、技术援助、物资援助和现汇援助。这些活动的实施是由政府间协议确定的，虽然也输出了资金和技术，但它并不是通常意义上以企业为主体、以营利为目的的对外投资和跨国经营活动。1979 年 8 月 13 日，国务院提出“出国开办企业”的经济改革措施，首次把对外直接投资作为国家经济发展政策，拉开了我国对外直接投资活动的序幕。

我国企业对外直接投资的发展，大体经历了以下几个阶段。

1. 第一阶段：1979—1986 年

这是我国对外直接投资起步和缓慢成长阶段。由于以往对外直接投资主要是外贸企业在对外贸易基础上进行的，我国对外直接投资最初被称为非贸易性投资。1979 年 11 月，北京友谊商业服务总公司与日本东京丸商株式会社合资开办了京和股份有限公司，中方派出厨师，双方共同经营中国饭店，它是我国对外投资创立的第一家合资企业。此后，1980 年 5 月，北京国际信托投资公司与日本三和银行、日本朝阳贸易株式会社在日本东京开办了京连株式会社，它是一家为国内企业技术改造服务，引进先进技术和设备，兼做开拓性贸易的工贸、技贸结合的合营企业。1980 年 7 月，中国银行与美国芝加哥第一国民银行、日本兴业银行和华润公司在香港合资创办了中芝兴业财务有限公司，它是我国在境外设立的第一家合资金融企业。截至 1986 年年底，我国共批准在海外开办非贸易性企业约 261 个，累计投资额约 4.8 亿美元，中方投资约 2.9 亿美元，占总投资额的 60%，对外投资进入的国家和地区达 53 个。在这一阶段，我国对外投资处于初创阶段，多数企业规模较小，初期主要集中在中餐馆、承包工程、咨询服务、航运服务、金融保险等方面，随后几年，在资源开发、加工装配、工贸、技贸领域的企业投资占较大比例。

2. 第二阶段：1987—1990 年

这是我国对外投资的迅速发展阶段。在这一阶段，我国对外投资急剧增长，仅 1987 年一年，我国新开办的海外非贸易性合营企业就达 124 家，总投资额为 13 亿美元，中方投资额为 3.5 亿美元，超过了前 8 年中方投资总额。这一年的新办企业数接近前 8 年的一半，而且投资项目规模比以前增大，平均规模超过 1 000 万美元。据统计，到 1991 年 3 月底，我国共批准在海外开办各类非贸易性企业 839 家，协议总投资额为 24.12 亿美元，中方投资 10.38 亿美元，占投资总额的 43%。在这一阶段，我国对外投资的范围进一步拓宽，不仅在发展中国家和地区建立企业，而且在发达国家建立企业，同时也开始在苏联和东欧国家投资兴办企业；单项投资规模有所扩大，在资源开发、加工装配、工贸、技贸领域的投资进一步增强。

3. 第三阶段：1991—2007 年

1991 年，我国企业对外直接投资和跨国经营发展出现了新的跃升，当年境外企业的增加数突破了连续 4 年没有超过的 200 家大关，达 207 家，对外直接投资额超过了 1987 年 3.5 亿美元的历史最高水平，达 3.67 亿美元。自 1998 年以来，我国对外投资再一次大幅跃升，1998—2002 年的境外投资分别占历年所有境外企业总数的 20%、投资总额的 30%和中方投资的 32%；单个项目平均中方投资额增长了近一倍，达到 200 万美元。据商务部统计，截至 2007 年年底，中国 7 000 多家境内投资主体在全球 173 个国家（地区）设立境外直接投资企业超过 1 万家，对外直接投资累计净额为 1 179.1 亿美元。其中，非金融类 1 011.9 亿美元，占 85.8%；金融类 167.2 亿美元，占 14.2%。而按联合国贸易和发展会议的调查测算，我国对外投资规模还要大得多，1990 年以来的年均增长率达 23%。对外投资分布在 160 多个国家和地区，其中美国是我国在海外投资兴办非贸易性企业最集中的地区。我国企业海外投资涉及的行业从初期集中在贸易方面发展到资源开发、工农业生产及加工、工程承包、装配、交通运输、金融保险、医疗卫生、旅游及餐饮等领域。中国新一轮对外投资浪潮与第一代对外投资热有很大不同。20 世纪 80 年代，中国的第一代对外投资主体多为贸易公司，并非实业公司，它们的经验不足、管理体制也存在问题，因而效益并不理想。而新一轮对外投资浪潮以从事实业的企业出去投资为主，投资形式也多种多样，有资源导向型、市场导向型、效率导向型、技术导向型等。国内一些具有较强实力的企业集团（如华能、海尔等）已开始实施海外投资战略，并初步形成了全球的生产销售网络，初具跨国公司的雏形。此外，万向、远大空调、新希望等民营企业以开展境外加工贸易为切入点，积极拓展国际市场。民营企业对外投资主要以轻工、纺织、家用电器等机械电子类和服装类为重点，对外投资项目多集中在投资环境好、政局稳定的国家和地区，尤以亚洲和非洲等的发展中国家最为集中，大多选择建立合资企业来实现跨国经营。但是，大多数民营企业还停留在以“边贸活动”为主体内容的小型对外投资上，民营企业进行跨国投资和经济合作还处在相当初级的自发阶段。

4. 第四阶段：2008 年至今

2008 年一场国际性的金融风暴席卷全球，发达国家金融市场的流动性出现了不足，信贷规模也出现了紧缩。这使其本土的金融机构和国际投资机构不得不从海外撤资，国际资本显现出从发展中国家流向发达国家的局面。根据商务部公布的数据，2009 年中国对外直接投资净额达 565.3 亿美元，比 2000 年增长了 50 多倍。

2010 年是国家“走出去”战略实施的第十年。十年来，我国企业“走出去”的步伐逐渐加大，对外投资金额逐年增高，“走出去”战略取得了显著成果。2010 年，我国境内投资者共对全球 129 个国家和地区的 3 125 家境外企业进行了直接投资，累计实现非金融类对外直接投资 590 亿美元。2010 年是中国企业海外投资最为踊跃的一年。全球范围内的重大跨国并购项目中，不时闪现中国企业的身影。例如，吉利收购沃尔沃、中石化收购 Repsol 公司巴西子公司、中海油与 Bridas Energy Holdings 合资公司收购 Pan American Energy 公司股权等，无论是交易金额还是受关注程度，都足以成为年度最重要的并购交易。在《华尔街日报》评选出的 2010 年全球十大跨国并购案中，中国企业的并购占据四席。2010 年是全球金融危机的影响逐渐消退、各国经济和投资缓慢复苏的一年。除少数新兴国家通过刺激计划率先走出经济衰退外，西方主要发达经济体仍在经济振兴的道路上艰难行进。此次全球金融危机在改变全球投资流动总体态势的同时，也改变了外国直接投资的地缘决定因素和区域性格局。跨国公司全球化战略和供应链正经历着一次新的调整，并与世界经济的结构性调整相互交织，预示着今后全球范围内的产业转移和调整将逐渐展开。这为中国企业向海外拓展提供了良好机遇，也增加了许多挑战和不确定性。

2011 年是“十二五”开局之年，我国企业在各领域都取得了显著进展。据统计，2011 年我国境内投资者共对全球 132 个国家和地区的 3 391 家境外企业进行了非金融类对外直接投资，累计实现直接投资 600.7 亿美元，同比增长 1.8%；对外承包工程业务完成营业额 1 034.2 亿美元，同比增长 12.2%；新签合同额 1 423.3 亿美元，同比增长 5.9%；对外劳务合作派出各类劳务人员 45.2 万人，较 2010 年同期增加 4.1 万人。

2012 年可称为中国对外投资的丰收之年。据商务部统计，2012 年中国境内投资者共对全球 141 个国家和地区的 4 425 家境外企业进行了直接投资，累计实现非金融类直接投资 772.2 亿美元，同比增长 28.6%。

我国商务部对外投资数据显示，2015 年我国对外非金融类直接投资创下 1 180.2 亿美元的历史最高值，同比增长 14.7%，实现了中国对外直接投资连续 13 年增长，年均增幅高达 33.6%。“一带一路”和国际产能合作成为 2015 年我国对外投资的新主题。据统计，2015 年我国企业共对“一带一路”相关的 49 个国家进行了直接投资，投资额合计 148.2 亿美元，同比增长 18.2%。

2017 年，我国对外直接投资流量首次出现负增长，规模位居全球第三。2017 年中国对外直接投资 1 582.9 亿美元，同比下降 19.3%，自 2003 年中国发布年度对外直接投资统计数据以来，首次出现负增长，但仍为历史第二高位（仅次于 2016 年），占全球比重连续两年超过一成，中国对外直接投资在全球外国直接投资中的影响力不断扩大。

2018 年是中国对外直接投资存量快速增长的一年。据统计，2018 年年末，中国对外直接投资存量为 19 822.7 亿美元，是 2002 年年末存量的 66.3 倍，在全球中的占比由 2002 年的 0.4%提升至 6.4%，排名由第 25 位攀升至第 3 位。中国在全球对外直接投资中的影响力不断扩大，流量占全球比重连续 4 年超过一成。

2020 年，面对新冠疫情对全球经济的冲击，在党中央、国务院的疫情防控和有效改革下，2020 年中国对外直接投资实现了平稳健康有序发展。据统计，2020 年中国对外直接投资 1 537.1 亿美元，同比增长 12.3%，流量规模首次位居全球第一。2020 年年末，中国对外直接投资存量达 2.58 万亿美元，次于美国（8.13 万亿美元）和荷兰（3.8 万亿美元）。中国在全球外国直接投资中的影响力不断扩大，流量占全球比重连续 5 年超过一成，2020 年占 20.2%；存量占 6.6%，较上年提升 0.2 个百分点。2020 年中国双向投资基本持平，实现“引进来”与“走出去”同步发展。

2021 年外部环境严峻复杂，境外投资发展面临较多挑战。中资企业迎难而上参与国际投资合作，促进国内国际双循环。国家发展改革委以习近平新时代中国特色社会主义思想为指导，认真贯彻党中央、国务院决策部署，落实第三次“一带一路”建设座谈会要求，和有关方面一道加强指导、服务和监管，推动境外投资发展实现“十四五”良好开局。全年境外投资流量保持增长。在 2020 年逆势增长的基础上，2021 年我国境外投资流量为 1 451.9 亿美元，同比增长 9.2%，全行业对外直接投资为 1 576.9 亿美元（见图 12－1），同比增长 2.2%，实现了平稳发展的预期目标。

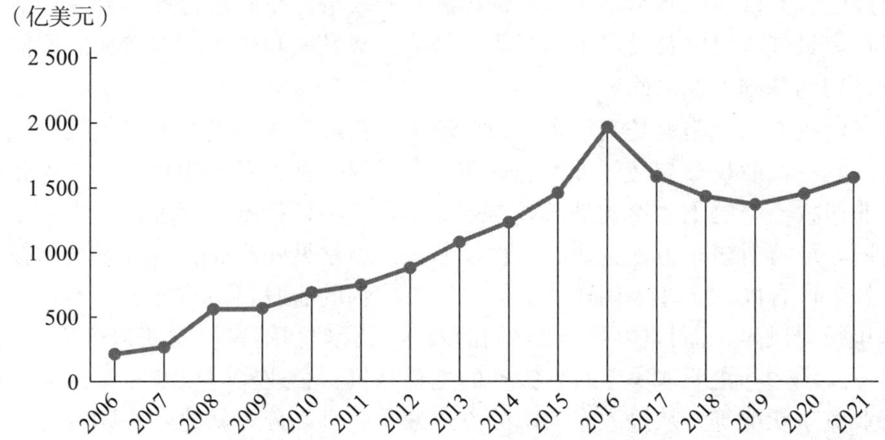

图 12－1　对外直接投资

资料来源：CEIC 中国经济数据库。

"十四五"规划提出"加快构建以国内大循环为主体、国内国际双循环相互促进的新发展格局"的理念。"十四五"规划还对我国对外投资提出了新要求，强调在"十四五"时期推动高质量发展，必须立足新发展阶段、贯彻新发展理念、构建新发展格局。立足国内大循环，协同推进强大国内市场和贸易强国建设，形成全球资源要素强大引力场，促进内需和外需、进口和出口、引进外资和对外投资协调发展，加快培育参与国际合作和竞争新优势。

延伸阅读

"双循环"背景下外向型企业面临的机遇与挑战

第二节　境外投资发展战略

一、境外投资发展战略的含义

战略（strategy）一词来源于军事学，是同战术（tactic）一词相对而言的。从广义上说，战略是指任何一个组织的有关全局性与长远性的谋划。战略就是组织的管理者决定实现的一整套目标以及为实现这一目标而制定的一组政策或规划。

为使本国对外投资能够卓有成效地发展，政府必须制定一个恰当的对外投资发展战略。对外投资发展战略是对外投资国政府在认真分析本国情况、国际投资市场状况和其他国家对外投资者实力的基础上，对本国在一个较长时间内的对外投资活动所要达到的目标以及实现这些目标的主要措施所做的总体规划和指导。具体说来，对外投资战略主要包括区位战略、行业战略、方式战略等方面。

对外投资的区位战略就是对外投资的地理分布，选择国内资金优先流入哪些地区。通常来说，跨国公司对外投资的区位战略包括地缘经济战略、资源导向战略、市场导向战略、劳动力导向战略、技术导向战略等，将国内资金优先投入邻近国家、资源丰富地区、市场容量较大的地区、劳动力成本低廉或技术先进的地区。

对外投资的行业战略就是要科学地选择对外直接投资所要进入的行业，对不同的行业分别采取鼓励、允许、限制和禁止国内资金进入的政策。在制定行业战略时，需要在对行业特点、行业景气状况以及投资不同行业对国内经济发展和产业结构转换的不同影响进行综合分析评判的基础上加以确定。

对外投资的方式战略就是选择企业在东道国投资的具体形式，主要包括股权参与和非股权参与。其中，股权参与又可分为独资和多数股权合资、对等股权合资、少数股权合资等方式。非股权参与的主要形式是通过与东道国企业签订技术、管理、销售或工程承包等方面的合同，取得对该东道国企业的某种控制权。最常见的非股权参与是技术授权、管理合同和委托生产合同。企业采用作为直接投资替代物的非股权参与方式，不仅可以不用出资和少承担投资风险，而且还可以使它们的技术、管理和销售机制获得令人满意的回报。对外投资方式的选择主要取决于对外投资的主要动机、企业实力以及东道国对外资的政策法规和行业竞争状况等。从进入东道国的方式来看，可以分为新建和并购两种方式。新建是指在东道国投入资本新建立一个企业，包括独资、合资、合作经营，设立本企业在国外的分支机构及附属公司等。并购是指通过购买国外企业的股票，达到一定的控股能力，能够在一定程度上左右该企业的经营活动。

作为宏观经济发展战略的组成部分，境外投资发展战略无疑要服从宏观经济发展的要求，但它的制定和实施却会对各国宏观经济产生积极而深远的影响。一般来说，各国境外投资发展战略应当充分借鉴国际上的成功经验，根据当代世界经济结构的变化和对外投资的新特点，结合各国具体国情，在对外部因素和内部条件进行综合分析的基础上加以确定。

二、世界各国境外投资发展战略的模式

综观世界各国境外投资发展战略的模式，可以总结出三种类型，即美国模式、日本模式、发展中经济体模式。应了解和分析这些典型模式的特点，同时根据当代世界经济格局和我国的具体国情，在对外部因素和内部条件进行综合分析的基础上，正确制定我国境外投资发展战略的模式。

（一）美国境外投资发展战略的模式

美国是当前世界上最大的对外投资国，美国的对外投资是在国内经济发展水平较高、国内市场饱和的条件下，为寻求国内资本、技术、产品出路而采取的一种对外扩张形式。在第一次世界大战前，美国的对外投资在投资地区的选择上主要是就近投资，这是与美国的对外直接投资处于起步阶段相吻合的，并且基本上投向经济落后的地区，因为在这些经济落后的地区，利润通常是很高的，因为那里资本少，地价贱，工资低，原料也便宜。从部门结构看，美国对外直接投资中的绝大部分投到了生产初级产品和为生产初级产品服务的公共设施部门，而投到制造业部门的直接投资所占比重较低。

在第二次世界大战中，美国靠军火买卖积聚财富，对外经济扩张迅速，科学技术也日趋发达。以美元为主要货币的国际资本市场的形成及国外投资利润率的提高，促使美国众多企业凭借技术优势和寡头垄断，迅速扩大了对外投资规模。第二次世界大战后，美国对

外投资的重点逐步从发展中国家转向发达国家。美国企业海外投资的主要动机是市场而不是劳动力。2000 年，美国的海外投资达 1.2 万亿美元，发达国家占 70%（其中，仅欧洲就占 52%，英国居首），其他依次为荷兰、瑞士、德国、法国。美国在加拿大的投资头寸是在墨西哥的 3.5 倍。在行业发展选择中，长期以来，美国一直以制造业和石油业作为战略重点，但自 20 世纪 90 年代以来，美国在高技术产业、金融保险和房地产业、商业及现代服务业的投资比重明显提高。到 2000 年年底，制造业、金融保险和房地产业以及石油业是美国公司对外投资的三大重点。美国公司对这三个部门的直接投资额占美国对外直接投资总额的 76%。在制造业方面，近年来，美国对外直接投资增加较快的领域包括工业机械设备、电子和其他电气设备以及交通设备等。在投资方式上，美国企业多采用独资或控股形式，以便确保对企业的管理控制权。但是，为促进对外直接投资的快速发展，近来在坚持以独资方式为主的前提下，美国企业也采取合资、合营和非股权参与等方式。面对日益激烈的国际竞争，尤其是高技术产品开发所带来的巨额成本和风险，美国的一些跨国公司还与西欧、日本的公司缔结了广泛的战略联盟。美国跨国公司在国外进行制造业直接投资时，通过收购方式而建立的子公司所占比例呈上升趋势并在投资方式中居主导地位。与此同时，通过新建而成立的子公司所占比例则有所下降，日益退居到次要地位。

（二）日本境外投资发展战略的模式

日本学者小岛清运用比较优势原理，提出了“边际产业扩张论”，解释了日本的对外投资问题。这一理论的核心是：对外直接投资应该从本国（投资国）已经处于或即将陷于比较劣势的产业（即边际产业）依次进行。日本是后起的工业国，许多投资企业与西方老牌跨国公司相比，在技术水平上并不具有绝对的垄断优势。日本对外投资之所以能够成功，主要是由于对外投资企业能够利用国际分工的原则，充分发挥自己的优势。日本把生产基地迁移到国外的企业，一般都是在国内生产已失去比较优势的企业，它们为了继续维持这些企业的生产规模，就需要到比较优势更大的国家或地区进行投资，以建立新的出口基地。而在日本国内可以集中发展具有比较优势的产业，使国内的产业结构更趋合理，从而促进对外贸易的发展。

在第二次世界大战前，日本为了掠夺军事占领的地区的资源，对这些地区进行了一些投资，战败后停止。第二次世界大战后，随着日本经济的复兴，日本在 1951 年公布《外汇与外贸管理法》后开始对外少量投资。但是，由于国际收支问题，外汇短缺，日本政府对资本外流采取了较多的限制性措施，因而投资的规模始终很小、进展极为缓慢，不仅远远滞后于整个国民经济的恢复和发展速度，而且比引进外资晚了很多年。20 世纪 60 年代中期以后，日本对外贸易实现了长期顺差，日本企业的金融实力、经营管理和技术水平迅速提高，日本政府的政策开始由以往限制投资的方向转到了积极促进投资的方向，促使对外投资迅速增长。

从日本对外投资的地区结构看，在第二次世界大战后很长一段时期内，日本境外投资以亚洲发展中国家为主，以便充分利用当地廉价的劳动力和丰富的自然资源，解决日本国内资源匮乏的问题。在对外直接投资中占最大比重的资源开发型的矿业投资，在对外制造业直接投资中占最大比重的劳动力资源利用型的纤维工业投资，利用资源、能源并转移公害、污染型的化学工业投资和钢铁工业投资，都适于在发展中国家投资。因此，日本对外直接投资曾主要集中于发展中国家。进入20世纪80年代后，日本同美国和西欧的贸易摩擦愈演愈烈，商品输出遭到强大的保护性关税的限制。在这种情况下，日本逐步重视对欧美各国的直接投资，境外投资的地区分布趋向多极化。工业国在日本对外直接投资总额中的比重已增至75%以上（仅美国就吸收了日本对外投资总额的50%），而发展中国家（包括亚洲的发展中国家）所占的比重由50%降至25%。

从日本对外直接投资的部门结构看，非制造业始终占有极高的比重，构成其主体。日本对外直接投资的内容以非制造业投资为主，在20世纪70年代以前主要是为确保原材料资源的供应而进行了大量的矿业投资，在80年代后主要是为巨额剩余资金寻找海外投资机会而进行了大量的金融保险业投资和不动产投资；另外，为扩大对外贸易，商业投资额一直在日本的投资总额中占较大的比例。在境外投资方式上，日本较少建立拥有全部股份的独资企业，在发达国家的独资企业比例明显高于发展中国家。日本的对外投资采取与东道国企业合资经营的形式较多，还往往与其他日本企业或第三国企业联合投资，而且企业规模较小，一般项目多。

（三）发展中经济体境外投资发展战略的模式

长期以来，对外投资一直为西方经济大国所垄断，发展中经济体参与国际投资活动的主要方式是吸收利用外国直接投资。发展中经济体较大规模的对外投资始于20世纪70年代末期，在整个80年代和90年代呈现出稳定增长趋势。印度、韩国、新加坡、巴西、墨西哥、阿根廷、中东一些国家和中国香港、中国台湾地区成为对外投资的新生力量。为了打破西方国家对世界市场的垄断，它们在卓有成效地吸收外资的同时，利用自己的比较经济优势和比较技术优势，不失时机地开展了境外投资，从而创造了经济发展的“奇迹”，一些国家和地区在短期内跨入了新兴工业化国家和地区的行列。

新兴工业化国家和地区对外投资通常是从投资环境较为相近的周边经济体开始起步，逐渐扩展到作为自身主要出口地的发展中经济体，最后为绕开贸易壁垒、吸收先进技术和市场信息而展开对美国、西欧国家等发达经济体的投资。总体来说，发展中经济体对外投资的跨国程度相对较低。新兴工业化国家和地区对外直接投资的部门分布较广，早期以资源采掘业投资为主，逐步发展到以多种经营和传统制造业为主，近期对外服务业投资迅速发展，呈现出投资结构不断高级化的趋势。

以韩国为例，20世纪70年代，因韩国国内资源缺乏、市场狭小，所以确保原材料的长期稳定供应和开辟海外市场、突破关税及非关税壁垒成为韩国企业对外投资的基本动因。但是，由于贸易收支赤字和外汇不足，韩国对外投资发展缓慢。为开辟海外市场、扩大出口产品销路并保障轻纺工业所需原材料的供应，韩国的海外投资重点主要集中在贸易业和林业等部门。进入80年代后，一方面，韩国对贸易业的投资仍是关注的重点，1980—1987年对贸易业投资184项，占海外投资项目总数的41.3%；另一方面，资源开发性投资的重点逐步由林业等部门转向矿业部门，反映了重化工业的发展使资源需求结构发生了相应变化。与此同时，韩国对制造业的投资持续扩大，成为引人注目的现象。

到了80年代末期，因为国际收支盈余、三低因素（石油价格低、汇率低及利息低）、国内经济景气的复苏以及国内进行大幅度的金融自由化，所以韩国企业的资金调度能力提高，有能力进行对外投资，于是韩国对外投资大幅增加。此外，1994年2月韩国政府大幅简化了对外投资的手续，提高了企业对外投资的意愿。从1998年起，韩国国内消费市场趋于饱和，国内劳动力成本不断上升，持续压缩企业的利润。为了保持企业的盈利能力，转移国内过剩的生产能力，韩国制定了广泛利用国际生产要素和促进出口的对外投资策略，而在这一动机的驱使下，韩国对外投资得到了迅速的发展。

资源开发投资和扩大出口投资并举，是韩国对外投资在相当长的时期内一直坚持的方针。韩国是一个出口导向型工业化国家，国内有强大的工业生产能力，特别是重化工业；但同时，韩国又是一个工业原料奇缺的国家，其工业对外有巨大的资源需求，因此国外资源丰富（包括丰富的矿产资源和劳动力资源）的地区无疑是对韩国资本颇有吸引力的区位。在韩国对外直接投资的起步时期，对东南亚国家和地区的投资以及近期对中国的投资主要都是为了获取资源。韩国的对外直接投资有以下特点：首先，资源开发型产品投资，服务于国内经济的发展；其次，劳动密集型产业投资，向发展中国家转移一些本国限制性的产业，同时降低劳动力成本；再次，逐渐由利用制造和销售渠道优势进行对外投资过渡到以鼓励创新的技术出口为主；最后，对发达国家投资，北美地区是韩国的主要出口市场。但是，随着美国加强贸易保护主义及韩元升值、工资上升，韩国商品的出口竞争力下降，为了规避贸易保护壁垒，带动出口并获得电子、钢铁、汽车等资本密集型产业技术，对该地区的直接投资成为韩国企业关注的首要目标。

韩国的对外投资规模较小，其对外投资是以贸易业和劳动密集型制造业为主，这两种类型的投资规模一般不可能太大；加之受资金能力、经营经验等条件的限制，韩国在对外投资初级阶段采取以中小规模投资为主的做法收到了项目建成投产周期较短、资金回收和周转较快的效果。

在对外投资的方式上，韩国企业偏重独资和新建投资的形式，主要是因为采取独资方式可以控制企业的领导权、决策权和经营管理权，从而可以避免和减少与合资伙伴之间可能发生的纠纷。据韩国财政经济部统计，在进入外国市场的韩国制造业企业中，有1/3的企业投资选择了中国。而在华投资的韩国企业，一改长期以来遵循的“新建投资”模式，加大了在华并购投资的力度。同时，韩国企业在华投资的独资倾向越来越强。在华投资的大型韩国企业都出现了明显的增资扩股或独资取代合资的现象，并购成为主要投资方式。

根据以上对世界各经济体境外投资战略发展模式的描述，我们可以看到：虽然各经济体根据各自情况的不同经历了各具特色的对外投资发展轨迹，但相同的是，大多数经济体的境外投资都经历了一个循序渐进的发展过程。在投资地区选择上，从周边经济体向其他地区扩展；在投资行业选择上，从获取资源、劳动密集型行业向高科技行业扩展；单个项目的投资规模从小型投资项目向大型投资项目扩展；在投资方式选择上，从合资形式向独资形式过渡。无论是发展中经济体还是发达经济体，开展对外投资时均相对集中于各自最有比较优势的领域。但是，也有一些经济体打破渐进式发展境外投资的常规，抓住机遇，扩大境外投资规模，拓宽投资市场和领域，使本经济体境外投资由初级阶段一跃升至高级阶段。

三、我国的境外投资发展战略

基于国情和实际需要，我国对外开放在很长一段时间是以“引进来”为主，随着国内外大气候的变化，大力开拓海外市场逐步具备了必要性和可能性。在20世纪80年代初期，国家就曾明确提出要发展我国企业的跨国经营。1992 年，党的十四大报告提出积极扩大我国企业的对外投资和跨国经营。1997 年，党的十五大报告提出鼓励能够发挥我国比较优势的对外投资，更好地利用国内国外两个市场、两种资源。2002 年，党的十六大报告再一次提出，坚持“引进来”和“走出去”相结合，积极参与国际经济技术合作和竞争，不断提高对外开放水平。2022 年，党的二十大报告提出推进高水平对外开放，稳步扩大规则、规制、管理、标准等制度型开放，加快建设贸易强国，推动共建“一带一路”高质量发展，维护多元稳定的国际经济格局和经贸关系。

根据国际投资发展周期理论，一个国家人均 GDP 达到 400 美元时，将出现零星对外投资；达到 800 美元时，将出现系统对外投资；达到 1 200 美元时，将出现大规模对外投资。2003 年我国人均 GDP 达到 1 000 美元，面临对外投资大规模发展的高潮。加快实施“走出去”战略，是参与经济全球化、拓展经济发展空间的迫切需要，是形成中国式跨国公司、增强我国国际竞争力的需要。“走出去”战略的主要形式包括对外投资、对外转让技术、商品与服务贸易、劳务输出等多个方面。其中，最突出的是企业以技术、设备、资金、管理等生产要素，到境外投资办厂，开展境外加工贸易和跨国经营。

（一）我国对外投资的区位战略

中国企业对外投资在全球范围内呈现出明显的地区性特征。在全球范围内，几乎每个与中国有正式经济关系的国家都有中国企业的投资。截至 2019 年，我国的对外投资已扩展到全球 188 个国家和地区，主要集中在北美洲（主要是美国、加拿大、墨西哥三国）、大洋洲、亚洲（东南亚、西亚）等地区，有明显的地区集中性。从对外投资国别上分析，我国的对外投资主要集中在一些发达国家和新兴工业国及少数石油、矿产资源丰富的发展中国家。1990—1999 年我国的对外投资额在发达国家占 70.9%，在发展中国家占 22.91%；企业平均投资规模在发达国家为 576.95 万美元，在发展中国家为 128.91 万美元。

近年来，我国对外投资的重点逐渐从港澳、北美转移到亚太、非洲、拉美等地区，特别是周边的东亚及南亚地区。我国企业对周边投资的 85%投在了东盟、南亚和朝鲜、蒙古等发展中国家，居第一、第二位的国家是泰国和柬埔寨，其他主要投资对象国还有越南、印度尼西亚等。我国企业在东南亚的投资效益较好，在越南的表现尤为突出。

我国对外投资的区位选择应该以发展中国家为主，同时积极发展对发达国家的直接投资。发展中国家工业化水平低，我国小规模制造业和劳动密集型制造业在技术方面具有比较优势，我国的生产技术与机器设备适宜它们的经济发展水平。东亚、南亚及南美、非洲等地区，拥有一半以上的世界人口，是世界上最具潜力的市场，适用技术与发展中国家现有的廉价劳动力资源和优惠政策相结合，有利于拓展发展中国家的市场。同时，对发展中国家投资可以通过在那些不受发达国家贸易壁垒限制或限制配额使用不完的发展中国家进行生产，再把产品销往第三国，特别是发达国家。在具体投资地区的选择上，应以政局稳定、投资环境好、双方有相当经贸合作基础的国家和地区为重点。

延伸阅读

中国需要怎样的对外投资

发达国家的产业结构层次较高，我国企业的相对技术优势和管理优势难以发挥。但是，发达国家具有完备的市场体系，经济发展水平高，投资环境优越，是目前世界上对跨国投资企业最具吸引力的地区。我国出口市场主要集中在发达国家，而且希望从发达国家引进更多的资金和先进技术。因此，对发达国家的投资仍是今后我国对外投资的重要方向。

（二）我国对外投资的行业战略

我国对外投资行业主要集中于小规模制造业、资源开发行业、各类工程承包和高技术产业。在发展中国家，企业投资以资源开发和纺织、自行车、玩具、电视机等行业为主；在发达国家，企业投资主要集中在机电、高新技术等行业。另外，我国对外投资行业还有技工贸、医疗卫生、金融保险、餐饮旅游等产业部门，但所占比重相对较少。

我国对外投资以何种产业为主要投资方向，取决于我国国民经济发展的需要和国际经济环境。对外投资行业的重点应从提高效益、增强竞争力和谋求长期战略性拥有出发，根据现实和动态的比较优势，把中国未来的海外投资集中于具有比较优势的加工制造业，如轻工业、机械工业、纺织业、服装业、劳动密集型的建筑与服务业、重要资源开发业以及以提高研究与开发能力为目的的部分新技术产业。

在小规模制造和劳动密集型的加工制造业（轻工、纺织、化工、家用电器、机械、电子以及服装加工等）技术方面，我国拥有比较优势，完全可以满足广大发展中国家的市场需要，因而可作为今后相当长一段时间内我国优先发展对外投资的重点。这些行业需要投入的资金少，技术水平不高，设备利用率高，劳动力成本低，而且产品市场需求量大。

资源开发业的对外投资符合我国“利用两种资源、开拓两个市场”的战略导向。尽管中国自然资源种类相对齐全、总量大，但人均量少、开发成本高，随着经济迅速发展，资源需要量猛增，供不应求现象日益突出。因此，中国企业对外直接投资的资源导向性明显。

我国对外投资的行业战略有必要把高新技术的研究与开发投资作为另一个主要方向，这也是我国企业对外投资的长远战略选择。其首要目的是获得最新生产技术、管理销售技能，绕过发达国家设置的高技术壁垒，有利于增强我国企业的竞争力和推进我国产业结构的升级。这也是其他发展中国家反过来对工业发达国家进行“上行投资”的共同战略意图之一。

（三）我国对外投资的方式与规模战略

在我国对外直接投资的起步阶段，由专业外贸公司建立的境外企业因投资额相对较小，一般都以独资形式在境外注册。生产性项目特别是一些较大型项目，大多采用与东道国或第三国合资经营的投资形式。我国境外企业大多采取合资形式，大约占80%，独资企业大约占20%。就合资而言，在所有权安排上以对等或少数股权为主，因而中方对境外企业的控制力较弱。就我国境外企业进入方式而言，大多采取新建的形式，较少采用并购方式。

我国对外直接投资大多采用合资经营形式，这主要是因为我国对外投资起步较晚、经验不足，搞独资企业的风险较大，需要有外国合作者的支持。合资经营便于利用当地企业的无形资产，减少投资资本，有利于跨国企业化解政治风险，有利于研究、学习国外先进技术与经验。由于不少东道国，特别是一些发展中国家基于某些政治及经济动机的考虑，对投资范围和股权比例有所限制，外资企业也乐于接受以合资形式进入东道国。随着我国对外直接投资的进一步发展，跨国经营的经验日趋丰富，独资企业所占比重将逐步提高，合资企业中我方的投资比例也有扩大的趋势。

我国企业对外投资绝大部分采取“新建”的进入方式，这是因为国内企业对国际资本运作还不是很熟悉，也存在一些国内和国际法律方面的障碍。但是，自20世纪90年代中期以来，跨国并购成为推动发达国家FDI增长的主要力量。虽然自2001年以来并购金额和单项并购规模有所下降，但它仍是国际上对外直接投资的主要方式。我国企业对外直接投资起步不久、经验不足，收购东道国企业有利于国内企业迅速开展跨国经营。因此，国内企业有必要更多地采用跨国并购的对外投资手段。

自2002年企业“走出去”战略提出以来，中国海外投资快速增长，随着2013年“一带一路”倡议的提出和2015年深化供给侧改革加快“产能输出”步伐，中国对外投资迅速扩张，成为全球对外投资增速最快的经济体。然而近年来，受欧美发达国家对中国投资态度的转变和新冠疫情对全球产业链的冲击，中国对外投资发展明显受阻，不仅项目和金额总量出现下降，而且投资地区也呈现收缩趋势。如何应对这些挑战，成为未来中国实现高水平对外开放的关键。中国对外投资需要着力构建“双循环”战略布局，一方面立足国内“新基建”增长点和亚洲地区基础设施投资优势，夯实国内“大循环”主体；另一方面发挥“一带一路”倡议的海外投资支撑作用，借助《中欧全面投资协定》（CAI）、《区域全面经济伙伴关系协定》（RCEP）和《全面与进步跨太平洋伙伴关系协定》（CPTPP）重构大国间经贸伙伴关系，稳定并适度开拓欧美等发达国家市场，实现国内外投资“双循环”相互促进。

第三节　我国政府对境外投资的管理

20世纪50年代，为打破封锁、大力发展对外贸易，我国政府决定组建大型外贸专业公司，由它们在国际大中型港口城市和都市建立贸易代表处及其他分支机构。20世纪80年代，对外经济贸易部（简称外经贸部）作为我国对外投资的行业主管部门，负责制定海外投资的促进政策、管理政策和一定的保护措施。20世纪90年代中期，我国对外投资政策在调整中走向成熟。目前，商务部、国家发展和改革委员会、国家外汇管理局是我国境外投资的主要管理部门。

一、我国境外投资管理机构及其职能

在改革开放之初，我国公司、企业和其他经济组织到境外投资开办企业，由国务院直接审批。从1983年开始，国务院授权外经贸部为中国在境外开办合营（独资）企业的归口管理部门并代表国务院行使投资项目的审批权和境外企业的监督管理权。

1991年，随着我国境外投资项目数量和规模的不断壮大，境外投资暴露出来的问题也越来越多，国务院根据国家计委的建议，批转了《关于加强海外投资项目管理的意见》，进一步规范和明确了各部门关于境外投资管理的职责分工。按照国务院的安排，各有关部

门的职责分工是：国家计委负责审批项目的技术、经济可行性以及制定境外投资的战略规划；外经贸部负责审核有关境外投资项目（企业）的协议、合同和章程，核发境外投资企业的批准证书；国家外汇管理局审查境外投资的外汇风险和外汇资金来源，对资金汇出和利润汇回负责办理审核手续及监管。外经贸部会同财政部、银行、海关、税务部门和我国驻外使（领）馆对境外企业的经营、财务、人员、资产等进行监督或管理。

2003年国务院机构改革，为适应内外贸业务相互融合的发展趋势和加入世界贸易组织的新形势，我国将国家经贸委的内贸管理、对外经贸协调和重要工业品、原材料进出口计划组织实施等职能，国家计委的农产品进出口计划组织实施等职能，以及外经贸部的职能等整合起来，组建商务部。为把经济体制改革和经济发展更加密切地结合起来，我国将国家发展计划委员会改组为国家发展和改革委员会，简称国家发改委。目前，中国政府对企业境外直接投资的管理，主要由商务部、国家发改委、国家外汇管理局、财政部和海关总署等部门，根据国家有关法律、法规和政策的规定，运用行政的、经济的、法律的手段进行，其中以商务部、国家发改委、国家外汇管理局为主。

1. 商务部

（1）组织、协调、实施“走出去”战略；指导和管理对外投资、境外加工贸易和研发、境外资源开发、对外承包工程和劳务合作、服务贸易出口等对外经济合作业务。

（2）起草对外经济合作法律、法规，拟定相关部门规章和促进、保障、监管等政策；拟定并组织实施对外经济合作业务的发展战略及规划。

（3）依法核准国内企业对外投资开办企业（金融类除外）并实施监督管理；制定国内企业开展对外经济合作的资格标准并组织实施，规范对外经济合作经营秩序。

（4）监测、分析对外经济合作运行情况，制定和完善对外直接投资、对外承包工程和对外劳务合作等统计制度并组织实施。

（5）拟定对外投资综合绩效评价和年检办法、对外承包工程企业分级分类管理办法和对外劳务合作企业信用等级评价办法并组织实施。

（6）开展对外经济合作方面的多（双）边交流与合作，建立相关机制，商谈落实政府间合作项目；建立重点产业、企业联系制度，指导重大对外经济合作项目的实施。

2. 国家发改委

制定境外投资的战略规划；审批项目的技术、经济可行性；研究提出利用外资和境外投资的战略、总量平衡和结构优化的目标及政策；安排在境外的资源开发类和大额用汇投资项目。

3. 财政部

统一制定境外投资的财务管理制度，各级主管财政机关负责对本级境外投资的财务工作进行管理和监督。

4. 国家外汇管理局

制定境外投资外汇管理政策，负责境外投资项目交易中外汇收支的统计监测与预警工作，负责对各种违反国家外汇管理法规行为的检查、调查和处罚。

5. 国有资产管理部门

考核监督境外企业国有资产的安全完整、保值增值。

6. 地方政府

根据本地区的综合优势和特点，在国家统一规划的范围内，确定本地区境外投资方向和领域，制定各种有关境外投资的具体措施和管理办法。

7. 我国驻外使（领）馆

在境外，我国投资企业还要接受中国驻外使（领）馆经济商务参赞处的指导和管理。这种指导和管理的职能包括：督促检查中国在当地投资的独资企业和合营企业中的中方贯彻执行国家的方针政策，遵守所在国、地区法律法规的情况；维护中国独资企业和合营企业中中方的正当权益；协调中资企业与当地政府之间的关系，使中国境外企业的经营和生产活动有利于两国的利益及正常合作关系的发展。此外，我国驻外使（领）馆经济商务参赞处还负责对中方企业人员的政治思想方面的领导工作。

二、我国境外投资的管理制度

为拓展境外投资，我国在境外投资的管理方面建立了一整套规章制度。

1. 境外设立企业审批制

目前，我国采取有条件地允许国内企业开展境外投资的政策，企业从事境外投资业务须事先得到政府主管部门的批准。在向国家有关主管部门申请境外投资立项前，境内投资者应通过所在省（区、市）外经贸主管部门与我国驻东道国使（领）馆取得联系，就在该国投资是否可行，征得使（领）馆经济商务参赞处的同意，并在将来的投资过程中谋求使（领）馆经济商务参赞处的支持和帮助。同时，国内投资者还应向国家外汇管理部门提供关于投资外汇风险和外汇资金来源的书面材料，征得其书面同意后，境内投资者方可向国家有关主管部门报批。审批部门在收到申请单位报批文件后的一定期限内决定是否批准。经审查予以批准的，由商务部颁发批准证书。经审批部门批准后，境内投资者应持批准文件及其他有关文件到银行、外汇管理局、海关办理有关手续。经批准设立的境外投资企业在东道国有关机构注册登记后，应持有关文件到我国驻该国使（领）馆经济商务参赞处登记备案。

为适应新形势下境外投资发展的需要，国家发改委于2011年下放了境外项目核准权限。按照规定，地方企业实施的中方投资额3亿美元以下的资源开发类、中方投资额1亿美元以下的非资源开发类境外投资项目（特殊项目除外），由所在省、自治区、直辖市等省级发展改革部门核准；中央管理企业实施的上述境外投资项目，由企业自主决策并报国家发改委备案。中方投资额3亿美元及以上的资源开发类、中方投资额1亿美元及以上的非资源开发类境外投资项目，由国家发改委核准。

延伸阅读

改革开放以来我国企业境外投资行政审批制度的探索

中共十八届三中全会后，我国加快形成了以“备案为主、核准为辅”的境外投资审批制度。境外投资主管部门的境外投资审批方式实现了显著优化，核准管理的范围明显缩小，备案管理的范围大幅度增加，核准管理的维度更为精简有效。

2. 境外投资外汇管理与改革

鉴于我国外汇短缺、国内经济建设急需外汇资金的实际情况，为防止外汇资金使用不当或在对外投资中流失以及境内企业在国际市场上融资引起的国家外债负担过重等不利情况发生，长期以来，我国实行较为严格的境外投资外汇管理制度。这一套管理办法包括投资外汇风险审查及资金来源审查、汇回利润保证金和境外企业利润强制调回制度、境外投资的购汇限制政策、境外投资有关情况报备制度。为适应我国实施“走出去”战略的需要，国家外汇管理局已从 2002 年开始陆续在部分地区进行改革试点，扩大地方外汇管理部门的管理权限，简化境外投资外汇管理手续，加强境外投资业务统计监测。

3. 境外投资财务管理

境内投资者应要求其境外投资企业按照我国有关财务制度的规定及东道国法律建立健全内部财务管理和会计核算制度，定期分析企业财务状况和经营成果，及时向境内投资者或国内主管财政部门报送财务报告，包括资产负债表、损益表等。境外投资企业发生的重大财务事项亦应及时向主管财政部门报告。此外，对境外投资企业对外提供担保实行严格的控制。

延伸阅读

“一带一路”倡议下境外投资分析——基于外汇管理

4. 境外投资税收管理及优惠

境外投资企业自正式投产或开业之日起，五年内对中方分得的税后利润（无论东道国是否与我国签有避免双重征税协定）免征所得税。对在发展中国家不能获得可兑换货币的合营企业，中方以分得的利润购买或以易货方式换回我国所需的其他产品，国家限制进口的产品除外。若经营有亏损，可申请减免进口关税，但若属于产品返销，则按规定征收进口关税。对中方作为投资运出的设备、器材或原材料，海关凭批准文件和境外投资企业的合同副本予以放行，并免征出口关税。

5. 境外投资国有资产管理

为加强境外国有资产的管理、监督，维护国家对境外国有资产的合法权益，我国对国有资产境外投资实行产权登记制度。若境内投资者以实物、无形资产或专有技术等形式进行境外投资，涉及国有资产的，境内投资者在向审批部门报批以前，应按照国家有关规定对用作投资的国有资产进行评估，该评估结果可作为境内投资者境外投资额的证明文件之一。境内投资者在其境外投资申请获得批准后，应及时到国家国有资产管理部门办理境外国有资产产权登记。境外投资企业发生变更或依法被撤销，其境内投资者应按照规定办理境外国有资产产权变更或注销手续。境外投资企业应到国有资产管理部门办理产权登记年度检查。除特殊情况外，境外投资企业在注册时应以其境内投资者名义，不得以个人名义持有境外国有资产股权（物业）进行产权注册。

6. 境外投资统计

2019 年，根据《部门统计调查项目管理办法》（国家统计局令 2017 年第 22 号）的规定，商务部、国家统计局、国家外汇管理局结合近年我国对外投资业务特点及高质量发展的需要，对 2016 年 12 月印发的《对外直接投资统计制度》进行了修订和补充。新制度规定商务部定期对各省级商务主管部门和中央企业（单位）的对外直接投资统计工作开展情况进行通报，加强统计管理，不断提升统计数据质量。新制度增加了境外经贸合作区定义及合作区类型的统计界定标准；进一步明确了关于国家（地区）界定的统计原则；对部分指标的解释进行了规范。

7. 境外投资保险制度

境外投资面临的主要特有风险是政治风险，国际政治风险一般包括下列情况：剥夺非居民的资产；不让外国投资者撤回其资金的外汇控制；不利的捐税和关税；由非居民投资者给予当地居民部分所有权的要求；被所在国有敌意的居民破坏了外国投资者拥有的财产而得不到赔偿；等等。各国政府为保护本国投资者的利益，通常都会以签订双边或多边投资保护协定或在国内设立海外投资保险的方式来保护和鼓励本国投资者到境外投资。

海外投资保险是政府鼓励本国企业进行境外投资的强有力的政策工具，为世界各国广泛采用。它通过承保商业保险公司无力也无意承保的征收、战争、汇兑限制和政府违约等政治风险给投资者造成的损失，解除了投资者在境外投资过程中的后顾之忧，能够极大地促进本国境外投资的发展。

为促进海外投资的发展，2001 年年底成立的中国出口信用保险公司开办了海外投资保险，主要承保征收和国有化、汇兑限制、战争和政治性暴力事件以及投资所在政府违约四种政治风险。可以投保海外投资保险的投资方式包括投资者到海外设立新企业、向现有企业注资、并购当地企业以及提供股东贷款或担保等直接投资行为，也包括金融机构为支持有关投资活动而进行的贷款等间接投资行为。

双边投资保护协定又称鼓励与相互保护投资协定，是资本输出国与资本输入国、互有输出输入国家之间就其投资或与投资有关的业务活动如何给予保护达成的双边条约。缔约双方一旦签订了双边投资保护协定，就在协定规定的范围内承担了保护外资的责任和义务。因此，双边投资保护协定的规定与东道国保护外资的立法相辅相成。根据中国的法律原则，双边投资保护协定属于国际条约范畴，其效力高于国内立法。中国签订的双边投资保护协定主要包括以下内容：受保护的投资财产种类；对外国投资者的投资及与投资有关的业务活动给予公平合理的待遇；对外国投资财产的征收、国有化措施及其补偿；投资及其收益的回收；投资争议的解决；等等。避免双重征税协定的内容主要包括：对外国公司和个人在华从事生产经营的税务处理；国内企业和个人到境外从事跨国生产经营的税务处理；国际海运和空运、国家间科学技术及文化教育交流等问题税务处理的规定等。

中国参加了《多边投资担保机构公约》和《关于解决各国和其他国家国民之间投资争端的公约》，并参与了 WTO 关于建立“多边投资框架”的讨论。除此之外，中国还于 2001 年同东南亚国家联盟（ASEAN）签署了在未来 10 年内建立以贸易自由化和投资自由化为主要内容的自由贸易区协定。2020 年 11 月，中国与东盟十国、日本、韩国、澳大利亚、新西兰正式签署《区域全面经济伙伴关系协定》（Regional Comprehensive Economic Partnership，简称 RCEP）。这是以发展中经济体为中心的区域自贸协定，也是全球规模最大的自贸协定。RCEP 不仅凝聚了各方对于自贸协定的共识，也进一步激发了东南亚国家深化与中、日、韩等国家经贸合作的行动自觉。这些多边投资协定为中小企业开展海外直接投资创造了良好的投资环境。

中国积极推动国家间双边投资协定的达成。中美投资协定在 2015 年年初取得了实质性进展，在“准入前国民待遇＋负面清单”的关键问题上达成一致；与此同时，中美之间已于 2015 年 6 月和 9 月交换了两轮负面清单出价，并在具体的投资权益保护、公平竞争原则、利益交换等问题上进一步展开沟通。中国—欧盟投资协定自 2013 年 11 月正式启动，至今经历了数轮谈判，取得了阶段性进展。中国和欧盟正在探讨“一带一路”倡议与欧盟 3 150 亿欧元战略投资计划的对接，以使中欧双方在各自的改革中合作共赢。2021 年 3 月，中方代表与欧盟代表展开视频会晤，倡导继续深化双方“一带一路”合作。截至

2021 年 12 月，我国已与 145 个国家、32 个国际组织签署 200 多份共建“一带一路”合作文件。

本章小结

本章第一节给出了境外投资的含义和主要动机，并介绍了我国境外投资的发展阶段；第二节阐述了境外投资发展战略，总结了三种境外投资发展战略模式，即美国模式、日本模式、发展中经济体模式，并讨论了我国的境外投资发展战略；第三节阐述了我国境外投资管理机构及其职能，以及我国境外投资的管理制度。

本章要点

- 境外投资的含义和主要动机
- 境外投资发展战略模式
- 我国境外投资发展战略
- 我国境外投资的管理机构、管理制度

本章关键术语

境外投资　　边际产业扩张论　　国际投资发展周期理论

海外投资保险　　双边投资保护协定

本章习题

1. 境外投资的主要动机有哪些？
2. 简述三种主要的境外投资发展战略模式。
3. 我国境外投资的发展战略是什么？
4. 简述我国境外投资的管理机构、管理制度。
5. 阅读延伸阅读二维码内的材料，思考我国对外投资面临着什么样的风险与机遇，以及应如何应对。

延伸阅读

中国对外投资展望

第十三章

投资的宏观调控

章前引例

信息通信业是构建国家信息基础设施，提供网络和信息服务，全面支撑经济社会发展的战略性、基础性和先导性行业。为加快实施网络强国战略，推动信息通信行业持续健康发展，2021年11月1日，国家工信部正式发布《“十四五”信息通信行业发展规划》。为贯彻落实《中华人民共和国国民经济和社会发展第十四个五年规划和2035年远景目标纲要》，2021年，在我国的宏观调控财政政策下，信息通信业高质量发展取得新成效。新型基础设施建设稳步推进，建成开通5G基站超过130万个，5G终端用户达到4.97亿户，全国所有地级市城区、超过97%的县城城区和40%的乡镇镇区实现5G网络覆盖，贫困地区通信难问题得到历史性解决，很好地完成了网络安全保障任务。作为拉动新一轮经济增长的重要引擎，加快推进新型基础设施建设一方面能够有效扩大需求，提振市场信心，另一方面也将继续推动通信行业高质量发展。

通过此案例思考以下疑问：国家为什么要进行投资的宏观调控？投资的宏观调控手段有哪些？投资的宏观调控面临着哪些问题？学习完本章内容后，你将能对上述问题进行分析。

学习目标

- 了解投资宏观调控的目标和意义
- 认识投资宏观调控的原则和手段
- 了解近年来我国投资宏观调控的进程以及目前面临的问题

第一节　投资宏观调控的目标

投资宏观调控是国家特定的经济组织运用适当的调节机制和调节手段，合理地分配和运用投资资金，控制或引导投资主体的行为与投资运行过程，协调投资运行过程中各要素之间的关系，以便实现预期投资目标的经济过程，从而保证社会总供给与总需求的平衡和宏观经济总目标的实现。投资宏观调控是一种间接调控的模式。投资宏观调控的目标要以国民经济管理目标为依据，与宏观经济调控的目标保持一致：在促进经济增长的同时，保持社会总需求与总供给在总价值量和各种实物构成上的平衡，这是投资宏观调控的总目标。概括来讲，我国现阶段投资宏观调控的目标主要有以下四个方面。

一、实现经济增长

保持经济适度增长是国民经济管理的政策目标，也是决定一国经济稳定健康发展的重要因素。投资率和投资增长率是决定价格水平、企业利润和宏观经济变化的最重要的因素。改革开放以来，我国的投资率一直在较高的水平上。我国的投资率 2011 年为 47%，2015 年为 43%，2017 年为 43.2%，2019 年为 43.1%，具体可参见图 13-1。著名经济学家李扬指出：“投资一向是中国经济增长的主要动力，而且也一向是中国经济波动的重要因素，要保持中国经济的高速增长，必须保持投资的高增长，要维持中国经济的稳定，必须首先维持投资的稳定。经济结构的调整是我国的长期任务，经济结构的调整无疑需要大量的投资。从这个意义上说，将投资稳定在一个不低的水平上，应是我国今后若干年宏观调控的主要任务之一。”

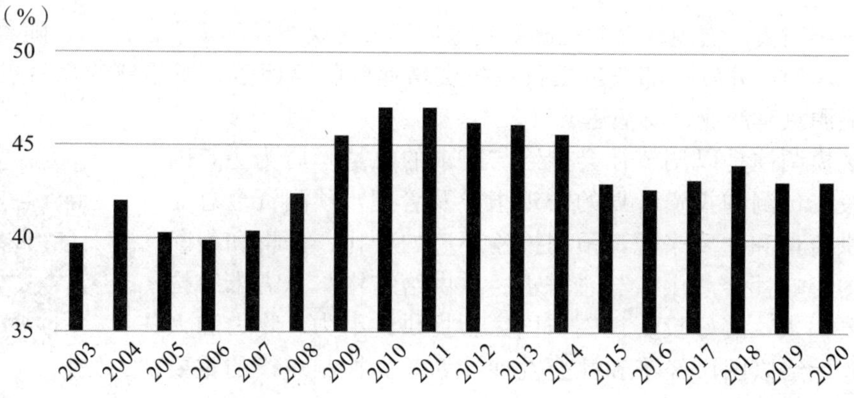

图 13-1　2003—2020 年投资率

实践证明，投资增长要受制于一国财力、物力和人力等因素，必须与生产发展的要求相适应。历史经验证明，投资增长率一般不应超过国民生产总值增长的比率。近年来，中国经济取得了令人瞩目的高增长；与此同时，投资过高增长与资源供给紧张而且价格大幅上涨密切相关，居民消费物价指数略有下降，工业品出厂价格最初呈现下降趋势，而后又呈现逐月上升的现象。最近几年，我国资源消耗有所好转，每万元 GDP 耗能逐渐下降。资源消耗量大、投入产出比低是中国资源低效利用的主要特点，中国投资与经济过高增长所创造的需求扩张，使得业已短缺的资源的无序开发与低效利用的现象在近几年逐渐减少。但这些问题表明我国的投资宏观调控仍处于关键时期，不能有任何放松。

二、实现总供求平衡

投资规模调控是社会主义宏观经济管理中的一个重大问题，它主要通过现有资金对社会投资总量进行调控。投资规模是根据用于固定资产的资金总量来确定的，因此投资规模调控的源头是投入资金的总量。我国投资资金的主要来源渠道是国家预算内资金，国内银行贷款，地区、部门和企业自筹资金，外资等。对投资资金进行宏观调控，有利于搞活国内投资和吸引外资，有利于实现社会总供给和总需求的平衡。根据我国经济建设的经验，确定适度投资规模，需要处理好以下几种关系：首先，投资规模与国力的关系，投资规模不能超过社会财力、物力和人力所能承受的限度；其次，在建投资规模与年度投资规模的关系；最后，各年度之间投资规模的关系。根据建设项目对投资的要求具有连续性、波动性的特点，搞好年度之间投资的衔接，保证年度投资规模相对稳定地增长。实践证明，如果投资规模超过了投资需求总量的约束和资源总量的约束，就会造成社会总供给与总需求的失衡。从宏观调控的角度来看，在建总规模反映和决定在相当长一段时间里的投资需求情况，对经济的增长和运行起着更为明显的影响作用。我国历史上发生的投资规模膨胀，实质上都是投资总需求过度扩张所引起的，投资膨胀造成的后果是搅乱了宏观经济的各种重要比例关系，使社会主义经济的综合平衡遭到破坏。因此，控制投资规模必须从在建总规模着眼，必须把投资规模宏观调控的重点放在在建规模上，使在建总规模比较恰当，使在建项目个数及其总投资额与国力相适应。为实现对投资规模的有效调控，应采取以下措施。

（一）健全投资调控机制，强化国家对投资规模的宏观调控功能

突出稳字当头、宏观政策要稳健有效是近年来宏观调控的重点。然而，随着钢铁、水泥、铝业、房地产开发等部分过热行业投资增速的明显回落，一些新的盲目投资正在形成，如新能源汽车产业、新基建项目。

投资规模调控是以调节社会供给与需求的总量矛盾为主，因此应加强投资预测和投资计划的宏观指导及管理，预测资金总需求量、总供给量和主要来源，预测投资环境的变化，分析和判断投资领域内影响社会总供给与总需求、总供给结构与总需求结构平衡的主要因素，搞好投资规模与国家所提供的财力、物力和人力的平衡，始终以国民经济和社会发展计划作为控制规模的重要依据。要建立健全和完善市场体系，完善生产资料市场、技术市场、资金市场和劳务市场，政府主管部门通过调整利率引导企业的投资方向，从而达到控制投资规模的目的。

延伸阅读

《关于进一步完善新能源汽车推广应用财政补贴政策的通知》

（二）加强项目管理，控制在建总规模

当前投资需求膨胀压力仍然较大，在建和新上项目过多，投资扩张的冲动仍很强烈，物价上涨的压力比较明显，主要受疫情和极端天气（各地寒潮和持续降雨天气）影响，生产资料价格上涨较多。根据我国经济发展的客观要求，要把宏观调控的重点放在控制固定资产投资规模上，必须控制资金源头，严格控制新开工项目；加强项目前期工作，健全工程项目的开工批准手续，实行更加严格的新项目开工审批制度；加快现有工程建设，把在建总规模作为投资宏观调控的主要对象，把在建总规模控制在合理的数量范围内；搞好重大项目储备，及时下达投资计划，确保重点项目资金需要；加强建设项目的稽查监管，不断提高投资效益。逐步建立与社会主义市场经济体制相适应的固定资产投资运行管理体系，从而实现整个固定资产投资规模的合理化。

延伸阅读

2020 年 1—12 月全国固定资产投资情况

（三）确定合理的投资宏观调控标准

投资宏观调控标准应能反映全社会投资的供需动态，最终能够达到合理控制投资规模的目的。投资总量调控的根本任务在于使之与国民经济发展保持适当的比例，在一般情况下，在投资总量对经济发展的影响程度和国民生产总值年均增长速度与全社会投资年度增长速度的比值（即投资效果系数）没有发生重大变化的情况下，一定时期投资规模的增长速度应略低于国民生产总值的增长速度。

应该建立起以国民收入为中心的投资规模宏观控制指标体系，用宏观计划控制整个社会的投资率，通过调节投资率来调节投资总量，保证投资总量的平衡。根据国家的国民收入状况，确定一定时期适度的投资率和积累率的合理变动区间，同时确定一定时期的与国力相适应的投资总量区间，并以此作为确定和控制投资规模的数量标准。必须把控制固定资产投资规模和增长速度作为抑制通货膨胀，促进国民经济持续、快速和健康发展的关键环节。

（四）运用经济手段、法律手段和行政手段对投资规模进行有效调控

投资的经济调控手段是指运用经济杠杆等间接调控手段调控投资经济活动的方法。固定资产投资调控的经济手段主要包括财政手段、金融手段和价格手段，充分发挥财政调控手段、金融调控手段和价格手段的作用，对全社会投资规模进行宏观调控，制约并引导各投资主体的投资方向，协调各种投资比例，把各种投资主体的各种资金纳入市场经济的轨道。

投资的法律调控手段是指通过制定一系列法律、法规、法令、条例等经济法规，对投资活动进行管理和调控。法律手段是处理投资活动中所发生的各种经济关系的依据，是保证投资调控目标顺利实现的必要手段和重要措施。要建立健全一整套投资的法制体系，如固定资产投资法、投资程序法、银行贷款投资法、企业自有资金投资法、投资效益法、投资合同法等，通过法制规定投资决策者和执行者的行为。由于各种经济法规明确了国家调控投资活动的权力、职能和基本程序，因而可以使国家在合理的范围内调控和监督投资活动，最终实现对投资规模进行有效调控的目标。

投资的行政调控手段是指国家通过各级行政组织的权力执行机构及其所属机构，采用行政命令、行政规定、指令性计划等行政调控手段直接干预、调节、控制经济和社会活动的方法，对投资活动进行调控。投资的行政调控手段具有强制性、权威性和约束性。行政调控手段在调节关系国计民生和关系国民经济全面利益、长远利益的投资经济活动方面，具有投资的经济调控手段所不能替代的特殊作用。特别是在固定资产投资规模过大、增幅过高的情况下，更多地运用行政调控手段对投资需求进行控制，包括对投资的一些主要来源渠道、利用外资实行指令性计划，对商业银行实行贷款规模管理等，对于有效地抑制投资膨胀、扭转通货膨胀的局面具有非常重要的作用。根据我国投资建设实践的经验和教训，在实际操作中，应明确行政调控手段运用的合理范围和限度。随着投资约束机制的建立，要逐步弱化行政手段，实施严格的行政决策和管理责任制，确保行政调控手段实施的有效性。

在社会主义市场经济条件下，投资的宏观调控必须是以经济手段为主的间接调控，通

过运用市场机制发挥调控功能，逐步建立起与社会主义市场经济发展需要相适应的且经济、法律和行政手段相配套的宏观调控体系，共同对投资规模进行有效调控。通过固定资产投资，扩大生产规模，提高生产能力，不断优化产业结构，使社会总供给在结构上合理，符合社会需求的要求，使得资源的供给状况与经济可持续发展相适应。

三、实现投资结构的合理化

固定资产的投资结构与投资规模具有紧密的联系，合理的投资规模必须以投资结构合理化为基本内容。只有投资规模适度、投资结构合理，才能获得良好的投资效益。投资结构调控是指在投资总量调控的基础上，对社会投资的构成进行的调控。投资结构调控包括两个方面：一是投资资金在不同部门、不同行业和不同项目分配的调控，包括农、轻、重部门结构投资调控，基本建设与更新改造投资比例调控，重点项目与一般项目投资比例调控，加工业与基础工业投资比例调控，大、中、小型项目投资比例调控等。这种调控的目的是要形成合理的产业结构。二是投资资金在不同地区分配的调控。这种调控的目的是要形成合理的地区经济结构或地区布局结构。

投资结构也是投资宏观调控的重要内容，它是以调节社会供给与需求的结构矛盾为主。合理的投资结构既要体现产业政策、资源合理配置，又要兼顾经济与社会、生产与生活；既要注重经济、基础投资，又要考虑与社会发展、人民生活密切相关的公益性投资；既要处理好产业、行业之间的关系，集中资金处理好关系国计民生的大事，同时也要处理好投资的地区结构，发挥各地优势。

投资结构调控是通过对不同产业和项目有重点、分层次地分别采取紧缩和扩张政策，把那些膨胀部门的投资引导到投资短缺的部门中去，在压缩长线的同时扩张短线，在保证发达地区优势得以充分发挥的前提下，逐步缩小地区发展差距。根据国家加快新型基础设施建设和坚持扩大内需增强经济发展内生动力的发展方针，当前应积极筹措资金，加大新型基础设施建设力度，坚持市场导向，保持投资较快地增长，扩大消费需求，促进国民经济快速、稳定、健康地发展。

为了加快宏观调控、优化投资结构，可以采取以下措施。

（一）落实产业政策，完善投资结构调控

当前，国家应以产业政策为中心，以竞争政策作为整个投资结构调控的基础，运用一系列经济手段、法律手段和必要的行政手段，促进各类调整主体的调整格局与国家政策趋于一致。加强投资结构的调整，应重点解决产业结构问题，加快重点建设，将有限的投资优先用于国民经济的主导部门和超前发展部门以及国民经济发展的瓶颈部门。对于能够促进经济水平提高、推动科学技术进步的部门，要优先投资、加快发展，以获得良好的国民经济效益。

（二）采取增量投资和存量投资的双向调整战略

投资按其实际运作的方式，可以分为两种：一种是增量分配方式的增量投资；另一种是存量分配方式的存量投资。增量投资方式的最终目的在于塑造国民经济结构中基本框架的空白；存量投资的最终目的是适应不同时期经济发展的要求，对增量投资形成的资产存

量进行优化重组。采取增量投资和存量投资的双向调整战略，应采取以下政策措施：

1. 增加中央政府直接投资的比重

为继续加强和改善宏观调控，保持经济平稳较快发展，国家发改委将按中央经济工作关于行业的决定，加强财政政策、货币政策、产业政策、投资政策的相互配合，安排好中央政府投资。继续将中央政府投资功能和使用方向由最初的带动社会投资、拉动经济增长转向推动结构调整、加强薄弱环节上来。中央政府依据投资结构的调整和调节计划，实施政府投资，新增投资按照产业结构平衡的需要投向基础产业和基础设施建设，积极探索适合我国国情的政策银行运作机制，充分发挥国家开发银行对战略主导产业扶持的作用，国家开发银行的投资方向应与产业政策保持一致，最大限度地发挥国家开发银行调节投资结构的积极效应，增强中央政府的财力，提高中央政府的宏观调控能力和基础产业的投资能力。

2. 完善财税制度，利用税收杠杆，引导投资增量的流向

税收不仅是国家聚集资金的主要手段，也是国家调控投资与经济活动的重要手段。国家运用税收的调节职能，通过税收的多征、少征或免征，从经济利益上影响纳税人的经济行为，引导投资增量的流向，进而达到调节投资经济活动的目的。对于那些需要重点发展的行业、部门、企业可以适当降低税率，减征、免征税收，通过上述措施可以使这些行业和部门具备一定的盈利水平及积累能力，能够有较快的发展。对于盈利水平较差、国家又限制发展的行业，如加工工业等长线产品，则应通过提高流转税和所得税税率，以求在税制上加重其负担，降低内部投资收益率，达到转换投资流向、调控投资结构的目的。

延伸阅读

《关于进一步深化税收征管改革的意见》

综观国外的发展经验，无论是发达国家还是发展中国家，在实现产业协调、产业升级和产业结构高度化中大多采用了种种财税手段，主要包括投资补贴、加速折旧、减免税或增税等内容。借鉴国外的经验，结合我国经济发展的实际，要加强税收对投资结构调控的作用，国家可以通过在不同地区制定不同的税率，根据国家产业政策确定基础产业和支柱产业，确定相应的税收优惠政策，实行严格的税收减免制度，最终实现产业结构调整、地区经济发展的目标。

3. 发挥市场对投资结构的基础调节作用

发达国家和新兴工业化国家都有着健全的市场调节机制，在市场机制比较健全的环境下，价格对资源的配置起着合理的调节作用。在企业兼并过程中，要逐步建立健全市场调节机制，坚持以市场为导向的原则，积极培育和发展各种市场体系，尽快实施企业兼并，同时促进使企业兼并规范化、法制化的产权交易市场和符合社会主义市场经济条件的产权运营体系的建设。建立发达和灵活的市场信息系统、服务系统和通信系统，建立和完善规范的金融市场和劳动力市场，充分发挥市场机制对投资流向和投资结构的积极调节作用。投资结构调控是投资宏观调控中的重要内容，投资结构调控要以一套科学的产业政策为导向，通过调整投资结构，实现产业结构的平衡。根据产业政策的宏观选择目标，即以协调全部产业结构为目的，以产业结构市场化和产业升级为目标。我国的基础设施建设在某些方面已经处于世界领先地位，城市基础设施新建和改造的空间非常大，进而带动了经济的增长。但由于相关产业链较短，基础设施项目对产业和产品结构升级的带动作用有限，因此在加快基础设施建设的同时，要全面推进产业和产品结构升级，增加产品的国际竞争力。为了充分发挥增量投资在贯彻国家产业政策和加快结构调整中的重要作用，要集中必要的力量着手组建一批能够带动产业和产品结构升级、提高技术的重大项目，抓紧制定城市轨道交通装备、污水处理等国产化的规划，提出专项方案和项目计划，并集中力量组织实施。我国的存量投资位居全球前列，创造有利于加快企业兼并的措施，充分发挥存量投资在投资结构中的积极作用，对于我国经济的发展具有重要的意义。

延伸阅读

关于企业兼并的案例

四、实现资源的最优配置

投资布局是指投资资金在一定的时间与空间领域内的分布状况，投资布局具体研究的是投资在地域空间的流动与组合。投资布局是投资存在和发展的空间形式，投资布局具有调整社会投资空间结构的功能，它着眼于全国不同地区的投资数量配置。投资布局所要研究的问题是投资总量在各地区的分配比例及其相互关系，所要解决的问题是投资总量在地区上的分布以及各地区发挥自身优势、促进本地区经济发展的问题。

投资布局调控是指在投资结构调控的基础上，对投资资金在全国不同地区的数量配置进行调控。通过投资布局的宏观调控，协调地区间的经济发展，帮助和促进经济不发达地区的发展，保持环境与生态的平衡，逐步实现地区经济的相对均衡发展，这也是政府进行投资调控的重要目标之一。

第二节　投资宏观调控的意义、原则和手段

一、投资宏观调控的意义

投资宏观调控是国家宏观经济调控的重要内容之一，投资宏观调控是指国家和特定的经济部门运用各种调节手段和调控机制，合理地分配和运用投资的资金，协调投资运行的过程中各种要素间的关系，从而保证社会总供给和总需求的平衡，实现宏观经济总目标的活动。为了保证宏观经济健康有序地运行，必须加强投资的宏观调控，只有这样才能实现社会总供给和总需求的协调稳定增长，从而达到对宏观经济的有效调控。

（一）搞好投资宏观调控是我国投资体制改革目标的重要内容

我国投资体制改革的目标是在社会主义市场经济体制中，在投资领域实现按照市场经济原则配置资源的市场机制。在新、旧体制的交叉过渡过程中，一方面，要充分发挥投资主体的作用，放开搞活微观投资经济活动，实现市场经济的利益-风险机制对投资活动的规范作用；另一方面，要加强投资宏观调控，改善调控的手段和功能，使投资运行机制始终处于一种良性的循环状态，最终建立起一套适合市场经济运行规律的投资宏观体系。

投资宏观调控实施的好坏直接关系到投资体制改革目标的实现，同时投资宏观调控本

身又是投资体制改革的重要内容。在社会主义市场经济体制下，国家对投资的控制将逐步由以直接控制为主转变为以间接控制为主，这种转变是宏观管理方法和方式的变化及改善，但不是对投资宏观调控的放弃和削弱。深化投资体制改革和加强投资宏观调控是相辅相成、相得益彰的。

（二）搞好投资宏观调控能够为我国经济体制改革创造良好的经济环境

在我国经济体制改革的过程中，要理顺各方面的关系，必然会涉及利益格局的大调整，涉及国家、集体和个人之间，部门之间，地区之间，条块之间的权力和利益的调整，其中的一项重要内容就是投资的权力和利益的调整。在我国目前的国情条件下，经济利益的调整一般都有一个物质和心理承受能力的问题，必须从实际出发，逐步调整到位，因此需要宽松的物力、财力和稳定、协调的经济关系，以便为改革顺利进行创造良好的环境。如果宏观调控失控，就可能引发消费基金膨胀、物价上涨，造成国民经济全面紧张，使经济体制改革的步伐放慢、停滞或倒退；如果宏观调控力度过大，可能引发通货紧缩，使投资和消费下降、经济萧条，同样影响经济全局和改革的进程。如果能有效地加强和改善投资调控，妥善安排投资规模、投资结构，就可以有效地利用有限的资金和资源，避免盲目重复建设，从而不断地提高社会经济效益，稳定经济生活。

（三）搞好投资宏观调控可以为搞活微观创造更有利的条件

投资体制改革的一个主要环节就是建立投资决策、投资风险和投资收益高度统一的各类投资主体，也就是搞活微观。宏观调控是搞活微观的前提，如果搞活微观而宏观失控，那么微观经济最终也不能活跃起来。只有加强投资的宏观调控，才能提高全社会的投资效益，保证整个经济健康发展，为搞活微观创造必要的外部条件。

二、投资宏观调控的原则

投资宏观调控是关系到国民经济是否能够健康稳定发展的大事，政府和宏观调控部门要进行成功、有效的投资宏观调控，必须遵循以下基本原则。

（一）投资宏观调控要坚持以市场调节为基础的原则

在社会主义市场经济体制条件下，政府的目的是保证市场经济正常运转，并使其充分发挥效率。为此，政府在进行宏观调控过程中必须遵从市场经济运行的客观规律，使宏观调控建立在市场调节的基础上，把政府的作用和市场的作用统一起来。加强宏观管理是为了实现社会主义市场经济的健康发展和市场运行的最佳状态。投资宏观调控应该以市场为基础，注意准确把握市场运行的态势，通过市场机制实现投资宏观调控的目标。

（二）宏观调控与微观搞活相结合的原则

加强投资宏观调控，是进一步完善我国投资体制的要求。它要求宏观上能够管住，微观上能够搞活，即做到大的方面管住管好（如对全社会固定资产投资规模、结构和重大建设项目等），小的方面要放开搞活（如对企业的技术改造投资决策等），这样才能做到宏观调控和微观搞活的统一，才能既保证宏观经济的统一性、协调性和稳定性，又保证微观经济的灵活性、多样性和进取性。宏观调控和微观搞活是辩证统一的：一方面，宏观调控是微观搞活的前提条件。如果宏观经济失控，微观经济发展就会迷失方向。另一方面，搞活微观经济是宏观调控成功的标志和要求。微观经济缺乏活力会对宏观经济产生影响，进行宏观调控也就失去了意义，因为宏观经济是由无数微观经济构成的，企业像国民经济的细胞，没有千千万万细胞的活跃，就不会有整个经济机体的健康成长。所以，宏观调控和微观搞活相辅相成、缺一不可。

（三）直接调控与间接调控相结合的原则

直接调控是指政府对调控对象直接下达指令进行调控的方式。间接调控是指政府不对调控对象直接施加影响，而是以市场作为中介环节，通过调控市场来间接作用于微观经济活动，从而达到宏观调控的目的。两者的主要区别是：在调控的形式方面，直接调控是以指令性计划为主的指标调控，间接调控是以指导性计划为主的政策调控；在调控的对象方面，直接调控主要是协调实物运动的平衡，间接调控主要是协调价值运动的平衡；在调控手段方面，直接调控是以行政手段为主，间接调控是以经济手段为主；在调控功能方面，直接调控具有较强的刚性和约束力，间接调控具有较大的弹性和诱惑力。

我国应该坚持直接调控和间接调控相结合的原则。单纯的间接调控有时见效慢甚至失效，尤其在市场发育不完善时，政府通过间接调控实现自己意图的难度非常大。单一的直接调控也是不可取的，因为它会使微观单位失去活力，导致投资经济活动的效率低下，因此应坚持直接调控和间接调控相结合的原则，以免给投资调控留下不必要的空当，导致投资运行的无序和波动。

（四）投资宏观调控的统一性和灵活性相结合的原则

一般来说，对投资活动的宏观调控强调的是集中统一性，加强全社会范围内的综合平衡和计划调节，做到统筹兼顾，处理好局部和全局、近期和远期的关系，从而充分发挥现有人力、财力和物力的作用，使国民经济能够协调发展。我国实行的是社会主义市场经济，是一种开拓型和逐步开放的经济，商品市场越广阔，横向经济联系的范围越广泛，不确定的因素也越多，国家不可能对全部投资活动实行直接调控，也很难制定出适合各地区、各部门、各企业具体情况的投资政策，对其投资进行高度集中统一的调控，所以要求投资宏观调控具有一定的灵活性，根据局部的不同情况采取相应的调控措施。

投资宏观调控必须遵循统一性和灵活性相结合的原则。对于关系到国计民生的一些市场总量参数，如物价总水平、利率总水平、工资总水平等，要在全国范围统一确定；同时，可以给地方和部门一定的灵活性。

（五）投资宏观调控综合运用各种调控手段的原则

投资宏观调控一般采用的有经济手段、法律手段和行政手段，这三种调控手段对投资活动调节的作用范围和作用效果是不同的。一般来说，经济手段的作用范围、程度都比法律手段和行政手段大，必须坚持以经济手段为主，尊重价值规律、尊重市场，以必要的法律手段和行政手段辅助经济手段，适当限制行政手段的作用范围，并逐步加强法律手段的地位和作用。这三种手段各有特点，必须综合加以运用。

经济手段中的财政、金融等手段必须配套使用，才能取得良好的调控效果。各种手段的配套使用可以产生合力效果，不仅可以强化调控的力度，还可以产生互补的效果。各种手段在发挥各自的优势时，可以通过其他手段弥补自己的不足。

（六）注重投资综合效益的原则

在投资过程中，以较少的投入获得较多的效益是投资活动的基本目标。投资调控就是为了使这一目标得以实现，同时，这也是投资调控必须遵循的一项重要原则。投资调控要求做到注重投资效益，充分考虑在投资调控中所采取的各项方针、政策、措施和手段，尽可能节约社会劳动，尽可能满足社会需要。

投资效益一般包括投资经济效益和社会效益，投资经济效益又分为宏观效益和微观效益；从时间先后还可以分为建设期间的投资效益和投产后的生产经营效益。对于经营性项目，投资调控要同时看它的宏观经济效益和微观经济效益；对于非经营性项目，投资调控的主要着眼点是社会效益；当宏观效益和微观效益产生矛盾时，应以宏观效益为主；建设期间的投资效益和生产经营效益要统筹考虑。

在投资调控中运用这个原则，必须处理好局部效益和整体效益、近期效益和长远效益的关系。在市场经济条件下，每个生产单位都是相对独立的商品生产者和经营者，由于所处的角度不同，都会有一定的局限性，一般不能站在经济全局的角度来考虑其经济活动，往往追求的是局部的、眼前的微观经济效益，所以难免会出现重复投资、重复建设的情况，妨碍宏观经济效益的有效提高。所以，为了解决此类问题，必须正确引导微观经济主体的投资行为，通过适当的投资调控，使其服从国家经济发展的长远利益。

延伸阅读

非经营性项目

在投资宏观调控中还应该坚持与公众利益相一致的原则，因为公众是市场的主人，如果调控的目标为公众所接受，那么这个调控目标下的市场就会好。

（七）坚持在一定的法律规范下进行调控的原则

政府通过相关的法律、法规来保护企业在市场经济中有序的竞争和发展，同时，也要有法律约束政府的行为。如果没有相关的法律、法规约束，就很难避免政府在宏观管理中的随意性，或者造成过度干预，使政府的宏观调控失效，以至于影响企业在市场经济中的独立性和自主权，甚至会导致企业违背市场运行规律的严重后果。

三、投资宏观调控的手段

积极引导从自身物质利益出发进行活动的投资主体按调控要求从事各种经济活动，需要综合运用各种调控手段，直接或间接地作用于整个经济活动。投资宏观调控的手段包括经济手段、法律手段和行政手段。

（一）投资宏观调控的经济手段

投资宏观调控的经济手段是调控主体为了实现预期的调控目标而采取的各种经济政策、措施和方法。这些经济政策与措施要通过市场机制影响企业的经济效益，从而达到引导、鼓励或抑制投资活动的目的。所谓的“经济手段”，更多的是指财政政策、货币政策以及其他经济杠杆的运用。将扩张性的积极财政政策调整为松紧适度的稳健财政政策，就是运用经济手段的一个典型范例。

在社会主义市场经济条件下，经济手段的作用范围、程度都比行政手段和法律手段大，必须坚持以经济手段为主，尊重价值规律、尊重市场，以必要的行政手段和法律手段辅助经济手段。

1. 投资宏观调控的财政手段

财政是国民收入分配和再分配的枢纽。各经济主体以利税形式上交财政，形成国民收入的初次分配。国家财政集中相当数量的财富后又进行国民收入的再分配，财政是资源配置的重要方式。在市场自发配置资源失效的时候，如在基础设施和环保设施建设方面，政府可以运用财政手段直接配置资源。财政是政府进行国民经济宏观调控的有效手段，在供给不足或需求不足的时候，调节供给与需求。

投资宏观调控的财政手段是国家运用财政杠杆，调节投资运行，实现预期目标的重要手段。财政机制是投资宏观调控中的一个重要机制，它以自身的调控特点，与其他调控机制相互配合，可以促进投资宏观调控目标的最终实现。财政调控的经济手段主要包括国家税收、国家预算、国家信用和财政补贴四方面的内容。政府通过财政手段筹集和分配投资，实现投资的总量和结构平衡。财政手段对投资的宏观调控主要通过国家税收、国家预算、国家信用和财政补贴等经济杠杆进行。

（1）国家税收。税收是国家的主要收入。税收是主要的财政调控手段，它具有强制性、无偿性、固定性的特征，因而具有广泛强烈的调节作用。通过调节税收总量和税收结构可以调节社会总供求，影响社会总供求的平衡关系；可以支持或限制某些产业的发展，调节产业结构，优化资源配置；可以调节各种收入，实现收入的公平分配。政府通过税种的建立、税率的升降和税目的增减实现投资调控目标。税收的调控作用主要通过税种、税目、税率、减免税、纳税期限等实现。通过税种的设置、税目的增减、税率的升降变动，对微观投资活动发生作用，从而实现对投资的宏观调控。税收对投资调控的作用主要表现在：

第一，运用税收杠杆调整投资方向，从而调整产业结构。税收作为经济手段，可以调节投资的产业结构。政府通过提高或降低某个产业部门和产品的税率，可以加大或降低这个部门或产品的产量。国家通过对不同产品或不同产业部门采用不同的税率，可以调控投资结构、调整投资方向、实现产业结构的调整。政府还可以通过税收、税率对重点发展地区和重点行业进行倾斜，从而促进和引导投资资金的合理流动。在价格不变的前提下，税率的高低必然会影响企业的盈利，从而调节产业的发展方向。同时，国家可以根据宏观调控的需要，对不同地区以及不同产品的生产和投资采取增税、免税和减税的区别对待，以达到促进投资结构优化组合的目的。

第二，运用税收杠杆调节投资需求，从而控制投资规模。税收可用来调节投资规模的大小，通过提高或降低税率，增加或减少税目，可以使企业的投资利润产生很大的变化。当企业的预期利润很高时，企业的投资必定会增加；当企业的预期利润很低时，企业的投资自然就会减少。因此，作为一种经济手段，税收的灵活运用可以使社会投资规模扩大或缩小。例如，如果投资需求过旺，可以通过开征新税种、提高税率实现对投资规模的控制；如果出现投资不足、经济萧条的情况，政府可以通过减免税负的手段，实现扩张性财税政策，达到启动经济的目的。

（2）国家预算。国家预算是财政调控手段中的基本手段，它全面反映国家财政收支的规模和平衡状况，综合体现各种财政手段的运用结果，制约着其他资金的活动。国家预算对投资规模的调控主要是通过调整国家预算收支之间的关系实现的。当投资总需求大于投资总供给的时候，可以通过实行国家预算收入大于预算支出的结余预算政策进行调节，预算结余可在一定程度上削减社会需求总量；反之，当投资总需求小于社会总供给时，可以实行国家预算支出大于预算收入的赤字预算政策来扩大社会总需求，刺激生产和消费。另外，通过调节国家预算支出结构还可调节社会供给结构与产业结构。例如，调整预算支出方向和不同支出方向的数量，促使形成符合国家要求的供给结构与产业结构；或者调整预算支出结构，形成相应的需求结构，以影响供给结构与产业结构的发展变化等。国家预算支出结构的变动就是调整一部分资产的使用方向：如果国家预算增加对某部门的投资，就会促进该部门的发展；如果国家预算减少对该部门的投资，就会限制其发展。

（3）国家信用。国家信用是指国家按照有偿的原则筹集和供应财政资金的一种分配形式。国家信用的主要形式有国内外公债、国家向银行和其他金融机构借款。以贷款的形式使用财政资金也是国家信用的一种形式，如投资资金的财政拨款改贷款。

公债具有有偿性是其根本特征。政府通过对公债发行数量与期限、公债利率等的调整，可以将一部分消费基金转化为积累基金，可以从宏观上掌握积累基金的流向，调节产业结构和投资结构，可以调节资金供求和货币流通量，从而影响金融市场。

国家信用可以协调宏观经济效益和微观经济效益的矛盾，促使投资结构合理化。国家信用的调节是按有偿的方式进行的，它结合了财政调控和银行信贷调控的优点。国家信用的调控可以克服企业追求短期效益的局限性，因为国家信用的调控主体是国家，因而可以从宏观经济效益的角度来考虑问题。国家可以通过信用形式筹集资金，投向那些微观经济效益不高而社会效益好的项目。不论市场经济完善到何种程度，都不能保证所有项目在某一时点上具有同样的盈利性，即使在西方发达国家也需要国家投资兴建公益项目。而要发展市场经济，就必须允许微观经济主体追求利润最大化，把投资放到盈利最高的部门。同样，商业银行需要将资金投放于那些回收期短、利润高的项目上，因此企业资金和银行信贷资金的使用都受到市场竞争机制的制约。而国家信用的调控可以克服局限性，将分散的资金集中用于短线部门和重要建设项目的投资，不仅可以改善投资结构，而且有利于控制投资总量。

（4）财政补贴。财政补贴主要包括价格补贴、政策性亏损补贴、财政贴息补贴等形式，它具有与税收调节方向相反的调节作用，即增加补贴可以刺激生产与需求，而减少补贴则可以起到抑制生产与需求的作用。财政补贴是国家为了特定的需要，将一部分财政收入直接转移给特定的经济部门、经济组织或个人的一种分配形式。在这种分配过程中，财政补贴间接地起着一种投资调控的作用。财政贴息是指财政拨出一定数量的资金，用于给指定行业的银行贷款贴补利息。在投资活动中，财政能够通过补与不补、补多补少、补贴时间长短来调节投资者的经济利益，鼓励向社会急需和新兴的产业项目投资，调节投资的流向。

在投资活动中，经常发生局部经济效益差而全局经济效益好或者近期经济效益差而长远经济效益好的情况。在这种情况下，一般需要动用财政补贴进行调节。在某些部门和企业因发生了政策性亏损而又不能提高价格的情况下，由财政给予一定的补贴，就可以使它们获得继续生产和增加投资的能力。虽然财政补贴增加了一些财政支出，但少量的投资可以带来更大的经济效益，有利于投资结构和产业结构的合理化。

延伸阅读

对《关于调整完善新能源汽车补贴政策的通知》的解读

2. 投资调控的金融手段

金融是经济的核心，金融手段也是投资宏观调控的一个重要组成部分，金融手段是投资宏观调控的又一重要手段。随着国家经济体制改革的逐步深入，为适应对国民经济活动从直接调控转向间接调控，我国的金融调控机制正在逐步建立和完善，它对投资调控的作用越来越明显。金融手段对投资的调控是通过紧缩或放松银根、调节货币供应量以及调节资金流向实现的，具体方法有中央银行的三大货币政策手段、利率手段等。

（1）存款准备金。这是指商业银行按照法定的存款准备金率，把所吸收存款的一部分交存中央银行。存款准备金的调控作用在于：通过建立存款准备金制度以及调整存款准备金率，可以直接调控商业银行创造派生存款的能力，限制货币乘数的扩大，实现对社会信贷总规模的调控。中央银行根据一定时期经济发展状况适时调整存款准备金率。当国民经济处于萧条状态的时候，为了鼓励投资、刺激消费，中央银行可以通过降低存款准备金率，减少商业银行向中央银行交存的法定准备金，使商业银行可贷的资金量增加，实现信用扩张的目的，使整个社会范围内货币供应量增加，实现扩大投资的目的；如果经济处于需求过旺和通货膨胀比较严重的情况，中央银行可以通过提高存款准备金率，增加法定准备金，降低商业银行创造货币的能力，使商业银行收缩信贷，从而达到紧缩信贷规模、减少投资、压缩货币供应量、抑制投资膨胀的目的。因此，中央银行提高存款准备金率最终会影响整个社会的信贷结构，从而影响总的投资规模。

（2）再贴现率。这是指票据持有者为了取得现金，用未到期的期票、汇票向银行申请贴现，银行按照市场利率，扣除从贴息之日起至票据到期日的利息，把票面余额以现金付给持票人；票据到期时，银行向最初发票的债务人或者背书人兑取现金。从贴息的范围看，商业银行将未到期的票据转卖给中央银行被称为再贴现。再贴现是指一般银行在缺少资金时，以其对顾客贴现而持有的票据请求中央银行给予再贴现，以取得资金。通过贴现率的变动，可调控资金的供求量，从而达到调控投资的目的。再贴现率是商业银行向中央银行贴现时必须支付的利率。提高再贴现率，有三方面的作用：

第一，抑制商业银行向中央银行的贷款需求，紧缩信用。

第二，增加商业银行的借款成本，促进其提高贷款利率和贴现率，增加企业利息负担，抑制企业贷款需求，减少投资，减少货币供应量。

第三，通过提高再贴现率，影响商业银行和公众预期，鼓励居民增加储蓄，缓解和减少通货膨胀的压力。通过影响商业银行的借款成本和市场利率，减少贴现额和货币流通量，投资规模就会相应缩减。

（3）公开市场业务。这是指中央银行在货币市场上的证券（特别是短期国债）买卖活动。当出现经济过热、投资膨胀以及通货膨胀严重、整个市场价格水平上升、需要加以抑制的时候，中央银行就卖出证券，使得商业银行的准备金下降、贷款规模缩小，回笼货币，减少货币供应量，抑制企业投资和消费，减少总需求，从而使投资以及物价总水平的上升得到控制或逆转，进而使社会货币流通量减少，实现对信贷总规模和投资总规模的调控，使国民经济恢复稳定的状态。当国民经济呈现萧条迹象时，中央银行就可以在公开市场上买进有价证券，使商业银行的准备金增加、信贷规模扩大，增加货币供应量，促进企业投资和消费，从而增加总需求，使投资需求和收入水平上升，促进经济的复苏。由于中央银行通过这种办法控制银行准备金非常准确、有效，所以公开市场业务在西方国家被当作最重要的货币政策工具。用这种手段可以调节商业银行的准备金和货币创造（派生存款）能力，从而调节货币供应量。

（4）利率。利率手段主要是从贷款需求方面来调控货币供应量的。利率包括商业银行对客户的贷款利率和中央银行对商业银行的再贷款利率。通过调节商业银行的贷款利率，可以影响企业的投资利润率，起到调控投资总量的作用。贷款利率除了具有总量调控的作用外，还有结构调控的作用，如实行项目差别利率，对长线产品、耗能高、经济效益差的项目实行高利率；对短线产品、质优适销、经济效益好的项目实行低利率，就可调控和优化投资结构。

中央银行的再贷款利率对全社会的贷款规模有重要的作用。首先，再贷款利率的高低影响商业银行的贷款成本，从而影响商业银行的贷款供应量；其次，再贷款利率制约商业银行对客户的贷款利率，从而影响投资规模。

3. 投资调控的价格手段

投资的价格调控是指为克服市场价格自我调节的缺陷以及在不具备市场价格自我调节条件的情况下，国家通过相应的经济手段、行政手段和法律手段，对市场价格的形成和运动进行直接或间接的干预，以保证投资的运行符合国家宏观经济总目标。

投资调控的价格手段是指国家运用客观价值规律，通过商品价格与价值一定程度的背离来调控投资活动的金融手段。在投资活动中，如果企业投资所生产的产品价格高于其价值，企业可以获得利润；如果价格低于价值，企业就不能获得利润。在市场经济条件下，企业可以自主确定投资的方向，根据产品价格的变化确定投资的部门、产业和项目。政府可以通过对一些商品价格的限制来调控投资总量和各地区、部门的投资结构。运用价格手段进行投资调控时，应该遵循价值规律，通过市场发挥作用，不能任意限价来取代市场机制。政府通过对价格政策的调整，合理确定价格变动的方向和幅度，从而对投资活动产生影响，使其按照宏观调控的要求运行。价格手段的调控作用主要表现在以下几个方面：

延伸阅读

我国粮食产量

（1）利用价格杠杆调整投资规模。政府通过调整生产资料价格，可以扩张或鼓励投资。生产资料价格上升会引起投资项目造价上升和预期盈利减少，从而达到降低投资积极性、抑制投资需求的目的；生产资料价格下降又会降低投资项目造价，从而达到刺激投资积极性、扩大投资需求的目的。因此，通过调节产品价格可以改善投资需求关系，使得投资规模趋于合理。

（2）利用价格杠杆调整投资结构。政府利用价格杠杆制定合理的地区差价和资源比价，实现投资在空间地理位置方面的合理配置和利用，调节投资在社会各集团、各阶层之间的利益分配，运用价格机制对投资结构实施调控。当某部门成为经济发展的薄弱环节，导致产品供不应求时，政府就可以提高该部门产品的价格，以吸引更多的投资流入该部门。对于长线部门或供过于求的产品，政府可以降低其产品价格，从而达到减少投资流入的目的。政府可以采取不同的地区差价和资源比价并通过投入产出的价格调整，调节预期投资收益率，实现地区和部门投资供求的主动平衡，从而达到鼓励或限制某些部门、行业或产品发展的目的。

（二）投资调控的法律手段

法律手段是指坚持依法治国，建设法治政府，这是在宏观调控这一特定领域的必然反映。近年来，依法行政的理念日益深入人心，实施宏观调控必然应该更加注重运用法律手段。投资调控的法律手段是指国家通过制定一系列法律、法规、法令、条例等经济法规，运用法律和法规来规范经济运行秩序，对投资活动进行管理和调控的一种方法。法律手段是处理投资活动中各种经济关系的依据，是保证投资调控目标顺利实现的必要手段。

法律手段是国家通过经济立法和司法调节经济活动的强制性手段，法律手段是一个包括各种法规在内的完整体系。经济法规是投资调控中最主要的法律手段，近年来我国通过了有关投资法的法律《中华人民共和国外商投资法》，且经济立法的许多方面都涉及投资立法，如《公司法》《银行法》《证券法》《环境保护法》等，这些实际上都是涉及投资决策、资金筹措、建设实施等方面的法律规定。

投资调控的法律手段具有权威性、强制性、规范性和稳定性等特点，它具有普遍约束性，对于投资活动起着重要的调控作用。法律手段可以使投资者按照统一规范的原则限定自身的投资行为、市场竞争行为，并以法律的特定形式规定政府对投资活动的管理行为准则，规定各个层次投资主体的权利、责任和义务，从而对整个投资活动进行有效管理，使投资活动健康运行。因此，投资调控的法律手段是确保投资调控目标顺利实现的必要手段和措施，也是建立和完善法制经济的重要方面。

延伸阅读

《中华人民共和国外商投资法》

投资调控的法律手段具有强制性、刚性和反复的适用性以及较大的稳定性，在投资宏观调控中有着不可替代的特殊作用。这些作用主要表现在以下几个方面：

（1）保证投资活动的良好秩序。在投资活动中，投资计划的制订、重大项目的决策、投资者的投资行为等，都会与各方面发生复杂的经济关系，调整这些关系，可以运用行政手段。但是，由于行政手段规范性差且不稳定，而法律手段权威性大、稳定性强、规范程度高，对所有的人都有严格的约束力，因此它对于健全投资活动的秩序，使投资活动沿着法治的轨道运行，具有重要的作用。

（2）保证调控目标的顺利实现。要实现调控目标，必须运用各种调控手段，法律手段是其他手段运用的保障。例如，利率手段能调节资金流向，但必须借助借贷双方签订经济合同来实现。又如行政调控也必须在有关法律的基础上进行。

（3）保证投资效益的不断提高。投资效益依赖于投资决策和建设过程管理的科学化，这只有在逐步加强、完善立法管理，充分发挥法律调节作用的条件下，才能真正做到。法律手段使决策和管理有法可依、有章可循，也可防止和杜绝铺张浪费、贪污盗窃以及其他经济管理中种种违纪、违法的情况发生，是预防和制止扰乱投资经济秩序行为的重要保证。

自中共十一届三中全会以来，我国的法律建设得到了迅速发展，经济法律法规正在逐步完善。据不完全统计，目前我国颁布的重要经济法规已有上千个，基本奠定了我国的经济法规体系。但是，我国的经济法制建设仍不健全，经济建设中还存在不少无法可依、无章可循的情况。尤其是在加强宏观调控方面，还缺乏必要的经济立法。事实上，社会主义市场经济体制下投资调控的过程，实际是各种调控手段相互配合运用的过程，因此必须重视综合运用各种调控手段的研究。

（三）投资调控的行政手段

投资调控的行政手段是政府部门采用行政命令、行政规定、指令性计划等方法，按照行政隶属关系对投资活动进行调控的方式，是通过制定和下达指令、命令、规定等形式直接干预经济活动的各种措施。行政手段最常见的形式有以下三种：

（1）带有政策性的行政手段，是指为了达到某种经济目的，政府通过制定有关的经济政策，以指导经济活动。例如，为了消除房地产泡沫的隐患，央行通过行政手段要求商业银行提高房地产开发商的贷款门槛等。

（2）具有法律效力的行政手段，是指国家管理机构对生产经营单位和各级经济组织规定的制度、条例和行业准则等，如规定基本建设必须按基建程序办事，不容违背。

（3）具有强制命令的行政手段，是指国家管理机构运用手中掌握的行政权力，对投资活动进行直接的行政指挥和控制，如强令某些项目停（缓）建等。

投资调控的行政手段具有强制性、约束性和权威性的特点，具有比其他调控手段更快奏效的效果。行政手段还可以在比较短的时间内迅速控制和扭转投资局势，但行政手段在具体的执行过程中也有许多缺陷。有时，行政手段是主观意志的结果，容易违背客观规律。通过行政命令发挥作用，其制定和实施很难十分准确，对投资活动的调控容易造成损害。行政手段的灵活性差，对复杂多变的经济活动适应性差。在建立和完善社会主义市场经济的过程中，投资调控的经济手段还不能充分发挥作用。为了保证国民经济各部门正常运转，使投资活动健康有序地进行，避免投资规模失控和投资结构失衡，在一定程度上运用行政手段对投资活动进行调控是非常必要的。投资活动的复杂性客观上要求国家运用必要的行政手段进行干预，这对保证投资活动的正常进行具有重要的作用。

四、我国近年来的投资宏观调控发展情况

2003 年，我国经济从通货紧缩的阴影中走出后不久，很快便出现了钢铁、水泥和电解铝等行业局部过热的发展趋势。因此，国务院办公厅转发了国家发改委等部门的联合通知，强调在钢铁、水泥和电解铝等行业已经出现了盲目投资、低水平重复建设和违法生产等现象，要求各地区和各部门采取切实有效的措施来遏制盲目投资及低水平重复建设的势头。随后，这三大领域的盲目投资情况有所改善。

2004 年，针对当时固定资产投资增速过快、规模偏大、结构不合理等问题，国家主要运用经济、法律和必要的行政手段，严把土地管理、信贷投放两个闸门，并出台了一系列投资宏观调控措施。这些调控措施包括：加强产业政策引导，严格市场准入，坚决遏制

部分过热行业盲目投资、低水平重复建设；控制形象工程、办公楼、培训中心建设，勤俭办一切事业；严格建设项目用地管理；严格控制银行信贷；清理固定资产投资项目，抑制投资过快增长，调整和优化投资结构。从总体上看，2004年的投资调控遵循有保有压的方针，在加大对产能过剩行业调控的同时，也加强对经济社会薄弱环节的支持力度。2004年的投资调控还充分发挥国债投资在促进结构调整和加强薄弱环节建设方面的作用，调整国债投资投向，不断向“三农”、西部大开发、社会发展倾斜，加强有利于缓解煤、电、油、运紧张状况的项目建设，支持有利于产业升级和结构调整的重点建设项目，以及东北等老工业基地调整改造项目。

因此，2004年的投资宏观调控成效还是比较明显的。从投资增速看，2004年全社会固定资产投资增长25%，低于2003年全年增长26.7%的水平。

虽然2004年的投资调控取得了不错的成绩，但由于历史原因，2005年我国投资领域的问题仍然比较严重，当时值得重视的问题主要有：投资在建规模仍然偏大，投资需求膨胀的压力依然存在，投资结构不合理、盲目投资和低水平重复建设等问题仍然比较突出，加强经济社会薄弱环节建设的投入远远不足，影响投资健康发展的体制性、机制性障碍尚未得到根本解决。因此，2005年投资调控的指导思想是：在科学发展观的指导下，继续深化投资体制改革，加强和改善投资调控，推进投资结构调整优化，贯彻好推动结构调整、加强薄弱环节和促进“五个统筹”的要求，不断提高投资效益，促进投资健康稳定增长。调控的重点主要有：继续控制固定资产投资规模；继续遏制盲目投资和低水平重复建设；全面落实投资体制改革决定；推进建立合理规范的政府投资机制。

总体来说，2005年投资宏观调控按照分类指导、区别对待、有保有压的原则，取得了不错的效果。调控还进一步加强了农林水利、生态环境、教育医疗、卫生等薄弱环节的建设，进一步加强了有利于缓解煤、电、油、运紧张状况的项目和促进资源节约与循环经济的重大项目建设。

2006年，虽然我国宏观经济继续平稳运行，但宏观调控也面临着一些难题，包括投资增长速度过快，全社会固定资产投资规模首次突破10万亿元，全社会固定资产投资占GDP的份额进一步上升；部分行业产能过剩的压力继续加大，其中钢铁行业是产能过剩最典型的行业。此外，物价逐步推高，尤其是部分能源、原材料价格上涨较快，局部性、时段性煤、电、油、运紧张仍存在。在这种形势下，投资调控的重点是采取必要措施治理产能过剩、防止投资反弹和保持价格平稳。

2006年，国家坚持综合运用经济手段、法律手段和必要的行政手段，做到有保有压，同时对国民经济运行中存在的和可能新出现的各种影响经济持续快速发展的不稳定、不健康因素保持高度关注，认真分析经济形势的发展，并及时采取对策，主动进行宏观政策调整，以适应宏观经济形势发展中出现的各种新变化。

2007年，在投资宏观调控方面，国家加大了对环境保护的重视。在这一年，财政部、国家税务总局对“两高一资”行业的投资加以限制，并提高了142种产品的出口关税。

国家发改委对钢铁、水泥、电解铝三个行业出现的投资增速加快、整体固定资产投资持续反弹的情况密切关注，并加强了这方面的调控力度。从2003年下半年开始，国家发改委重点加大了对钢铁、电解铝、水泥行业盲目投资的调控力度。2004年，上述三个行业的投资增速迅速下滑。2005年和2006年国家发改委继续加大对产能过剩行业的调控力度，三个行业的投资保持低速增长。但自2007年以来，钢铁、电解铝、水泥等基础材料价格有所上涨，企业利润大幅攀升，企业新上和扩大产能的动力较强；同时，资源性产品出口增长较快，外部市场需求在一定程度上消化了这些行业的过剩产能。而国内煤、电、油、运等瓶颈环节有所缓解，对经济运行的支撑条件得到改善，企业已有和新增产能得以释放。这三个行业的投资增速有所加快，国家发改委根据投资形势的变化，适时地加以调控，确保这三个行业的平稳发展。2007年，房地产行业的投资持续保持高涨的发展态势，这也是钢铁、电解铝、水泥投资增速有所加快的主要原因。在2007年行业结构难以转型的情况下，仅靠取消出口退税、增设关税、提高利率等财税调控措施仍不能控制投资，采取行政手段成为必然的选择。此外，国家还出台相应的政策，继续引导商业银行合理把握中长期贷款的投放规模和节奏，为经济结构调整和经济增长方式转变提供了稳定的货币金融环境，从而实现了国民经济又好又快发展。

2008年，我国的投资克服了国内外多重不利因素的影响，继续保持平稳较快发展，投资的产业、地区结构有所改善，资金来源对银行贷款的依赖程度降低。2008年，投资需求仍是拉动经济增长的主要动力，投资稳定增长对GDP的拉动作用继续上升。投资对GDP增长的贡献率达到61.5%，拉动GDP 6.1个百分点，比2007年提高了1.2个百分点。投资的产业结构有所改善，对煤、电、油、运产业的投资力度加大。

在中央政府加强和改善投资调控、优化结构政策的引导下，2008年我国投资的产业结构有所改善，投资的区域结构更趋协调，对中西部地区投资增长加快。2008年前三季度，中部、西部地区投资分别增长35.4%和29.5%，分别高于全国7.8个百分点和1.9个百分点；东部地区投资增长明显放慢，前三季度仅增长22.7%，低于全国4.9个百分点。此外，2008年中央政府投资带动地方和社会投资增加速度较快。面对国际形势的急剧恶化，中央政府从控制投资过快增长转向积极扩大投资，特别是在2008年第四季度增加中央政府投资规模1 000亿元，进一步加快民生工程、基础设施、生态环境建设和灾后恢复重建。

2008年，尽管我国全社会维持了一定水平增长，投资的产业、地区结构有所改善，但投资运行仍然面临一些需要关注的矛盾和问题。其主要表现在：第一，多数“两高”行业的投资虽增速有所放缓，但仍处于较快增长区间。第二，企业的投资意愿和能力下降。受外需萎缩的影响，我国外向型企业的投资意愿和能力明显下降。金融危机使经济的不确定因素和潜在风险大大增加，吸收的外国直接投资也下降了。同时，受金融危机的影响，美国大量企业资金周转困难、对外支付能力下降、违约率提高，我国一些出口企业资金回收困难，致使企业生存面临威胁。这种情况正从沿海地区向内陆地区蔓延、从下游企业向上游企业蔓延，对投资的稳定增长产生了较大的负面影响。第三，我国要素价格改革滞后，投资成本偏低。我国工业电价水平为6.1美分/千瓦时，是日本、意大利等发达国家电价的62.5%；劳动生产率相当于英国的6%，但工资仅为其4%；一些地方政府在招商引资中竞相违规压低土地价格和征地补偿标准，造成经济效率低下，粗放型模式难以转变。我国能源消耗系数比发达国家高4～8倍，能源的使用效率仅为30%，而发达国家的能源使用效率为50%。偏低的生产成本扭曲了企业的投资和生产行为，这种靠压低资源价格驱动投资的模式难以持续。

2009年，由于中央政府推出了总额达4万亿元的投资计划，各地方政府计划投资额合计也超过了18万亿元，实行扩张性的投资政策就成为政策主基调，同时还注重投资结构的调整和优化。首先，在中央投资计划中，交通设施建设是最主要的领域。加快铁路、公路和机场等重大基础设施建设，重点建设一批客运专线、煤运通道项目和西部干线铁路，完善高速公路网，促进中西部干线机场和支线机场建设。其次，加快农村基础设施建设，支持启动农村消费。加大农村沼气、饮水安全工程和农村公路建设力度，完善农村电网，加快“南水北调”等重大水利工程建设和病险水库除险加固，加强大型灌区节水改造，加大扶贫开发力度。再次，加大社会保障和重大民生工程投资力度。政府投资将适当向有利于促进城乡居民消费的重大民生工程倾斜，如加快建设保障性安居工程，加大对廉租住房建设支持力度，加快棚户区改造，实施游牧民定居工程，扩大农村危房改造试点，大力发展城市轨道交通，利用税收和金融优惠政策引导大型流通企业到农村建立便民流通设施。最后，积极引导社会资金投向生态环境建设等其他政府鼓励领域。运用补助、贴息、税收、价格等扶持政策，引导民间资本投向符合国家产业政策的领域，投向自主创新、产业升级、资源节约、民生工程和环境保护等领域，把政府投资的引导作用与发挥民间投资的积极性有机结合起来。加快城镇污水、垃圾处理设施建设和重点流域水污染防治，加强重点防护林和天然林资源保护工程建设，支持重点节能减排工程建设。

2010年，随着我国经济走出金融危机的影响，顺利完成了由刺激政策下的快速增长向市场推动下的稳步增长转变，宏观政策的重心相应转移到“调结构”上来，全年政策主基调可分为“扩内需、稳增长”“调结构、促转型”“紧货币、控通胀”三个阶段。一季度延续了积极的财政政策，继续实施消费刺激政策，力求通过扩大内需促进经济发展方式的转变。在延续家电、汽摩下乡，以旧换新等补贴政策的基础上，进一步扩大试点、拓宽范围、提高额度，刺激国内尤其是农村消费需求。同时，为削减过于庞大的流动性规模、抑制投资冲动和价格水平快速上涨，央行分别于1月18日、2月25日两次提高存款准备金率各0.5个百分点，公开市场业务维持数周正回购操作，货币政策由极度宽松转为适度。自二季度开始，随着经济增长逐步趋稳，促进结构调整的力度明显加大，以4月中旬房地产“新国十条”政策出台为标志，我国宏观政策主体基调正式转为“调结构、促转型”，在房地产和淘汰落后产能等领域出台了十分严厉的调控政策，同时鼓励引导民间投资、上调最低工资标准、重启汇率改革，多管齐下促进经济发展方式的转变。4月中旬，国家正式向高房价宣战，密集出台《关于坚决遏制部分城市房价过快上涨的通知》等十余项政策措施抑制房价过快上涨，主要包括通过信贷、限制购买等手段抑制不合理需求，通过加快保障性住房建设、限制囤地等手段增加有效供给，同时勒令国企退出房地产市场、规范土地供应，以促进房地产市场健康发展。而各地关于开征房地产税的呼声也影响着购房者的心理预期。自5月开始，全国房价出现连续数月的小幅回落，抑制房价过快上涨的目标初步实现。但是，由于市场观望情绪严重、流动性严重过剩以及短期内被抑制的需求需要一定程度的释放，9月份全国房价出现反弹。因此，国家于9月末再度出台“新五条”等政策控制房价上涨。四季度，采购经理人指数（PMI）等先行指标保持回升态势，预示“二次探底”风险已彻底消除，国民经济将以高位稳定收官。但是，由于贷款超发，流动性依旧保持极度充裕，自然灾害频发推高食品类价格，在“翘尾”因素有所减弱的情况下，消费者物价指数（CPI）连破4、5大关，通货膨胀压力达到空前高度。在这种情况下，“控制通胀”成为政策主基调，货币政策转为稳健。2010年，国民经济实现了10.3%的快速增长，其中资本形成对 GDP 的贡献率高达 54.8%，最终消费对 GDP 的贡献率为 37.3%，净出口的贡献率是 7.9%，外向型经济特征有所减弱，但投资拉动仍占绝对主导地位，扩大内需任重道远。

2011 年，房地产宏观调控继续进行。从 2011 年全年房地产行业运行效果来看，部分房地产公司的资金链变得紧张：依据中国人民银行《2011 年金融机构贷款投向统计报告》，2011 年 12 月末我国主要金融机构人民币房地产贷款余额达 10.73 万亿元，比上年末回落 13.5 个百分点。在紧缩性货币政策的作用下，房地产公司资金链普遍紧张，以绿城为代表的房地产公司更是面临着资金链即将断裂的局面，降价销售、加速推盘、快速回笼资金的策略成为房地产公司的运作方向，市场朝着有效供给扩大的方向积极发展。土地交易数量和价格均出现下滑：2011 年 1—11 月，全国 133 个城市住宅用地市场受影响较为显著，其供应和成交面积同比分别下降 9.8%和 11.0%。2011 年全国 130 个城市土地出让金总额为19 052.3亿元，同比减少 11%，其中住宅类用地出让金总额 12 666.8 亿元，同比减少 23%。地方政府土地出让金大幅减少，进而导致土地财政受阻，地方政府资金紧张，地方融资平台面临评级下降，增加了系统性金融风险。这可能倒逼中央政府放松房地产宏观调控。根据中国房地产指数系统中的百城价格指数对 100 个城市的全样本调查数据，自 2011 年 1 月以来，环比涨幅逐渐缩小；9—11 月连续三个月环比下跌，且跌幅不断扩大，11 月环比下跌 0.28%。2011 年 10—11 月，全国商品房单月销售面积分别同比下降 9.4%和 1.3%。分析人士普遍认为，房地产市场拐点在 2011 年第四季度已经出现。由于有些地区要求购房必须有连续五年的纳税记录或者社保记录，普通刚需很难满足这一需求；首次购房的支付比例提高到 30%，且贷款利率实际上也提高了，也就是提高了首次置业的门槛和资金成本，严重限制了刚需购房，损害了市场的健康发展。

受欧债危机和国内需求不足的影响，2012 年我国经济调整压力加大，经济增长率自 2002 年以来首次“破 8”。

2015 年是“十二五”收官之年，“十二五”规划确定的主要目标任务全面完成，我国经济持续较快发展，国内生产总值年均增长 7.8%，经济总量稳居世界第二位，成为全球第一货物贸易大国和主要对外投资大国。

2016 年，我国坚持改革开放，坚持以新发展理念引领发展，坚持稳中求进的工作总基调，适应经济发展新常态，实行宏观政策要稳、产业政策要准、微观政策要活、改革政策要实、社会政策要托底的总体思路，把握好稳增长与调结构的平衡，保持经济运行在合理区间，着力加强供给侧结构性改革，加快培育新的发展动能，改造、提升传统的比较优势，抓好去产能、去库存、去杠杆、降成本、补短板，加强民生保障，切实防控风险，努力实现“十三五”时期经济社会发展良好开局。

2019 年全国房地产市场政策调控了 575 次，远超上年全年的 450 次。房地产调控政策在无数轮预期中并没有出现明显放松，相反在以融资规范为主的房地产金融方面进行了强调和收紧。2019 年全年，中央层面针对房地产市场调控明确表态或出台相关政策的次数在 48 次左右（2017 年为 9 次，2018 年为 33 次），较前两年有所增加。而从政策出台的部门来看，央行达到 16 次，银保监会在 8 次左右，两大金融部门政策出台或表态的次数占比约为总数的五成。金融政策收紧是全年房地产市场调控的核心，同时，监管层格外重视房地产金融市场的宏观审慎管理，强化对房地产整体融资状况的监测，综合运用各种工具对房地产融资进行逆周期调节。自2019年5月17日“23号文”发布以来，房地产信托业务监管趋严，房地产业务由前端融资向股权投资转型，政府先后对银行信贷（开发贷和个人住房贷款）、信托、海外债、债券及ABS等融资渠道进行规范和强调，覆盖房企主要融资渠道，房地产信托业务模式向多元化方向发展。

2020年是我国全面建成小康社会和“十三五”规划收官之年。2020年我国集中资金和精力，加强协调，确保大项目尤其是省级重点项目的建设进度和质量。各级政府和有关部门加强对重点项目的宏观调控力度，对建设进度迟缓的项目，加大督促检查力度，以确保投资进度和项目建设质量。2020年地方政府专项债发行额度进一步提升，新基建项目成为拉动经济的重要力量，新冠疫情对供给侧和需求侧形成了双向冲击。新冠疫情对第三产业、居民消费、投资、出口、就业等都产生了较大负面影响，同时由于食品等需求增加、供给减少，疫情也会在短期内推高CPI。

2021年是“十四五”规划的开局之年。我国房地产市场总体稳定，我国坚持“房住不炒”的定位，积极稳妥实施房地产长效机制，不利用房地产作为工具和手段短期刺激经济，着力稳地价、稳房价、稳预期，积极防范潜在风险，房地产市场总体稳定。房地产投资持续扩大，2021年，房地产开发投资14.76万亿元，比上年增长4.4%，其中住宅投资增长6.4%，比总投资高2个百分点。房地产价格总体平稳，2021年12月，在70个大中城市中，一线、二线、三线城市新建商品住宅销售价格同比分别上涨4.4%、2.8%、0.9%。资金流入实体经济的规模扩大，经济转型不断深入，发展质量不断提高。2021年中国的能源转型总投资比2020年增加了60%，进一步巩固了其全球领先地位。2020年中央经济工作会议将“做好碳达峰、碳中和工作”列为2021年的重点任务之一，提出我国二氧化碳排放力争2030年前达到峰值，力争2060年前实现碳中和。

本章小结

本章主要介绍了投资宏观调控，讲述了投资宏观调控的目标和投资宏观调控的原则及其手段。第一节从四个方面描述了投资宏观调控的目标，分别为实现经济增长、实现总供求平衡、实现投资结构的合理化和实现资源的最优配置。第二节依次介绍了投资宏观调控的意义、原则、手段以及2003年以来我国投资宏观调控的实际发展历程。

本章要点

- 投资宏观调控的目标
- 投资宏观调控的意义
- 投资宏观调控的原则和手段

本章关键术语

投资宏观调控　　经济增长　　总供求平衡　　资源配置

本章习题

1. 投资宏观调控的目标是什么？
2. 投资宏观调控的意义是什么？
3. 投资宏观调控的原则有哪些？
4. 投资宏观调控的经济手段有哪些？
5. 什么是投资宏观调控的法律手段和行政手段？
6. 我国投资宏观调控的领域都有哪些？（举三个例子。）
7. 我国近年来投资宏观调控造成的房价走势如何？

教学支持说明

1. 教辅资源获取方式

为秉承中国人民大学出版社对教材类产品一贯的教学支持，我们将向采纳本书作为教材的教师免费提供丰富的教辅资源。您可直接到中国人民大学出版社官网的教师服务中心注册下载——http://www.crup.com.cn/Teacher。

如遇到注册、搜索等技术问题，可咨询网页右下角在线 QQ 客服，周一到周五工作时间有专人负责处理。

注册成为我社教师会员后，您可长期根据您所属的课程类别申请纸质样书、电子样书和教辅资源，自行完成免费下载。您也可登录我社官网的“教师服务中心”，我们经常举办赠送纸质样书、赠送电子样书、线上直播、资源下载、全国各专业培训及会议信息共享等网上教材进校园活动，期待您的积极参与！

2. 高校教师可加入下述学科教师 QQ 交流群，获取更多教学服务

经济类教师交流群：809471792

财政金融教师交流群：766895628

国际贸易教师交流群：162921240

税收教师交流群：119667851

3. 购书联系方式

网上书店咨询电话：010－82501766

邮购咨询电话：010－62515351

团购咨询电话：010－62513136

中国人民大学出版社经济分社

地址：北京市海淀区中关村大街甲 59 号文化大厦 1506 室　100872

电话：010－62513572　010－62515803

传真：010－62514775

E-mail：jjfs@crup.com.cn